本书为贵州省马克思主义中国化"两个结合"的地方实践推动高端智库成果

本书由"贵州师范大学全国重点马克思主义学院科研经费和贵州师范大学

马克思主义理论学科建设经费"资助出版

Research on the
Construction and Dissemination
of "Colorful Guizhou"
Traditional Festival Culture Brand

李银兵　著

"多彩贵州"

传统节日
文化品牌的
构建与传播研究

社会科学文献出版社
SOCIAL SCIENCES ACADEMIC PRESS (CHINA)

目　录

绪　论

习近平总书记指出："如果没有中华五千年文明，哪里有什么中国特色？如果不是中国特色，哪有我们今天这么成功的中国特色社会主义道路？"①"优秀传统文化是一个国家、一个民族传承和发展的根本，如果丢掉了，就割断了精神命脉。我们要善于把弘扬优秀传统文化和发展现实文化有机统一起来，紧密结合起来，在继承中发展，在发展中继承。"② 的确，"中华优秀传统文化有很多重要元素，共同塑造出中华文明的突出特性"③。在新时代，深刻把握中华文明具有的突出特性，即突出的连续性、创新性、统一性、包容性和和平性，对于我们深入认识中华文明的历史，推进马克思主义中国化"两个结合"，担负起新的文化使命及创造时代新文化，具有重要指导意义。

中国传统节日作为中华优秀传统文化中的杰出代表，长期以来都是人们了解中国经济、政治、文化、社会与生态的重要窗口，是表征中华民族认知、情感、意志、行为的重要载体，是社会发展的"助推器""晴雨表""调节阀"，在社会发展中起着重要作用。特别是面对世界多极化、经济全球化、社会信息化、文化多样化的"百年未有之大变局"，以及实现中华民族伟大复兴的关键时刻，随着文化及其社会功能在一个国家或民族发展中的作用愈加彰显，发挥中国传统节日的新时代功能与价值显得更为重要而紧迫。因为"中国传统节日，凝结着中华民族的民族精神和民族情感，承载着中华民族的文化血脉和思想精华，是维系国家统一、民族团结和社

---

① 《习近平谈治国理政》第 4 卷，外文出版社，2022，第 315 页。
② 《习近平谈治国理政》第 2 卷，外文出版社，2017，第 313 页。
③ 《担负起新的文化使命 努力建设中华民族现代文明》，《人民日报》2023 年 6 月 3 日。

会和谐的重要精神纽带，是建设社会主义先进文化的宝贵资源"①。

地处西南腹地的贵州，省内生活着汉族、苗族、布依族、侗族、彝族等18个世居民族，不同民族在长期的交往交流交融中，创造了丰富多彩、形式各异的地域文化。"山地公园省、多彩民族风"声名远扬，"多彩贵州"文化品牌受到了世人的广泛关注。在新时代，贵州全省坚持以高质量发展统揽全局，大力实施围绕"四新"主抓"四化"主战略，扎实推进"四区一高地"建设，在西部大开发闯新路上，中国式现代化的贵州实践正在如火如荼地进行。文化多元与多元文化是贵州闻名于世的重要法宝，也是贵州新时代发展的核心资源与要素。而传统节日文化作为贵州多元文化中的主要代表，无疑是表征贵州历史、展现贵州现在及预示贵州未来的最好标志物。

2012年，《国务院关于进一步促进贵州经济社会又好又快发展的若干意见》明确指出："把文化和旅游产业发展成为支柱产业。依托贵州多民族文化资源，建设一批文化产业基地和区域特色文化产业群。深入挖掘民族文化，做大做强以'多彩贵州'为代表的民族歌舞、工艺美术、节庆会展、戏剧、影视、动漫等文化品牌，培育一批有特色、有实力、有竞争力的文化骨干企业，积极引进文化产业领域战略投资者。"② 2022年，《国务院关于支持贵州在新时代西部大开发上闯新路的意见》再一次强调"提升'山地公园省·多彩贵州风'旅游品牌影响力"③。2023年，中共贵州省委十三届三次全会又进一步提出："要深入挖掘传承发展红色文化、民族文化、阳明文化、历史文化，加快繁荣多彩贵州特色文化，大力发展文化事业和文化产业，推动物质文明和精神文明相协调。坚持以文塑旅、以旅彰文，用好自然珍宝、文化瑰宝两个宝贝，围绕资源、客源、服务三大要素，加快打造世界级旅游目的地。"④

---

① 《运用传统节日弘扬民族文化的优秀传统》，《人民日报》2005年6月24日。
② 《国务院关于进一步促进贵州经济社会又好又快发展的若干意见》，《贵州日报》2012年1月16日。
③ 《国务院关于支持贵州在新时代西部大开发上闯新路的意见》，《贵州日报》2022年1月27日。
④ 《中共贵州省委十三届三次全会在贵阳举行》，《贵州日报》2023年7月26日。

当前，在实施由"文化搭台"迈向"为文化搭台"的发展战略中，贵州文化事业和文化产业实现了长足进步。基于此，本书以"多彩贵州"传统节日文化品牌的构建与传播为主题，在全面把握贵州传统节日文化资源的基础上，结合贵州传统节日文化发展现状，着重对为何要构建与传播、如何去构建与传播及构建与传播什么等"多彩贵州"传统节日文化品牌构建与传播实践中的基本问题进行探析，力图在理顺传统与现代、文化与社会、理论与实践、构建与传播等核心关系后，推动贵州传统节日文化创造性转化与创新性发展，促进贵州传统节日文化大发展大繁荣，实现用节日文化力量赋能贵州现代化建设的目标诉求。

一　研究的问题与问题的确定

问题是时代的声音，问题是工作的导向。马克思说："哲学家们只是用不同的方式解释世界，问题在于改变世界。"① 因此，"必须坚持问题导向，增强问题意识，敢于正视问题、善于发现问题，以解决问题为根本目的，真正把情况摸清、把问题找准、把对策提实，不断提出真正解决问题的新思路新办法"②。学术研究要有问题意识，且只有在认识问题、分析问题基础上，最终才能解决问题。而学术研究的问题意识主要是指学者要去研究那些很重要，但目前研究深度还远远不足的问题；很重要，但研究中还存在争议的相关问题；很重要，但研究还未全面展开，且具有前瞻性未来性的亟待分析和解决的问题。当前，在全党大兴调查研究之风之际，应把"多彩贵州"传统节日文化品牌的构建和传播融入贯彻党的二十大精神、推进贵州高质量发展之中，同时在看到"多彩贵州"传统节日文化品牌取得的成绩的同时，也应对"多彩贵州"传统节日文化品牌发展中存在的相关问题摸清找实，切实提高"多彩贵州"传统节日文化品牌的影响力、竞争力。从文化治理角度去看，"多彩贵州"传统节日文化品牌的构建与传播问题，不仅是文化发展问题，还是关涉文化、政治与人民生活有机结合的问题。因此，在坚持调查研究的基础上，应力求做到真正"把握

---

① 《马克思恩格斯文集》第 1 卷，人民出版社，2009，第 502 页。
② 《中办印发〈关于在全党大兴调查研究的工作方案〉》，《人民日报》2023 年 3 月 20 日。

好全局和局部、当前和长远、宏观和微观、主要矛盾和次要矛盾、特殊和一般的关系，前瞻性思考、全局性谋划、整体性推进党和国家各项事业"①。詹姆逊（Fredric Jameson）说："文化研究是一种愿望，探讨这种愿望或许最好从政治和社会视角入手，把它看作是促成'历史大联合'的事业，而不是理论化地将它视为某个学科的规划图。"② 带着这份愿望，笔者在对研究问题进行宏观分析的基础上，微观规制和确定了"多彩贵州"传统节日文化品牌的构建与传播这个主题去开展研究。

（一）研究的问题

文化从来不是经济、政治、社会及生态之外的事物，而是它们之内的重要组成部分。因此，研究文化，在一定程度上说也就是在研究经济、政治、社会及生态。文化经济与经济文化、文化政治与政治文化、文化社会与社会文化及文化生态与生态文化之间交织着的复杂矛盾，共同熔铸了"多彩贵州"传统节日文化品牌的构建与传播体系。具体而言，在"多彩贵州"传统节日文化品牌构建与传播实践场域内，主要涉及以下一些宏观层面问题。认识、分析与解决这些问题，则是本书研究的前提和基础。

首先，厘清传统与现代的关系是前提和基础。当前，走向现代化或实现现代化已经成为任何国家和民族发展的目标或标识，但在实践和实现现代化的过程中，每个国家和民族又都面临着"剪不断、理还乱"的感情与思想纠葛。但就"多彩贵州"的传统节日来说，其文化品牌的构建与传播作为现代化视野下传统节日文化发展的一个过程，其实践背后始终贯穿着如何处理传统与现代的关系问题这条主线。因此，处理好传统与现代的关系是研究"多彩贵州"传统节日文化品牌构建与传播的首要问题。恩格斯曾说："世界不是既成事物的集合体，而是过程的集合体。"③ 在事物发展的过程中，传统与现代始终是作为相对的时间空间概念而存在的。因此，

① 《中办印发〈关于在全党大兴调查研究的工作方案〉》，《人民日报》2023年3月20日。
② 王逢振主编《詹姆逊文集（第3卷）：文化研究和政治意识》，蔡新乐等译，中国人民大学出版社，2015，第1页。
③ 《马克思恩格斯文集》第4卷，人民出版社，2009，第298页。

在认识、批判与反思简单的传统批判论和传统复兴说两种思潮的同时，一种以联系和发展为总特征的辩证整体观融进传统与现代的矛盾纠葛之中，使得传统与现代的矛盾关系得到了科学澄清。传统虽然意味着很多事物，但正如希尔斯（Edward Shils）所说，"就其最明显、最基本的意义来看，它的含义只是世代相传的东西（traditum），即任何从过去延传至今或相传至今的东西"①。因之，世代相传的事物、相传事物的同一性、传统的持续性等文化属性，充分说明了"无论其实质内容和制度背景是什么，传统就是历经延传而持久存在或一再出现的东西"②。和传统的复杂性一致，学界对现代的言说也呈现多样化状态。但在纷繁复杂的认识中，学者罗荣渠总结出了现代化的几种基本类型。他认为，现代化作为用来概括近代以来社会急剧变化的新名词，具有四种基本类型，即指近代资本主义兴起后的特定国际关系格局下，经济落后国家通过经济和技术发展去赶超先进国家的过程；现代化的实质就是工业化，是经济落后国家实现工业化的进程；工业化是工业革命以来人类急剧变动的过程；现代化主要是一种心理态度、价值观及生活方式的改变过程，是我们这个时代的一种文明形式。同时，在进一步论述人们对现代化的认识或现代化理论的由来时，他还特别强调马克思主义在现代化产生和发展过程中的重要作用③。

由此可见，虽然在现代与传统之间存在农业化与工业化、封闭与开放、分散与整体等矛盾关系，但这些矛盾关系作为一个过程而存在的事实却不容置疑，且工业化、技术化、文明化、市场化及过程化始终作为现代化的基本特征而存在。传统与现代之间的矛盾交织性，很好地说明了传统节日文化品牌的构建实践离不开对传统的传承环节，现代化必须是对优秀传统文化的继承与创新过程。此外，习近平总书记在文化传承发展座谈会上指出，中华文明具有突出的连续性、创新性、统一性、包容性及和平性④。这既是传统节日文化品牌重构的理念遵循，也是传统节日

① 〔美〕爱德华·希尔斯：《论传统》，傅铿、吕乐译，上海人民出版社，2014，第 12 页。
② 〔美〕爱德华·希尔斯：《论传统》，傅铿、吕乐译，上海人民出版社，2014，第 17 页。
③ 罗荣渠：《现代化新论——世界与中国的现代化进程》，北京大学出版社，1993，第 9 ～ 17 页。
④ 《担负起新的文化使命 努力建设中华民族现代文明》，《人民日报》2023 年 6 月 3 日。

文化品牌构建的实践指示。因此，唯物辩证法、传统与现代的矛盾关系及其在新时代形成的创新认识成为分析传统节日文化品牌构建与传播的实践逻辑。

其次，协调传承与发明的关系是关键。在"多彩贵州"传统节日文化品牌构建与传播过程中，除了厘清传统与现代的关系之外，还应明确文化传承与发明的关系。传统包含传承但不等于传承，传承是传统但不等于传统，传承是传统中内在的、本质的、必然性的部分。当前，在全面把握传统节日的传统性与现代性、现象与本质的关系时，我们更应关注传统节日中的实质性传统（substantive tradition），因为"所谓实质性传统也即崇尚过去的成就和智慧，崇尚蕴含传统的制度，并把从过去继承下来的行为模式视为有效指南的思想倾向"①。相较于以形式、现象为主要存在方式的非实质性传统而言，实质性传统是传统节日内在的、从一始终的本质属性，因而是传统节日在现代社会中赖以生存的前提和基础。传统节日是世俗的，但更具有神圣性，而这种神圣性主要内含在节日实质性传统之中。实质性传统始终与"超凡的""决定秩序的"力量相伴随，以展现人类对真善美的不懈追求而著称，且对人们伦理道德活动具有强烈规范和感召作用，因而被人们赋予了神圣的或超凡的特质②。诚然，节日实质性传统的神圣性特质的来源和根据或许不客观、不真实，但这并不妨碍人们对其进行神圣性的敬仰和崇尚。这也许就是传统节日民俗延续至今，且还保有生机的"不老秘诀"。

时下，传统节日受现代化浪潮冲击，正面临着生死存亡的紧要关头，社会各界不仅在积极呼吁和参与传统文化保护与发展工作，也在不断发起一场又一场、以文化再生产为主题的轰轰烈烈的"节日再造"运动。在社会构成主义途径中，"表征"被认为进入并参与了物的建构过程，文化随之被构想成一个原初的"构造"过程，在形成各种社会问题和历史方面，其重要性不亚于经济和物质基础，且不再被认为是事件发生以后对世界的

---

① 〔美〕爱德华·希尔斯：《论传统》，傅铿、吕乐译，上海人民出版社，2014，译序第2页。
② 〔美〕爱德华·希尔斯：《论传统》，傅铿、吕乐译，上海人民出版社，2014，译序第3~5页。

单纯反映①。文化实践十分重要，其重要性主要通过文化参与者赋予了人、事物及事件以特殊的意义来体现。在霍布斯鲍姆（Eric Hobsbawm）《传统的发明》一书出版后，学界对这种文化实践的界定和认识，则以"传统的发明"这一概念在文化学、民俗学、民族学、人类学中传播开去，引起了学界的广泛关注与积极探讨。其中，文化发明的诗学和政治学，分别从文化实践的艺术实践中去分析发展背后的文化表现和从文化实践的社会指向中去关注发展背后的政治意指而受到了学界的重点关注。因此，传统的传承与发明表征着现代的成长，现代的成长推进传统的传承与发明，在传统与现代、传承与发明、文化与政治的实践关系中，传统节日文化品牌构建与传播的过程与目标逐渐得以彰显。

再次，尊崇和发挥不同主体的力量是根本。文化是人的文化，人的本质决定文化的本质，人的变化发展带动文化的变化发展。马克思说："人的本质不是单个人所固有的抽象物，在其现实性上，它是一切社会关系的总和。"② 作为连接生产力和上层建筑的生产关系，在受生产力决定和上层建筑反作用的过程中，不断变化发展。恰恰是在推动人类社会发展的基本矛盾变化中，对全部社会生活是实践的、人的存在方式是实践的认识得到了充分的印证。因此，实践性作为人的本质，决定和预示了人是具体的、运动的、历史的、现实的人。与之相适应，作为人之为人的最高表现的文化，也必将在现实的人的变化发展中不断得以发明与创造。当前，在政府的强势介入、学者的积极推动、媒体的有力宣传、文化主体的自觉自信和社会大众的积极参与下，保护、传承、发明、利用、发展传统节日，已然成为社会主体的一种共识、社会发展的一种趋势及社会研究的一股热潮。其中，中国共产党作为中国特色社会主义建设的领导核心，始终是传统节日文化品牌构建与传播的根本保证和重要依靠。"一个传统节日的兴废，与政府执政的理念、施行的政策和施加影响的方式与程度紧密相关。"③ 党

---

① 〔英〕斯图尔特·霍尔编《表征——文化表象与意指实践》，徐亮、陆兴华译，商务印书馆，2003，第6页。
② 《马克思恩格斯文集》第1卷，人民出版社，2009，第505页。
③ 张士闪主编《中国民俗文化发展报告2012》，北京大学出版社，2013，第118页。

性和人民性的一致性，使得党能够带领人民去发挥人民主动性能动性创造性，促使传统节日文化品牌在现代社会中得到构建与传播。而为什么人的问题是一个根本的问题、原则的问题，涉及文化发展的本质。新时代随着社会主要矛盾的变化发展，人民对文化需求的层次越来越立体、形式越来越多样，且在模仿型排浪式消费转向多样化个性化消费的过程中，人民对文化发展的要求更高、期待更多。而传统节日作为中华优秀传统文化的重要代表，在新时代的发展现状和创新态势则会直接影响人民精神生活的层次与档次。因此，传统节日文化品牌在现代社会中得以构建与传播，是源自人民、为了人民、属于人民这个社会主义文化发展根本立场和鲜明特征的积极产物，是社会主义文化发展的关键所在，是社会主义文化价值观的集中体现。

最后，实现传统节日文化现代化是目标旨向。传统节日文化品牌的构建与传播作为文化再生产的一种类型，不仅具有人类实践的一般结构，也是特殊历史条件下以节日创造为主题的一次具体实践活动。列宁说："必须把人的全部实践——作为真理的标准，也作为事物同人所需要它的那一点的联系的实际确定者——包括到事物的完整的'定义'中去。"① 相应地，在传统节日文化品牌构建与传播的复杂场域中，以文化现代化为主旨，达致文化传承、文化发明与文化现代化"三位一体"，则是传统节日文化品牌构建与传播的当务之急和最高诉求。具体而言，立足于对传统与现代、传承与发明、构建与传播辩证关系的分析，我们认为传统节日文化品牌构建与传播的目标可以通过理念现代化、实践现代化及价值现代化来实现。

理念是行动的先导，理念来自理论，理论的科学性和先进性决定了理念的科学性和先进性。唯物辩证法作为马克思主义的重要组成部分，其实质和核心是矛盾分析法。运用对立统一规律去分析传承与发明之间的内在矛盾性，无疑是推进传统节日现代化的理论前提和基础。处理好传统节日现代性重构中的各种关系，实现上下关系、前后关系、左右关系、内外关

---

① 《列宁选集》第4卷，人民出版社，1995，第419页。

系的一致性和整体性，不仅是一个技术问题，也是一个社会问题。因此，在处理这些关系时，一定要把唯物史观、大历史观及正确党史观有机结合起来，在秉持整体性发展理念中推进传统节日现代化。并且，现代化的本质是人的现代化，而人的现代化更多地体现在人的意识观念的先进性上。实践作为人能动地认识世界和改造世界的社会性的物质活动，客观物质性、自觉能动性、社会历史性是其基本特征。传统节日现代性重构作为文化领域的实践活动，除了具有一般实践活动的基本特征之外，还具有文化实践的独特性。这种独特性集中体现为传统节日现代性重构及其现代化目标是通过文化创新来实现的。传统节日文化品牌构建与传播就是在文化创新中进行和实现的，因而传统节日文化品牌构建与传播本质上就是节日文化创新，文化创新的结果就是传统节日文化品牌构建与传播的实现。传统节日文化品牌构建与传播作为集真理性、实践性与价值性于一体的混合物，其价值现代化不仅体现在传统节日内存的神圣性价值在新时代的保存中，也反映在传统节日现代性重构中传统节日文化价值的延展上，因此要充分考虑传统节日作为一种文化融入社会发展和人类进步中而产生出来的外价值。具体来说，促进人的现代化、推进社会的现代化、保存人类文化多样化，无疑是传统节日文化品牌构建与传播的价值目标。

此外，在"多彩贵州"传统节日文化品牌构建与传播中，还会涉及节日与生活、文化与品牌等复杂关系。但毋庸置疑的是，在处理各种关系时，"无论是人类学家还是普通人，都是在用自我去理解他者。赋予世界意义作为一项解释性的目标并不起始于空白的白板，而在于在不连续的个体身上编织意义的机制的特征。因此，描述'他者'的每一个版本都是对自我的解构"①。怀着对传统节日文化的喜爱和对学术研究的敬畏，笔者在遵循以上宏观原则的基础上，展开了对"多彩贵州"传统节日文化品牌构建与传播的具体研究。

（二）问题的确定

诚然，把"多彩贵州"传统节日文化品牌构建与传播放在历史大背景

---

① 转引自〔英〕奈杰尔·拉波特、乔安娜·奥弗林《社会文化人类学的关键概念》，鲍雯妍、张亚辉等译，华夏出版社，2005，第22页。

和时代发展要求中去思考，则会增强研究的问题意识和增大实践价值。而把"多彩贵州"传统节日文化品牌构建与传播融进特定地域、特定环境、特定文化及特定主体中去考量，则会提升研究的可操作性和信度。具体而言，笔者确定"多彩贵州"传统节日文化品牌构建与传播为具体研究对象，有以下几个方面的思量。

首先，从文化视角全面展示贵州新时代非凡十年。党的十八大以来的十年，是贵州经济社会全面发展的十年。贵州不仅创造了脱贫攻坚"省级样板"，也走出了一条发展和生态、发展和安全、发展和民生有机结合的新路，扶贫工作取得历史性全胜、经济发展取得历史性跨越，基础设施取得历史性巨变、优势产业取得历史性突破、生态与民生取得了历史性飞跃。而要对贵州新时代非凡十年取得的这些成绩进行全面呈现和概括，文化的视角无疑是十分适宜的，因为文化是社会发展的重要内容，是人类进步的显著标志。把"多彩贵州"传统节日文化发展与新时代贵州社会后进赶超的实践结合起来，全面展示新时代贵州及其传统文化的发展过程和现实样态，无疑是本书研究的初衷和主旨。

其次，全面彰显"多彩贵州"传统文化的多样性丰富性。"多彩贵州"作为近年来贵州着力打造的省级文化名片，早已成为向外界全面展示贵州多元民族、多彩文化的品牌和平台。当前，贵州红色文化、民族文化、屯堡文化、生态文化、酒文化等早已名扬中外，"村BA""村超""村歌"等独特文化又"老树发新芽"，贵州传统文化在2023年的夏天火遍了全国，受到了世人的广泛关注。节日作为"文化丛"，是对特定地域特定民族文化的集中体现。因此，以"多彩贵州"传统节日为媒为线，全面彰显贵州民族特点、地方特点和地理特点，展示贵州社会"多元一体"的魅力，增强贵州各民族文化自觉、文化自信及文化自强，是本书研究的核心和实质。

再次，辩证审视"多彩贵州"传统节日发展样态和趋势。近年来，在贵州全省强力推进"大扶贫""大数据""大生态"三大战略中，贵州传统节日文化由于种类多、原生态、特色强、内涵丰富等而在其中脱颖而出，并以旅游节日的形式呈现于世人面前，成为贵州向外界发出的邀请函中的"形象大使",推动了贵州节日游和贵州文化大繁荣大发展。但在贵州传统节日对外展示取得成绩的同时,其也存在诸如形式多样而内涵挖掘不足、类型多元而内容程式化严重、经济唱戏而文化价值彰显不够、整合化明显而整体性欠缺、重视程度高而传承机制不完善等问题。因此,立足于唯物辩证法指引,在看到"多彩贵州"传统节日发展真实样态基础上,明确节日发展总体向好的趋势,发现节日发展中存在的些许不足,则是推动贵州传统节日不断发展的动力和源泉。

又次,拓宽研究范围以提升研究层次。长期以来,笔者以文化发展,特别是少数民族地区文化发展为主要研究方向,研究范围涉及整个西部,研究对象遍及少数民族节日、宗教、技艺、乡村文化建设等方面,取得了较为丰硕的成果。迄今为止,出版有关文化发展的学术专著 5 本,合著 2 本,发表与文化相关的学术文章 120 多篇,主持过与文化相关的国家级、省级等课题数项,获得过省级政府奖数次。由此可见,本书研究目标的确定是建立在笔者扎实的研究基础之上的产物。同时,在从事文化研究的过程中,笔者深深感受到了文化内蕴着的巨大力量,希望通过自身研究来推动文化造福于人民、社会和国家。因为马克思曾说:"人就是人的世界,就是国家,社会。"① 但遗憾的是,以往研究或者过于注重个案描述,或者过于强调理论分析,笔者还很少有把传统节日文化与区域社会发展有机结合起来的研究成果出现。此外,学术界至今关于传统节日文化品牌的研究成果也十分稀少。基于此,笔者选择把"多彩贵州"传统节日文化品牌的构建与传播作为研究对象,不仅有着拓展研究范围和视野、发挥研究者文化研究之长的目的,也怀揣着在一定程度上填补传统节日研究空白、提升传统节日研究层次的目标。

最后,"文化热"推动了本书的产生。新时代以来,党和国家对文化的重视日益增强,在全面复兴传统文化、推进传统文化"两创"、实现马克思主义同中华优秀传统文化相结合、文化强国战略目标的设定及努力建设中华民族现代文明等政治权力话语指导下,文化复兴和文化建设已然成

---

① 《马克思恩格斯文集》第 1 卷,人民出版社,2009,第 3 页。

为中国社会当下最热最火的实践之一，且在这个实践中，党和人民对于文化建设的价值和意义也有了全新而科学的认识。"四个自信"归根结底是文化自信，而文化自信是更基础、更广泛、更深厚的自信，文化自信是最基本、最深沉、最持久的力量。此外，在当今"文化热"情境下，贵州"最宝贵的资源是民族、最经典的品牌是民族、最耀眼的名片是民族"。"山地公园省"和"多彩民族风"的先后提出，"多彩贵州"文化品牌的正式确立更是直接推动了本书的产生。

二　选题相关研究动态

"文化是一个国家、一个民族的灵魂。文化兴国运兴，文化强民族强。没有高度的文化自信，没有文化的繁荣兴盛，就没有中华民族伟大复兴。"[①] 优秀传统节日文化资源凝结着中华民族的民族精神和民族情感，承载着中华民族的文化血脉和思想精华，是维系国家统一、民族团结和社会和谐的重要精神纽带，是建设社会主义先进文化的宝贵资源。在实现中华民族伟大复兴的关键时期，如何发挥文化在社会发展中凝心聚力的作用已成为社会各界共同关注的焦点。因此，"多彩贵州"传统节日文化品牌的构建与传播研究成为当前学术研究中的一个重要课题。在对国内外相关研究的学术史进行概述的基础上，笔者主要抓住文化品牌的构建与传播、"多彩贵州"文化品牌的构建与传播及"多彩贵州"传统节日文化品牌的构建与传播三个核心要素，对选题涉及的相关研究动态进行把握，以此达到为本书研究提供学术支撑与创新根基的目的。

（一）国内外相关研究的学术史

长期以来，传统节日一直是文化学者所忽视的研究对象和领域。直到20世纪60年代末70年代初，西方学者才开始将节日纳入他们的研究视野和范围，且研究重心主要集中在节日的内涵、仪式及文化认同功能等几个方面。而在国内，学界对传统节日的研究是从20世纪80年代才开始的，但近十年来，在非物质文化遗产热的推动下，学界针对传统节日的相关研

[①] 《党的十九大报告辅导读本》，人民出版社，2017，第40页。

究日渐增多。具体来说，国内学界对于节日文化的研究主要侧重于以下几个方面：节日文化发展困境及对策、节日文化与现代社会的融合、节日文化的保护、节日文化的价值与古代节日文化传承、国外节日特点等。西方学界对于节日文化的研究成果也十分丰富，西方学者研究的重心主要在从民俗的内涵去看西方节日文化、对节日文化全方面多层次的认识和分析、作为"非遗"和旅游资源的节日文化如何保护与创新发展等方面。但总的来说，当前，中西方学界在研究取向、理论支撑、研究内容和研究目标等核心理念上，基本保持着一致。

随着非物质文化遗产热的兴起，节日文化得到了中外学界的广泛关注，研究呈现出以下特点：第一，研究范围和视域不断扩大，成果愈加丰富；第二，对节日文化的描述性、普及性成果多，但对节日文化进行深度分析的成果不多；第三，研究成果较多关注节日文化的现状，而很少关注节日文化的过去和未来发展；第四，从某一视角入手对某一节日进行全面分析的成果较多，但从区域或从流域出发去分析传统节日的研究成果较少；第五，把理论和实践有机结合起来进行中层范围研究的作品不多。此外，节日文化作为"国家战略"、文化遗产和旅游资源的一部分，受到了当前学界的广泛关注。

（二）文化品牌构建与传播相关研究

在国外，学者主要把传统节日文化纳入传统文化中去论述，在文化品牌的构建上，主要形成了以下观点。其一，理论阐释。在对品牌内涵的把握上，西方有符号说［菲利普·科特勒（Philip Kotler）］、综合说［大卫·奥格威（David Ogilvy）］、关系说［迈克尔·佩里（Michael Perry）］及资产说［A. L. 贝尔（Alexander L. Biel）］，且大都认为品牌具有识别性、价值性和领导性等本质特征。道桑·蒙杰里（Dawsan Munjeri）、劳拉·史密斯（Laurajane Smith）及赤川奈津子（Natsuko Akagawa）认为，要注重"非物质文化遗产"这一概念，并发挥这些文化遗产的品牌效应。迈克·芬格（J. Michael Finger）等在《穷人的知识：改善发展中国家的知识产权》一书中认为，发挥文化品牌功能的引领作用可以在很多方面产生效益。其二，构建方式。日本、韩国在传统文化的品牌构建上尤为努力。在品牌构建中，韩国学者十分强调文化品牌的原真性原则，日本学者则较为重视利用教育去发挥传统文化品牌的价值功能。而美国和欧洲一些国家则通过把传统文化融入市场的方式去达到品牌构建与传播的目标。其三，品牌功能。发挥文化品牌的教育与引领功能的研究大致始于 20 世纪六七十年代，早期主要通过文化艺术节来发挥和检验其品牌价值，研究开始涉及品牌构建对文化传承的意义。比如，20 世纪 80 年代初，克雷格·克里德尔（Craig Kridel）从功能主义的角度探讨了节日文化品牌的综合性社会功能。其四，品牌传播。弗里达·坎贝尔（Frieda Campbell）、库尔特·勒温（Kurt Lewin）等都认为传统文化发展与保护的困境仍然没有解决，在传统文化传播实践中，"5W"的完整传播模式仍未成熟。纳尔什·格雷本（Nelson Grabum）等也指出要加强对传统文化品牌的构建与传播，必须借助全方位多层次的文化保护与创新系统才能完成。总之，国外学者看到了传统文化品牌构建与传播的重要作用，这对于"多彩贵州"传统节日文化品牌的构建与传播来说，无疑是十分有益的。

在国内，针对传统节日文化开展的研究众多，特别是党的十八大以来，随着文化在社会发展中的地位和作用不断凸显，这种研究态势显得更为明显。同时，学界关于文化品牌的研究成果也十分丰富。截至 2023 年 6 月，笔者用中国知网进行统计（2013 ～ 2023 年），以"文化品牌"作为检索主题词，相关学术论文多达 2631 篇，以"文化品牌"为篇名进行检索，相关学术论文为 1621 篇。结合相关论著和论文，笔者认为国内关于文化品牌的构建与传播方面的研究成果主要表现在以下几个方面。

首先，文化品牌内涵与分类。学界对于品牌内涵进行了多方面的论述，有学者表示，文化品牌就是文化产业品牌化的结果，是文化精神价值与经济价值的双重凝聚，其除了与普通商业品牌具有同质性外，还具有意识形态属性、更注重品格与个性色彩、强调感情投入和精神因素、具有垄断性和唯一性[①]。也有学者认为，文化品牌是企业或组织为满足消费者及自身发展的需要，为了实现文化产品的经济价值与精神价值，而对文化、

---

① 刘文俭：《省域文化品牌建设的思路与对策——以山东为例》，《北京行政学院学报》2010 年第 4 期。

艺术、休闲、娱乐、新闻、出版、传播等行业的产品或劳务进行名称、图案、文字、象征、设计上的组合，是消费者对文化产品认识的总和①。以上两种对文化品牌内涵的认识都奠基在品牌内涵上，将文化产品的精神价值和经济价值作为主要的评价要素。除此之外，大多数学者针对某个地域文化、特色产业、旅游产品等从文化产业或文化组织角度对文化品牌的内涵进行了探析。例如：覃萍、梁培林通过分析广西民族传统文化，提出刘三姐文化品牌就是源于刘三姐文化传统，以壮族为主，综合广西多民族文化特色形成的有形资产与无形资产的知识总和②。又如，有学者认为将当地的特色产业命名为文化品牌，有助于整合民族传统文化资源和提升文化产品地位，从而带来品牌效应和产业联动效应。王雅红、何新胜在《旅游学原理与西北文化旅游》一书中，阐明了文化旅游品牌就是以高质量和知名度为特征的旅游目的地，以企业、产品以及服务为代表的产品系统和认知系统，体现着旅游产品的个性及旅游者的高度认同。通过塑造文化品牌呈现当地鲜明的旅游形象，增强文化旅游竞争力，是世界各地文化旅游发展的重要趋势③。还有的学者通过评估茶产业、酒产业等经济产业的发展趋势，指出要将茶文化、酒文化融入产业区域品牌建设，打造以特有文化产品为标识的区域文化品牌，不断提炼品牌内涵，增强区域公共品牌的市场竞争力，促进区域经济发展④。不难看出，文化品牌内涵丰富，相关论述也较为全面，但与传统节日文化品牌内涵及类型直接相关的研究相对较少。现有研究现状既为本书研究提供了经验和基础，但同时也带来了挑战。立足于已有研究，我们力求承继性地去攻克传统节日文化品牌相关研究的薄弱环节，推动形成内容充实、结构完整的文化品牌体系。

有学者指出文化品牌具有三个基本特征：一是具有较高的文化境界和

① 宋颖鑫：《析成都三圣花乡文化品牌的构建与管理》，重庆大学硕士学位论文，2010，第20~25页。
② 覃萍、梁培林：《解读民族文化品牌——以刘三姐文化品牌为例》，《广西社会科学》2006年第4期。
③ 王雅红、何新胜编著《旅游学原理与西北文化旅游》，兰州大学出版社，2007，第327~328页。
④ 李宏英：《茶产业区域品牌文化内涵塑造与传播策略研究》，《中国管理信息化》2020年第5期。

特有的精神属性;二是立足于本土,具有坚定的文化自信和独特的文化身份;三是在建设上注重文化创意,力求创新发展①。还有学者认为我国文化品牌的特征主要体现在品牌类别分布广、创意品牌发展迅猛及品牌领军人才大量涌现等方面②。从上述特征可以看出,我国文化品牌正处于迅速发展时期。在迅速发展的过程中,形成了种类丰富的文化品牌,学界较为一致地认同从主体、层次及内容三个层面对文化品牌进行分类。其一,从主体上看,文化品牌分为社区文化品牌、企业文化品牌、校园文化品牌、机关文化品牌;其二,从层次上看,文化品牌分为镇街文化品牌、县域文化品牌、城市文化品牌、省域文化品牌、国家文化品牌;其三,从内容上看,文化品牌分为文化产品品牌、建筑文化品牌、节会文化品牌、广场文化品牌、旅游文化品牌、餐饮文化品牌、演艺文化品牌、传媒文化品牌、民俗文化品牌③。虽然目前文化品牌的分类逐渐多样化,但是还不够全面系统,还有诸多品牌并未囊括其中。因此,针对这一突出的问题,应对我国的文化品牌进行深入研究,以建立属于我国完整而立体的文化品牌类别体系。

其次,文化品牌构建。学界从经济、政治、文化、社会及生态等视角入手,对不同类型的文化品牌构建目标、路径、策略、方法、模式及评价标准等进行了全方面的探析。截至2023年6月,笔者在中国知网以"文化品牌构建"为主题词进行检索,共有相关学术论文906篇,以"文化品牌构建"为篇名进行检索,共有相关学术论文611篇。通过分析相关研究成果,笔者发现学者们绝大多数都以上文中所提及的文化品牌为对象,围绕不同品牌的特点提出了品牌构建建议。其中与"企业文化品牌构建"相关的学术论文共有62篇,与"城市文化品牌构建"相关的学术论文共有57篇,与"校园文化品牌构建"相关的学术论文共有42篇,与"民俗文化

① 肖玮:《论我国文化品牌的创意实现》,《河南工业大学学报》(社会科学版)2013年第2期。

② 欧阳友权:《中国文化品牌的特征及发展对策——以〈中国文化品牌报告〉为例》,《深圳大学学报》(人文社会科学版)2009年第4期。

③ 刘文俭:《省域文化品牌建设的思路与对策——以山东为例》,《北京行政学院学报》2010年第4期。

品牌构建"相关的学术论文共有 24 篇，与"旅游文化品牌构建"相关的学术论文共有 23 篇。从数据中可以发现，学术界侧重于对企业文化品牌构建展开研究，而直接研究传统民族节日等相关文化品牌构建的成果较少，这进一步体现出加强对传统节日文化品牌的研究势在必行。

不同类型的文化品牌构建方式有差异，但构建方式之间可以互通有无，交互影响。因此，应该积极借鉴其他文化品牌构建过程中积累起来的经验，从而推动构建传统节日文化品牌。在构建企业品牌文化的过程中，徐丽、胡仪元认为企业首先要激发高素质人才的认同并参与品牌文化的构建；其次企业要满足消费者需求并完善企业品牌文化的服务体系；最后还应该不断增强企业品牌文化凝聚力，扩大对外影响，为企业品牌文化的创造性发展提供有力保障①。还有学者提出，企业品牌包括"产品品牌"和"文化品牌"。针对企业文化品牌的构建，应该采取自上而下、从内到外的方式，要梳理好企业的自然文化，整合提炼出有本企业特色的价值信念，制定实施与企业价值信念相配套的机制，同时还应该制定实施相应的 CIS 战略，形成完整的企业文化品牌②。何智国认为企业品牌文化的构建，不仅要推进企业科学管理，还要培养和提高企业员工的综合素质，从而向内凝聚起企业内力，向外树立起企业的良好口碑③。此外，构建良好的企业文化品牌还应该时刻关注市场变化，挖掘客户诉求，从而为企业带来长远的经济利益。

城市文化品牌是城市文化中参与城市经济建设的一个组成部分，打造城市文化品牌有利于形成持续发展的动力，提高城市的吸引力。构建什么样的城市文化品牌、如何构建城市文化品牌，引起了学术界的高度关注。梁明珠等人指出，要通过城市文化的各种表现要素来构建旅游城市品牌。其一，借助文化经典，塑造城市理念。其二，以景观及设施为载体，延续旅游城市历史脉络。其三，进行服务创新，构建优质社会服务体系，动员全民参与，营造积极的文化氛围。其四，进行个性化城市营销，提高旅游

---

① 徐丽、胡仪元：《企业品牌文化的构建研究》，《生态经济》2008 年第 8 期。
② 丁承学：《论企业"文化品牌"的构建与落实》，《中国经贸导刊》2012 年第 17 期。
③ 何智国：《企业品牌文化的构建研究》，《东方企业文化》2012 年第 8 期。

城市品牌竞争力①。李庚表示，构建城市文化品牌，必须以自然环境为基础，以人文传统为核心和灵魂，以区域特色为主题，在此基础上，挖掘资源，传承和创新城市文化；发挥民族文化和地方特色，丰富城市文化品牌；要在传承中培育特色文化品牌；要统筹兼顾保护城市历史文化，从而提升城市文化品牌形象，让人们对所居住的城市有归属感②。还有学者提出，构建城市文化品牌首先应该明确一个城市所拥有的文化资源，然后将这些资源进行初步的梳理与整合，寻找和开发资源内部与资源之间具有鲜明特色的部分，对其商业价值和社会价值进行深入挖掘与分析，使之成为可供形成品牌的特色文化资源③。总之，虽然我国城镇化的进程不断加快，城市文化品牌的发展逐渐成形，内容也在不断丰富，但是在构建过程中仍然存在不少问题。因此，构建城市文化品牌，必须立足于本城市的具体实际，积极借鉴国内外城市构建专属文化品牌方面的先进经验和最新研究成果，全力打造富有深厚内涵和鲜明特色的城市文化品牌。

校园文化是学校的名片，代表着学校的形象和办学实力。构建独特的校园文化品牌，不仅能促进校园文化的创新、形成独具特色的校园文化，更能推进校园文化建设。因此，有学者指出，构建校园文化品牌首先要注重内涵，整合资源，构建规范管理机制；其次要深挖独具特色的校园文化，构建明确的定位机制；最后应该统筹整体，发挥品牌功能，构建文化融合机制④。不同的院校、不同的学生群体有各自构建文化品牌的方式。又如，韩刚、綦珊以研究生群体为例，指出校园文化品牌的构建主要有两方面的着力点：第一，深入分析文化活动品牌的各项支持因素，确保品牌活动的精神实质与学校德育工作宗旨相辅相成；第二，对品牌活动的长期爱护和科学管理，应该始终贯彻高校研究生德育规划思想，使二者相互观照、相互促进⑤。再如，卢亚莲通过分析高职院校的主要特点，认为构建

① 梁明珠等：《论城市文化与旅游城市品牌构建》，《商讯商业经济文荟》2005年第1期。
② 李庚：《关于构建城市文化品牌的研究》，《城市开发》2022年第9期。
③ 陈则谦：《论城市文化品牌构建》，《合作经济与科技》2011年第18期。
④ 夏玮：《构建高校校园文化品牌的路径探究》，《教书育人（高教论坛）》2019年第21期。
⑤ 韩刚、綦珊：《高校校园文化品牌的构建与管理研究——以研究生群体为例》，《黑龙江高教研究》2013年第4期。

高职院校校园文化品牌的基本策略包括四个方面：构建充满人文关怀的物质文化；培育求真向善向美的精神文化；推崇科学民主文明的制度文化；倡导彰显办学特色的行为文化①。由上述内容可以看出，构建校园文化品牌最基础的就是要形成对品牌内涵的充分理解，只有在理解的基础上，才能进一步将其打造成与众不同的文化品牌。

贵州拥有丰富的民俗文化资源，但是由于各种因素的制约，一部分少数民族地区并没有形成区域核心文化品牌，这在很大程度上制约了民俗文化对区域社会积极作用的发挥。面对这一亟待突破的难关，黄珊珊、李明飞认为少数民族民俗文化品牌的打造与构建需要经过一个严苛的程序：第一，选择合适的民俗文化；第二，提炼民俗文化内涵；第三，明确文化品牌定位；第四，推动文化精英关注；第五，促进多元主体参与②。有学者调查发现目前贵州民俗文化产业品牌的构建存在品牌战略缺失、品牌定位模糊、品牌营销策略落后等问题，认为应该从以下三个方面构建贵州民俗文化品牌：第一，创新品牌理念，实施民俗文化产业品牌战略；第二，明晰品牌定位，丰富民俗文化产业品牌内涵；第三，整合营销策略，扩大民俗文化产业品牌效应③。杨谨瑜结合少数民族传统民俗文化现状，指出应该选择适宜的民俗文化品牌，抓住民俗文化的精粹，明确民俗文化品牌的定位，通过多种方式提高民俗文化品牌的关注度④。杜建军则以民俗体育文化为例，指出民俗文化品牌的构建暗含了品牌的再定位、再开发、不间断的营销和管理等反复的行为过程。因此，需要根据该系统本身运行的客观规律，协调各子系统之间的关系，以达到整个系统的预期目的和最优化目标，实现民俗体育文化与旅游产业的融合以及塑造出具有影响力和美誉度的民俗体育文化旅游品牌⑤。还有学者认为只有培育和打造出独具地方

① 卢亚莲：《对高职院校构建品牌校园文化的若干思考》，《学校党建与思想政治教育》2014年第17期。
② 黄珊珊、李明飞：《少数民族民俗文化的区域品牌构建》，《贵州民族研究》2017年第3期。
③ 范培培：《贵州民俗文化产业品牌构建现状及策略研究》，《贵阳学院学报》（社会科学版）2018年第1期。
④ 杨谨瑜：《少数民族民俗文化品牌的保护与传播》，《文教资料》2020年第3期。
⑤ 杜建军：《产业融合视域下的文化旅游品牌塑造系统构建——以民俗体育文化旅游为例》，《商业时代》2014年第13期。

特色的民俗文化品牌，才能将民俗文化资源转化为地方发展优势，推动民俗文化的创造性转化和创新性发展，加深民俗文化的影响力，同时促进地方经济的发展①。

　　旅游业的发展推动着整个社会经济的发展，新的时代条件下，必须加强对旅游文化的关注与重视，构建特色旅游文化品牌，以中国式现代化全面推进中华民族伟大复兴。关于旅游文化品牌的构建，当前大多数学者基本上都是结合特定区域进行研究的。例如，张战军、聂太广结合安顺旅游文化要素，认为安顺城市旅游文化品牌开发应该从以下几方面入手：第一，形成"阴阳交融、包容开放"的核心城市旅游文化品牌；第二，提出并推广特色城市旅游文化品牌口号；第三，依据特色城市旅游文化品牌建设特色安顺②。黄晓晖、邓春林通过分析韶关地区历史发展过程中形成的历史文化和各种民俗风情，提出在韶关打造特色的"修心""修身""修炼"的"三修"文化③。吕白羽指出，全力构建民族地区乡村旅游文化品牌必须树立品牌意识，实施环境优化工程，加强民俗文化研究，启动文化资源保护工程，加大营销推介力度，完善民族文化品牌营销策略，以此带动民族地区经济跨越式发展，解决民族地区贫困难题，建设社会主义新农村④。总之，构建旅游文化品牌必须要结合当地特有的旅游要素，从而打造出有特色、有创新、有突破的旅游文化品牌，以此增强当地旅游文化品牌的品牌吸引力、品牌凝聚力、品牌感染力。

　　综上所述，文化品牌作为文化精神和文化价值的重要载体，是突出产业特色以及推动经济持续发展的重要资源和保障。不管构建哪一种文化品牌，都应该在明确品牌核心价值观、找准品牌定位基础上，结合具体实际深挖品牌特色，用品牌特色助力品牌建设，用品牌发展促进产业进步，最终实现以产业进步促进当地经济、政治、文化、社会及生态的全方位

①　王玲：《中国高端白酒品牌文化建设策略——以茅台酒为例》，《对外经贸》2014年第4期。
②　张战军、聂太广：《安顺城市旅游文化品牌构建与开发》，《安顺学院学报》2014年第3期。
③　黄晓晖、邓春林：《构建韶关"修·闲"旅游文化品牌的思考》，《韶关学院学报》2016年第5期。
④　吕白羽：《全力构建民族地区乡村旅游文化品牌的思考——以湘西州为例》，《全国商情（经济理论研究）》2009年第8期。

发展。

最后，文化品牌传播。从 1997 年余明阳把传播学和品牌文化结合起来分析开始，品牌传播学的理论与实践愈加成熟。当前，学界关于借助现代新媒体去达到品牌传播的目的研究十分盛行。这方面的研究学者众多，以余明阳、吴佐夫、舒咏平、张金海等为代表。截至 2023 年 6 月，笔者在中国知网以"文化品牌传播"为主题词进行检索，共有相关学术论文 894 篇，以"文化品牌传播"为篇名进行检索，共有相关学术论文 239 篇。通过分析检索结果，笔者发现学者们绝大多数都是从上文提及的文化品牌出发去探讨不同类型文化品牌的传播，其中与"城市文化品牌传播"相关的学术论文共有 123 篇，与"企业文化品牌传播"相关的学术论文共有 50 篇，与"文化产品品牌传播"相关的学术论文共有 34 篇，与"旅游文化品牌传播"相关的学术论文共有 22 篇，与"民俗文化品牌传播"相关的学术论文共有 20 篇。下文对以上几种研究成果相对较多的文化品牌进行分析，以期对传统节日文化品牌传播提供理论指导和现实参考。

城市文化品牌发展因地域的不同、文化的差异而展现出独特属性，但无论城市如何发展，其发展基本方针都是坚持中国共产党的全面领导，目标都是促进城市发展。因此，城市文化品牌传播是共性和个性的统一，是普遍性和特殊性的结合。针对城市文化品牌的传播，李娇指出，政府作为城市文化传播的主体，应该发挥好电视媒体、网络媒体、报纸、户外媒介等的作用，坚持标准化、本土化、国际化原则，利用好公共关系传播、广告传播、会展传播、人际传播等重要手段，从而在品牌传播中占据主动权、获得发言权，在城市竞争中凸显自己的影响力①。有学者认为城市文化品牌的传播首先要做好定位，强化城市文化品牌的招标设计与推广工作；其次要加大新媒体推广力度，推动新媒体技术的全面应用；最后还要抓住机遇、大力宣传，增强城市公德意识、取得人文建设新成果②。不同城市文化品牌的传播方式各有不同，罗颖指出，长沙在城市文化品牌传播

---

① 李娇：《我国城市文化品牌的塑造与传播研究》，中南大学硕士学位论文，2009。
② 王彩云：《媒体融合背景下沈阳城市文化品牌传播的策略研究》，《大舞台》2015 年第 11 期。

中存在管理规划欠缺、发展模式多变、形象识别机制缺失等问题，认为传播长沙城市文化品牌应该从以下几方面着手：第一，提炼核心价值，导入城市识别系统；第二，开展城市活动，塑造城市形象；第三，借助大众媒体，传播城市品牌；第四，改善湖湘城市环境，优化口碑传播模式；第五，发展文化产业，提升品牌传播效益①。

积极向上的企业文化品牌有助于企业产生良好的经济效益以及深远的社会影响。企业文化是企业发展的精神支撑，健康有益的企业文化一经传播，不仅能增强企业内部的向心力，同时也能吸引更多来自企业外部的关注。那么如何高效传播企业文化品牌？有学者表示首先应该通过访谈、座谈等方式调查企业文化的现状，达到对企业文化的深入了解；其次对企业文化品牌进行合理定位，以确立好企业文化品牌传播方向；最后企业领导和员工都必须坚持以企业价值观为核心，善于将现代化媒体手段运用到传播过程中，做到行为与品牌理念相一致，从而积极推进企业文化品牌的传播进程②。苏顽鹏指出，在融媒体背景下，中小型企业迎来了新的发展机遇，企业文化品牌也实现了迅速、广泛传播。在这样的大环境下，要想实现以融媒体推进企业文化品牌传播创新，提高品牌传播力与影响力的目的，首先应该认识到融媒体以"数字化、数据化"为关键因素，以"用户第一"为核心要义，宣传时要做到品牌有价值、宣传有目标、公众有参与；其次企业要重视融媒体平台的开发建设，制定好品牌传播创新策略，借助好融媒体平台，讲好文化品牌故事；最后要注重融媒体人才的培养，积极做好融媒体平台维护，进而在融媒体时代开辟出一条属于企业文化品牌未来进一步发展的"康庄大道"③。

在当代经济活动中，品牌已经渗透到各个经济领域，基本上所有的行业都需要进行品牌塑造与传播。品牌文化产品的数量多少与国家的文化产业发展水平息息相关，任何一个文化强国的崛起都需要一大批名扬世界的

---

① 罗颖：《长沙城市品牌传播的现状与对策》，中南大学硕士学位论文，2011。
② 刘晓英：《基于企业文化的品牌传播研究》，《经济问题》2008 年第 1 期。
③ 苏顽鹏：《融媒体背景下中小企业文化品牌传播的实践探索——以抖音自媒体平台为例》，《佳木斯大学社会科学学报》2021 年第 1 期。

文化产品作为支撑。因此,打造著名文化产品品牌并推动该品牌的传播是文化建设的当务之急。有学者指出,在我国文化与科技融合趋势下,文化产业已经逐渐开始进入互联网时代,但我国文化产品品牌在发展过程中出现了品牌传播未能充分结合新媒体平台、品牌发展呈现出过度娱乐化的趋势、文化产品品牌定位模糊、文化产业总体实力不强等问题,针对这些问题首先就是要明确品牌发展定位,强化产品开发以及文化产业品牌发展意识,另外还应该完善文化产业品牌保障机制,创新文化产业品牌发展模式,从而引导文化产业品牌不断发展①。还有学者指出,文化产业品牌具有六大特征,即品牌价值呈现网络效应和马太效应、品牌构建高风险、具有较强的延伸性和外溢效应、外部性强、产品品牌比企业知名度高、具有垄断性等,基于六大特征,该学者提出了六大传播策略:提升品牌知名度是首要传播策略、侧重集成创新与消化吸收再创新策略、品牌符号的跨平台传播策略、品牌塑造与传播的正能量策略、产品品牌与企业品牌同步传播策略、品牌的知识产权保护策略②。可以看出,六大传播策略回应了如何应对品牌传播过程中的各项挑战,有助于为规划文化产业品牌的发展提供学理参考,从而塑造出专属我国的著名文化产品品牌。

打响旅游文化品牌,既是实现社会和经济双重价值的内生动力,同时也是文体与旅游全面融入新时代的发展要义。张文娟基于网络声量大数据的分析,指出江南旅游景区文化品牌在传播过程中陷入了品牌挖掘不到位、品牌宣传吸引力不足、品牌传播渠道单一的现实困境。因此,为走出旅游文化品牌传播的困境,就需要坚持以下几条提升传播力的路径。首先,深度开发区域特色景区文化品牌,提升品牌传播形象。其次,优化景区文化品牌媒体宣传模式,形成主动传播效应。最后,丰富景区文化品牌传播创新形式,增强品牌传播力③。杨渊、王兵则在"一带一路"建设契机中,着力于找寻如何扩大乐山旅游文化的国际传播之路,助力乐山成为

---

① 吴佩霜:《基于文化科技融合视角的文化产品品牌管理路径研究》,《企业改革与管理》2021 年第 14 期。
② 尹良润:《文化产业品牌的基本特征与传播策略》,《新闻爱好者》2013 年第 7 期。
③ 张文娟:《江南旅游景区文化品牌传播力提升路径研究——基于网络声量大数据的分析》,《河北旅游职业学院学报》2021 年第 2 期。

世界重要旅游目的地"核心区"。其一，借助省旅游文化国际推广平台，为乐山进行特色旅游文化宣传。其二，加强与海外机构合作，建立"乐山"海外推广站。其三，以影视为载体，实现乐山旅游文化的广地域、多群体、长时效传播。其四，借力高校留学生群体推介旅游文化，实现多国籍、多语种、多群体传播。其五，通过寺庙间的国际交流，促进旅游文化的国际传播。其六，定期招募国际志愿者，参与景区管理、服务等，提升景区的国际化程度①。陈娜、徐双全通过分析曲阜三孔旅游文化品牌传播的现状与问题，提出要打造年轻化的三孔旅游文化品牌、建设旅游文化创意产品品牌、建立文化创意传播媒介矩阵等策略，去解决当前曲阜三孔旅游文化品牌传播中出现的问题，进一步提高其知名度②。总之，虽然不同的旅游地区具有各自的特色，但是要打造具有时代影响力的旅游文化品牌，需要学会把握发展机遇、积极应对各项挑战、善于利用交流平台、不断创新传播模式、发挥先进群体作用，从而形成全方位的传播机制，以此提高旅游文化品牌的知名度，促进品牌在国内国际的有效传播。

民俗文化品牌是一种具有独特标识的文化产品，它具有精神性、意识形态性、创意性、价值延伸性、多义性和增值性，凝聚着我国民俗文化的精髓，是中华文化不可或缺的重要组成部分。然而，当前我国经济社会开始进入"新常态"的转型调整期，传统意义上资源消耗型的产业发展模式难以持续，因而要实现少数民族文化品牌的树立，首先就需要国家对少数民族地区和少数民族文化品牌提供特殊扶持和政策支持，大力推进少数民族文化品牌的发展，其次在发展少数民族民俗文化品牌的过程中要坚持独特性和普遍性的统一，利用好现代化的传播手段，以地区生态文化旅游产业助力民俗文化品牌发展，从而在市场经济条件下探索出一条繁荣发展少数民族文化的新路径，打造出一批有实力的民族文化品牌③。李江指出，在自媒体快速发展的今天，晋中社火节的民俗文化品牌传播迎来了一次绝

---

① 杨渊、王兵：《"一带一路"背景下乐山旅游文化品牌国际传播研究》，《科技传播》2020年第17期。
② 陈娜、徐双全：《信息时代下曲阜三孔旅游文化品牌传播策略》，《区域治理》2019年第40期。
③ 薛丽娥、吴永忠：《少数民族文化品牌推进路径研究》，《贵州民族研究》2015年第10期。

佳的发展机遇。在制定社火节这一民俗文化品牌自媒体传播的策略时，既要在内容信息与发布渠道上符合自媒体的传播形式，又要针对自媒体可能带来的传播问题提出应对策略。同时要充分利用好自媒体的传播优势，并制定具有针对性的传播策略，才能为提升晋中社火节文化品牌传播效果及文化影响力找到新的支点，进而为陕西经济的转型跨越式发展提供更大的动力①。总的来说，民俗文化品牌传播不仅有利于充分发挥民族特色，推动民族地区的经济发展，同时还能扩大民族民俗文化影响力，促进民族团结和民族文化发展。在打造民俗文化品牌时，不仅要注重对地区生态环境的保护和生活空间的规划，同时还要聚焦民俗特色文化，结合产业项目的开发和创意元素的驱动，延续民俗文化血脉、促进民俗文化的创新发展，形成特色民俗文化品牌。

综上，文化品牌的传播机遇与挑战并存、问题复杂但必须攻关去解决。文化品牌传播过程中要做到以确立价值观为核心、以明确品牌定位为原则、以挖掘品牌特色为目的、以优化传播方式为基础，从而形塑起结构完整、内容丰富、形式多样的特色文化品牌，同时为地区的发展提供文化品牌独有的力量。

（三）"多彩贵州"文化品牌构建与传播相关研究

学界对"多彩贵州"文化品牌研究从 2006 年开始，研究主题涉及新闻与传媒、文化、文化经济、旅游、中国政治与国际运动、宏观经济管理与可持续发展等多领域。截至 2023 年 6 月，笔者以"'多彩贵州'文化品牌"为主题词在中国知网进行检索，共有相关论文 102 篇，以"'多彩贵州'文化品牌"为篇名进行检索，共有相关论文 26 篇。目前，学术界主要围绕"多彩贵州"各类活动、品牌内涵与价值、发展现状、发展策略等方面进行了探析。

首先，"多彩贵州"文化品牌内涵。薛丽娥、李盛龙梳理了品牌发展历史。总结出"多彩贵州"是以中共贵州省委、省人民政府为创立者和主导者，建立在贵州本土得天独厚的自然生态景观、丰富原生态的民族文化

①　李江：《浅析晋中社火节民俗文化品牌在自媒体环境下的传播策略》，《大众文艺》2017年第 21 期。

以及悠久厚重的红色历史资源上,通过开展系列多样的文化活动对外传播与塑造贵州的一个独特文化现象,是贵州文化产业发展中的标志性龙头品牌①。李波提出作为省级文化品牌,"多彩贵州"具备原生态的民族文化价值,高收益的经济价值以及提升贵州知名度和美誉度的社会价值②。喻健谈到"多彩贵州"是贵州省在实施文化改革与推动文化产业发展中所产生的重要文化品牌,其基础和核心是贵州文化,涵盖悠久的历史文化、丰富的民族文化、典型的红色文化、独特的生态文化,其核心价值为多元、和谐、原生态③。刘大泯指出,"多彩贵州"文化品牌是 2005 年贵州省委、省政府在结合贵州特有的民族民间文化资源的基础上,举全省之力打造的省级文化品牌,也是中国第一个以省的名义进行商标注册的文化品牌。十多年来,"多彩贵州"文化品牌的发展取得了骄人的成绩,但依旧存在文化品牌内涵缺失等现象。因此,要通过提升"多彩贵州"文化品牌的影响力和传播力、丰富"多彩贵州"民族文化强省的文化符号、实施"多彩贵州"的民族文化"走出去"战略等方式,不断深化"多彩贵州"文化品牌内涵④。由此可见,"多彩贵州"文化品牌是内容丰富、定位科学的地方特色品牌。因此,推动"多彩贵州"文化品牌创造性转化与创新性发展,以"文化品牌"高质量发展促进贵州现代化建设势在必行。

其次,"多彩贵州"文化品牌发展现状。近年来,随着贵州省经济结构的调整、综合实力的崛起、移动互联网和新媒体的发展、行业领域的重新整合,"多彩贵州"文化品牌的内在发展环境和外部传播环境都发生了翻天覆地的变化,但是"多彩贵州"文化品牌在逐渐做大做强的过程中,暴露出顶层设计方面的政务支持不足、品牌产业领域的文化产业支撑与企业运作不足、文化认同方面的文化特征与认同度不足、形象传播方面的传播渠道与传播力不足等问题。这些问题的存在导致"多彩贵州"文化品牌

---

① 薛丽娥、李盛龙:《"多彩贵州"文化品牌研究综述》,《贵州民族研究》2014 年第 6 期。

② 李波:《〈多彩贵州风〉与"多彩贵州"文化品牌塑造》,《原生态民族文化学刊》2011 年第 2 期。

③ 喻健:《文化产业背景下"多彩贵州"文化品牌的内涵研究》,《贵州民族大学学报》(哲学社会科学版)2014 年第 5 期。

④ 刘大泯:《深化"多彩贵州"文化品牌内涵研究》,《理论与当代》2017 年第 7 期。

形象陷入了发展困境，影响了向外传播的速度和质量。田园、颜春龙指出，贵州在民族文化品牌创新发展过程中，作为整体战略基础的品牌定位不清晰，导致开发策略和传播活动失去正确目标导向，品牌发展严重滞后。因此，应该从生活原态化、视觉情绪化以及传播故事化三个维度来加速推动品牌占据更大市场①。罗坤瑾提出目前部分贵州民族品牌取得了良好的市场成绩，然而作为整体的省级文化品牌，"多彩贵州"传播分散和混乱，没有形成整合的传播力量；西部其他地区民族文化品牌也具有类似的资源，导致整个市场竞争异常激烈，并且产品同质化严重；"多彩贵州"品牌缺乏灵活多样的传播策略，处在不利地位。建议品牌重新对媒介资源进行统筹整合，集中省内外各界力量设置立体化品牌战略②。如今"多彩贵州"文化品牌的内外部环境相比以往又产生了新的变化，虽然环境发生了变化，但我们必须以史为鉴，时刻反思是否还存在学者们指出的问题，这样才能及时地调整发展战略，促进品牌的构建与传播。

再次，"多彩贵州"文化品牌构建。"多彩贵州"文化品牌以贵州原生态文化为主体，具有突出的民族性、传统性、本土性、原生性、共融性，向外界呈现出了一个鲜活、立体的贵州形象。喻健表示构建"多彩贵州"文化品牌要坚持以"党政推动、三级联动、社会参与"为基本原则，综合运用"艺术综合体、公益服务体、产业集成体、协同创新体"四种载体，并创设全方位、多层次、宽领域的对外宣传格局，大力推动"多彩贵州"文化品牌"走出去，请进来"，从而塑造"多彩贵州"这个文化品牌形象和彰显品牌魅力③。彭验雅、刘雍认为在创建"多彩贵州"文化品牌的过程中，要坚持统筹规划和改革创新相结合、弘扬文化与发展旅游相结合、修炼内功与多维宣传相结合、凝聚人心与整合资源相结合，以此扩大贵州的知名度、美誉度和影响力，推动贵州重塑文化自信，占领精神高地，促

① 田园、颜春龙：《贵州文化旅游发展创新的范式选择》，《社会科学家》2013 年第 8 期。
② 罗坤瑾：《从传播人类学视角看民族文化品牌的塑造——以贵州为例》，《广西民族研究》2012 年第 2 期。
③ 喻健：《"多彩贵州"文化品牌的构建与传播研究》，华中师范大学硕士学位论文，2014。

进经济的蓬勃发展①。虽然近十年来贵州的发展取得了可喜的成绩，但是相对于其他省份依旧处于较落后位置。贵州省委、省政府坚持把文化作为加快发展的核心，提出塑造"多彩贵州"文化品牌要做到四个坚持：第一，必须坚持解放思想、更新观念；第二，必须坚持"党政推动、社会参与、市场运作、媒体搭台、文化唱戏"的运作模式；第三，必须坚持"向改革要思路，向市场要效益、向项目要资金"的发展思路；第四，必须坚持把文化与旅游有机结合起来②。还有学者指出，"多彩贵州"文化品牌涵盖了贵州文化特色，对贵州省文化精神与文化价值承载、文化氛围与文化生活引领、文化经济发展以及文化形象提升都产生了巨大影响。"多彩贵州"文化品牌建设应从品牌定位、品牌培育、品牌持有、品牌开发、品牌管理与品牌保护等环节和内容着手，对品牌的内涵提炼、物质承载、产权管理、市场经营等内容进行全面系统的规划与建设，最终实现区域文化品牌社会效益、文化效益和经济效益的有机统一与协调发展③。总的来说，虽然"多彩贵州"文化品牌的构建方式多种多样，但是在构建中必须要抓好以下三个方面的内容：一是必须坚持中国共产党的领导，坚持马克思主义在意识形态领域的指导地位；二是结合贵州具体实际，深挖贵州与众不同的文化特色；三是优化构建模式、创新发展思路、动员社会力量，在全省人民的共同努力下铸就"多彩贵州"文化品牌新辉煌。

最后，"多彩贵州"文化品牌传播。文化品牌是具有鲜明人文识别意义的文化产品，体现着文化产品形象的独特性和文化品牌意义的人文因素的规定性，深刻地影响并指引着社会大众的文化意识和文化价值观④。"多彩贵州"寓意贵州多姿多彩的历史文化、民族文化、阳明文化、沙滩文化、红色文化以及美丽的旅游风光、纯净的自然生态和驰名中外的名优特

① 彭验雅、刘雍：《贵州民族文化品牌创建刍议——以多彩贵州为例》，《贵州民族研究》2018年第10期。
② 王富玉：《"多彩贵州"文化品牌塑造与贵州旅游业的发展——在中共贵州省委党校所作的旅游产业发展报告》，《中共贵州省委党校学报》2007年第3期。
③ 刘星：《区域文化品牌建设的路径研究——以"多彩贵州"为例》，《贵州师范学院学报》2019年第2期。
④ 王钧、刘琴编著《文化品牌传播》，北京大学出版社，2010，第41~45页。

产。以"多彩贵州"为文化品牌的名称，呈现出贵州文化特色，彰显出"文化之州、生态之州、歌舞之州、美酒之州"的独特魅力。因此，必须大力推动"多彩贵州"文化品牌的传播，向世界递出一张内涵丰富的"贵州名片"。喻健、苗义程指出要打造面向全国辐射全球的区域文化品牌：第一，要把握好功能与产品定位，整合发展"多彩贵州"文化创意产业；第二，要统一政策、平台与形象，纵深推进"多彩贵州"文化品牌发展；第三，要充分利用大数据产业，推动"多彩贵州"形象传播的智能升级[①]。王启宏在《拟态环境与多彩贵州旅游形象传播》中谈到，大众传播构建了贵州旅游的拟态环境，拟态环境成就了"多彩贵州"旅游形象，"多彩贵州"旅游形象的传播，不仅要坚持对旅游表演进行传播，更要对旅游景观进行塑造[②]。还有学者认为，"多彩贵州"文化品牌传播的目的是要将一个"宜游、宜居、宜业"的"多彩贵州"新形象让外界知晓并深入人心，应该将现代信息技术媒体运用其中，采取新闻传播、经贸传播、文化传播、体育传播、旅游传播等方式，运用广告传播、公关传播、营销传播、形象代言人传播等手段，最终创设出贵州新形象[③]。总体而言，"多彩贵州"文化品牌逐渐成为融合文化资源、产业资源、贵州精神的区域性标志性文化品牌，但是在其构建与传播过程中存在众多亟待解决的难题。因此，必须直面"多彩贵州"文化品牌构建与传播中的风险与挑战，围绕现实难题、理论困境展开细致研究，不断创新优化传播策略，最大限度地推动"多彩贵州"文化品牌的发展。

综上，"多彩贵州"文化品牌内涵丰富、意义重大，其构建与传播体系逐渐趋于完善，但依然存在一些需要攻关的难题。在推进贵州文化品牌发展的过程中，应该进一步细化发展战略，深入分析现实情况，牢牢把握贵州特色，努力促进"多彩贵州"文化品牌传播。

---

① 喻健、苗义程，《"多彩贵州"形象传播的现状、问题及对策研究》，《贵州民族大学学报》（哲学社会科学版）2019 年第 3 期。
② 王启宏：《拟态环境与多彩贵州旅游形象传播》，《贵州大学学报》（社会科学版）2012 年第 6 期。
③ 喻健：《"多彩贵州"文化品牌的构建与传播研究》，华中师范大学硕士学位论文，2014。

（四）"多彩贵州" 传统节日文化品牌构建与传播相关研究

在贵州丰富多彩的传统文化中，节日文化是功能最强、特色最浓、特点最鲜明、文化积淀最深、文化底蕴最厚重的文化现象之一。每一个节日集会都是展示民族文化的平台，都是传承民族文化的载体，都是民族文化认同的旗帜和标志。在贵州全省人民的共同努力下，以"多彩贵州"为名称的诸多特色文化品牌被打造出来，但相较于"多彩贵州"文化品牌的构建与传播研究来说，学界针对"多彩贵州"传统节日文化品牌构建与传播的研究显得较为不足。截至 2023 年 6 月，笔者在中国知网以"贵州传统节日"为主题词进行检索，共有相关论文 97 篇，以"贵州传统节日"为篇名进行检索，共有论文 22 篇。基于此，我们拟结合其他地方相关节日品牌的构建与传播，去概述和思考贵州传统节日品牌构建与传播现状。具体而言，少有的研究主要体现在以下几个方面。

首先，节日品牌建构。节日品牌建构作为一个系统工程得到了诸多学者的认同，不同学者从节日品牌建构的目标、路径、模式、价值等进行分析。比如，覃章梁、杨正银、宋冬慧等学者针对少数民族传统节日品牌建构进行了具体而又详细的思考。覃章梁等以恩施土家族传统节日"女儿会"为例，阐释了女儿会品牌的文化底蕴、价值目标、运作机制等，指出建设女儿会文化品牌，第一要灌输现代理念，树立品牌意识；第二要整合文化资源，突出主建品牌；第三要加强宣传推介，扩大品牌效应；第四要文化经济联手，开展品牌营运；第五要进行商标注册，依法保护品牌；第六要培养文化人才，建设专业队伍①。宋冬慧以广西侗族"月也"节为例，通过田野调查法、文献分析法对该节庆品牌进行基因分析并分类，围绕打造广西侗族"月也"节庆文化品牌提出了设计策略：其一要有"传情寓意"的品牌故事，增强情感共鸣；其二要有鲜活的视觉表现，厚植品牌文化内涵；其三要应用多样的物料视觉，提升文化消费水平；其四网络媒体

---

① 覃章梁、覃潇：《关于恩施土家族传统节日"女儿会"品牌建设的思考》，《湖北民族学院学报》（哲学社会科学版）2010 年第 1 期。

与线下节庆活动要相辅相成，扩大品牌传播空间①。不同的文化、环境和历史造就了独特的地方文化，宣传地方文化的代表性和优势，是打造地域性民族文化品牌的一种方式。贵州民族文化传统节日是贵州民族文化事象中知名度高，知识性、观赏性和参与性最强的文化事象。在构建"多彩贵州"传统节日文化品牌的过程中，应该积极借鉴其他地区的成功经验，同时结合贵州特色，立足贵州经济政治等实际，把"多彩贵州"传统节日文化品牌推向全国和全世界。

其次，节日品牌传播。一部分学者从品牌发展、营销、推广、宣传等角度对不同节日品牌传播进行了探讨。这部分学者以刘海兰、周菁、李素菊等为代表。周菁、党会先通过分析中国现代节日旅游的发展状况，提出了坚持旅游节日活动的品牌传播战略，即"找准定位，持之以恒；内外兼修，文娱结合；提升形象，整合推广；结合市场，专业运作"②。王海波以贵州三都水族端节文化品牌为例，分析了端节文化的内涵与活动内容，通过对端节文化品牌的传播进行实地调研与访谈，深入了解了端节文化品牌传播存在的问题，指出端节文化品牌传播，第一要对该品牌进行合理定位；第二要通过视觉识别系统等辨析端节文化品牌；第三要整合当地传统媒体资源组合宣传，将短视频、微信等新媒体融入其中；第四要利用广告传播的方式让端节文化品牌赢得大家的关注，提升品牌形象③。还有学者深入调研四川自贡灯会民俗节庆活动，论述了该活动取得不菲成绩的重要原因包括以下四个方面：第一，自贡灯会根据自身特性，参与各种博览会、以不同的形式对外展出；第二，自贡灯会运用微信、新浪微博、抖音等多种社交媒体进行品牌宣传活动；第三，自贡灯会通过报纸、电视、电台广播等渠道进行品牌宣传活动；第四，自贡灯会运用口碑传播和公共关系传播两种途径，树立了节庆文化的品牌形象，提高了自贡灯会的知名度

---

① 宋冬慧、杨曦：《地域性文化在少数民族节庆品牌中的可视化生态应用——以广西侗族"月也"节为例》，《包装工程》2022年第16期。

② 周菁、党会先：《论旅游节日活动的品牌化发展》，《遵义师范学院学报》2017年第2期。

③ 王海波：《贵州三都县水族端节文化品牌传播策略研究》，《西部广播电视》2020年第17期。

和美誉度①。莫光辉指出在当今社会信息化的发展趋势下，电台、电视、报刊等宣传媒介成为当今世界知识传播的重要力量。在节庆文化的传播过程中，要充分运用新闻媒介的报道和推介，利用不同类型媒体的传播途径给节庆旅游产业和区域产业发展创造便捷条件，以此促进节庆品牌的形成，并提升其美誉度、知名度②。杨凯乘指出在"壮族三月三"品牌传播活动中，除了各种物质场景建构仪式外，还需要结合大众媒介的传播能力，在受众心中搭建起意义的想象体以实现心理层面的传播。在工业社会逐渐向网络信息社会演变的过程中，品牌传播无疑需要更多的媒体，且必须主动、透明地展示品牌信息，从而使品牌受众获得全面对称的信息③。当前，电子传媒技术的高速发展、人民对文化的多元需求、文化体制的改革加上贵州传统节日自身的内在功能和外在形式的发展，为推动"多彩贵州"传统节日文化品牌的构建与传播带来了巨大的可能性与现实性。因而，必须紧紧把握来之不易的机遇，深挖贵州传统节日文化特性，积极向其他城市学习，举全省之力促进"多彩贵州"传统节日文化品牌的构建与传播。

最后，节日品牌价值。学者们主要从价值视角入手去思考节日品牌对于政治、经济、文化、社会及生态等方面的积极效应。第一，节日品牌的政治价值。节日品牌是一种宣传城市或地区文化形象和独特魅力的载体，成功打造城市的节日品牌，更能让人关注当地政府的施政方针和政策，让群众关注政府是否具有节约、高效、贴近民生的政治面貌，从而大力推动当地政治文明的建设。第二，节日品牌的经济价值。法国社会学家皮埃尔·布迪厄于20世纪70年代提出"文化资本"这一概念，后又将其引入教育社会学，用以解释家庭背景优势在子女教育中的代际传递现象。当前，"文化资本"已成为影响经济增长与社会和谐的新资本形态。文化是激活产业发展动力的创造过程，而产业化是对文化的再认识、再研究、再

---

① 彭美菡：《我国传统民俗节庆文化品牌建构研究——以自贡灯会为例》，南京艺术学院硕士学位论文，2021。
② 莫光辉：《节庆民俗资源与区域社会互动机制建构——以中国（柳州·三江）侗族多耶节与中国国际茉莉花文化节为例》，《民间文化论坛》2013年第3期。
③ 杨凯乘：《广西"壮族三月三"节庆品牌优化研究》，广西大学硕士学位论文，2019。

利用、再创新的重生过程，打造节日文化品牌有助于实现文化与经济双向赋能，促进文化与经济的双向发展。第三，节日品牌的文化价值。贵州节日文化资源丰富、发展文化产业具有得天独厚的条件。对现有地区资源进行整合，科学规划，合理开发，是构建与传播"多彩贵州"文化品牌的当务之急。文化节日的品牌形象应具有文化精神的内涵，并通过开发、整合，形成系统化运作，体现地域特色，传递节日的文化精神，提升节日品牌价值度，进而塑造出优秀、系统的文化节日的品牌形象①。第四，节日品牌的生态价值。在多元文化观中"和而不同，和谐包容"是中国传统文化思想的精髓。多元和谐的文化观念是"多彩贵州"文化品牌的核心价值，为建设生态贵州、正确处理人与自然的关系提供了重要的思想原则。第五，节日品牌的社会价值。"多彩贵州"传统节日文化品牌根植于贵州人民实际生活之中而富有长足的生命力，不仅仅在于其具有贵州文化特征的意蕴和内涵，更在于其具有重要的社会价值。打造"多彩贵州"传统节日文化品牌有利于贵州精神的凝聚、积淀、弘扬，同时也有利于满足群众的精神生活、社会生活的需要，进而促进贵州社会的发展、繁荣。总之，"多彩贵州"传统节日文化品牌表现了贵州人民的集体智慧，是贵州精神的结晶，是贵州的民族标识之一。因此，从经济、政治、文化、社会、生态多维度对其重要价值进行深刻剖析，对于贵州传统节日文化保护和传承、开发与利用具有重要的现实意义。

从以上分析可以看出，学界在文化品牌、"多彩贵州"文化品牌研究上取得了丰硕的成果。在这些研究成果基础上，学界对传统节日文化及其品牌的研究逐渐走向深入。虽然当前学界在相关研究上取得了可喜的成果，但也存在以下一些不足。第一，研究视角方面，多数学者偏重于研究传统节日文化内在的相关要素，而对于传统节日文化品牌构建与传播等外在环节的研究才刚刚起步。第二，研究内容方面，现有研究重点探讨传统文化、节日文化的价值、保护与发展路径、面临困境及如何转换等，而未从整体、系统视角就传统节日文化品牌的构建与传播进行讨论。第三，研

---

① 密晶晶：《山东地方文化节日品牌形象设计研究》，山东轻工业学院硕士学位论文，2010。

究方法方面，现有研究主要采用田野调查方法，归纳和综合方法使用较少。同时，现有研究过分注重传统节日文化的"知"方面，而未能把"知""行"有机结合起来探析。此外，现有研究偏重于个案研究，而针对特定区域传统节日文化品牌构建与传播的研究并不多。因此，目前的研究现状对于本书主题的提出和研究而言，既提供了诸多有益的参考借鉴，也提供了宽阔的拓展空间。

总之，传统节日文化既是民族文化身份的"条形码"，同时也是民族情感认同的黏合剂，更是同一族群文化认同的旗帜①。推动贵州传统节日文化品牌化发展，是新时代实现传统节日文化创造性转化与创新性发展的新模式，将进一步丰富"多彩贵州"文化品牌的内容体系。但是在世界多极化、经济全球化、文化多样化、社会信息化的时代条件下，构建与传播"多彩贵州"传统节日文化品牌并非一日之功，需要围绕"多彩贵州"传统节日文化的特点以及"多彩贵州"的本色，不断探索构建与传播传统节日文化品牌的新模式，走出一条属于贵州传统节日文化的新道路，最终在新时代谱写出中国式现代化"多彩贵州"新篇章。

三　研究内容、思路与价值

（一）研究的主要内容

1. 研究对象

本书研究对象是"多彩贵州"传统节日文化，重点关注其品牌的构建与传播两个方面。针对以往在此研究领域内出现的注重"知"和个案研究的特点，本书在一定的田野调查基础上，紧紧贯彻"知行合一"的理念，充分利用系统与要素、一般与个别、理论与实践、感性与理性、内化与外化等基本原则，从"多彩贵州"传统节日发展现状入手，在看到"多彩贵州"传统节日文化品牌构建与传播的必然性基础上，侧重对"多彩贵州"传统节日文化品牌构建与传播的体制机制这一实践主旨进行系统探析，力图推进"多彩贵州"传统节日文化事业和文化产业的大发展。

---

① 颜勇、雷秀武：《贵州民族文化传统节日综论》，《贵州民族研究》2007 年第 6 期。

2. 总体框架

本书在研究内容上，主要以"多彩贵州"传统节日文化品牌的构建与传播为核心；在研究的空间范围上，主要以贵州各少数民族地区为主调查点，以贵州各少数民族重大传统节日文化为研究个案。此外，在研究中也适当兼及汉族的传统节日，并把其融入"多彩贵州"传统节日文化品牌构建与传播体系之中去考量。本书以构建与传播"多彩贵州"传统节日文化品牌为目标，并侧重探讨"多彩贵州"传统节日文化品牌构建与传播之间的关系。

绪论部分侧重于从理论、原则等视角对"多彩贵州"传统节日文化品牌构建与传播中内含着的基本问题进行探析，在此基础上具体阐述该选题最终确定的缘由。在此基础上，对学术界相关研究进行收集、整理及评析。在对前人研究全面把握的基础上，着重对研究内容、思路、价值等进行概述。最后对田野调查情况进行介绍。

第一章在全面描述"多彩贵州"传统节日基础上，着重对"多彩贵州"传统节日特征和发展现状进行概述，并结合时代和文化发展规律，着重对贵州传统节日文化发展趋势进行分析。此部分为"多彩贵州"传统节日文化品牌构建与传播的文化根基。

第二章在厘清节日文化品牌的内涵与外延基础上，着重对"多彩贵州"传统节日文化品牌构建与传播的必要性和可能性进行探析，以此去彰显节日文化品牌构建与传播的必然性。同时，从主体性系统性视角对"多彩贵州"传统节日文化品牌构建与传播的文化价值进行归纳和总结。此部分为"多彩贵州"传统节日文化品牌构建与传播的缘由。

第三章对"多彩贵州"传统节日文化及其品牌构建与传播现状进行调查分析。选定贵州省内不同地区、不同民族、不同类型的传统节日为调查对象，结合其传统样态、保护力度、创新方式、现实样态、知名度、社会作用、影响力等方面，对"多彩贵州"传统节日文化及其品牌构建与传播的现状进行总体把握和个案呈现。此部分为"多彩贵州"传统节日文化品牌构建与传播的实证基础。

第四章注重对"多彩贵州"传统节日文化品牌构建实践进行理论逻辑

的探讨，重点对传统节日文化品牌构建目标、定位及理念等相关问题进行分析，且在分析中不断强调节日文化品牌构建的主体性力量和内化机制。此部分为"多彩贵州"传统节日文化品牌构建的理论依据。

第五章抓住"多彩贵州"传统节日文化品牌构建的实践层面，不断去强化节日文化品牌基本架构、要素组成及形象设计，且在分析中不断彰显节日文化品牌传播的外化机制。此部分为"多彩贵州"传统节日文化品牌构建的实践举措。

第六章在经典传播学理论和实践基础上，进一步去强调节日文化品牌传播模式建构、策略分析和传播路径，在确保节日文化品牌安全基础上促使品牌在传播中得到不断发展。此部分为"多彩贵州"传统节日文化品牌传播的实施方案。

第七章在全面把握"多彩贵州"传统节日文化品牌构建与传播体系基础上，看到品牌构建与传播面临的挑战、挑战成因与挑战影响，然后主要从主体性视角方面，提出"多彩贵州"传统节日文化品牌构建与传播的保障措施。此部分为"多彩贵州"传统节日文化品牌构建与传播的保障机制。

结语部分将"多彩贵州"传统节日文化品牌发展与贵州社会全面现代化有机结合，对"多彩贵州"传统节日文化品牌赋能贵州社会现代化建设进行总体概括。

总之，本书在处理"多彩贵州"传统节日文化品牌构建与传播两个核心内容时，主要采取的是总—分—总的研究方式，即在实践基础、背景、价值及保障机制部分，把"多彩贵州"传统节日文化品牌构建与传播融为一体去分析；在论及"多彩贵州"传统节日文化品牌构建与传播的具体实施方案时，又把两者适当切分去探讨。总—分—总的结构方式促进和实现了研究整体性与具体性的有机统一。

3. 重点难点

重点：围绕提升"多彩贵州"传统节日文化品牌效应的目标，专门而系统地探讨"多彩贵州"传统节日文化品牌构建与传播的基础、缘由、内在机制、外化机制、保障机制是本书的重点之一。科学把握"多彩贵州"

传统节日文化品牌和"多彩贵州"文化品牌之间融合共生的内在必然性和现实样态,则是本书研究的重点之二。

难点:在"多彩贵州"传统节日文化品牌构建与传播中,涉及品牌构建与传播的统一性和差异性、普遍性与独特性,机制构建的一般性与特殊性等复杂关系,因而如何协调好这些复杂关系,形成可持续的、科学的品牌构建与传播的体制机制是本书要克服的难点之一。另外广义上的品牌构建过程包括传播过程,特别是在数字媒体不断发展的今天,在品牌构建中,传播过程显得十分重要。因此,如何合理处理品牌构建与传播的关系是本书要解决的难点之二。

4. 主要目标

理论层面:全面揭示"多彩贵州"传统节日文化品牌构建与传播的必然性,进而确立起品牌构建与传播的动力机制、外化机制、内化机制及保障机制,推进"多彩贵州"传统节日文化品牌构建与传播发展步伐,最终实现"多彩贵州"传统节日文化的有效保护与创新发展。

实践层面:全面把握"多彩贵州"传统节日文化品牌构建与传播现状;评估"多彩贵州"传统节日文化品牌构建与传播的现时成效;发现"多彩贵州"传统节日文化品牌构建与传播过程中存在的不足,构建起科学的改进机制,发挥出"多彩贵州"传统节日文化品牌的最大效应。

(二)研究的思路及方法

1. 研究思路

第一,对"多彩贵州"传统节日进行概述,分析节日发展现状及趋势,为"多彩贵州"传统节日文化品牌构建奠定文化基础。第二,通过问卷调查、田野调查、文献查阅和分析,归纳总结"多彩贵州"传统节日文化品牌构建与传播的必要性和可能性。第三,借助传统节日文化品牌构建相关理论,搭建起"多彩贵州"传统节日文化品牌构建体制机制。第四,通过调查研究,综合运用问卷、访谈、专家咨询、资料收集等方法,总结和提炼"多彩贵州"传统节日文化品牌传播实践中取得的成绩与存在的不足,探讨改进、完善的对策,形成更具科学性、可操作性的节日文化品牌传播路径。第五,抓住本书研究目标和创新要求,对"多彩贵州"传统节日文化品牌构建与传播需要的保障系统和价值体系进行简单概述。

2. 具体研究方法

文献研究法：参考民族学、马克思主义哲学、管理学、传播学等相关学科的理论文献，凸显"多彩贵州"传统节日文化品牌构建与传播的必要性和可能性。

系统研究法：整体研究"多彩贵州"传统节日文化资源的分布、特征、文化价值及社会功能等发展现状，形成对"多彩贵州"传统节日文化品牌构建与传播的整体把握。

比较研究法：比较"多彩贵州"和其他地区，特别是"七彩云南"在文化品牌建设上的联系与区别，并叙述贵州不同民族、不同地域优秀传统节日文化品牌构建与传播的方法、路径及经验，提炼总体特征、结构差异，探讨影响因素、发展规律。

个案研究法：利用田野调查的方法，对"多彩贵州"传统节日文化品牌构建与传播实践中的成功个案进行深入而又细致的描述、分析，发挥"标志性统领式"个案的引领和启示作用。

（三）研究的学术价值

1. 理论价值

第一，有利于推动民族学、政治学、传播学及相关学科交叉研究的拓展和深化，进一步丰富传统节日文化创新发展的研究内涵，完善传统节日文化品牌构建与传播的研究体系。第二，系统分析"多彩贵州"传统节日文化品牌的构建与传播，可以为传统节日文化方面的研究提供新的研究范畴和视野，形成新的学术生长点。第三，关注"多彩贵州"传统节日文化品牌构建与传播的体制机制，有助于推动贵州文化体制机制改革创新和非物质文化遗产传承及应用等方面研究的深入。第四，"多彩贵州"传统节日文化品牌构建与传播理论体系的形成能进一步丰富"多彩贵州"文化品牌构建与传播的理论架构。

2. 应用价值

第一，"多彩贵州"传统节日文化品牌的构建与传播，对于贵州传统节日文化的保护与发展能起到促进作用。第二，"多彩贵州"传统节日文化品牌构建与传播，对于贵州大力发展节日文化产业将起到基础和引领作用。第三，节日作为"文化丛"，其品牌的构建与传播，必将带动贵州全域旅游和多元产业的全方位发展。第四，"多彩贵州"传统节日文化品牌的构建与传播，能推进"多彩贵州"文化品牌发展，助力贵州乡村振兴，赋能贵州社会全面现代化。

四　研究创新点与田野调查概况

对于学术研究来说，创新无疑是其生命；而对于民族学人类学来说，田野调查则是其学科的重要标志之一。因此，坚持研究有所创新，是学术研究的根本；开展一定的田野调查，则是民族学人类学学科的生存基本。在田野调查中实现创新，在创新中推动田野调查的实施，能很好地践行实践—认识—再实践的规律，推动研究向纵深发展。

（一）研究创新点

习近平总书记指出："解决深层次矛盾和问题，根本出路在于创新。"①"多彩贵州"传统节日文化品牌的构建与传播，作为一个文化领域中的系统工程，其内部潜存着各种复杂关系和矛盾。对这些关系和矛盾背后的"隐秘"，本书力图用以下几种形式去探讨。

1. 学术思想创新

以往研究主要关注对"多彩贵州"传统节日文化的描述和分析等"知"的方面，而对"多彩贵州"传统节日文化品牌的构建与传播等"行"的方面则缺乏探讨。本书力争在坚持"知行合一"基础上对"多彩贵州"传统节日文化品牌的构建与传播进行多维探讨。以往研究侧重于对具体节日文化仪式、影响力及作用的分析，缺乏把"多彩贵州"传统节日文化作为一个整体，去探析其整体文化品牌的建立及其功能的实现机制。因此，本书把"多彩贵州"传统节日文化资源既作为整体，又分为部分，采取总—分—总的辩证方式，系统地去探析其文化品牌的构建与传播。

2. 学术观点创新

贵州优秀传统节日文化原生性强、内涵丰富、影响力大，以往研究或

---

① 《习近平关于科技创新论述摘编》，中央文献出版社，2016，第3页。

是只看到某方面功能，或是从个案去分析，而没有很好地抓住节日文化资源全方面、多层次的品牌效应，导致"多彩贵州"传统节日文化功能未能充分得到展现，其文化价值未能充分实现。"多彩贵州"传统节日文化品牌的构建与传播必须和贵州大生态、大数据、独特地域文化等有机结合，才能得到最大限度的推进。

3. 研究方法创新

以往研究或进行文献法的纯理论阐释，或仅开展个案式实证研究，难免有局限性。本书把文献研究与实证研究结合起来，既能克服单纯文献、逻辑分析的某些主观性问题，又能增强实证研究的针对性。本书利用系统法、比较法、田野调查法等方法，对"多彩贵州"传统节日文化品牌的构建与传播进行多层次、多视角的差别分析，并在此基础上，把"为什么"和"如何做"结合起来整体分析"多彩贵州"传统节日文化品牌的构建与传播。

（二）田野调查概况

"调查研究是谋事之基、成事之道，没有调查就没有发言权，没有调查就没有决策权；正确的决策离不开调查研究，正确的贯彻落实同样也离不开调查研究；调查研究是获得真知灼见的源头活水，是做好工作的基本功；要在全党大兴调查研究之风。"[1] 为了获得较为真实的研究资料，发现"多彩贵州"传统节日文化品牌构建与传播现状，笔者主要进行了以下田野调查工作。

1. 对贵州各民族传统节日文化的调查

根据地域、各民族节日分布及传统节日规模及影响力，笔者主要选取了以下节日为调查对象。具体为：安顺平坝屯堡传统节日，印江土家族过"赶年"，威宁城关汉、回、苗、彝等民族的春节，望谟布依族"三月三"旅游文化节，贞丰布依族"三月三""六月六"风情文化节，锦屏江边村寨的"五月初五"端午节，赫章各地"五月初五"赶"花场"，台江苗族姊妹节、榕江侗族萨玛节，务川仡佬族祭祖大典和仡佬族吃新节，三都水

---

① 《中办印发〈关于在全党大兴调查研究的工作方案〉》，《人民日报》2023年3月20日。

族端节及威宁彝族年等。

2. 对贵州周边省区市传统节日的调查

　　为了全面把握贵州传统节日的一般性和特殊性，笔者对贵州周边省区市相关节日进行了调查，力图在对不同省区市传统节日文化发展的比较中，进一步去坚实贵州传统节日文化品牌构建与传播的基础。比较有代表性的有云南新平花腰傣花街节、德宏景颇族目瑙纵歌节、白族三月街、楚雄彝族火把节、沧源佤族关门节；重庆彭水苗族踩花山；广西武鸣壮族"三月三"等传统节日。

3. 开展了"网络田野"调查工作

　　为了全面把握不同人群对贵州传统节日文化的了解和熟悉程度、贵州传统节日文化品牌构建与传播的真实情况，笔者以贵州传统节日文化品牌构建与传播为主题，设置了 32 个相关问题，利用问卷星进行数据收集，获得了 4636 份有效问卷。这些问卷资料较为全面而真实地反映了人们对于贵州传统节日文化及其品牌的知晓状况，从侧面也体现了贵州传统节日文化品牌构建的成功与否等相关问题。

　　此外，在本书中，笔者还广泛采用了相关学者的田野调查资料。比如，《中国节日志》系列、《中国民俗文化发展报告》系列、《中国少数民族重大节日调查研究》、《贵州"六山六水"民族调查资料选编》系列、贵州少数民族社会历史调查相关资料等，以及知网相关论文中的田野调查资料。

　　习近平总书记说："优秀传统文化是一个国家、一个民族传承和发展的根本，如果丢掉了，就割断了精神命脉。我们要善于把弘扬优秀传统文化和发展现实文化有机统一起来，紧密结合起来，在继承中发展，在发展中继承。"①"多彩贵州"传统节日文化品牌的构建与传播，既是对传统节日文化的传承，又是对其的创造；既要遵循文化发展的一般规律，又要坚持贵州文化发展的独特性；既是文化领域事项，又是政治引领事件；既是文化繁荣发展事业，又是造福于民的民生工程。一句话，"作为社会文化

---

　　① 《习近平谈治国理政》第 2 卷，外文出版社，2017，第 313 页。

关系的纽带和文化传承创造聚集的联结点，节日成为文化研究者观察文化表象，洞悉文化内涵，了解时代变迁，收集各种文化符号，探寻文化深层次结构的切入点"①。此外，"我们传承民族节日就是传承民族文化遗产，传承民族文化遗产就是在保持世界文化生态的多样性，保持文化生态多样性就是为了世界人民健全的心智生活"②。保护文化多样性和保护生物多样性是一致的，不是单纯地为了文化和生物，而是为了人这个地球上最为高贵、最高级的动物自身。从这些意义上去看，贵州传统节日文化品牌构建与传播实践非小事，其内涵深刻、内容丰富、任务艰巨、意义重大。

---

① 吴定勇主编《中国节日志·萨玛节》，光明日报出版社，2016，总序第 1 页。
② 萧放：《传统节日与非物质文化遗产》，学苑出版社，2011，第 21 页。

第一章 品牌之基:"多彩贵州"传统
节日文化发展概述

地处中国西南,既不靠海,也不靠边的内陆高原省份贵州,在人们千百年的不断开拓奋进中,一改过去"天无三日晴、地无三尺平、人无三分银"的旧面貌,在建设社会主义现代化新征程上,不断谱写着"后进赶超"的"贵州神话"。"中国天眼"、北盘江大桥、苗族木龙舟、赤水竹海公园、飞龙湖观光长廊、汉字摩崖石刻、"七十二道拐"及着力打造"四区一高地"的战略定位,无不说明贵州是个神奇、富饶的地方,贵州人具有敢为人先的凌云壮志。特殊的地理环境与多元一体的民族有机结合,造就了贵州独特的山地文化。乌蒙大草原的辽阔、梵净山的神奇、黄果树瀑布的壮丽、遵义会址的庄重、茅台酒的醇香、荔波大小七孔的柔美、苗岭走廊的雄伟、侗族大歌的悠长及万峰林的雄奇等,很好地说明了贵州文化的多样性独特性,表征了贵州山水林田湖草沙生命共同体的生态本质,诉说着贵州的过去、演绎着贵州的现在及预示着贵州的未来。总之,独特的地形地貌、厚重的历史积淀、多元化的民族、多样化的文化造就了贵州民族文化内在的珍稀性、包容性、多样性、生态性及人文性等特征,使得"多彩贵州"文化品牌名扬天下。而"多彩贵州"传统节日文化作为贵州多元文化的集大成者,是贵州各个民族传统文化的集中体现,是人们了解贵州的一把钥匙和一个窗口。据不完全统计,一年之中,全省有各种民族节日集会数百个,集会点 1000 余处,毫无疑问,贵州的确是全国民族节日最多的一个省①。丰富的传统节日文化资源是"多彩贵州"传统节日文化

---

① 贵州省文化厅群文处等编《贵州少数民族节日大观》,贵州民族出版社,1991,第 1 页。

品牌构建与传播的前提和基础。基于此,本部分笔者在对"多彩贵州"传统节日文化进行归纳、描述的基础上,着力去分析"多彩贵州"传统节日发展现状,进而为"多彩贵州"传统节日文化品牌构建与传播提供扎实的文化资源基础。

第一节 "多彩贵州"传统节日文化概况

一 "多彩贵州"传统节日文化概念解析

高丙中说:"我们生活在现代,我们的一些节日无论多么传统,归根到底都是多少已经有些'现代化'的节日。自觉意识到这一点,我们就不仅会把传统节日当作'传统'加以尊重,还会积极地把它们放置在现代的条件下加以发展。"① 传统需要传承与发明,现代值得建构和希冀,传统和现代的关系始终是现代社会不可或缺的重要议题。文化的本质是人的文明化,而"现代化的本质是人的现代化"②。同时,"人就是人的世界,就是国家,社会"③。因此,要对"多彩贵州"传统节日文化及其发展有所了解,应该把"多彩贵州"、传统节日和现代社会结合起来去探析。

首先,"多彩贵州"的人文地理概念。从文化学的意义上说,贵州不仅仅是个行政、地域概念,更是一个人文范畴。贵州作为一个多民族交错杂居、少数民族成片聚居的省份,省内共生活着汉族、苗族、布依族、侗族、土家族、彝族、仡佬族、水族、白族、回族、壮族、蒙古族、畲族、瑶族、毛南族、仫佬族、满族及羌族 18 个世居民族。其中,截至 2022 年汉族 2451.19 万人,少数民族 1405.03 万人,汉族与少数民族分别占总人口的 63.56% 和 36.44%。世居民族人口数中汉族为 2451.19 万人、蒙古族为 4.98 万人、回族为 20.50 万人、苗族为 450.69 万人、彝族为 95.93 万人、壮族为 47.28 万人、布依族为 271.06 万人、满族为 2.68 万人、侗族

---

① 高丙中:《我们这个时代的传统节日》,《中华读书报》2006 年 1 月 25 日。
② 《习近平关于社会主义经济建设论述摘编》,中央文献出版社,2017,第 164 页。
③ 《马克思恩格斯文集》第 1 卷,人民出版社,2009,第 3 页。

为 165.09 万人、瑶族为 4.68 万人、白族为 21.48 万人、土家族为 169.67 万人、畲族为 4.18 万人、水族为 37.14 万人、仫佬族为 4.61 万人、羌族为 0.21 万人、毛南族为 2.98 万人、亻革佬族为 55.03 万人、其他未识别民族为 46.84 万人①。在不断交流交往交融中,各民族在坚持党的大政方针,遵循民族平等、民族团结和各民族共同繁荣的基本原则,践行"各美其美、美人之美、美美与共、天下大同"实践理念下,形成了以和睦相处、尊重理解、互相包容、团结互助、特色鲜明、淳朴善良、共融共荣为主要特征的贵州各民族共同属性。贵州民族和文化上的多样性,形塑了"多彩贵州"。蔡熙指出:"'多彩贵州'是一个总体性的地域文化概念,指的是以贵州省境为空间的地域文化,它涵盖'绿色'的生态文化、'古色'的历史文化、'原色'的民族文化、'红色'的长征文化等诸多方面,它们共同构成了'多彩贵州'的有机部件。"② 喻健认为:"'多彩贵州'文化产业品牌的基础和核心是贵州文化。贵州文化的基本元素包括悠久的历史文化、丰富的民族文化、典型的红色文化、独特的生态文化,其核心价值是多元、和谐、原生态。因此,'多彩贵州'文化产业品牌的基本内涵概括为文化之州、歌舞之州、醉美之州、和谐之州,并由此构成了'多彩贵州'文化产业品牌的系统。"③ 2005 年以来,以贵州省委、省政府为拥有者的"多彩贵州"④ 文化品牌得到了不断发展。

其次,传统节日是现代社会中的传统节日。对于传统节日,人们往往在认识上存在一个误区,即认为传统节日是一成不变的,永远处于静态之中,且和现代社会难以融合。殊不知,"很多人今天所要坚守的传统,并不是一开始就存在的,而是历史上一次次节俗文化的自我创新的最终结

---

① 数据来源于《贵州统计年鉴 2022》(第七次人口普查 2020 年数据),http://hgk.guizhou.gov.cn/publish/tj/2022/zk/indexch.htm。
② 蔡熙:《"多彩贵州"的文化蕴含研究》,云南大学出版社,2014,第 18~19 页。
③ 喻健:《文化产业背景下"多彩贵州"文化品牌的内涵研究》,《贵州民族大学学报》(哲学社会科学版)2014 年第 5 期。
④ "多彩贵州"这个词有时指"贵州"这个省级地理人文行政单位,有时指贵州文化的丰富性,有时指"多彩贵州"文化品牌。因此,针对"多彩贵州"存在多种含义的情形,我们在使用"多彩贵州"时也就存在多种方法,特此说明。

果"①。创新的本质是扬弃与保留。希尔斯指出："人类所成就的所有精神范型，所有的信仰或思维范型，所有已形成的社会关系范型，所有的技术惯例，以及所有的物质制品或自然物质，在延传过程中，都可以成为延传对象，成为传统。"②霍布斯鲍姆等则认为："'被发明的传统'意味着一整套通常由已公开或私下接受的规则所控制的实践活动，具有一种仪式或象征特征，试图通过重复来灌输一定的价值和行为规范，而且必然暗含与过去的连续性。"③传统不等于传承，现代不等于断裂，在传统中传承，在传统中发明。因此，"现代社会中的所谓传统节日，实际上指的并不是整体的传统节日体系，而是一部分经过挑选的节日，在被处理和加工之后，以文化遗留物和象征物的形式保留下来"④。传统节日作为人们把节日庆典融进日常生活，展现人们生活的日常与非日常的时间节点，具有循环性、周期性特征。传统节日作为具有神圣性的时间节点，对于民众的精神信仰、伦理道德、生活方式、思维特点、审美意象等起着十分重要的作用。一言以蔽之，传统节日是农业文明的缩影、中华文化的载体、民族精神的写照及民族情感的凝结⑤。结合传统节日内涵与属性，我们认为本书所指的传统节日，是指那些与过去相连，正处于传统与现代、传统与传承、传承与发明、文化与生活、文化与政治等矛盾关系之中，具有循环性、周期性和神圣性的那部分节日。

最后，"多彩贵州"传统节日具体组成的外延十分宽阔。"一如所有的民俗文化事象一样，传统节日一刻也不曾离开政治、经济、社会、文化的影响，始终与它们共同变迁演进，与此同时节日也以其特殊的方式影响着政治、经济、社会、文化的发展变迁。"⑥从联系和发展的视角去看传统节日，传统节日的存在与发展不仅变得灵动起来，其具体组成的外延也显得

---

① 刘晓峰：《东亚的时间——岁时文化的比较研究》，中华书局，2007，第425页。
② 〔美〕爱德华·希尔斯：《论传统》，傅铿、吕乐译，上海人民出版社，2014，第17页。
③ 〔英〕E. 霍布斯鲍姆、T. 兰格编《传统的发明》，顾杭、庞冠群译，译林出版社，2008，第2页。
④ 王霄冰：《文化记忆、传统创新与节日遗产保护》，《中国人民大学学报》2007年第1期。
⑤ 王文章、李荣启：《中国传统节日的文化内涵》，《艺术百家》2012年第3期。
⑥ 张士闪主编《中国民俗文化发展报告2012》，北京大学出版社，2013，第115页。

更为广阔。相对于把传统节日限定为 1949 年新中国成立前就存在的节日，或者把传统节日局限于汉族传统节日，或者把庙会、祭会、歌会等排除在节日范围之外的认识来说，用辩证法介入的这种认识突破了人们对"传统节日"概念认识上的局限，在一定程度上有利于消除人们在认识上的混乱。具体来说，处于贵州社会传统节日文化变体链条中的任何一个节日，只要具有世代相传、某种同一性及传承持续性特征，能很好地把自然文化、社会文化与个人生命文化有机结合起来都可以被认为是贵州传统节日。这样，贵州传统节日有三种存在状态：历史上存在过的传统节日、现实存在的传统节日以及未来可能重生的传统节日。当然，本书主要的研究对象是指正延存于现代社会中的贵州传统节日文化，在此特别说明。

具体来看，"多彩贵州"传统节日主要包括以下三类。一是中国传统节日：春节、元宵节、清明节、端午节、七夕节、中秋节、重阳节、冬至及其在贵州社会出现的变体。二是贵州各少数民族保存的传统节日及在历史上曾经中断而未重新传承与发明出来和已经重新传承与发明出来的节日。三是贵州各地历史、现实与未来可能存在的庙会、祭会和歌会。比如：梵净山庙会、南泉山庙会、侗族萨玛节、仡佬族祭祖大典、布依族查白歌节、四十八寨歌节、小黄传歌节等。

总之，贵州传统节日文化作为中国传统文化不可或缺的一部分，在当代社会中是一种多维的存在。其或是标志性文化，或是文化传承载体，或是文化发展资源，或是民众生活方式等。但不管如何，只要能集中反映贵州文化根系、文化核心内涵、文化传承机制及人们生活支撑的节日文化，都是本书所关注的贵州传统节日文化范围。

二 "多彩贵州"传统节日文化概览

在对"多彩贵州"传统节日文化内涵与外延进行分析的基础上，接下来我们将对"多彩贵州"传统节日文化进行简单浏览，以此为"多彩贵州"传统节日文化品牌的构建与传播奠定坚实的文化资源基础。但由于贵州传统节日众多，再加上节日是全面展示民族文化的"文化丛"，因而对贵州传统节日文化进行具体的类型划分较为困难。一般而言，学界按照不同的分类标准,对节日进行了不同类型的区分。比如,把节日分为农业文明中的节日、工业文明中的节日、现代文明中的节日;把节日分为原生节日、次生节日、再生节日;把节日分为汉族节日和少数民族节日;把节日分为东北民族节日、西北民族节日、西南民族节日、东南民族节日、中原民族节日等。在此分类基础上,黄泽把西南民族节日主要划分为5种类型:祭天、祭祖、祭祀最高神及年节等节日,按照历法而开展的农事节日,以各民族社交娱乐为主的节日,以商品买卖为主的商贸节日和集各种功能于一体的综合性节日或复合性节日①。为了较为清晰地展示贵州传统节日,笔者主要以贵州18个世居民族为分类主体,以岁末和岁首年节、祭祀纪念节日、农事节日、社交娱乐节日、宗教节日为分类属性,对"多彩贵州"传统节日进行分类,具体如表1-1所示。

表1-1 "多彩贵州"传统节日文化一览

民族	主要节日	活动主题	主要活动元素	节日时间	分布范围
白族	祖先遇难节	祭祀纪念节日	祭祀、祭奠和怀念祖先	农历七月初六	大方县
	祖先德胜节	祭祀纪念节日	纪念本民族重大事件和民族英雄、欢歌跳舞	农历七月十三	大方县
	辞旧迎新节	岁首年节	祭祀、守岁、团圆	腊月三十到正月初四	贵阳市
	团圆节	岁首年节	耍龙、踩高跷、斗鸡等	农历正月初十	大方县
布依族	麻坡歌节	社交娱乐节日	唱歌、跳舞、社交	正月初一到十五	独山县
	翁吟河"跳花场"	社交娱乐节日	立花树、跳芦笙舞、放花树	正月初四到初六	惠水县
	红苗洞布依族赛歌会	社交娱乐节日	对歌、抛接花包	正月初一到初三	长顺县
	三月三	祭祀纪念节日	祭地蚕、吃糯米饭、做清明粑	农历三月初三	各地布依族民众居住地
	牛王节	农事节日	斗牛、聚餐	农历四月初八	独山、荔波、平塘等县
	王龙"赶祭"	祭祀纪念节日	祭祀、喝水、沐浴	农历五月初五	独山县

---

① 黄泽:《西南民族节日文化》,云南教育出版社,1995,第82页。

续表

民族	主要节日	活动主题	主要活动元素	节日时间	分布范围
布依族	六月六	祭祀纪念节日	祭盆古、扫寨赶"鬼"、丢花包	农历六月初六	各地布依族民众居住地
	查白歌节	祭祀纪念节日	祭查郎和白妹、赛歌	农历六月二十一至二十三	黔西南州
	嫩信节	岁首年节	包年货、敲铜鼓、吃年饭、对歌等	腊月二十五到正月三十	布依族地区
侗族	祭祖母	祭祀纪念节日	祭祀祖先、唱歌跳舞	有的正月初一到初七、有的正月初七到十五	侗族地区
	祭萨活动	祭祀纪念节日	祭萨岁、踩歌堂	农历正月初一	南部侗族地区
	抬官人	社交娱乐节日	抬官人、文艺表演、食物分享	农历正月初三以后	黎平县
	播种节	农事节日	讨笆篓、讨葱讨蒜、跳芦笙舞、唱歌	古历三月初三到初五	镇远县
	吃新节	农事节日	聚餐、娱乐	农历七月初四或初五、七月十四等	侗族地区
	圣德山歌节	社交娱乐节日	赛歌活动	古历七月十五	三穗县
	侗年	岁首年节	祭祀祖先、歌舞、斗牛	农历十一月三十	锦屏县
	莲花坪歌场、高坝歌节	祭祀纪念节日	唱情歌	农历七月二十	天柱县、剑河县
	小广侗家斗牛节	社交娱乐节日	斗牛	农历二月与八月亥日	剑河县
	芦笙节	祭祀纪念节日	唱歌、吹芦笙	农历八月十五	从江县
仡佬族	灯杆节	岁首年节	团聚、游戏、祈神祷拜、饮酒	农历正月初一到十五	仁怀县
	祭树节	祭祀纪念节日	祭树、祭祖、吃年饭	农历三月初三	六枝特区、安顺市
	仡佬年	岁首年节	敬奉山神、吃年饭	农历三月初三	仁怀县
	尝新节	农事节日	祭祖、吃新米	农历六月初七或七月初七	安顺、遵义一带
	牛王节	宗教节日	祭拜牛王菩萨	农历十月初一	仁怀、遵义一带

民族	主要节日	活动主题	主要活动元素	节日时间	分布范围
仡佬族	小年节	岁末年节	采药、游玩、打粑粑、祭祖	冬月第一个猴场天开始，接着鸡场天、狗场天，一共三天时间	六枝特区
回族	圣纪节	宗教节日	诵经、赞圣	伊斯兰教历三月十二	安顺、六盘水
	开斋节	宗教节日	会礼、扫尘、理发、结婚	伊斯兰教历十一月一日	安顺、六盘水
	古尔邦节	宗教节日	聚礼，听阿訇朗诵《古兰经》、歌舞	伊斯兰教历十二月十日	安顺、六盘水
	春节	岁首年节	张贴对联、叩头拜年、挂旗过年、娱乐活动	农历正月初一	黔西市及大方、金沙等县
满族	添仓节	农事节日	高粱米饭上放置编织的小马或者锄头	农历正月二十五	黔西市及大方、金沙等县
	颁金节	祭祀纪念节日	跳民间传统舞蹈、唱民间歌曲	农历十月十三	黔西市及大方、金沙等县
	腊八节	岁末年节	煮腊八粥、腊八醋和腊八肉	农历腊月初八	黔西市及大方、金沙等县
毛南族	火把节	岁首年节	放鞭炮、游山	农历除夕之夜	平塘县
	野游节	社交娱乐节日	老婆婆们野外春游、野餐、唱歌跳舞	阳历立春之日	平塘县
	端午节	农事节日	找草药、做糯粑	农历五月初五	平塘县、惠水县及独山县
蒙古族	三月会	祭祀纪念节日	前去鄂尔多斯祭祀成吉思汗	农历三月二十一	贵州各地蒙古族民众居住地
	祭敖包	祭祀纪念节日	祭祀、约会、歌舞	农历五月中旬至七八月	大方、黔西、石阡等县市
	那达慕	社交娱乐节日	摔跤、赛马、射箭	农历六月初四	大方、黔西、石阡等县市

续表

民族	主要节日	活动主题	主要活动元素	节日时间	分布范围
苗族	芦笙会	社交娱乐节日	跳芦笙舞、社交	农历正月十六到二十	凯里、丹寨、雷山等县市
	化屋花坡节	社交娱乐节日	唱歌、跳舞、相亲	农历正月初三、初九、十五、十六及二月二十	黔西市
	跳正月场	社交娱乐节日	集会、谈情说爱、吹芦笙	农历正月初九到十二	龙里县
	牛场、法乐跳花坡	社交娱乐节日	娱乐、相亲、商贸	古历正月二十六、古历二月十四	大方县
	翻鼓节	祭祀纪念节日	归家、翻鼓	农历二月、九月第一个猪场天	丹寨县
	苗族姊妹节	社交娱乐节日	吃姊妹饭、跳踩鼓舞、游方对歌、互赠信物、订立婚约	农历二月十五	台江县
	跳月	社交娱乐节日	跳芦笙舞、相亲	时间不定	福泉、贵定、龙里、开阳等县市
	"四月八"	祭祀纪念节日	傩戏、打花鼓、赛歌、吹唢呐、吹木叶	农历四月初八	贵阳市、黄平县、松桃县
	龙船节	社交娱乐节日	划龙船、娱乐活动、社交	农历五月二十四日到二十七日	施秉县、台江县
	苗族六月六	社交娱乐节日	唱歌、社交	农历六月初六	松桃县
	西江苗族吃新节	农事节日	吹芦笙、斗牛、游方、聚餐	古历七月卯日、八月卯日	雷山县
	西江苗族鼓社节	祭祀纪念节日	杀猪请客、跳芦笙舞、敲铜鼓、社交	虎年九月卯日开始（十三年举行一次）	雷山县
	廖洞三寨"闹瑝"节	祭祀纪念节日	杀牛祭祖、集会	虎年十月初十（十三年举行一次）	施秉县
	苗年	岁首年节	祭祀祖先，吹芦笙踩堂，走寨结同年	各地时间不一	苗族地区

续表

民族	主要节日	活动主题	主要活动元素	节日时间	分布范围
仫佬族	仫佬年	岁首年节	打糍粑、酿酒、杀鸡、拜年、谈情说爱	农历十月第一个卯日	麻江、黄平、福泉、瓮安等县市
	撵社节	社交娱乐节日	唱歌、玩山、会亲、交友	立春后第五个戊日	麻江、黄平、福泉、瓮安等县市
	牛诞节	农事节日	祭祖、慰劳牛、歌舞	农历四月初八	麻江、黄平、福泉、瓮安等县市
羌族	祭牛王菩萨、祭风神、祭土地神	祭祀纪念节日	烧香化纸、杀猪宰羊	农历四月初八、五月二日、五月初五	石阡县、江口县
	祭观音妈妈	祭祀纪念节日	带豆腐去香炉山或深山老林中祭祀	农历六月十九	石阡县、江口县
	过羌年	岁首年节	祭神、跳莎朗、唱歌	农历十月初一	石阡县、江口县
	腊八会	岁末年节	买猪祭祀、重申家规族约	农历腊月初八	石阡县、江口县
畲族	等郎会	社交娱乐节日	吃糍粑、相亲	农历一月到二月	麻江县
	四月八	岁首年节	祭祀、集会	农历四月初八	麻江县
	鼓仗节	祭祀纪念节日	祭祀、跳月	每年农历二月十二日和十月十二日为平祭，每隔十三年为大祭，时间在农历十月十二日。	福泉市
水族	借进节	岁首年节	贴对联、敬祖、打毽、歌舞	农历正月初一到十五	丹寨县、三都县
	苏宁喜节	岁首年节	敬供生母娘娘、聚会	水历四月	三都县
	端节	岁首年节	辞旧迎新、庆贺丰收、祭祀祖先和预祝来年幸福	农历八月至十月	三都、独山、荔波、榕江、雷山等县
	卯节	社交娱乐节日	山坡唱歌、歌舞和游玩	水历九、十月择一卯日	三都县、荔波县

续表

民族	主要节日	活动主题	主要活动元素	节日时间	分布范围
水族	敬霞节	宗教节日	祭祀、聚餐庆祝	水历的九月或十月(两个月内选择一个吉利的日子)	三都县、荔波县、独山县
土家族	春节	岁首年节	打扬尘、祭祀、娱乐	腊月二十到正月十五	印江县
	抬甩神	岁首年节	抬甩神、祭祀	农历正月十四	思南县
	祭风神	祭祀纪念节日	赌桶、拙神、竖旗、杀牲	古历六月上旬或中旬	印江县
	偷瓜节	农事节日	偷瓜、赠瓜、接瓜	农历八月十五	沿河县
	过赶年	岁首年节	祭祖、团年、出征	农历腊月二十八、二十九	印江县
瑶族	青瑶大年小年	岁首年节	祭祀祖先、土地,听鸟叫,团年,请客	农历冬月三十日到正月十五	荔波县
	陀螺节	岁首年节	打陀螺比赛	农历正月初一	荔波县
	六月六瓜节	农事节日	请客、尝新、青年娱乐	农历六月初六	从江县
	盘王节	宗教节日	祭祀、设宴款待亲友	农历十月十六	三都县
彝族	赛歌节	社交娱乐节日	对歌、打鸡毛、拉顺风耳	春节、端午	水城县
	祭小白龙	祭祀纪念节日	献祭、放鞭炮、吃羊肉	农历二月初二	盘州市
	祭山林节	祭祀纪念节日	祭祀山林、聚餐	农历二月初六	水城县
	赛马节	社交娱乐节日	唱歌、赛马	农历五月初五	威宁县、赫章县
	火把节	祭祀纪念节日	竖火把、斗牛、摔跤、歌舞	(大方)农历六月二十四、(纳雍)农历六月初六	大方县、纳雍县
	彝族年	岁首年节	祭祖、歌舞	农历十月	大方县
壮族	壮年	岁首年节	祭祖、娱乐、送年礼	农历十二月之后的十天	从江县
	清明节	祭祀纪念节日	做黄米饭、杀鸡宰猪羊、祭祀祖先、聚餐	清明日起四五天	从江、独山等县
	中元节	祭祀纪念节日	杀鸭敬祖、团聚、捕鱼	农历六月十四	从江、独山等县
	吃新节	农事节日	尝新米、捕鱼、祭祖	农历七八月间卯日	从江、黎平等县

续表

民族	主要节日	活动主题	主要活动元素	节日时间	分布范围
汉族	春节	岁首年节	舞狮、舞龙、对歌、迎新春等	农历正月初一	贵州各民族居住区
	元宵节	岁首年节	玩龙灯、文娱、体育等	农历正月十五	贵州各民族居住区
	清明节	祭祀纪念节日	上坟、踏青	农历三月上半月	贵州各地汉族居住区
	端午节	祭祀纪念节日	喝雄黄酒、挂香袋、斗百草等	农历五月初五	贵州各地汉族居住区
	七夕节	祭祀纪念节日	社交、约会、游玩	农历七月初七	贵州各地汉族居住区
	中秋节	祭祀纪念节日	祭月、赏月、团圆	农历八月十五	贵州各地汉族居住区
	重阳节	祭祀纪念节日	祭祖、敬老	农历九月初九	贵州各地汉族居住区
	冬至	农事节日	吃饺子	阳历十二月二十一到二十三日	贵州各地汉族居住区
汉族和各少数民族共过节日	春节	岁首年节	文娱、体育、玩龙灯	农历正月初一到初三	威宁县（回、彝、苗、汉族共过）
	看会	岁首年节	文娱、社交	农历正月初一到初三、正月十五	麻江县（苗、布依、汉族共过）
	白洗芦笙会	社交娱乐节日	吹笙、踩笙、斗雀、赛马、唱歌、游方	农历二月中旬午日	施秉县（苗、汉族共过）
	三月三	祭祀纪念节日	蒸花米饭、祭坟、唱歌	清明前后	望谟县（布依、苗、汉族共过）
	四月八	社交娱乐节日	吃黄花饭	农历四月初八	纳雍县（各族共过）
	端午节	祭祀纪念节日	划龙船、吃粽粑	农历五月初五	锦屏县（苗、侗、汉族共过）
	端午节	祭祀纪念节日	龙舟竞赛、抢鸭子、打花鼓、对歌、舞狮	农历五月初五	松桃县（苗、汉族共过）
	赶查白	祭祀纪念节日	认亲、约会、定情、赶表	农历六月二十一至二十四	兴义市（布依、苗、汉族共过）

民族	主要节日	活动主题	主要活动元素	节日时间	分布范围
汉族和各少数民族共过节日	七月半	祭祀纪念节日	祭已故亲属	农历七月十五	锦屏县（苗、侗、汉族共过）
	花街赛马	社交娱乐节日	赛马、对歌	农历八月十五	威宁县（彝、回、汉族共过）
	重阳节	社交娱乐节日	吃粑、对歌、玩山、斗牛	农历九月初九	锦屏县（苗、侗、汉族共过）

注：部分地区为少数民族自治地区，为行文方便，表中仅用其简称，如三都水族自治县简称三都县；另外，由于贵州民族众多且分布广泛，形成"十里不同风，百里不同俗"的现象，部分节日名称在同一民族的不同地区也可能不同，在此仅使用调研地的名称。

资料来源：贵州省民族研究所等编《贵州少数民族》，贵州民族出版社，1991；贵州省文化厅群文处等编《贵州少数民族节日大观》，贵州民族出版社，1991；杨昌儒、陈玉平《贵州世居民族节日民俗研究》，民族出版社，2009；宋健主编《贵州世居民族文化书系》（十八卷本），贵州民族出版社，2014。

由于贵州传统节日数量多，笔者在归纳和总结贵州18个世居民族传统节日时，虽然参阅了相关前期成果，但也难以达到面面俱到。为此，为了更为清晰和准确地把握贵州传统节日文化全貌，笔者在此对上述表格的呈现作以下说明。

第一，以上列举的各民族传统节日，基本遵循节日规模、地域差别、影响力大小的标准来呈现。其中，对于在贵州省内人口数量相对较多的少数民族，如苗族、布依族、侗族、土家族、彝族、仡佬族等民族传统节日的统计工作还做得远远不够。就苗族传统节日来说，由于苗族在贵州省内人口数量大，支系繁多，其传统节日十分丰富。单单是与祭祀有关的传统节日数量就十分庞大。在《贵州传统民族传统节日》中，其列举数就高达28个。由此可见，表1-1仅仅列举了贵州传统节日中的一部分，更多的节日还有待进一步去收集整理。

第二，由于贵州传统节日都是"文化丛"，都是各民族文化精华的集中体现，再加上节日中文化仪式多样，内涵丰富，因而很难对其类型作一个固定的划分。基于此，笔者主要遵循节日兴起的缘由和主要仪式目标去设定。比如，五月初五这一天，贵州大多数民族都过汉族端午节，但各民族不仅有自己独特的节日活动仪式、内容，甚至连节日名称也呈现多样化。比如，贵州端午节存在小端午、龙船节、端午节等名称。节日文化丰富性和多样性使人们很难界定节日的类型属性。

第三，在长期的民族交流交往交融中，贵州各民族早已形成"你中有我、我中有你"的居住格局，贵州各民族在文化上互嵌现象较为普遍。春节、端午节、中秋节等汉族传统节日对贵州各少数民族的影响很大，各少数民族基本都过汉族节日，他们尤其对春节的重视程度极高。相应地，少数民族传统节日对汉族的影响力也不可忽视，处于少数民族地区的汉族，也热衷于过少数民族传统节日，此外，各少数民族过同一个节日的现象在贵州也十分普遍。比如，吃新节、三月三、四月八、六月六、火把节、鼓藏（仗）节等都是很多民族共同的节日。传统节日上的互嵌现象的存在，不仅表征了贵州各民族在文化认同上的一致性，也能推进贵州社会互嵌型社区建设，铸牢中华民族共同体意识。

第四，为了更好地彰显贵州传统节日文化总体性特征，在认定节日地点时，应以县及县以上的行政单位为标尺，且适当考虑节日地域的集中性和整体性。同时，为了更好地归纳总结贵州传统节日内容的区域整体性特征，笔者在选择节日样本时凸显了贵州传统节日中的诸如"祭祀""社交娱乐""农事""年节"的共同特性。

三 "多彩贵州"传统节日文化基本特征

早在二十多年前，节日研究专家高占祥对传统节日的特性就有了这样的概括：周期性、纪念性、民族性、群众性、地域性、复合性、变异性①。徐万邦、祁庆富认为传统节日文化具有周期性、民族性、群众性、地域性、综合性、变异性及实用性七大特征②。后来，乌丙安、黄泽、杨昌儒、陈玉平、张保华等民俗学者都对传统节日文化特征进行了探析。他们有的强调传统节日的社会性，有的强调传统节日的全民性，有的强调传统节日

---

① 高占祥主编《论节日文化》，文化艺术出版社，1991，第8~10页。
② 徐万邦、祁庆富：《中国少数民族文化通论》，中央民族大学出版社，1996，第314~320页。

的传统性，有的强调传统节日的地域性。虽然学者们对传统节日特征的认识有些不同，但他们都是从不同角度对传统节日一般性特征进行认识的。结合前期学者成果，笔者认为传统节日具有周期性、民族性、地域性、群体性、物质性、精神性、仪式性等特征。贵州传统节日文化作为中国传统节日文化园中的一部分，既具有传统节日文化的一般性特征，又具有自身的独特之处。共性寓于个性之中，没有脱离共性的个性，也没有脱离个性的共性。此外，由于本书研究的具体对象为贵州传统节日文化，因而在分析节日文化特征时，还要充分考虑贵州区域性特点及区域文化整体属性。基于此，为了更好地彰显贵州传统节日文化特征，笔者主要从以下几个方面入手去思考其独特性。

首先，贵州传统节日文化类型多样且数量大。贵州和云南作为云贵高原上的两颗明珠，在文化上拥有"多彩贵州"和"七彩云南"的美誉。虽然两个省都不是少数民族人口占全省总人口比例最高的省份，但由于省内生活着的民族众多，因而可以说两个省都是中国传统文化，特别是少数民族传统文化最为丰富的地区之一。但就贵州传统节日文化而言，类型多而数量大是其首要特征。第一，节日类型多。祭祀类、农事类、年节类、社交类、宗教类、商贸类等节日在贵州全省广泛存在。在同一种节日类型下，贵州各地又存在不同的节日亚类型。比如，就社交娱乐节日赶"花场"来说，除了赶"花场"外，还有游花场、玩花房、跳花坡等名称，而节日内容虽以对歌、吹笙、找对象等为主，但不同县市的节日内容，甚至是同一个县市的不同地区节日内容也各有特色。五月初五那天，威宁县各地举办的赶"花场"，在活动内容上，石门乡以射弩、穿花、绩麻为主，树舍村则以对歌、游百病为主，龙家口子又以对歌、跳笙为主。第二，节日数量多。与云南省内有着众多"高原坝子"不同，贵州全省90%以上都是高原山地。在过去，地形条件严重阻碍着人们的正常交往，导致每个地方每个民族及其支系在居住格局上相对独立，因而也使他们在文化上呈现出差异性。这样，贵州传统节日多样的局面也就自然形成。比如，贵州黔东南之所以被称为"百节之乡"，是因为当地流传着"三天一小节，五天一大节"的说法。而在遵义的苗族地区，则流传着"一天一小节，三天一大节"的说法。因此,民族众多与交通不便是贵州传统节日文化类型多数量大的社会和自然条件。

其次,贵州传统节日文化内容奇特又质朴。特殊的地形地貌使得贵州省内高山林立、河流纵横,在过去贵州人民出行十分不便、生活极其艰难,但也造就了贵州奇特的传统节日文化。"成也萧何,败也萧何。"得益于奇特的地理条件,贵州传统节日文化至今还保留着相对"原生"的状态,这或许就是大自然留给贵州人民的一大笔财富。比如,地处贵阳南边五十公里的花溪高坡苗族,有一个传统的祭祀节日活动"敲巴郎",也就是杀牛祭祖。1988年10月,这个节日在销声匿迹40余年后,借助当地有户人家在参加斗牛大赛中获奖的契机而重新得以举行。在重新举行的节日活动中,节日时间选择、节日禁忌、活动仪式都严格按照传统要求进行,节日活动在浓重氛围下保持着十分古朴的模样。又如,地处丹寨县金钟经济开发区与三都县相邻的高寨等一带的水族人民,每年年终和正月之初都要过传统节日"借进"。节日的来源传说是从其他地方买过来的,节日活动除了和汉族春节有相同的地方之外,打毽在节日中也十分流行。节日中的毽的打法是用手而不是脚,毽的做法也与众不同,打毽规矩是女的不出本村打,男的不在本村打(异姓通婚的例外)。青年男女在打毽的同时,也通过对歌来试探对方的心意和倾诉爱慕之情。因此,当地的打毽活动不仅是娱乐活动,也是当地青年男女相亲的媒介。再如,仡佬族每年农历三月三都要过祭树节。节日前半个月,仡佬族寨子就要选出2~3人为领头人,筹备祭祀事务。领头人从农历二月初开始每天晚上午夜时分就要去寨前门口请老祖公回寨子。到节日活动开始的农历三月三那天,全寨都要停工,女孩不出门,青少年以上的男子都要到山上最大的树下去祭祀,祭祀完大家就地聚餐。直到今天,这些神奇又质朴的节日活动还在贵州各少数民族中间存续。

再次,贵州传统节日文化氛围庄重又活泼。在贵州众多的传统节日中,祭祀纪念类和社交娱乐类节日众多,且在有的节日活动中,祭祀和社交娱乐往往又合为一体,让人难以划分出传统节日类型来。在过去,受当时落后生产力的影响,贵州人民在艰苦的生产生活斗争中,往往通过敬畏神灵（以自然神灵为主，诸如山、树、河流、火、风、牛、虎等）、纪念英雄（继承英雄勇敢、忠贞、坚韧、强大、无私等品质）和崇拜祖先（唤起人们追根、溯源、怀旧、感恩、上进等情怀）等方式来纾解心中的郁闷和苦楚，从而始终保持着一种活泼乐观、积极向上的生活态度。而传统节日作为一个节点，在连接人们日常与非日常的生活中，它内在的神圣性特质能很好地把人与神、祖先联系起来，成为人们表达情感的主要方式之一。比如，在侗族人们心中，祖母具有至高无上的地位，在黔东南"六洞"一带，每个侗族村寨新春的头等大事就是祭祀祖母，而这个传说中的祖母是一位为了侗家利益而战斗牺牲的女英雄。每当祭祀祖母时，寨上年龄最大、辈分最高的老人，身着传统服装，按照严格的礼仪进入祖母坛进行祭祀，男女在祖母坛外肃立，待寨老祭祀祖母后大家来到鼓楼坪。在鼓楼坪里，青壮年男子扮成当年祖母的款兵，在向祖母敬茶之后，唱着怀念祖母的歌，然后冲向寨外，最后每人在枪杆或梭镖杆子戳上一个稻草扎的人头代表得胜归来。款队凯旋，带来了太平盛世、歌舞升平的景象。在鼓楼坪上，人们吹起芦笙，放起铁炮，手牵手围成一个大圆圈踩歌堂欢庆，以此来怀念祖母。庄重而又活泼的传统节日在贵州各民族中还有很多，比如布依族查白歌节、苗族"四月八"、彝族三月三祭山节、瑶族盘王节等。在贵州传统节日文化庄重又活泼的氛围中，我们能充分看到贵州各族人民在知、情、意、行中所蕴藏的理性精神。因为只有理性的人，才会在尊重客观事实的基础上，保持着冷静、向上、乐观、富含激情的生活态度。因之，在贵州传统节日文化中，贵州人智慧而理性的生活方式和生活态度彰显无遗。

最后，贵州传统节日文化本质上是自然的又是人文的。尊重自然、认识自然、保护自然，充分展现人与自然之间的和谐关系，是贵州传统节日文化的本质体现。而在对人与自然关系的处理中，贵州传统节日中的人文本质也得到了彰显。在贵州传统节日文化中，存在大量原始崇拜现象，而这些现象中的所谓神灵大多是自然物的化身。这就说明当时的贵州人虽然不知道自然规律，但是他们却在不断实践中，自然而然地遵循着自然规律，用自然淳朴的方式维护着人与自然之间的和谐关系。比如，在贵州绝大多数民族中都有吃新节。在吃新节仪式中，拜天祭祖、犒劳耕耘的牛和自己，始终是这个传统农事节日的重头戏。因此，人们通过享受大自然带来的丰厚馈赠，不断重复着对自然神灵的尊重与祭祀，延续着自然与人的和谐关系。贵州传统节日文化本质上是自然的，也是人文的，在贵州传统节日中，有着十分深厚的人文底蕴和人文关怀。因此，自然与人文的浑然天成，使得贵州传统节日活动始终是吸引人们的一道亮丽的风景线。在祭祀纪念类节日中，贵州各族人民不忘本的情怀得到表达；在年节中，贵州各族人民张弛有度的思维得以展现；在社交娱乐节日中，贵州各族人民乐观向上的生活态度得到释放；在农事节日中，贵州各族人民勤劳大方的性格得以呈现。人始终是所有传统节日文化的出发点和落脚点，在展示人的一般性和多样性上，贵州无疑是最为丰富、最有特色的省份之一。总之，贵州传统节日是与贵州的民族文化、地域特征、生产生活实践等有机结合的产物，自然性和人文性是贵州传统节日最显著的特色。

诚然，如果单独把贵州传统节日文化的某个特征拿出来分析，则其并无独特之处，但把贵州传统节日文化所有特征放在一起去考量，则其能充分彰显贵州传统节日文化的独特性。贵州传统节日文化是大自然和贵州先民留给当代贵州人民的宝贵财富，当代贵州人理应在坚持文化自觉自知自信的基础上，在推动贵州传统节日现代性转换与创新性发展中，用传统节日文化去助推贵州文化强省建设，赋能贵州社会全面现代化。

第二节　"多彩贵州"传统节日文化发展概况

毛泽东说："在复杂的事物的发展过程中，有许多的矛盾存在，其中必有一种是主要的矛盾，由于它的存在和发展规定或影响着其他矛盾的存在和发展。"① 在贵州传统节日文化发展过程中，始终贯穿着很多矛盾。这些矛盾或涉及节日与外环境的关系，或关系到节日内在要素间的联系。联系是发展的前提，发展促进联系的进一步加强。正是在二者的这种关系

---

① 《毛泽东选集》第 1 卷，人民出版社，1991，第 320 页。

中，事物最终才得以发展。矛盾是事物发展的动力和源泉。当前，随着社会不断进入现代化建设轨道，传统节日文化发展过程中面临着的最大矛盾则是传统文化如何在现代化社会存续以及其怎样与现代化有机融合、最终实现赋能现代化建设。因此，"现代化，说到底，就是如何根据矛盾发展的规律，解决现代人类社会中的各种矛盾"①。现代化作为当代社会中一股不可抗拒的潮流，是人类社会两对基本矛盾，即生产力和生产关系、经济基础和上层建筑的互相作用的产物。而贵州传统节日文化品牌的构建与传播是为贵州传统文化发展和贵州社会现代化服务的，因而在探析贵州传统节日文化品牌构建与传播之前，则需对贵州传统节日文化发展中存在的矛盾进行全面把握，在此基础上，抓住发展过程中的主流和关键，才能进一步推动贵州传统节日文化的发展。基于此，本部分主要从宏观视角入手对贵州传统节日文化发展现状进行概述，然后在此基础上，探究贵州传统节日文化发展中存在的问题，最后对贵州传统节日文化发展概况进行辩证探析。

一 "多彩贵州"传统节日文化发展具体表现

文化是否有先进和落后之说？这个学术界长期存在的争议话题的实质就是对文化是否有发展的进一步追问。西方古典进化论与文化相对主义在争议中的力量的此消彼长，更是把对这一问题的思考变得更为复杂。实际上，至于文化是否有先进与落后之分和是否存在发展的关键在于人们是用什么样的理论去思考和评价文化。在众多理论中，马克思主义以其理论的科学性和完整性、实践的主观能动性和客观物质性及价值的关系性和属人性而始终站在科学和道义的制高点。因此，马克思主义基本原理是分析贵州传统节日文化发展最为科学的理论。在马克思主义看来，发展是前进的、上升的运动变化。发展的实质是新事物的产生和旧事物的灭亡，而划分新旧事物的标准则是事物发展是否与历史发展同步、是否有旺盛的生命力及是否得到人民群众的支持等。这也就是说，发展了的文化是作为先进

---

① 刘永佶：《中国文化现代化》，河北大学出版社，1997，序第 3 页。

文化而存在的。"所谓'先进文化'是指能够根据时代的变化，适应时代的要求，推动社会先进生产力发展、社会全面进步和促进人的发展的文化。"① 从这个意义上去看，贵州传统节日文化在新时代得到了不断发展，则是通过以下几个方面来体现的。

首先，贵州传统节日文化被纳入中国式现代化建设之中。中国式现代化作为中国共产党领导的以人的现代化为基本要求的现代化，在与西方现代化、苏联的现代化的比较中，充分显示出了其特点和优点，因而受到了全世界的高度关注。中国式现代化是集真理、价值与实践于一体的现代化，是集天时、地利与人和于一体的现代化，是集过程、目标与价值于一体的现代化，是集政治、经济、文化、社会与生态于一体的现代化，是集个人、社会、国家于一体的现代化。中国式现代化作为新时代党和国家、人民正在实践探索的目标，本质上是顺应历史发展潮流、得到最广大人民支持的现代化，正在助推社会主义现代化强国建设和中华民族伟大复兴。而自中国共产党成立以来，特别是新时代以来，随着中国式现代化向纵深发展，传统文化的保护、传承及创新逐渐被纳入中国式现代化建设轨道，文化在现代化中的地位和作用得到了最大限度的彰显。当前，党和国家通过制定相关政策、采取相应措施不断把优秀传统文化纳入中国式现代化建设之中，推动着优秀传统文化在创新中发展。比如，在《关于实施中华优秀传统文化传承发展工程的意见》中，党和国家不仅看到了优秀传统文化所具有的价值意义，还提出了如何传承和发展优秀传统文化的具体方法、原则、内容及保障措施，为优秀传统文化的新时代发展插上了腾飞的翅膀。在党和国家政策文件的指引下，贵州也出台了相关促进传统文化发展的政策和文件。比如，在2022年9月，贵州省委、省政府出台了《关于进一步加强非物质文化遗产保护工作的实施意见》，使得保护好、传承好、利用好贵州非物质文化遗产有了进一步的实施纲领。贵州传统节日文化作为中华优秀传统文化的杰出代表，被纳入中国式现代化建设实践之中，得到了党和国家的重视与支持，未来在中国式现代化建设中必将得到进一步

① 李春华：《新时期中国共产党文化创新研究》，中国社会科学出版社，2012，第99页。

发展。因为中国式现代化的时代性和发展性决定了贵州传统节日文化发展的目标和方向，贵州传统节日文化发展反过来又助推中国式现代化。从这个意义上去说，贵州传统节日文化被纳入中国式现代化建设之中，是贵州传统节日文化顺应时代潮流、不断发展的具体体现之一。

其次，贵州传统节日文化与先进生产力相融合。党的二十大报告指出："全面建设社会主义现代化国家，最艰巨最繁重的任务仍然在农村。坚持农业农村优先发展，坚持城乡融合发展，畅通城乡要素流动。加快建设农业强国，扎实推动乡村产业、人才、文化、生态、组织振兴。"[①] 传统节日文化产业和事业振兴，可以推进文化高质量发展。而文化高质量发展则需建立在科技、人才和教育等基础性、战略性支撑之上。在过去很长一段时间，由于受各方面条件的制约，贵州传统节日文化始终保持着传统、质朴、自然的存在状态。而如今，随着各方面力量的介入，贵州传统节日文化在保持自然、质朴、传统等基础上，逐渐变得"洋气"和时髦起来。这种变化是贵州传统节日文化与先进生产力相融合的结果。生产力作为推进人类社会进步的最终决定力量，其具有实体性、智能性及准备性三个层面内容。劳动资料、劳动对象和劳动者是生产力的实体性要素，科学技术和管理为生产力的智能性要素，而教育则是一切生产力发展的准备性要素。当前，数字媒体的广泛运用使贵州传统节日文化声名远扬、声光电的运用使贵州传统节日文化内容变得丰富多彩、非遗传承人保护与教育使贵州传统节日文化实现了可持续发展、管理水平和能力的提高使贵州传统节日文化活动开展有了坚强组织保障、体制机制的创新使贵州传统节日文化实现了"新生"，而最为重要的是在贵州传统节日文化上，不同主体实现了共建共治共享，人类中心论和人文气息得到了最大限度的彰显。先进生产力相关要素的进入，使得贵州传统节日文化产业和文化事业得到了飞速发展。因此，贵州传统节日文化与先进生产力相融合，是促使其不断发展的动力和源泉，也是实现其不断发展的最好标志。

再次，贵州传统节日文化价值得到了最大限度的实现。价值是一个处

---

① 习近平：《高举中国特色社会主义伟大旗帜 为全面建设社会主义现代化国家而团结奋斗——在中国共产党第二十次全国代表大会上的报告》，人民出版社，2022，第30~31页。

理主体与客体关系的范畴，主体向度是价值的出发点和落脚点。在过去，受交通、物资、意识等各方面条件影响，贵州传统节日文化在参与人数、活动规模、活动物资、节日意义等方面呈现出了民族化、在地化、自然化等特点。传统节日文化对于国内民众所起到的诸如增强民族认同、促进情感交流、推动文化传承、延续历史记忆、遵守伦理规范等内价值显得十分突出，而附加在传统节日上的经济价值、政治价值、文化价值、社会价值及生态价值等外价值则不太受重视。后来，随着党和国家对传统节日文化价值的重新发现，人们在辩证分析和保留传统节日文化内价值的基础上，不断促使传统节日文化的外价值得到最大限度彰显。特别是实施乡村振兴战略和推进乡村建设以来，贵州传统节日产业得到了长足发展，成为促进贵州社会全面进步的载体。比如，黔东南州台江县的"姊妹节"，是一个以当地男女社交活动为主题，盛行于台乐、井洞塘、偏寨、坝场等地的地方性少数民族传统节日。但近年来，当地政府和人民充分利用县内苗族文化资源，着力打造姊妹节这个"藏在花蕊中的节日"和"最古老的东方情人节"，在传承和发展传统中，推动了当地社会全方面发展。疫情之后的2023年台江姊妹节在"五一"小长假期间举行，节日延续了以往姊妹节系列方式，以姊妹节为媒，全面展示了台江人文和地理风采。"根据初步测算，截止5月2日全县接待游客45万人，旅游综合收入达7.6亿元。"[①]乡村产业振兴是乡村振兴的基础和关键。文化产业作为贵州新时代发展的重要法宝，在推动贵州经济跨越式发展中起着十分重要的作用。根据《贵州统计年鉴2022》相关统计数据，2017年贵州地区总产值为13605.42亿元，旅游总收入是7116.81亿元；2018年地区总产值为15353.21亿元，旅游总收入是9471.03亿元；2019年地区总产值为16769.34亿元，旅游总收入是12318.86亿元；2020年地区总产值为17860.41亿元，旅游总收入是5785.09亿元；2021年地区总产值为19586.42亿元，旅游总收入是6642.16亿元[②]。

---

① 《"苗族姊妹节" +五一小长假 传统节日增强假日旅游经济效益》，台江县人民政府网站，2023年5月5日，https://www.gztaijiang.gov.cn/news/bmdt/202305/t20230505_79524091.html。

② 数据来源于《贵州统计年鉴2022》，http://hgk.guizhou.gov.cn/publish/tj/2022/zk/index-ch.htm。

由此可见，除了受疫情影响的 2 个年份，其他 3 个年份的数据都充分说明了旅游业在贵州经济发展中的重要地位。而节日旅游作为贵州旅游业中的重头戏，对于贵州经济发展的贡献十分巨大。经济是基础，有了经济的支撑和带动，近年来贵州在政治、文化、社会及生态建设等方面得到了不断发展。贵州传统节日文化价值的增大，很好地说明了贵州传统节日文化在现代社会的发展之势。

最后，贵州传统节日文化发展中主体性力量得到尊崇和发挥。人创造了文化，文化形塑了人，文化的本质是人的文明化。"现代化的本质是人的现代化。"① 文化现代化把人的现代化和人的文明化有机联系起来，是对人之为人的过程呈现和本质诠释。主体性是现代社会的显著特征。在文化现代化中，人始终是出发点和落脚点，也是目标所指和力量所依。"人民，只有人民，才是创造世界历史的动力。"② "无论历史的结局如何，人们总是通过每一个人追求他自己的、自觉预期的目的来创造他们的历史，而这许多按不同方向活动的愿望及其对外部世界的各种各样作用的合力，就是历史。"③ 可见，和中国其他省份一样，贵州传统节日文化的发展，不仅是人民合力推动的产物，也是满足人民需要的结果，充分展现了传统节日现代性发明中潜藏着的主体性。第一，尊崇主体的实践本质。文化是人的文化，人的本质决定文化的本质，人的变化发展带动文化的变化发展。马克思说："人的本质不是单个人所固有的抽象物，在其现实性上，它是一切社会关系的总和。"④ 作为连接生产力和上层建筑纽带的生产关系，在受生产力决定和上层建筑反作用的过程中，不断变化发展。恰恰是在推动人类社会发展的基本矛盾变化中，全部社会生活是实践的、人的存在方式是实践的认识得到了充分的印证。因此，实践性作为人的本质，决定和预示了人是具体的、运动的、历史的、现实的人。与之相适应，作为人之为人的最高表现的文化，也必将在现实的人的变化发展中不断得以发明与创造。

---

① 《习近平关于社会主义经济建设论述摘编》，中央文献出版社，2017，第 164 页。
② 《毛泽东选集》第 3 卷，人民出版社，1991，第 1031 页。
③ 《马克思恩格斯文集》第 4 卷，人民出版社，2009，第 302 页。
④ 《马克思恩格斯文集》第 1 卷，人民出版社，2009，第 505 页。

比如，在台江"姊妹节"上，万人空巷的局面令人震撼；在榕江"萨玛节"活动中，全村积极参与，不同主体各司其职，共庆节日盛典。由此可见，尊重不同主体实践能力的发挥是贵州传统节日发展的一大表现。第二，发挥主体的实践合力。当前，在政府的强势介入、学者的积极推动、媒体的大力宣传、文化主体的自觉自信和社会大众的积极参与下，保护、传承、发明、利用、发展传统节日，已然成为社会主体的一种共识、社会发展的一种趋势及社会研究的一股热潮。其中，中国共产党作为中国特色社会主义建设的领导核心，始终是促进贵州传统节日文化发展的根本保证和重要依靠。党性和人民性的一致性，使得党能够带领人民发挥主动性能动性创造性，不断促使传统节日在现代社会中得到发展。第三，满足主体的实践需要。为什么人的问题是一个根本的问题、原则的问题，涉及文化发展的本质。新时代随着社会主要矛盾的变化，人民对文化需求的层次越来越立体、形式越来越多样，且在模仿型排浪式消费转向多样化个性化消费中，人民对文化发展的要求更高、期待更多。而传统节日作为中华优秀传统文化的重要代表，在新时代的发展现状和创新态势则会直接影响人民精神生活的层次和档次。今天，贵州传统节日现代化发展，不仅满足了本地本民族对于传统文化的需要，也激发了国内外人们对于贵州传统节日的热爱。因此，贵州传统节日文化在现代社会得以发展，是源自人民、为了人民、属于人民这个社会主义文化发展根本立场和鲜明特征的积极产物，是社会主义文化发展的关键所在，是社会主义文化价值观的集中体现。

总之，在新的历史文化政治等境遇下，贵州少数民族传统节日文化获得新的发展机遇，并在政府的大力支持、文化主体的自觉自信、民众的积极参与、媒体的广泛介入、学者的研究推动等各方面力量影响下，整体呈现出了一派欣欣向荣的发展态势。而贵州传统节日文化的发展不仅对于贵州社会的全面进步起着不可忽视的作用，贵州人在一定程度上还用节日文化发展方式去验证了文化与政治、经济、社会及生态相一致的真理。

二 "多彩贵州"传统节日文化发展面临挑战

近年来，随着社会的不断进步，贵州传统节日文化获得了飞速发展。

但在发展过程中，一些不利于贵州传统节日文化发展的因素也开始出现，在一定程度上制约着贵州传统节日文化高质量发展。正如习近平总书记在文艺工作座谈会上的讲话中指出的那样："在文艺创作方面，也存在着有数量缺质量、有'高原'缺'高峰'的现象，存在着抄袭模仿、千篇一律的问题，存在着机械化生产、快餐式消费的问题。"① 贵州传统节日文化现代化在本质上就是传统文化在现代社会中的创新创造问题，因而在发展中也面临着以上问题。针对这些问题，党和国家在《关于实施中华优秀传统文化传承发展工程的意见》中，对于中华优秀传统文化传承发展提出了三个"迫切需要"："迫切需要深化对中华优秀传统文化重要性的认识，进一步增强文化自觉和文化自信；迫切需要深入挖掘中华优秀传统文化价值内涵，进一步激发中华优秀传统文化的生机与活力；迫切需要加强政策支持，着力构建中华优秀传统文化传承发展体系。"② 结合贵州传统节日文化发展具有的一般性和特殊性问题，笔者认为贵州传统节日文化在发展中主要存在以下不足。

首先，贵州传统节日文化内涵亟须进一步提升。在形式与内容的辩证关系中，内容无疑处于更为重要的地位。民俗学家萧放把传统节日内容归为物质方面、精神方面和社会方面，或是信仰、人伦、传说、饮食、娱乐③。当前，在贵州传统节日文化发展中，节日的物质方面相对于精神方面和社会方面来说，已经做得十分完备了。在贵州传统节日活动上，酸汤鱼、花糯米饭、鱼肠酱、细酸菜、灰粑粑、不同民族的节日服饰、各具特色的建筑、扭扁担、抱腰、掰手劲、打毽等美食美物美事纷纷呈现，让人禁不住停下脚步去享受不同民族文化带来的这场"饕餮盛宴"。但对于贵州传统节日文化来说，为了保持节日的可持续发展，最为关键的是要在节日社会层面和精神层面上下功夫。这也就是说，贵州传统节日文化要与新时代有机结合，实现节日文化现代化，特别要在节日文化的思想内容和精神价值上有所突破，要进一步加强节日的思想与精神价值的倡导和弘扬。

---

① 《习近平总书记在文艺工作座谈会上的重要讲话学习读本》，学习出版社，2015，第10页。
② 《关于实施中华优秀传统文化传承发展工程的意见》，《人民日报》2017年1月26日。
③ 萧放：《传统节日与非物质文化遗产》，学苑出版社，2011，第9～11页。

将马克思主义中国化理论成果,特别是社会主义核心价值观融入贵州传统节日文化发展之中,能丰富和提升贵州传统节日文化理念与精神气质。诚然,这就需要通过贵州传统节日文化创造性转化与创新性发展来完成。比如,四十八寨歌节,作为贵州与湖南交界地侗族、苗族以集会、交友、恋爱等为主题的传统节日,辐射贵州省天柱县、锦屏县和湖南省靖州县的侗族、苗族等四十八个村寨。经过不同时期的发展之后,当前节日正处于抢救、复苏及弘扬时期。四十八寨歌节的存在与发展,具有十分重要的历史和现实价值。四十八寨歌节对于中国音乐史、民族交流交往交融、铸牢中华民族共同体意识和提高人民群众文化生活水平具有十分罕见的价值。因此,在四十八寨歌节的当代复兴中,要进一步挖掘歌节的文化资源,创新歌节的文化内容,提升歌节的文化内涵,才能最终实现歌节的现代价值。总的来说,只有坚持马克思主义基本原理与贵州具体实际、贵州优秀传统节日文化相结合,不断挖掘贵州传统节日文化资源,提升贵州传统节日文化内涵,实现贵州传统节日从"各个民族的节日"到"中华民族的节日"的转换,贵州传统节日文化现代化才能顺利进行。

其次,贵州传统节日文化传承发展体系构建迫在眉睫。今天,随着文化产业的大力发展,在"文化搭台、经济唱戏"的指挥棒下,在贵州全省,传统节日文化如雨后春笋般不断冒出来,形成了"百花齐放"的发展局面。但在多样化发展过程中,贵州传统节日文化的整体性发展体系则显得不够完善。第一,传统节日文化传承发展机制还十分薄弱。虽然党和国家采取了一系列措施去加强非物质文化遗产传承发展,但在政策措施的具体实施中,受人们意识观念、社会环境、制度安排、资金配套等各方面影响,当前贵州传统节日文化发展在抢救性保护、整体性保护与生产性保护方式融合,产、学、研一体化,时间、空间与人的有机结合及家庭、学校与社会教育一体化上都存在这样或那样的不足。第二,标志性传统节日文化的引领性作用还待加强。贵州传统节日多是好事,但在某种程度上去看又是坏事。贵州传统节日众多及其分散性特点,使得贵州标志性引领式节日很难在众多节日中脱颖而出。虽然当前全省各地各民族都在着力打造自己的标志性引领式节日,但这些节日在凝聚力、影响力、创造力上面还需要进一步强化。这就需要结合贵州全省传统节日分布、规模大小、参与群众等各方面因素进行整体性设计,综合性考量才行。第三,节日文化传承发展与其他社会各要素联动局面尚未形成。在贵州传统节日文化传承发展中,涉及文化产业与文化事业、传承与发明、文化与政治、文化与传播、文化与科技等各方面矛盾关系的处理,而要科学而客观地处理好这些关系,让节日文化传承发展与其他社会各要素之间形成互动联合的局面,这对于目前的贵州社会来说,可谓任重而道远。

再次,贵州传统节日文化发展中感性化倾向过于明显。感性是相对于理性而言,是指用感觉器官,从事物的表面、局部、直接性上去认识事物的一种方法,理性是指借助大脑,从事物的内在的、本质的、间接性上去认识事物的一种方法。感性认识是基础,理性认识是升华,两者是一对不可分离的矛盾。当前,在市场经济的引领下,贵州传统节日,特别是有一定规模、影响力的传统节日大都走上了产业化的发展道路,再加上西方消费主义对国人的影响,使得贵州传统节日文化感性化倾向十分明显。在现代,为了迎合大众对传统节日的需求,很多传统节日一改过去自身内在的界限和边界,迎合大众、满足大众成了节日发明与创造的重要组成部分,人气高低成为衡量传统节日发展与否的晴雨表。无边界、世俗化、大众化的现代节日,彻底激活或创新了传统节日,使得传统节日在现代社会中获得了"新生"或"重生"。受益于工业化、市场化、交通畅通化,传统节日在创造性转化与创新性发展中,打破时间空间限制,把天时、地利、人和与人、财、物有机结合起来,使得节日的整合属性在现代社会中表现得尤其突出。人们除了增强对传统节日饮食的需要之外,还对传统节日仪式、节日物资、节日氛围、节日服务等节日消费品提出了更高的要求。物美价廉、丰富深刻、多样统一、雅俗共赏等逐渐成为传统节日现代性发明的品质标配,"百货公司""消费至上""文化搭台、经济唱戏""节日购物狂欢节"等成了传统节日现代性发明的适时取向。正如有的学者所说:"在地方知识转向文化资本、表征'文化搭台、经济唱戏'的进程中,旅游节日呈现出的表层化理念、碎片化形式、感性化群聚及奴役性后果等感性化趋势,一方面让多元主体、时间弥合、空间跨越、去魅化等节日特征很好地符合和迎合了当代人的文化和心理需要，但另一方面节日文化本身独具的人文精神和生活意义则受到了不同程度的遮蔽。因而，旅游节日发展既要充分顾及现代人的需要，也要遵循文化发展的本质和规律，走一条感性化过程中的理性之路。"① 诚然，面对贵州传统节日现代性中出现的文化表象，有人欢呼，也有人忧虑，但在赞成与反对的矛盾态度中，一种以超越节日构建简单化、节日活动视觉化、节日过程消费化及节日结果经济化为目的的节日理性化发展之路呼之欲出。

最后，贵州传统节日文化发展中程式化现象十分严重。程式化也叫模式化，是指在任何时间、地点及人物中都采取一套固定的方式去组织、开展和完成工作任务。不可否认的是，程式化对于机械时代的工业化起到了十分重要的推进作用，但文化建设不同于工业化，文化建设始终倡导和遵循着"文化多样、人性普同"的理念和原则，它对保持文化的独特性具有更高的要求。这和本雅明（Walter Benjamin）所强调的文化的光晕现象有异曲同工之妙。本雅明指出："即使在最完美的艺术复制品中也会缺少一种成分：艺术品的即时即地性，即它在问世地点的独一无二性。但唯有借助于这种独一无二性才构成了历史。"② 这就说明传统节日具有不能大量复制、此时此地性、若即若离性、独一无二和十分珍贵的属性和价值。当前，在贵州传统节日文化发展中，大都流行着一种以祭祀、歌舞表演、招商引资、商品交易、美食享受为固定组合的办节模式。这种办节模式的形成，一方面说明了贵州传统节日发展有了一定的积淀和成熟度，但另一方面则说明每个贵州传统节日文化的特点和优点还没完全彰显。简单模仿、固定方式、机械活动、经济目标及重复体验、审美疲劳等程式化特征是导致贵州传统节日的"多彩性"难以充分释放的桎梏。而贵州之所以具有"多彩贵州"的美誉，是因为其文化多样而独特，而传统节日作为"多彩贵州"文化多样性中的重要代表，丰富多彩性和独特性是其典型特征，是

---

① 李银兵、李丹：《旅游节日的感性化趋势与理性建构》，《湖北民族学院学报》（哲学社会科学版）2017 年第 3 期。

② 〔德〕W. 本雅明：《机械复制时代的艺术作品》，王才勇译，浙江摄影出版社，1993，第54 页。

贵州传统文化立足和扬名于世的重要资本。"泛节日化社会语境下,传统节日出现节日资源被滥用,节日主题蜕变为世俗狂欢,内涵渐趋标准化等乱象。传统节日保护,必须遵循节日文化逻辑,尊重文化自决,遵守适度创新原则。"① 因此,贵州传统节日文化在现代社会中要得到进一步发展,首要前提是其不能逃离工业化这个最大的时代背景,但也不能仅仅跟随着工业化的步伐去发展,而是要在融入、借助和反抗工业化的过程中,推动工业化和自身文化的双向发展,最终才能实现传统节日现代化。一言以蔽之,挖掘贵州传统节日文化内涵、凸显贵州传统节日文化的独特性、推进贵州传统节日文化研究、强调贵州传统节日文化品牌构建等,是打破贵州传统节日文化程式化的有效途径。

此外,在贵州传统节日文化发展过程中,还存在这样或那样的问题,面临这样或那样的危机。比如,传统节日文化传承教育、节日文化符号和形象设计、节日文化主体自觉自信意识培育、传统节日传播效度提升等问题。但就笔者看来,这些问题都是依存以上四个主要问题而存在的,在解决以上四个主要问题后,贵州传统节日文化发展中的其他问题也会随之而得到解决。矛盾是事物发展的动力与源泉,也是事物发展中的阻力与障碍,恰恰就是在这种矛盾中,事物得到了不断发展。因此,只要我们正确认识、分析这些矛盾,就会最终实现解决矛盾、推动事物向前发展的目标。

三 "多彩贵州"传统节日文化发展概况分析

恩格斯说:"世界不是既成事物的集合体,而是过程的集合体。"② 世界作为一个过程的存在,必然受其过程中的不同矛盾所制约和推动。而不同矛盾的存在,特别是同一矛盾存在的对立同一的两面性,是事物本身所具有,而不是人为所能决定的。但"任何过程如果有多数矛盾存在的话,其中必定有一种是主要的,起着领导的、决定的作用,其他则处于次要和

---

① 黄龙光:《当代"泛节日化"社会语境下传统节日的保护》,《原生态民族文化学刊》2019 年第 4 期。

② 《马克思恩格斯文集》第 4 卷,人民出版社,2009,第 298 页。

服从的地位。因此，研究任何过程，如果是存在着两个以上矛盾的复杂过程的话，就要用全力找出它的主要矛盾。捉住了这个主要矛盾，一切问题就迎刃而解了"①。因此，不能把过程中的矛盾平均来看待，必须要严格区分主要矛盾和次要矛盾、矛盾的主要方面和次要方面，承认矛盾在事物发展中的地位及作用的不平衡性及这种不平衡性的变化性。只有这样，才能抓住事物发展过程中的主要矛盾及其主要方面，最终推动事物不断发展。

　　但就贵州传统节日文化发展而言，在其发展过程中，虽然还存在一些不足，但这些不足恰恰在反向印证其发展，贵州传统节日文化就是在肯定自身的同时也在否定自身，在自我革命中实现了成长。换句话说，假如传统节日文化没有发展，也就不存在面临挑战或危险之说。因此，贵州传统节日文化发展中存在的不足，是所有事物在发展中必然存在的、不可缺少的一部分。正是因其存在，贵州传统节日文化才能得到进一步发展。同时，与其他任何事物的发展一样，贵州传统节日文化发展遵循马克思主义基本原理，以科学的实践为本质，实现人民中心论的价值诉求。真理、实践与价值的"三位一体"，过程、结果与整体的合而为一，个人、民族与国家的有机结合，是其最为典型的实践特征。因此，用具有科学性、实践性等特征的马克思主义及其中国化理论成果去指导贵州传统节日文化在现代社会中的变化过程，能决定和保证贵州传统节日文化的科学性本质。此外，判断一个事物价值大小的标准通常为在尊重规律的条件下，事物发展是否顺应了历史发展潮流、促进了生产力发展及得到了绝大多数人的支持。归根到底，人民才是历史发展的最终决定力量，是衡量贵州传统节日文化是否发展的最终标准。特别是在社会主要矛盾转换为人民日益增长的美好生活需要和不平衡不充分的发展之间的矛盾之际，解放和发展生产力，满足人民群众对美好生活的需要的标准就显得更为突出。当前，贵州传统节日事业、节日产业的繁荣发展，很好地印证了贵州传统节日文化发展是为了人民、依靠人民、热爱人民的产物，并在一定程度上能满足人民群众对美好生活的多方面需要，因而贵州传统节日文化发展是与人民保持

---

① 《毛泽东选集》第1卷，人民出版社，1991，第322页。

一致，是对党性和人民性一致性的最好表征。总之，唯物辩证法、整体历史观与人民中心论的"三位一体"，充分证明了贵州传统节日文化的发展性属性和态势。

改革开放以来，贵州传统节日文化正在一步步迈向高质量发展之路的事实，一次次证明了中国共产党能、中国特色社会主义好，归根到底在于马克思主义及中国化的马克思主义行的至理名言。马克思主义改变了中国，而中国共产党人领导的中国特色社会主义建设事业又在不断开辟马克思主义中国化时代化新境界，推动马克思主义不断向前发展。用马克思主义去分析贵州传统节日文化的现代性发展，无疑会发现现代性发展背后的诸多动力源泉。总的来看，政治经济文化体制改革是推动贵州传统节日文化发展的重要力量，文化自身的重要作用是唤起贵州传统节日文化发展的原生动力，人民群众是贵州传统节日文化发展的最终决定力量。中国共产党的领导是中国特色社会主义最本质的特征，是中国特色社会主义最大优势。党性和人民性相一致，从这个意义上去说，中国共产党的领导是推动贵州传统节日文化发展的最大动力。

发展是贵州传统节日文化的生命力所在，而"发展文化，实现文化现代化，其外在价值取向是实现社会的现代化，其内在价值取向是实现人的全面而自由发展"①。正是在党的直接领导下，在各级政府和全体贵州人民的奋斗中，在国内外人们的支持下，贵州传统节日现代化正在如火如荼地进行，贵州社会和贵州人正在不断发展，贵州人民美好生活正逐渐实现。

第三节　"多彩贵州"传统节日文化发展趋势

传统节日发展就是指传统节日在保持自身特定民族传统与地域特色的基础上，以中国式现代化为依托，不断实现节日文化现代化，向着中国特色社会主义新文化迈进。传统节日文化是灵动的，随时代发展而不断发展。詹姆逊说："文化研究是一种愿望，探讨这种愿望或许最好从政治和

---

① 杨竞业：《文化现代化——从"自由的文化"到"文化的自由"》，武汉大学出版社，2012，序言第3页。

社会视角入手,把它看作是促成'历史大联合'的事业,而不是理论化地将它视为某个学科的规划图。"① 因此,只有结合社会、政治与历史,才能对贵州传统节日文化发展趋势有更为清晰和科学的判定。

一 "多彩贵州"传统节日文化发展基本趋势

早在 20 世纪 90 年代,节日研究专家高占祥就要求人们把握节日文化的发展趋势:节日与时代精神、经贸活动、旅游活动、民族资源开发结合得日益紧密②。节日文化 30 多年的发展证明,高占祥对节日文化发展趋势的归纳总结是十分准确的。在这个总趋势的指引下,诸多学者对西部地区少数民族传统节日文化发展趋势做出了概括。比如,在谈到西部少数民族传统节日文化发展趋势时,有的学者指出节日活动呈现出了由神圣性向世俗性转化、由单一性向复合性转化、由非经济性向经济性转化、由原生性向现代性转化的趋势,此外出现了众多顺应时代要求的新生节日③。贵州传统节日文化发展趋势具有各个少数民族省份传统节日文化发展趋势的一般性,但也存在贵州传统节日文化自身的发展趋势。为了更为具体地彰显贵州传统节日文化特色,本部分笔者主要针对贵州传统节日文化自身发展趋势进行分析。

首先,贵州传统节日文化复合型发展趋势明显。随着人们对传统节日的认知水平和消费需要不断提升,传统节日一改过去单一、神圣、非经济性、原生性的总体特征,逐渐走向复合性发展道路。其实就传统节日来说,其从来就没简单化、单一化过,它历来都是以"文化丛"的方式而存在的。当前,贵州传统节日呈现出复合性发展趋势,本质上是对传统节日发展"再一次否定"的结果。因为事物的发展都经过肯定—否定—否定之否定的发展过程,本质上表现为自我否定辩证法。第一,节日内容复合性。相对于以往的传统节日来说,处于现代社会中的传统节日在内容上显

---

① 王逢振主编《詹姆逊文集(第 3 卷):文化研究和政治意识》,蔡新乐等译,中国人民大学出版社,2015,第 1 页。
② 高占祥主编《论节日文化》,文化艺术出版社,1991,第 13~15 页。
③ 李银兵:《民族传统节日社会功能研究——文化创新的视角》,人民出版社,2020,第 70~75 页。

得更为丰富多彩。比如，2023 年中国·台江苗族姊妹节于五一期间在台江举办。"本届苗族姊妹节围绕'没有围墙的非遗博览会'定位，以互动、交融的舞台展现方式，把当地非遗文化、旅游资源、商企精神、人文风貌进行融合，展现了音舞与商企结合、非遗与旅游结合、舞台与人文结合，呈现出一场'文旅推介会''招商洽谈会''非遗博览会''群众联欢会'相结合的盛会。"① 此次节日活动内容十分丰富，除了万人盛装游演、万人唱响翁你河、万人苗疆长街宴等活动之外，节日还和台江最近火遍全球的中国"村 BA"台盘村 4A 级景区结合起来，全面展示了台江县文化遗产和人文风情。第二，节日价值多维性。在过去，传统节日文化存在和发展的最大价值在于其内价值的发挥，而在现代社会中，传统节日不仅要保存内价值，更要以实现节日文化的外价值为发展目标。长期以来，受地理条件制约，贵州传统节日文化的地域性色彩十分明显，且以商贸活动为主的节日少之又少，节日的经济功能一直从属于文化功能。而在今天，贵州传统节日文化在把节日经济、政治、文化、社会及生态价值融为一体的同时，更是提高了经济价值在节日中的地位。第三，节日主体多元化。超越以往以地域和民族为主的办节模式，现代社会中的传统节日活动作为一个系统工程而存在。除了常规的政府、文化主体、游客、学者和媒体介入之外，消防、医疗、安保、后勤等各部门主体纷纷加入。多元主体参与传统节日的筹办，无形中增添和印证了传统节日文化的复合性属性。开门办节、喜迎四方宾客、众人狂欢等打破了以往传统节日文化的边界，使得今天的传统节日文化大众化色彩十分浓厚。

其次，贵州传统节日文化的政治性发展特征凸显。当前，"在国家力量支撑下，少数民族传统节日遵循着节日生活与节日文化的耦合原则，沿着节日生活文化化、节日文化政治化及政治制度生活化三重发展理路，走出了一条政府指导下的少数民族传统节日当代发展之路"②。国家力量作为

---

① 《2023 中国·台江苗族姊妹节盛大开幕》，新浪网，2023 年 5 月 2 日，https://finance.sina.com.cn/jjxw/2023－05－02/doc-imyskezz4527284.shtml？cref=cj。
② 李银兵、段成名：《生活、文化与政治：少数民族传统节日的当代复兴》，《文化遗产》2022 年第 6 期。

推动贵州传统节日文化发展的根本保证和最大动力，在当代社会显得越来越明显。政府把传统节日纳入中国式现代化建设轨道之中，在很多方面推动着传统节日的不断发展。比如，随着《关于运用传统节日弘扬民族文化的优秀传统的意见》《关于修改〈全国年节及纪念日放假办法〉的决定》等文件的制定与公布，贵州传统节日文化得到了来自国家层面的政策保证。又如，政府推动贵州传统节日与社会主义核心价值观有机结合，不仅推动了贵州传统节日文化在现代社会中实现了创造性转化与创新性发展，还铸牢了贵州各民族的中华民族共同体意识，保证贵州传统节日发展有了理念和思想上的引领，进而促进了贵州传统节日文化的健康发展。再如，在贵州完成脱贫攻坚任务的过程中，各级政府通过不同方式对贵州传统节日文化发展进行"输血"与"造血"，使得诸如贵州省旅游局、黔东南州政府主办的"2011年中国·雷山苗年暨鼓藏节"系列活动在贵州社会处处可见。在过去，相对于其他在文化事业和文化产业上较为发达的省份而言，贵州虽然有着丰富而多元的节日文化资源，但由于各方面条件的限制，贵州传统节日文化力量一直难以得到释放。党政军民学，东西南北中，党是领导一切的。随着党和政府全面介入贵州传统节日文化发展，党和政府运用自身强大的领导力、宣传力、组织力、财力、人力、物力把贵州传统节日文化事业和产业推到了一个新的高峰。没有党和国家的直接介入，贵州传统节日文化单靠节日文化主体的力量是难以达到现有高度的，因而从某种程度上说，党和各级政府是促进贵州传统节日文化发展的"第一推手"。因此，"保守地说，真理的中心在于，对一个社会的成功起决定作用的是文化，而不是政治。开明地说，真理的中心在于，政治可以改变文化，使文化免于沉沦"[1]。一言以蔽之，文化与政治的有机结合，过去是、现在是、未来也会是推动贵州传统节日文化发展的第一要义。

再次，贵州传统节日文化品牌构建方兴未艾。早在2005年，民俗学家刘铁梁在论述"标志性文化统领式"民俗志时，对标志性文化进行了归纳。他指出："所谓标志性文化，是对于一个地方或群体文化的具象概括，

---

① 转引自〔美〕塞缪尔·亨廷顿、劳伦斯·哈里森主编《文化的重要作用——价值观如何影响人类进步》，程克雄译，新华出版社，2010，第8页。

一般是从民众生活层面筛选出一个实际存在的体现这个地方文化特征或者反映文化中诸多关系的事象。""所谓标志性文化应具有：一、能反映这一地方的特殊历史进程和贡献；二、体现地方民众的集体性格和气质，具有薪尽火传的生命力；三、深刻地联系着地方民众的生活方式和诸多文化现象等三个主要特征。"① 标志性文化一经提出，不仅有利于地方文化保护和民俗志书写，也为地方文化品牌构建提供了一个新的方向。贵州作为地方民族文化最为丰富的省份之一，遴选标志性节日文化，构建标志性节日文化品牌，无疑会对贵州文化建设及社会进步起到引导作用。"品牌是能给拥有者带来溢价、产生增值的一种无形资产，它的载体是用以和其他竞争者的产品或劳务相区分的名称、术语、象征、记号或设计及其组合，增值的源泉来自在消费者心智中形成的关于其载体的印象。"② 因此，在这个品牌的力量远远大于工厂的时代，构建与传播贵州传统节日文化品牌无疑是十分紧迫而必要的。令人欣慰的是，当前贵州传统节日文化品牌的构建与传播已初见成效，一部分传统节日文化品牌开始兴起。比如，侗族萨玛节，苗族跳花节、姊妹节，清水江划龙节，仡佬族祭祖大典，水族卯节，彝族和毛南族火把节及布依族"三月三""六月六"等。但贵州在传统节日文化品牌构建中，总体上还存在节日品牌文化内涵不足，节日品牌影响力不够、效益较低及竞争力不强等问题。鉴于此，贵州传统节日文化品牌需要在质量、服务、形象、文化、管理、创新、广告及公关等方面发力，只有这样，贵州传统节日文化品牌在竞争中、市场里及效益上才能大有作为，大放光彩。"万事开头难。"依存于文化资源禀赋的独特性和多样性，贵州传统节日文化品牌构建的大门早已经打开，只要继续沿着创新、协调、绿色、开放及共享的发展理念继续前行，贵州传统节日文化品牌高质量发展指日可待。

最后，贵州传统节日文化的生态性发展特征彰显。"我们要建设的现代化是人与自然和谐共生的现代化，既要创造更多物质财富和精神财富以

---

① 刘铁梁：《"标志性文化统领式"民俗志的理论与实践》，《北京师范大学学报》（社会科学版）2005 年第 6 期。

② 余明阳、杨芳平编著《品牌学教程》，复旦大学出版社，2009，第 5 页。

满足人民日益增长的美好生活需要，也要提供更多优质生态产品以满足人民日益增长的优美生态环境需要。"① 生态化的生产方式和生活方式的形成是满足人民美好生活需要的前提和基础，也是现代化建设的重要内容。当前，随着城市化、工业化、城镇化的不断发展，人们纷纷离开乡村去城市发展。城市的繁华与热闹、丰裕与便利、先进与包容满足了人们对美好生活的向往，但同时人们又不得不面对城市生活中必须承受的诸多压力与无奈。因此，在远离乡村又离不开乡村、身处城市又融不进城市的尴尬处境下，一部分人在内心深处衍生出了浓浓的"文化乡愁"。而贵州传统节日文化活动的举办，无疑能满足人们对于乡音乡情、生态文化和质朴生活的向往，纾解人们对故土家园、乡里乡亲的思念之情。贵州传统节日文化中具有的乡土气息，对于工业化时代的人们来说显得弥足珍贵。民族性、地域性、自然性长期以来就是贵州传统节日文化中最值得称道的部分，山坡上对歌、小河里划船、丰收时庆祝、闲暇时狂欢、敬畏自然、尊重人文的美好图卷一直是贵州留给世人的原初印象。即使在工业化日益深入的今天，贵州传统节日中的这种乡土气息还保留得十分完整，诚然，在贵州传统节日发展中，我们不是简单地去倡导以前那种以自然性、生态性、原初性为特征，反映着人类对生产及生活实践的直觉认知的传统节日，我们主张的是把传统与现代，人与自然、社会有机结合，有着整体性、辩证性、社会性属性的新生态节日文化。这种节日文化超越了文化的自在状态而走向了文化的自为状态，尊重自然但更强调人的重要性，排除了形而上学的思维而走向了唯物辩证法系统论，是符合现代社会要求和顺应现代社会发展潮流的新型节日文化形态。"山水林田湖是一个生命共同体，人的命脉在田，田的命脉在水，水的命脉在山，山的命脉在土，土的命脉在树。"② 做好山水林田湖草沙人是生命共同体这个大文章，是贵州实现生态文明建设先行区战略目标的基础和保障。贵州传统节日文化一直与山水林田湖草沙人紧密相连，其节日中内含着众多生态文明建设因子，因而是表征贵州实现生态文明建设先行区战略目标的重要组成部分。节日文化生态性是贵

---

① 《习近平谈治国理政》第3卷，外文出版社，2020，第39页。
② 《习近平关于社会主义生态文明建设论述摘编》，中央文献出版社，2017，第47页。

州传统节日文化的最亮本色，也是贵州传统节日文化立足于世的最大资本，独特的比较价值优势规约和促进着贵州传统节日文化要一直保持和创新自身的生态性。当前，这种新生态节日文化在贵州大地上正在不断衍生，也将是贵州传统节日文化未来发展的必然趋势。

"八山一水一分田"的特殊地形地貌，造就了贵州独特的高原山地文明。千百年来，勤劳而又善良的贵州人民在这片土地上辛勤耕耘，创造了一个接一个的"贵州奇迹"。在过去，贵州"人们对自然界的狭隘的关系决定着他们之间的狭隘的关系，而他们之间的狭隘的关系又决定着他们对自然界的狭隘的关系"①。而如今，贵州人民沐浴在改革创新的春风中，信奉着"山高人为峰"的理念，在不断创造文化的过程中也成就了自己。我们相信，在不断解放思想、成就自由个性中，贵州人民定能创造更多更好的节日文化来满足人民对美好生活的需要。

二 "多彩贵州"传统节日文化发展基本要求

"面对构建社会主义和谐社会的战略任务，面对人民群众日益增长的精神文化需求，面对世界范围内各种思想文化的相互激荡，充分运用民族传统节日，大力弘扬民族文化的优秀传统，对于推动形成团结互助、融洽相处的人际关系和平等友爱、温馨和谐的社会环境，对于进一步增强中华民族的凝聚力和认同感、推进祖国统一和民族振兴，对于不断发展壮大中华文化、维护国家文化利益和文化安全，具有重要意义。"② 结合《关于实施中华优秀传统文化传承发展工程的意见》，我们认为，贵州传统节日文化要得到进一步发展，应该坚持以下一些基本要求。

首先，用马克思主义及其中国化理论成果指导贵州传统节日文化发展。"美国学者海尔布隆纳在他的著作《马克思主义：赞成与反对》中表示，要探索人类社会发展前景，必须向马克思求教，人类社会至今仍然生活在马克思所阐明的发展规律之中。实践也证明，无论时代如何变迁、科学如何进步，马克思主义依然显示出科学思想的伟力，依然占据着真理和

---

① 《马克思恩格斯文集》第1卷，人民出版社，2009，第534页。
② 《运用传统节日弘扬民族文化的优秀传统》，《人民日报》2005年6月24日。

道义的制高点。"① 用马克思主义哲学去分析贵州传统节日文化发展中涉及的传统与现代、传承与发明、文化与政治、文化与社会及文化生产力等相关问题，能使我们清晰地把握贵州传统节日文化发展中的一些元理论问题。我们要用马克思主义政治经济学去探讨贵州传统节日文化发展中的商品、市场及价值等基本问题，看到贵州传统节日文化发展背后的人与人、人与社会的关系，推动贵州传统节日在现代社会实现高质量发展。用科学社会主义，特别是中国特色社会主义现代化强国建设理论和实现中华民族伟大复兴的中国梦的奋斗目标去引领贵州传统节日文化发展，能极大地拓宽贵州传统节日文化发展的范围、视域、路径，提高贵州传统节日文化的价值。马克思主义为贵州传统节日文化发展提供了基本思想指导，而习近平新时代中国特色社会主义思想则为贵州传统节日文化发展提供了具体实践理论。新发展理念的提出、以人民为中心的具体工作导向、社会主义核心价值观的引领、"两个结合"和"两个创造"的相得益彰、增强传统文化生命力影响力、新的文化使命的提出、中华民族现代文明目标的设定等，为贵州传统节日文化的现代发展提供了精神动力、智力支持、思维工具及奋斗目标。

其次，贵州传统节日文化发展要坚持正确方针。长期以来，我国文化建设始终坚持"双为"（为人民服务、为社会主义服务）、"双百"（百花齐放、百家争鸣）、"两创"（创造性转化、创新性发展）及"两用"（古为今用、洋为中用）总方针，实现了文化建设的新发展和文化事业的大繁荣。当前，结合贵州传统节日文化发展现状，我们认为，新时代贵州传统节日文化发展要坚持尊重、引导、充实、发展的具体工作方针。"尊重"作为我们对待传统节日文化发展的基本态度，主要是指在贵州传统节日文化发展中，我们一定要尊重文化发展的基本规律和基本理路，遵循贵州传统节日文化发展的"自然性"，这是实现传统节日文化现代化发展的前提和基础。而尊重文化发展的基本规律和基本理路，实质上是尊重传统节日文化主体的首创精神和合法权利。"引导"是把社会主义核心价值观融入

---

① 习近平：《在哲学社会科学工作座谈会上的讲话》，《人民日报》2016 年 5 月 19 日。

贵州传统节日文化发展之中，把贵州传统节日文化引向文明、健康、向上、有益的发展方向上去，实现贵州传统节日文化现代性转换。"充实"是实现贵州传统节日文化正确引导功能的中心环节。充实就是在先进思想引导下，采取新的手段、路径及方法等去不断丰富贵州传统节日文化的内容，让贵州传统节日文化内容符合顺天时、和地利、遵风俗、出新意、得民心、达民意的发展要求，最终推动贵州传统节日文化创新性发展。"发展"是指促使贵州传统节日文化与时代同步伐，富有时代气息，满足人民群众新时代文化需要及推动人与社会的共同进步。诚然，坚持尊重、引导、充实与发展的具体方针，和坚持把握社会主义先进文化发展方向、坚持以人民为中心的工作导向、坚持文化"两创"、坚持统筹兼顾等党和国家要求的文化传承发展基本原则是一致的。

最后，除了坚持正确思想和基本方针的指导，贵州传统节日文化在进一步发展中，还应遵循以下基本原则。第一，弘扬欢乐、祥和、文明、生态的节日文化发展基调。在新时代，随着社会的全面进步，以往那些潜存在传统节日文化中的封建、迷信、狭隘、阴郁、落后等节日色彩被一扫而空，取而代之的是人民用欢乐、祥和、文明、生态的节日基调去歌颂党和国家、反映人民的幸福生活。因此，贵州传统节日文化要在歌颂社会主义好、中国共产党能、马克思主义行的总体氛围下，充分展示贵州社会在新时代的全新面貌和贵州人民的精神风采。第二，遵循统筹兼顾、协调一致的发展思路。贵州传统节日文化发展是个系统工程，系统与要素的辩证关系要求其遵循统筹兼顾、协调一致的发展思路。比如，在节日发展中，要把思想性与娱乐性、专业与业余、集中与分散、官办与民办、传统与现代等有机协调起来，在充分体现"多彩贵州"的同时去彰显节日文化发展的有序、有理及有节。第三，调动多主体的积极性主动性创造性。开创贵州传统节日文化共建共治共享共融的发展局面，需要在节日文化发展中发挥不同主体的力量。当贵州传统节日文化成为全民的节日、社会的节日的时候，贵州传统节日文化的地域性、民族性、独特性才会显得更为珍贵。

此外，在贵州传统节日文化发展中，还会涉及强化传统节日文化教育、阐发传统节日文化精髓、保护传统节日文化遗产、丰富节日文化活动及表征传统节日文化生活等基本要求，但由于这些基本要求都深深熔铸于贵州传统节日文化的指导思想、基本方针及原则之中，且是这些思想、方针及原则指导下的具体实践，因而此处就不一一论述。

　　总之，"按照构建社会主义和谐社会的要求，大力弘扬以爱国主义为核心的伟大民族精神，积极倡导文明、和谐、喜庆、节俭的节日理念，努力发展健康向上的节庆文化，使民族传统节日成为展示和传播优秀民族文化的重要阵地，成为弘扬和培育伟大民族精神的重要载体，成为满足人民群众精神文化生活需要的重要渠道。要坚持与时俱进，贴近实际、贴近生活、贴近群众，深入挖掘传统节日的文化内涵，积极创新传统节日的形式和载体，使传统节日与现代生活方式相适应，与现代社会人际交往相结合，与商业营销形成互动，不断增强节庆活动的群众性、广泛性和吸引力、感染力"①。这是党和国家对于传统节日文化传承发展的总的要求。在文化传承发展总的要求下，贵州传统节日文化发展只要在全面认识和把握自身文化资源与禀赋基础上，充分发挥文化主体的文化自觉、文化自知、文化自信，调动和发挥文化发展场域中不同主体力量，坚持文化事业与文化产业融合发展，坚守文化的时代性、政治性、复合性、价值性等特征，始终保持着与人民同向而行、与时代同频共振的发展方向，就一定能在新时代获得进一步发展，最终实现赋能中国式现代化建设和中华民族伟大复兴的发展目标。

---

　　① 《运用传统节日弘扬民族文化的优秀传统》，《人民日报》2005 年 6 月 24 日。

第二章　品牌之缘:"多彩贵州"传统节日文化品牌构建与传播背景与价值

　　当前,在世界百年未有之大变局加速演进、中华民族伟大复兴历史进程不可逆转的时代背景之下,新的发展环境和伟大的历史使命,要求中国共产党将马克思主义基本原理与中华优秀传统文化相结合,以此来应对发展过程中出现的新情况新问题,并在实现高质量发展中,把中国特色社会主义伟大事业不断推向前进。2016 年习近平总书记在哲学社会科学工作座谈会上指出:"要加强对中华优秀传统文化的挖掘和阐发,使中华民族最基本的文化基因与当代文化相适应、与现代社会相协调,把跨越时空、超越国界、富有永恒魅力、具有当代价值的文化精神弘扬起来。要推动中华文明创造性转化、创新性发展,激活其生命力,让中华文明同各国人民创造的多彩文明一道,为人类提供正确精神指引。"① 2023 年 6 月,习近平总书记在文化传承发展座谈会上又着重强调:"要秉持开放包容,坚持马克思主义中国化时代化,传承发展中华优秀传统文化,促进外来文化本土化,不断培育和创造新时代中国特色社会主义文化。要坚持守正创新,以守正创新的正气和锐气,赓续历史文脉、谱写当代华章。"② 习近平总书记的讲话,很好地把中华优秀传统文化的传承与创新有机结合了起来,文化传承成了推动、实现文化创新的最为重要的基础,而文化创新则成了文化传承的动力与源泉。"多彩贵州"文化品牌作为传承发展中华优秀传统文化的一个省级文化品牌,自创建以来,在推动贵州文化繁荣发展、文化强国建设、中华民族现代文明的建设上都发挥了重要的理论和实践价值。而

---

① 《习近平谈治国理政》第 2 卷,外文出版社,2017,第 340 页。
② 《担负起新的文化使命 努力建设中华民族现代文明》,《人民日报》2023 年 6 月 3 日。

"多彩贵州"文化品牌旗下的传统节日文化品牌，也在"多彩贵州"文化品牌引领下茁壮成长，展示出了传统节日文化品牌构建与传播的强大力量。基于此，本部分笔者在对"多彩贵州"文化品牌和"多彩贵州"传统节日文化品牌这两个基础和核心概念及其之间的内在关系进行分析的基础上，重点对"多彩贵州"传统节日文化品牌构建与传播的所处背景与内蕴价值进行论述，以此去进一步开启对"多彩贵州"传统节日文化品牌构建与传播的具体实践。

第一节 "多彩贵州"传统节日文化品牌解析

随着经济全球化向纵深发展，市场竞争变得日趋激烈，商品高度同质化现象也越来越普遍，越来越多的国家和地区逐渐意识到，品牌的建构和发展才是赢得竞争的重要法宝。相应地，各个国家和地区都加强了对自身民族品牌的构建与传播。当今社会，品牌所具有的生产力、竞争力、号召力，在社会各个领域发挥着重要作用。

一 品牌和文化品牌的形成与内涵

20世纪50年代美国的大卫·奥格威首提"品牌"概念，而中国直到20世纪90年代才有了自己的品牌概念，但直到今天，国内外学者对于品牌的定义也是多种多样的，但主要有符号说、关系说、综合说及资源说[①]。众说纷纭中，学界在品牌定义上逐渐达成一致。"品牌是能给拥有者带来溢价、产生增值的一种无形资产，它的载体是用以和其他竞争者的产品或劳务相区分的名称、术语、象征、记号或设计及其组合，增值的源泉来自在消费者心智中形成的关于其载体的印象。"[②] 此外，品牌也叫牌子、商号或商标，一般由品牌名称、标识、图像、标志字、标志色等显性要素和品牌个性、品牌承诺及品牌体验等隐性要素组成，同时品牌具有识别性、价值性和领导性特征。

---

① 余明阳、杨芳平编著《品牌学教程》，复旦大学出版社，2009，第1~5页。
② 余明阳、杨芳平编著《品牌学教程》，复旦大学出版社，2009，第5页。

随着我国社会经济的不断发展，文化创意活动和文化创意产品在我国文化产业的发展过程中逐渐诞生并不断发展起来。相应地，文化品牌也随之形成。什么是文化品牌？有学者在品牌概念基础上，认为文化品牌是文化产业化的结果，是品牌的一种类型，主要指文化、艺术、娱乐、新闻、出版、传播等行业的品牌。文化品牌有别于一般品牌的地方在于其强调意识形态、文化底蕴及文化创意等方面①。还有学者这样总结道："所谓文化品牌，是指那些具有文化意义和文化价值的并且有独特标记的产品。其中，对于一般产品而言，文化品牌是指具有明显的文化附加值，能给消费者提供除物质享用之外的另一种有关精神享用的产品；而对于文化产品来说则是指能充分提供某种特定的文化消费和文化服务，使消费者特定的文化需求及心理情感能得到满足的文化产品。"②

结合学界对文化品牌的诸多定义，我们认为，文化品牌就是在文化创意中产生，具有独特文化个性、强大领导力和深远影响力，且能给拥有者带去多元文化价值的文化产品。易识别性、溢价性、领导性、专有性、两益性、创新性③等是其典型特征。由此可见，文化品牌是一个综合体，它包括产品本身和产品带来的各种服务，并且还包括给消费者带来的精神层面的相关内容。当然，在促使消费者与品牌拥有者产生情感与精神互动的同时，文化品牌还能够带来强大的经济价值、促进经济与文化的协同发展，最终实现社会效益与经济效益的统一。当前，我国在文化品牌建设上取得了长足的进步，但也存在文化消费总量不高、品牌适应力不强、同质化严重、研究滞后和政策支持乏力等不足。因此，加强文化品牌的构建势在必行、任重道远。

二 "多彩贵州"文化品牌的形成与本质

"多彩贵州"文化品牌与"多彩贵州"传统节日文化品牌作为文化品牌，两者具有文化品牌的一般属性，但同时，两者间也存在区别。两者既

---

① 柏定国主编《文化品牌学》，湖南师范大学出版社，2010，第53~54页。
② 王钧、刘琴编著《文化品牌传播》，北京大学出版社，2010，第41页。
③ 柏定国主编《文化品牌学》，湖南师范大学出版社，2010，第63~68页。

有联系又有区别的矛盾关系，表明了对两者概念和关系进行界定与梳理，十分有助于我们全面理解本书的主要内容和开展相关研究。具体而言，"品牌的背后是文化，文化是品牌的灵魂"①。从总体上来看，"多彩贵州"是一个以贵州省为地域范围的文化概念，内在蕴含着底蕴深厚而又内容丰富的历史文化、极具地域特色的民族文化、人与自然和谐共生的生态文化、不怕牺牲敢于斗争的红色长征文化等。

首先，"多彩贵州"文化品牌的形成。作为贵州省的一个省级地域文化品牌，"多彩贵州"从正式提出到逐渐发展壮大，经历了18年的探索历程。2005年，贵州省组织省内外各领域的专家学者，对省内多个地方进行了深入细致的调查研究，经过多次研讨与打磨，最终打造出了"多彩贵州"文化品牌。事实上，文化品牌的打造，绝非易事，它不是一朝一夕做出来的，而是经过从文化活动到文化品牌的多次磨炼才最终形成的。2005年4月，中共贵州省委宣传部主办了首届"多彩贵州"歌唱大赛，这是打造"多彩贵州"文化品牌的初步尝试。同年10月，中共贵州省委、贵州省人民政府打造的大型民族歌舞史诗《多彩贵州风》第一版隆重推出。作品一经推出，就得到了人们的广泛关注。之后，在2006年、2007年《多彩贵州风》第二版和第三版相继推出。2010年，多彩贵州文化艺术有限公司和黄果树旅游集团强强联合，共同打磨出了第四版《多彩贵州风》。这次推出的是旅游版的舞台剧，做到了商业价值和文化价值的统一，实现了双赢。可以说，随着《多彩贵州风》系列作品的出现，真正意义上的"多彩贵州"文化品牌和形象才最终树立了起来。

"从文化活动到文化品牌，从文化品牌催生产业集群，如今'多彩贵州'文化产业品牌已自成体系，形成了'风·游·赛·艺·会·味·酿·茶·养'多方面、全方位的子品牌文化产业集群，涉及演出、比赛、文化传播、文化咨询、文化活动、教育、科研、金融、广播电视、网络传媒、图书杂志、文化旅游地产、白酒、啤酒、饮料、餐饮、酒店、美食、工艺

---

① 张学立、袁华主编《多彩贵州文化学刊》第1辑，中国社会科学出版社，2017，第18页。

品、养生、医药、科技、交通等多种类别。"① 尽管在"多彩贵州"文化品牌形成之前,"七彩云南""天府之国"等一批省级旅游形象品牌已经形成,并且也具有一定的影响力,但是与之不同的是,除了代表贵州的整体形象,是兼具经济和文化双重属性的文化品牌之外,"多彩贵州"文化品牌建立之初就得到了贵州省委、省政府的高度重视和支持。当然,在社会系统中,文化能渗透进社会任何领域,且是这些领域中不可缺少的一部分。从这个意义上去说,"多彩贵州"本质上还是以一个文化品牌而存在。如今,"多彩贵州"已经是代表整个贵州整体文化的一张亮丽"名片"而呈现于世。

其次,"多彩贵州"文化品牌的本质。作为中国四大高原之一的云贵高原,它的独特之处就在于"多彩","多彩"这两个字非常准确地阐释了贵州的特质。考古资料显示,早在 20 多万年前,贵州就有人类生存。而在公元前 227 年,秦朝设置了黔中郡,贵州东北部被纳入了全国行政建制。到明朝永乐十一年(1413 年),中央建立了贵州布政使司,从此贵州成为行省。除此之外,在中国革命史上,贵州又是革命老区,伟大的中国共产党在贵州遵义召开了影响中国革命走向的遵义会议,这里由此成了红色革命圣地。因此,"多彩贵州"具有悠久而厚重的历史。此外,贵州地形地貌的复杂性和民族的多样性,使得这里的文化也呈现出多元多彩的特征。② 长期以来,贵州省委高度重视"多彩贵州"文化品牌的建设与发展。在2011 年 10 月,贵州省委颁发了《关于贯彻党的十七届六中全会精神 推动多民族文化大发展大繁荣的意见》,其中着重强调要"深入挖掘提炼史前文明、夜郎文化、屯堡文化、红色长征文化等历史文化、民族民间文化、原生态文化等资源"③。

当前,虽然学界对于"多彩贵州"文化品牌还存在表述上的差异,但这些表述在本质上是一致的。因此,结合"多彩贵州"文化特点和学界对

---

① 喻健、苗义程:《"多彩贵州"形象传播的现状、问题及对策研究》,《贵州民族大学学报》(哲学社会科学版)2019 年第 3 期。

② 蔡熙:《"多彩贵州"的文化蕴含研究》,云南大学出版社,2014,第 10 页。

③ 柳路、林茂申:《多彩贵州:民族文化多元一体》,《光明日报》2012 年 11 月 10 日。

品牌与文化品牌的相关定义，我们认为："多彩贵州"文化品牌在本质上是指由贵州省委、省政府倡导和领导建立起来的，具有重大文化意义和文化价值的，且能反映贵州文化多样、和谐和原生态的省级文化品牌。在外延上，"多彩贵州"文化品牌内蕴着历史悠久而又内容丰富的历史文化、极具地域特色的民族文化、人与自然和谐共生的生态文化、不怕牺牲敢于斗争的红色长征文化等。历史悠久而又内容丰富的历史文化，体现的是贵州历史文化的厚重与"多彩"；极具地域特色的民族文化，阐释的是贵州的民族特色，这是一种原始美；人与自然和谐共生的生态文化，彰显了贵州山水风光的自然美；不怕牺牲敢于斗争的红色长征文化，表达了革命前辈的崇高理想与价值追求。

三 "多彩贵州"传统节日文化与节日文化品牌的本质与特点

传统节日文化作为集中反映民众日常生活、精神世界及行为方式的一种民俗事象，不仅是人类文化的重要组成部分、社会文化的重要分支，也是人们观察民族文化的一个窗口、研究地域文化的一把钥匙。贵州省是一个多民族省份，全省共分布有56个民族，其中有18个世居民族，分别是汉族、苗族、布依族、侗族、土家族、彝族、仡佬族、水族、回族、白族、瑶族、壮族、畲族、毛南族、蒙古族、仫佬族、满族、羌族。而在这18个世居民族中，有17个是少数民族。据不完全统计，贵州全省一年有各种民族节日集会数百个，集会点达一千余处。小规模的节日仅限于一村数寨，盛大节日涉及毗邻的几个县市，云集数万人。按一年时间去计算，参加大小节日活动的民众约有800万到1000万人次，约占贵州全省人口的1/3。① 民族的多样性和地域的复杂性，使得贵州被誉为"文化千岛"，省内拥有丰富多彩的传统节日文化。

首先，传统节日文化为"多彩贵州"文化品牌奠定了文化根基。"多彩贵州"文化品牌的确立与发展离不开贵州丰富多彩的传统节日文化资源。如苗族的节日主要有苗年、"四月八"、龙船节、爬坡节等。布依族有

---

① 贵州省文化厅群文处等编《贵州少数民族节日大观》，贵州民族出版社，1991，前言第1页。

许多传统节日,除过大年、端午节、中秋节等与汉族基本相同外,"三月三""四月八""六月六"等节日都具有本民族的固有特色。侗族多数地区过春节,也有的地区在十月或十一月择日"过侗年"。土家族有牛王节、五月节、赶年节(过赶年),其中"赶年"(即提前一二天过年),是土家族的重要节日。彝族主要有年节(彝族年)、火把节、赛马节。年节,时间在每年农历十月初一。火把节,时间多为每年农历六月二十四。赛马节,时间在每年农历五月初五。仡佬族除春节外,传统节日有"三月三"和"吃新"节(或尝新节)。水族传统节日主要有端节、卯节、苏宁喜节等。端节是水族最隆重的节日,一般从水历十二月至新年二月(相当于农历八月至十月)逢亥日分批分期过。回族的传统节日多与宗教有关,主要有开斋节、古尔邦节和圣纪节。白族有火把节、三月街(民族节)、清明节、中元节、冬至等传统节日。除此之外,白族也和汉族一样,每年农历正月初一至初十过春节,初一有抢新水的习俗,谁第一个接到新年的第一汤泉水,那么来年里就会很吉祥。而在贵州省毕节市,保留着毕节白族山歌节。每年农历五月初五举行,届时白族同胞欢聚小河风景区对山歌,牵手跳圈圈舞,成双结对吹木叶,用葫芦勺敬水花酒等。瑶族的传统节日有盘王节、陀螺节、六月卯节、糯考节。壮族的节日活动,多与文娱或宗教活动结合。传统节日有壮年、牛神节。畲族有祭祖节、四月八、中秋节。祭祖节是畲族最盛大的节日。祭祖又叫祭鼓藏。祭祖节分定期和不定期两种,前者叫"大祭",后者叫"平祭",大祭每13年举行一次。四月八是畲族的岁首节,相传这天是药王的诞生日和牛王的诞生日。这天牛要休息,主人家以好料喂养。毛南族有火把节、迎春节、桥节、过小年。贵州蒙古族由于与当地汉族居住交流的时间较长,因此在文化习俗、生产生活习俗、教育状况与所居各地的汉族较为相似。其特殊部分,在节日文化习俗上不过中秋节。仫佬族传统节日有仫佬年、攒社节、牛诞节、仫佬认定节等。满族的传统节日多与当地民族相同,不同的是过春节或生日时要在火房碗架上摆上被称为"样菜"的好菜,自大年初一至十五,每天拿出祭祖,不吃,吃完饭后又收拾放回原处,每餐皆如此,直到大年十五才吃样菜。羌族有四月八、六月十九(祭观音妈妈)、羌年等。总之,丰富多彩的传统节日，为贵州民族文化多样性的基本格局奠定了基础，也为"多彩贵州"增添了一抹亮色。

其次，"多彩贵州"传统节日文化品牌的本质。要对"多彩贵州"传统节日文化品牌进行研究，先应该对"传统节日"的内涵有所把握。对于"传统节日"的定义，比较有代表性的是下面这个："中国传统节日，凝结着中华民族的民族精神和民族情感，承载着中华民族的文化血脉和思想精华，是维系国家统一、民族团结和社会和谐的重要精神纽带，是建设社会主义先进文化的宝贵资源。"① 这个定义说明了中国传统节日是中国长期以来农业文明的缩影，是先人追求天人合一的产物；中国传统节日是中华文化的重要载体，体现着中华文化的丰富性和多样性；中国传统节日是民族精神的写照，蕴含着中华传统美德；中国传统节日是民族情感的凝结，是增强民族文化认同，维系国家统一、民族团结和社会和谐的重要精神纽带。同时，这个定义还有机地把中国传统节日的传统与现实、民族与国家、文化与社会、物质与精神等关系联系了起来。因此，在"传统节日"定义指导下，我们认为："多彩贵州"传统节日文化品牌指的是在"多彩贵州"文化品牌指引下，反映贵州传统节日文化的传承与发展，展示贵州文化底蕴、人文特色和旅游资源，同时又能够促进贵州经济和文化发展的节日文化品牌。

"多彩贵州"传统节日文化品牌内含着诸多节日文化要素：从历史文化角度来看，贵州作为一个多民族聚居的省份，拥有丰富的历史和文化遗产。"多彩贵州"传统节日文化品牌反映了贵州多民族的历史和文化，包括各个民族的传统节日，这些节日都有着悠久的历史和深刻的文化内涵。从民俗文化角度来看，"多彩贵州"传统节日文化品牌反映了贵州当地丰富多彩的民俗文化。例如，苗族的龙船节，就包括龙船竞渡、打铜锣、放烟花等一系列习俗；侗族的芦笙节，就包括芦笙演奏、歌舞、祭祀等一系列习俗。这些节日展示了贵州当地人民的生活方式、价值观念、社会关系等，具有浓郁的民俗文化内涵。从艺术表现的角度来看，

---

① 《运用传统节日弘扬民族文化的优秀传统》，《人民日报》2005 年 6 月 24 日。

"多彩贵州"传统节日文化品牌还反映了贵州当地的艺术表现形式。例如，苗族的龙船节中的龙船、侗族的芦笙节中的芦笙、彝族的火把节中的火把等，都是贵州当地的传统艺术表现形式。这些节日不仅是文化传承的载体，也是艺术创作的源泉，具有独特的艺术表现内涵。总的来说，"多彩贵州"传统节日文化品牌包括历史文化、民俗文化和艺术表现等多个方面。这些方面相互交织、相互融合，共同构成了贵州当地独特的文化景观，也为人们了解贵州的历史、文化和艺术提供了一个全新的视角。

最后，"多彩贵州"传统节日文化品牌的特点。第一，"多彩贵州"传统节日文化品牌的内容具有丰富性。由于贵州省多民族聚居的特点，传统节日文化也因此呈现出多样性和丰富性的特点。无论是土家族的牛王节、五月节、赶年节，还是彝族的火把节、赛马节，抑或是仡佬族的"三月三"和"吃新"节，每个节日都有其独特的形式和内容。这种多样性和丰富性成为"多彩贵州"传统节日文化品牌的最大特点之一。第二，"多彩贵州"传统节日文化品牌主体具有交互性。"多彩贵州"传统节日文化品牌是民族融合和文化交流的产物。贵州省各族群众之间交往密切，相互融合，传统节日文化品牌也因此呈现出民族融合和文化交流的特点。比如，苗族的"龙船节"不仅是苗族的传统节日，也是侗族、水族等多个民族的传统节日；壮族的"歌圩节"（三月三歌节）也会吸引其他民族的群众前来观赏和参与。第三，"多彩贵州"传统节日文化品牌的形象具有独特性。民俗风情多姿多彩和节日文化内涵丰富多样是"多彩贵州"传统节日文化品牌的又一大特点。贵州传统节日文化品牌不仅具有绚丽的民俗风情，还蕴含着深刻的文化内涵。比如，仡佬族的牛诞节，农历四月初八这天让牛休息，不打骂牛，还要准备酒、菜敬牛王菩萨。给牛清理卫生、喂花糯米饭和茂草。这表达了仡佬族对牛的敬重和崇拜，寄托了仡佬族对"人寿年丰"生活的向往和追求。第四，"多彩贵州"传统节日文化品牌运行具有发展性。瑶族的盘王节，是一个独特的歌舞节日，是瑶族传统文化的延续和象征，它将天下的瑶族紧紧地聚集在一起，心连心，根系根。既表达了瑶族人民对远祖的缅怀之情，又体现了他们对美好生活的追求与向往。基于拥有众多像瑶族盘王节这样内涵丰富的传统节日，贵州传统节日文化品牌正在如雨后春笋般涌现。比如，苗族姊妹节、侗族萨玛节、布依族三月三和六月六、彝族火把节等各民族传统节日品牌就是其中的代表。当然，"多彩贵州"传统节日文化品牌特点还有很多，此处不再一一列举。

四 "多彩贵州"文化品牌与传统节日文化品牌的互动关系

贵州有着丰富的地域文化、民族文化、历史文化，而"多彩贵州"文化品牌和"多彩贵州"传统节日文化品牌则是从两个不同视角对贵州丰富而多元的文化进行表征的产物。因此，"多彩贵州"文化品牌和"多彩贵州"传统节日文化品牌之间必然存在密切的联系。"多彩贵州"文化品牌与"多彩贵州"传统节日文化品牌作为独特的文化品牌，同样具有文化品牌的一般属性，两者既有联系，又有区别，对两者关系进行深入分析，有助于我们全面理解本书的主要内容。

首先，"多彩贵州"传统节日文化品牌是"多彩贵州"文化品牌的重要组成部分。"多彩贵州"文化品牌是对贵州独特的自然风光、人文风情、民族文化、历史文化和旅游资源等各方面独特魅力的集中展现，是贵州的品牌形象。而"多彩贵州"传统节日文化品牌是其中的一个重要组成部分。"多彩贵州"传统节日文化品牌是指在贵州省特定的历史、地理和民族背景下形成的一系列具有代表性的传统节日。这些传统节日展示了贵州独特的文化内涵，体现了不同民族的风俗习惯、民族文化、历史传承。在品牌的构建与宣传过程中，"多彩贵州"文化品牌对"多彩贵州"传统节日文化品牌具有积极的引领作用，"多彩贵州"传统节日文化品牌反过来推动"多彩贵州"文化品牌发展。在这里，我们以"苗族三月三"为例，主要对"多彩贵州"文化品牌对"多彩贵州"传统节日文化品牌的引领作用进行分析。第一，"多彩贵州"文化品牌引导"多彩贵州"传统节日文化品牌的传承。"苗族三月三"是苗族人民的传统节日，但在现代社会中，由于城市化进程加快，很多习俗正在消失。而"多彩贵州"文化品牌的推广，引导了更多的人重视苗族文化和"苗族三月三"这一传统节日，尤其是在旅游业的推动下，吸引了更多的游客前来参与节日庆典，从而促进了苗族文化的传承。因此，在"多彩贵州"文化品牌的推动下，"多彩贵州"传统节日文化品牌得到了更好的传承。第二，"多彩贵州"文化品牌带动"多彩贵州"传统节日文化品牌发展。原本"苗族三月三"主要是苗族人民自己庆祝的节日，但随着旅游业的发展和"多彩贵州"文化品牌的推动，更多的游客也加入了庆祝的行列，使得节日更具活力和意义。同时，节日的庆祝形式也在不断创新，比如现代音乐、舞蹈等元素的加入，使得节日更贴近现代社会的审美和文化需求。第三，"多彩贵州"文化品牌推动"多彩贵州"传统节日文化品牌的创新。比如，"苗族三月三"从过去形式单一的状态，发展为现在的集传统文化、娱乐、商业等多种元素于一体的大型节庆活动，形式更加多样化和创新化。在节日庆典活动中，加入了苗族文化展览、民俗表演、旅游推介等环节，使得节日更具吸引力和影响力。因此，在"多彩贵州"文化品牌的推动下，"多彩贵州"传统节日文化品牌也得到了更多的创新。相应地，"多彩贵州"传统节日文化品牌也在不断推动"多彩贵州"文化品牌发展。针对这一部分内容，我们接下来将进一步探析。

其次，"多彩贵州"文化品牌与"多彩贵州"传统节日文化品牌融合发展。一方面，"多彩贵州"文化品牌的宣传和推广，不仅展示了贵州省的独特魅力，同时也充分利用了"多彩贵州"传统节日文化品牌的资源和元素。例如，在"多彩贵州"文化品牌的宣传中，我们可以看到很多传统节日活动的图片和视频，这让品牌更具吸引力和亲和力。另一方面，"多彩贵州"传统节日文化品牌也受益于"多彩贵州"文化品牌的推广。"多彩贵州"文化品牌的成功，让越来越多的人了解和关注贵州省的文化与传统节日，这促进了传统节日的传承和发展。例如，在文化活动的宣传中，我们可以看到很多传统节日活动的现场直播和报道，这让更多人了解到这些传统节日的历史和文化背景，让传统节日更加受欢迎，更具影响力。换言之，"多彩贵州"文化品牌和"多彩贵州"传统节日文化品牌融合发展，共同推广和传承了贵州省的独特文化，促进了贵州省经济、政治、文化、社会、生态等各方面的发展。总之，"多彩贵州"文化品牌和"多彩贵州"传统节日文化品牌都展示了贵州地区的文化魅力，它们相辅相成，互为补充。

最后，"多彩贵州"文化品牌和"多彩贵州"传统节日文化品牌共同助力贵州文化发展。"多彩贵州"文化品牌和"多彩贵州"传统节日文化品牌之间的融合是一种资源共享的过程，也是一种互惠互利的过程。两者之间的融合不仅可以促进文化的传承和发展，还能够推动贵州省文化产业的发展和经济的繁荣。具体而言，"多彩贵州"文化品牌可以通过传统节日文化品牌的推广和宣传，使更多的人了解和认识贵州文化，进而加深对"多彩贵州"文化品牌的认知和理解。同时，"多彩贵州"传统节日文化品牌也可以通过文化品牌的宣传和推广，吸引更多的游客和投资者，为贵州省的经济发展注入新的动力。贵州省的文化产业是以本土文化为基础，以文化创意为核心，以文化产业为支撑的产业体系。其中，"多彩贵州"文化品牌和"多彩贵州"传统节日文化品牌是贵州省文化产业的重要组成部分。贵州省的文化产业的发展，不仅能够推动贵州经济的发展，还能够促进文化的传承和发展。同时，贵州省的文化产业还能够提高贵州省的文化软实力，扩大贵州省的文化影响力。因此，"多彩贵州"文化品牌和"多彩贵州"传统节日文化品牌的融合，对于贵州省文化产业的发展有着深远的意义。

综上所述，"多彩贵州"文化品牌和"多彩贵州"传统节日文化品牌之间存在密切的联系和相互促进的关系，"多彩贵州"文化品牌内含着"多彩贵州"传统节日文化品牌，"多彩贵州"传统节日文化品牌本质上就是"多彩贵州"文化品牌的重要组成部分。而两者的融合发展，不仅能充分展示贵州的文化底蕴和独特魅力，也为贵州的发展奠定了坚实的文化基础，共同助力贵州文化大发展大繁荣。

第二节 "多彩贵州"传统节日文化品牌构建与传播背景

任何文化品牌的构建与传播都是时代发展的产物，"多彩贵州"传统节日文化品牌构建与传播也是如此，特殊的时代背景促进了"多彩贵州"传统节日文化品牌的构建与传播。总的来说，文化全球化对"多彩贵州"

传统节日文化品牌构建与传播产生了重大影响;政府对"多彩贵州"传统节日文化品牌构建与传播提供了支持;新媒体和网络技术助推了"多彩贵州"传统节日文化品牌构建与传播;国际交流与合作推动了"多彩贵州"传统节日文化品牌构建与传播。

一 文化全球化对"多彩贵州"传统节日文化品牌构建与传播的影响

20世纪90年代以来,随着科学技术的不断进步,国与国之间的联系和交流越来越频繁,加拿大著名的传播学者马歇尔·麦克卢汉(Marshall Mcluhan)提出的"地球村"受到了越来越多人的认可,全球化已然成为世界发展的一大趋势。从文化视角去看全球化,全球化则是一种新的文化模式和实践方式,其主要强调文化在全世界范围内的碰撞与交流,形成文化多元化和文化全球化并存的局面。正如约翰·汤姆林森(John Tomlison)所说的那样:"全球化(globalization)处于现代文化的中心地位;文化实践(cultural practice)处于全球化的中心地位。"① 但全球化并不等同于文化同质化,也不意味着某一强势文化的霸权地位的确立。美国著名文化学者罗伯森(Roland Robertson)说:"在我的视角中,从我所说的首要意义上理解的全球化是一个相对自主的过程。其主要动态包含着普遍性的特殊化和特殊化的普遍性这一双重性过程。"② "文化多样、人性普同",本应是我们对于全球化时代的文化的最好诠释。但实际情况则是,全球化"削弱了文化和地方的固定性最初相伴而生的思考视角"③ "普世性的文明所占的比重正在逐渐提高而且定将越来越高,而不是相反,科学技术的跨地区、跨民族的普及,市场经济和机制的超越国界、区界的传

---

① 〔英〕约翰·汤姆林森:《全球化与文化》,郭英剑译,南京大学出版社,2002,第1页。
② 〔美〕罗兰·罗伯森:《全球化——社会理论和全球文化》,梁光严译,上海人民出版社,2000,第255页。
③ 〔英〕戴维·赫尔德、安东尼·麦克格鲁主编《全球化理论:研究路径与理论论争》,王生才译,社会科学文献出版社,2009,第172页。

播，对人际关系之间的距离（差别）逐渐地、明显地缩小"①。"文化的本质在于其本身的民族性，而不在于其全球性和世界性；文化建设的重心在于发展本民族文化，而不在于追求同质文化或共性文化。"② 因此，从一定程度上说，全球化对"多彩贵州"传统节日文化品牌构建与传播的影响无疑是十分巨大的。

一方面，文化全球化对"多彩贵州"传统节日文化品牌构建与传播带来了机遇。其一，传播渠道更加多样。全球化使得信息传播变得更加便捷和迅速，互联网及社交媒体的普及让贵州传统节日文化有了更多的传播途径，使其能够在全球范围内得到更广泛的关注和传播。其二，文化交流与融合不断加速。全球化促进了各国文化的交流与融合，贵州传统节日文化在与其他国家和地区的文化交流中，可能会受到影响，从而促进传统节日文化进行一定程度的创新。其三，文化产业不断发展。全球化促进了文化产业的蓬勃发展，为"多彩贵州"传统节日文化品牌构建与传播提供了更多的可能。通过旅游、传媒、艺术等多种形式，"多彩贵州"传统节日文化品牌可以在全球范围内进行推广和传播。其四，文化认同感不断增强。文化全球化使得各地区的人们对自己民族文化的认同感更加强烈。在这样的背景下，贵州省本地的民众会更加珍视和传承自己的传统节日文化，从而有利于文化品牌的构建与传播。

另一方面，随着文化全球化的不断发展，"多彩贵州"传统节日文化品牌构建与传播面临着严峻的挑战。全球化的快速发展，不仅带来信息传播上的便利，也让传统节日文化面临着巨大的冲击。其一，随着全球化的推进，"多彩贵州"传统节日文化品牌所依赖的部分资源逐渐流失。如传统手工艺品的制作材料逐渐变得稀缺，传统工艺的传承人越来越少。其二，在全球化的冲击下，"多彩贵州"传统节日文化也面临着异化的风险。随着文化交流的加深，"多彩贵州"传统节日文化可能会受到其他文化的影响而被异化成其他地方的文化，失去其本来的特点。其三，全球化的推

---

① 沈洪波：《全球文化方法与国际关系领域的文化研究》，《同济大学学报》（社会科学版）2008 年第 2 期。

② 胡敏中：《论全球文化与民族文化》，《学习与探索》2003 年第 1 期。

进也加剧了市场的竞争。文化全球化导致各类文化在全球范围内展开竞争,"多彩贵州"传统节日文化品牌需要在国际市场上与其他文化产品竞争,这需要品牌本身具备强大的竞争力。在面临其他文化的冲击时,需要不断调整和完善自己的品牌策略,以在激烈的文化竞争中保持优势。总之,文化全球化为"多彩贵州"传统节日文化品牌带来了机遇与挑战。因此,我们应该抓住时代机遇,加强文化交流与合作,充分利用新媒体等传播新载体,将贵州传统节日文化品牌推向全球,同时也要注意传承本土文化特色,保护文化多样性。

二 政府对"多彩贵州"传统节日文化品牌构建与传播的支持

文化是民族的血脉,是人民的精神家园。文化自信是更基本、更深层、更持久的力量。中华文化独一无二的理念、智慧、气度、神韵,增添了中华民族内心深处的自信与自豪。文化是一个国家、一个民族的精神灵魂。文化兴则国运兴,文化强则民族强。中国作为一个有着五千年文明历史的国家,其文化建设从未中断过,在世界上形成了独具特色的中华文明。特别是新中国成立以来,党和国家对于社会主义文化建设工作更是十分重视。

首先,资金方面的支持。近年来,国家对贵州省的传统节日文化进行了资金扶持,用于节日文化活动的举办、场地的建设、文化遗产的保护和修复等。其中也包括对非物质文化遗产的挖掘、整理、研究、传承和保护等方面的资金支持。根据 2020 年 6 月财政部下发的《关于下达 2020 年中央支持地方公共文化服务体系建设补助资金预算的通知》,贵州省获得中央支持经费 49795 万元。2021 年 6 月,财政部下达 2021 年文化产业发展专项资金(重点项目)预算,总额共计 1.1 亿元,其中 7000 万元用于文化产业发展,贵州省获得预算汇总金额 400 万元。从贵州省文化和旅游厅对贵州省政协十二届五次会议第 3014 号提案的答复中,可以得知:近年来,贵州省级财政持续加大对贵州省文物保护专项资金的支持力度,从 2021 年起,省级文物保护专项经费从每年 1000 万元提升至 1500 万元,2022 年又提升至 2020 万元。此外,国家文物保护专项经费从 2021 年的 15347 万元,提升至 2022 年的 16281 万元。博物馆纪念馆免费开放补助经费范围由 52 家扩大至 70 家，运转经费补助资金由 2021 年的 9374 万元，提升至 2022 年的 10574 万元①。2021 年 12 月，财政部网站发布《关于提前下达 2022 年非物质文化遗产保护资金预算的通知》，贵州省获提前下达资金 3607 万元。2023 年 5 月，财政部官网发布的《关于下达 2023 年中央支持地方公共文化服务体系建设补助资金预算的通知》显示，2023 年贵州获得 8559 万元的扶持资金，这些资金专门用于支持完善贵州公共文化服务体系，提升贵州公共文化服务水平。总之，从每年财政部发布的通知中，我们可以看到，国家对地方尤其是对贵州省在公共文化服务体系建设方面的扶持力度非常大。正因为此，"多彩贵州"传统节日文化品牌构建与传播得到了进一步的发展。

其次，政策方面的支持。中国是一个历史悠久的文明古国，拥有丰富的传统文化遗产。为了保护和传承这些文化遗产，国家颁布了相关的法律和政策。其中，《中华人民共和国非物质文化遗产法》是最为重要的法律之一，它规定了国家对文化遗产的保护、传承和利用的具体措施。此外，国家还出台了《关于实施中华优秀传统文化传承发展工程的意见》《"十四五"文化发展规划》等文件，以促进传统文化的传承和创新发展。同时，这也为支持贵州传统节日文化的传承和发展提供了法律与政策保障。为了支持贵州在新时代西部大开发中探索文化和旅游高质量发展的有效路径，文化和旅游部、国家文物局联合印发了《支持贵州文化和旅游高质量发展的实施方案》（以下简称《方案》）。《方案》从传承弘扬长征精神和革命文化、加强文化遗产保护利用、提升文艺创作和公共服务水平、推动文化产业和旅游产业数字化发展、打造"山地公园省·多彩贵州风"旅游品牌五个方面着力推动贵州文化和旅游高质量发展。早在 2012 年，原文化部、国家文物局就联合印发了《关于支持贵州多民族文化大发展大繁荣的意见》，对推动贵州的文化事业和文化产业更好更快发展、提升贵州文化软

---

① 《省文化和旅游厅省政协十二届五次会议第 3014 号提案的答复》，贵州省文化和旅游厅网站，2022 年 6 月 29 日，https://whhly.guizhou.gov.cn/ztzl/rdzt/jytagkzl/202206/t20220629_75333892.html。

实力、推动贵州多民族文化大发展大繁荣起到了重要作用。不仅如此，贵州省委、省政府近年来高度重视文物保护利用工作，在此之前已相继出台了有关文物工作的政策性文件：2017年10月，省人民政府印发了《关于全面加强文物工作的实施意见》；2018年7月，省人民政府办公厅印发了《关于加强文物安全工作的实施意见》；2020年7月省委办公厅、省人民政府办公厅印发了《关于加强文物保护利用改革的实施意见》。2022年5月，贵州省第十三届人民代表大会常务委员会第三十二次会议通过了《贵州省优秀民族文化传承发展促进条例》。2022年9月，省委办公厅、省政府办公厅印发《关于进一步加强非物质文化遗产保护工作的实施意见》。2022年12月，中共贵州省委办公厅、贵州省人民政府办公厅印发了《关于在城乡建设中加强历史文化保护传承的实施意见》（以下简称《实施意见》）。此举是为了进一步在全省城乡建设中加强历史文化保护传承，全面保护好历史文化遗产，着力解决城乡建设中历史文化遗产屡遭破坏、拆除等突出问题。同时，《实施意见》指出，要构建分类科学、保护有力、管理有效的城乡历史文化保护传承体系，在城乡建设中保护、利用、传承好各时期重要历史文化遗产，在新时代西部大开发上闯出"多彩贵州"历史文化保护传承的新路。总之，国家逐渐加大了对贵州传统节日文化创新发展的支持力度。

　　再次，宣传推广方面的支持。传统节日作为民族文化的重要载体，承载着民族的历史记忆、精神信仰和生活习俗。政府对传统节日文化的宣传和保护不仅有助于传承和发扬民族文化，还能促进多元文化交流，提升文化软实力。第一，政府在保护和宣传传统节日文化方面，出台了相应的政策与措施。贵州省政府根据国家相关法律法规和实际情况，出台了涉及民族文化、传统节日、非物质文化遗产等方面的政策措施。例如，《贵州省民族民间文化保护条例》《贵州省非物质文化遗产保护条例》《贵州省民族乡保护和发展条例》《贵州省优秀民族文化传承发展促进条例》等明确规定了民族文化的保护、传承和发展的基本原则和措施，为传统节日文化的宣传提供了政策保障。同时，政府还通过实施文化惠民工程、优化公共文化服务体系等手段，加大对传统节日文化宣传的资金支持力度。第二，政府还通过各种途径和渠道，加强对传统节日文化的宣传普及和推广工作。贵州省政府利用电视、广播、网络等载体，开展系列宣传活动，讲述传统节日文化的故事，展示民族风情。同时，政府还组织举办各类文化交流活动，如民族文化艺术节、传统节日庆典等，邀请各民族群众参与，提高传统节日文化的知名度和影响力。《贵州省民族乡保护和发展条例》明确强调，鼓励和支持有条件的民族乡中小学将民族传统文化纳入课堂教学，培养青少年对民族文化的认同感和自豪感。第三，政府还注重对特色传统节日文化的保护和传承。贵州省政府通过开展非物质文化遗产的申报和保护工作，确保传统节日文化的独特性和地域性得以保留。同时，政府还鼓励民间团体和个人参与传统节日文化的保护和传承工作，发挥民间力量的作用。并且政府还加强对传统节日文化的研究，推动其在学术界和社会中的交流和传播。第四，政府不仅重视保护传承传统节日文化，而且还支持其发展和创新。贵州省政府鼓励各民族、各地区发掘和整理传统节日文化资源，促进其与现代文化、旅游产业等融合。例如，贵州省开展了多次传统节日文化调查和征集活动，发掘并整理了大量民族传统节日文化资料。此外，政府还支持相关企业、社会组织和个人开发传统节日文化产品，提升其市场竞争力和影响力。总之，政府在传统节日文化宣传方面做出了许多有益的尝试和努力，为民族文化的传承和发展打下了坚实基础，同时为铸牢中华民族共同体意识做出了贵州贡献。

最后，人才培养方面的支持。传统节日文化作为民族文化的重要组成部分，承载着地区历史、信仰、生活习俗等方面的丰富内涵。然而，随着现代化进程的推进，传统节日文化逐渐受到冲击和挑战，保护和传承传统节日文化成为当务之急。而繁荣和发展传统节日文化的根本途径是要培养出一大批素质过硬的复合型文化人才，要实施少数民族文化人才培养战略，为推动我国传统节日文化创新发展提供人才保障。人才作为第一资源，直接制约和统领着其他资源的开发和利用。党的二十大报告明确指出，"培养造就大批德才兼备的高素质人才，是国家和民族长远发展大计"①。为此，

---

① 习近平：《高举中国特色社会主义伟大旗帜 为全面建设社会主义现代化国家而团结奋斗——在中国共产党第二十次全国代表大会上的报告》，人民出版社，2022，第36页。

贵州高度重视传统节日文化人才队伍建设。

一方面，注重人才培训，筑牢人才根基。为了建设一支高素质的传统节日文化人才队伍，应积极组织开设专业能力提升培训班，对有兴趣、有潜力的人才进行系统的培训，提高他们的文化素养和实践能力。选拔出表现优异的人才，加入传统节日文化人才队伍。比如，贵州省从江县妇联结合职能职责，依托"锦绣计划"、"三女"培训项目等，大力挖掘传统手工技艺资源，以培训为抓手，以市场为目标，切实加大手工刺绣从业人才队伍的建设力度，努力建设一支人员充足、素质优良、独具特色的乡土人才队伍，为全县手工产业发展，助推妇女就业创业参与拓宽乡村振兴新路径提供有力的人才保障。根据《从江县"名厨师、名工匠、名绣娘"培养工程实施意见》要求，该县妇联重点在高增乡、斗里镇、丙妹镇等具有手工技能基础的乡镇开展宣传培养工作，确保培养出一批能传承民族文化、手工技能精湛的"名绣娘"人才。截至目前，其已开展县级"名绣娘"推评活动两届，王玉英、贾前梅、潘培辉获得县级"名绣娘"荣誉称号，韦祖英获得州级"名绣娘"和"美术工艺大师"荣誉称号，并在中国（贵州）第一届国际民族民间工艺品文化产品博览会妇女特色手工刺绣技能大赛上荣获特等奖，她们作为"名绣娘"创业模范带头人，带领不少农村妇女居家就业，提升了农村妇女的经济社会地位，为民族手工产业发展传承奠定了坚实的基础。"党的十九大以来，贵州独山县创新载体、搭建平台，着力把乡土人才培养成致富带头人，为脱贫攻坚献计出力。独山县通过走访座谈、组织推荐等形式，对乡土人才登记归类，建立种养能手、能工巧匠、营销能人、电商经营强人、民族文化传承人5类4135名乡土人才库，实行动态化管理。推行乡土人才孵化模式，加快提升能力素质，依托村级党校、乡土人才示范基地、智慧党建云、远程教育等平台培训乡土人才1.8万人次。"① 此外，贵州省在传统节日文化人才队伍建设方面不断加强跨界合作，拓展传统节日文化的内涵。比如，积极组织各个领域的专家和机构进行合作，在民俗学、历史学、美术学、文化产业等各个领域之间的

---

① 《贵州独山 乡土人才"破茧而出"助脱贫》，《中国组织人事报》2017年9月11日。

跨界合作有助于丰富和拓展传统节日文化的内涵，提高人才队伍的整体实力。

另一方面，通过各种活动，选拔和培养专业人才。通过展示各类非遗项目，如民间艺术、传统戏曲等，选拔具有传承潜力的继承人，为非遗项目的传承提供平台。或者设立非遗传承人扶持政策，为选拔出的优秀非遗传承人提供一定的资金和政策支持，帮助他们开展教学、传承和推广活动。比如，由文化和旅游部非物质文化遗产司指导，《光明日报》、光明网组织实施的"中国非遗年度人物"推选活动，旨在盘点过去一年中为非遗保护传承事业做出突出贡献的标志性人物，梳理一年中非遗领域的重大事件，记录非遗传承发展的生动实践。2023年5月10日上午，2022"中国非遗年度人物"授牌仪式在天津市隆重举行，国家级非遗代表性传承人陈柏华等10人成功当选。贵州省通过举办传统文化技艺比赛，选拔优秀的非遗传承人，鼓励他们传承和发扬民族文化。比如，2022年11月19日，由贵阳市非物质文化遗产保护中心和贵州省动漫产业协会联合举办的贵阳市非遗宣传大使选拔活动初赛，通过线上主题拍摄，线下服装、才艺展示，走秀等形式选拔出能代表贵阳城市形象、深明贵阳文化底蕴、展示贵阳非遗魅力的宣传大使，全力助推贵阳贵安文化高质量发展。贵阳市非物质文化遗产保护中心每年会根据《选派贵阳市文化人才（非遗类）的函》的精神，选拔文化人才（非遗类）。比如，2023年，经各区（市、县）文化和旅游部门审核推荐，专家组审核评定，贵阳市最终评选出29人为文化人才（非遗类）。2022年评选出20人。通过评选活动，能发掘和选拔在非遗领域具有较高成就的人才，为他们提供展示才能的舞台，进而为传统文化的传承和发展贡献力量。

三　新媒体和网络技术助推"多彩贵州"传统节日文化品牌构建与传播

在过去，传统媒体是传统节日文化品牌传播的重要载体之一，包括电视、广播、报纸等媒介。央视春节联欢晚会、贵州卫视春晚等重要节目的播出，促进了贵州省传统节日文化品牌的宣传和推广。此外，各级政府和媒体机构积极推广贵州省传统节日文化品牌,例如贵州诸多民族文化节、诸多传统节日等,通过电视、广播、报纸等媒介对外宣传。在传统媒体传播中,选择合适的媒介和广告投放位置是至关重要的,这有利于准确把握目标受众,进而达到最佳的传播效果。而随着新媒体和互联网的普及与发展,其为传统节日文化品牌的构建与传播提供了重要平台。在贵州省,各级政府和文化机构积极开展新媒体传播工作,例如在微信、微博、抖音、哔哩哔哩等社交媒体平台上开设官方账号,发布传统节日文化品牌宣传资讯,进行线上互动和传播。此外,各地还开展了线上推广活动,例如"贵州民俗文化节"线上直播、"贵州黔东南苗族火把节"线上展览等,通过新媒体平台吸引了大量的网民关注和参与。因此新媒体和网络技术的发展,为贵州传统节日文化品牌的构建与传播提供了广阔的平台与机遇。通过新媒体和网络技术的支持,贵州传统节日文化品牌得到了更加广泛和高效的传播,促进了传统节日文化品牌的传承和保护。

一方面,新媒体和网络技术对"多彩贵州"传统节日文化品牌构建与传播具有积极的推动作用。第一,新媒体和网络技术的融合发展对"多彩贵州"传统节日文化品牌构建的推动作用。新媒体和网络技术的快速发展,为传统节日文化品牌的构建提供了多种途径和手段。首先,通过新媒体和网络技术,人们可以更加便捷地获取相关的文化信息,在传播过程中形成更广泛的文化共识。其次,新媒体和网络技术的互动性与个性化特点,使传统节日文化品牌的构建更加具有创新性和差异性。最后,新媒体和网络技术的传播与互动方式,使传统节日文化品牌更加具有亲和性和参与性,能够更好地与受众互动,形成更为广泛的文化共鸣。第二,新媒体和网络技术的融合发展对"多彩贵州"传统节日文化品牌传播的推动作用。新媒体和网络技术的快速发展,不仅为传统节日文化品牌的构建提供了更加广阔的平台和机遇,同时也为传统节日文化品牌的传播提供了更加便捷和高效的途径。比如,通过网络平台,人们可以更加快速地获取相关的文化信息,使得传统节日文化品牌的传播更加迅速。此外,利用网络平台的社交化和分享化特点,人们可以更加便捷地分享和传播传统节日文化品牌,形成更广泛的文化传播。不仅如此,新媒体和网络技术的互动性与个性化特点，使得传统节日文化品牌的传播更加具有创新性和差异化，能够更好地吸引受众的关注和参与。

另一方面，新媒体和网络技术在"多彩贵州"传统节日文化品牌构建与传播中具有广泛的应用前景。新媒体和网络技术的发展，使得贵州的传统节日文化有了全新的传播方式。这不仅可以推动贵州传统节日文化更好地对外传播，也可以使更多的人了解和认识贵州的传统节日文化。其一，新媒体和网络技术可以帮助贵州传统节日文化实现跨地域的传播。通过互联网，无论在国内还是国外，人们都可以了解到贵州的传统节日文化，感受到它的魅力。这不仅可以提高贵州传统节日文化的知名度，也可以扩大其影响力。其二，新媒体和网络技术可以帮助贵州传统节日文化实现多元化的传播。例如，可以通过视频、图片、音乐等多种形式，展示贵州传统节日文化的多元化，使其在传播过程中更具有吸引力。此外，新媒体和网络技术还可以帮助贵州传统节日文化实现互动化的传播。例如，可以通过网络论坛、社交媒体等平台，让观众参与到贵州传统节日文化的传播中来，使其更具有参与感和互动感。在未来，随着新媒体和网络技术的进一步发展，其在"多彩贵州"传统节日文化品牌构建与传播中的作用将会更加凸显。因此，我们应该充分利用新媒体和网络技术的优势，推动贵州传统节日文化的传播和发展。以贵州省独山县的独山花灯艺术节为例，通过新媒体和网络技术的支持，独山花灯艺术节得到了更加广泛和高效的传播。比如，在新媒体的宣传和推广之下，独山花灯艺术节得到了公众更加广泛的关注和参与，促进了传统节日文化品牌的传承和保护。此外，通过网络平台的分享和网络互动，独山花灯艺术节的传播范围和影响力得到了进一步的扩大，形成更为广泛的文化共识。

总之，随着新媒体和网络技术的不断发展与完善，"多彩贵州"传统节日文化品牌的构建与传播将更加便捷与高效。新媒体和网络技术能够更好地满足现代人们的文化需求，为传统节日文化品牌的传承和保护提供更加广泛的支持。同时，新媒体和网络技术的互动性与个性化特点，也能够更好地吸引受众的关注和参与，促进传统节日文化品牌的创新发展。

四　国际交流与合作推动"多彩贵州"传统节日文化品牌构建与传播

国际交流与合作是各国之间增进了解和友谊、推动共同发展的桥梁。而文化品牌则是一个国家或地区展示其文化形象的重要载体。因此，国际交流与合作和文化品牌构建有着紧密的联系。在国际交流与合作中，各国可以通过文化交流，了解彼此的文化异同，从而促进文化理解和尊重。同时，国际交流与合作也为文化品牌的构建提供了机会和平台。通过国际交流与合作，可以将本地的文化元素推广到全球，提高其知名度和美誉度，进而构建具有地方特色和文化内涵的文化品牌。贵州拥有丰富多彩的传统节日文化，如何推动"多彩贵州"传统节日文化品牌构建与传播，加速贵州文化旅游产业的转型升级，提升贵州文化旅游产业的国际知名度和影响力，是当前贵州文化旅游产业发展亟须解决的问题。

首先，国际交流与合作能提升贵州文化旅游产业的国际影响力。随着全球化的不断加深，各国之间的交流与合作不断增多，文化交流与旅游合作成为各国间加深联系的重要形式。贵州传统节日文化独具特色、魅力无穷，通过国际交流与合作，可以将"多彩贵州"传统节日文化品牌推向世界，提升贵州文化旅游产业的国际影响力，吸引更多国际游客前来贵州旅游观光，推动贵州文化旅游产业的快速发展。而国际交流与合作可以通过多种渠道和形式，将"多彩贵州"传统节日文化品牌推向世界，扩大传统节日文化品牌的知名度。例如，可以在国际旅游交流会上展示和推广贵州传统节日文化品牌，邀请国际游客来贵州参加传统节日活动，通过网络媒体和社交媒体等，将"多彩贵州"传统节日文化品牌推向全球。比如，《多彩贵州风》是一台党政推动、市场运作的大型歌舞节目，是贵州的大型民族歌舞史诗和世界顶级的民族舞台史诗，由17个贵州世居民族800位演员历时13年精心打造而成。其第一版于2006年1月22日在贵阳推出。海内外商演逾4300场，遍布全球40个国家及地区、50个城市，荣登"国家文化旅游重点项目名录"，被加拿大前总理哈珀、英国前首相布莱尔誉为——"全球最生态的歌舞演出之一"。

其次，国际交流与合作能加速贵州文化旅游产业的转型升级和国际化发展。传统节日文化品牌的构建不仅可以提升贵州文化旅游产业的国际影响力，也可以促进贵州文化旅游产业的转型升级。通过对传统节日文化品牌的深入挖掘和研究，可以打造出更具有竞争力和吸引力的文化旅游产品，满足游客个性化和多元化的需求，推动贵州文化旅游产业的转型升级，实现贵州文化旅游产业的可持续发展。同时，通过与国外专家、学者和文化机构的交流合作，可以了解国际上传统节日文化品牌的发展现状和趋势，借鉴先进经验和理念，为"多彩贵州"传统节日文化品牌的创新和发展提供新思路与新方法。此外，通过与国外旅游机构和旅游从业者的交流合作，可以了解国际旅游市场的需求和趋势，为贵州文化旅游产业的国际化发展提供参考和借鉴，从而推进贵州文化旅游产业的国际化发展。以贵州省黔东南苗族侗族自治州为例，该州拥有众多独特的传统节日文化，如苗族的"赶歌节"、侗族的"芦笙节"等。通过与其他国家和民族的文化交流，该州成功地将其传统节日文化品牌推向了国际舞台，增强了其文化影响力和吸引力，也为该州的经济和社会发展注入了新的动力。例如，该州通过组织文化交流活动，邀请国内外各地的文化团体和嘉宾参加，并通过各种宣传和推广渠道，将其传统节日文化品牌推向了国际社会，取得了显著的社会和经济效益。这说明了国际交流与合作在"多彩贵州"传统节日文化品牌传播中的具体作用。

最后，国际交流与合作为"多彩贵州"传统节日文化品牌构建与传播提供机遇和平台。一方面，提供了诸多机遇。第一，可以为"多彩贵州"传统节日文化品牌构建与传播提供更多的文化元素和灵感。各国的文化都有其独特之处，国际交流与合作可以让"多彩贵州"传统节日文化品牌吸收其他国家的文化元素，从而更加丰富多彩。第二，国际交流与合作可以为"多彩贵州"传统节日文化品牌构建与传播提供更多的市场机会。随着国际交流与合作的不断深入，越来越多的外国游客来到贵州旅游，这为"多彩贵州"传统节日文化品牌构建与传播提供了更广阔的市场。第三，国际交流与合作可以为"多彩贵州"传统节日文化品牌构建与传播提供更多的宣传机会。在国际交流与合作的平台上，贵州可以向外界展示其传统节日文化品牌，提高其知名度和美誉度。另一方面，提供了多种平台。其一，贵州可以通过参加国际文化交流活动来展示其传统节日文化品牌。比如，可以在海外的旅游展览会上展示"多彩贵州"传统节日文化品牌，向外界宣传贵州的文化和旅游资源。其二，贵州可以通过国际合作来推广其传统节日文化品牌。比如，可以与其他国家的旅游机构合作，推出以"多彩贵州"传统节日文化品牌为核心的旅游产品，吸引更多的游客来贵州旅游。其三，贵州可以通过国际交流来学习其他国家的文化和旅游经验，借鉴其成功的做法，进一步提升贵州的文化旅游品牌建设水平。

总之，国际交流与合作是推动贵州传统节日文化品牌构建与传播的重要途径，可以提高传统节日文化品牌的知名度，促进传统节日文化品牌的创新和发展，推进文化旅游产业的国际化发展。通过国际交流与合作，可以将贵州传统节日文化品牌推向世界，提升贵州文化旅游产业的国际影响力和竞争力，实现贵州文化旅游产业的可持续发展。

第三节 "多彩贵州"传统节日文化品牌
构建与传播价值

"多彩贵州"传统节日文化是"资源库""聚宝盆""发动机"，是西部地区优秀传统文化的重要组成部分。基于其在西部传统文化中的重要地位，"多彩贵州"传统节日文化品牌的构建与传播，定会产生巨大价值。价值是主客观关系下以主体的需要是否得到满足为最终决定标准的范畴，因而价值的属人性色彩十分明显。就"多彩贵州"传统节日文化品牌构建与传播价值而言，有学者主要从品牌拥有者和消费者两个层面去分析，也有学者从国家、企业、个人角度探析。但笔者认为，结合"五位一体"总体战略布局和"四个全面"战略布局去探析"多彩贵州"传统节日文化品牌构建与传播的价值，则更为全面、客观和具体。因此，本部分我们主要从经济价值、政治价值、文化价值、社会价值及生态价值去分析"多彩贵州"传统节日文化品牌构建与传播的具体价值。

一 传统节日文化品牌构建与传播的经济价值

传统节日是中国文化的重要组成部分，也是贵州省文化遗产的重要代表。传统节日不仅是一种文化现象，对当地经济发展也具有积极的推动作用。传统节日作为非物质文化遗产的一部分，其在产业化过程中，也会产生文化经济效应。因此，"多彩贵州"传统节日文化品牌构建与传播也具有一定的经济价值。

首先，"多彩贵州"传统节日文化品牌构建与传播能够促进当地旅游业的发展。第一，有助于树立独特的地域文化形象，增强游客的到访意愿。"多彩贵州"传统节日文化品牌是贵州省独特的文化资源，它具有浓郁的地域特色和文化内涵，可以吸引大量的游客前来参观和体验。例如，每年的贵州台江苗族同胞都会欢度独木龙舟节，节日期间吸引了大量的国内外游客前来观赏，为当地旅游业带来了巨大的经济效益。贵州省台江县2023年施洞苗族独木龙舟节进行了三天的比赛和表演。其间，龙舟下水、龙舟竞渡、接龙、踩鼓、民间文艺表演、吃"龙肉"等活动是吸引游客的最大看点。第二，"多彩贵州"传统节日文化品牌的推广和传播，可以带动旅游消费。传统节日是民族文化的重要组成部分，通过组织丰富多样的节日活动，展示当地民俗风情，能够吸引游客深入体验和参与，增加游客在本地区的停留时间和旅游消费。例如，在贵州省台江县台盘村"六月六""吃新节"期间举办的"村BA"火爆出圈，当地的特色美食、纪念品等都受到游客们的青睐，进而带动了当地旅游消费的增长。还有，借助"村超"的东风，榕江县正全力打造"超好玩""超好吃""超好住"的"超经济"。第三，有助于增加旅游收入。"多彩贵州"传统节日文化品牌对旅游业的最大作用莫过于可以增加旅游收入。随着旅游业的不断发展，"多彩贵州"传统节日文化品牌也日益受到重视。例如，贵州省政府每年都会投入大量的资金和人力物力去打造与推广当地的传统节日文化品牌，以吸引更多的游客前来旅游，从而增加旅游收入。贵州省拥有独特的自然风光和深厚的民族文化底蕴，各地传统节日活动的举办为旅游业的发展带来了无限的商机。以黔东南州的"吃新节"为例，每年吸引着数以万计的游客前来品尝各种传统美食，同时也为当地的住宿、餐饮、交通、娱乐等行业带来了巨大的经济效益。比如，2022 年"吃新节"期间，黔东南州雷山县近百村寨万户人家通过举办赛芦笙、斗牛比赛、斗鸟比赛、篮球赛、拔河比赛等民俗活动和体育项目吸引了游客 50 余万人次共同参与。据统计，2023 年 1 月至 5 月，黔东南州共接待游客 2979.27 万人次，同比增长 10.05%；实现旅游综合收入 309.91 亿元，同比增长 18.28%①。

其次，"多彩贵州"传统节日文化品牌构建与传播对文化产业的发展具有积极的推动作用。"多彩贵州"传统节日文化品牌作为贵州文化产业的重要组成部分，具有广泛的社会影响力和较高的经济价值，尤其是对文化产业的发展具有促进作用。第一，能够推动文化创意产品的开发。"多彩贵州"传统节日文化品牌的独特魅力和文化内涵为文化创意产品的开发提供了丰富的源泉。通过对传统节日文化元素的提取和转化，设计出具有现代审美和实用功能的文化创意产品，不仅可以满足人们对美好生活的需求，还可以带动文化产业的发展。例如，在贵州省黔东南州的传统节日"芦笙节"中，芦笙音乐是其最具特色的元素之一，具有浓郁的民族文化特色。将芦笙音乐元素与现代音乐元素相结合，可以创作出新颖、时尚的音乐作品，进而推出相应的文化衍生品。第二，能够提升文化产业附加值。"多彩贵州"传统节日文化品牌的构建与传播，不仅可以促进文化创意产品的开发，还可以提高文化产品的附加值。在文化创意产品的开发过程中，通过对"多彩贵州"传统节日文化品牌的巧妙运用，可以为产品注入更多的文化内涵，进而提高产品的附加值。例如，在贵州省的"苗族大歌"中，苗族的歌舞和服饰是其最具特色的元素之一。将苗族的歌舞和服饰元素融入到文化创意产品中，可以提高产品的附加值，进而提高文化产业的经济效益。第三，能够助推群众就业。"多彩贵州"传统节日文化品牌的构建与传播，可以助推文化产业的发展并提供更多的就业机会。在文化创意产品的开发、制作和销售过程中，需要大量的专业人才，如设计师、摄影师、音乐制作人等，这为

---

① 陈雪村：《我州"暑期档"旅游升温 各地纷纷推出精品线路》，《黔东南日报》2023 年 7 月 17 日。

当地民众创造了更多的就业机会。此外，传统节日的举办不仅能够为当地旅游业和商贸业带来经济效益，还能够创造大量就业机会。比如，为了继承和发扬水族传统手工艺，进一步提高水族妇女的马尾绣技能水平，促进水族妇女更稳定就业，三都县在中和镇建立了马尾绣特色小镇，之后很多水族马尾绣传人纷纷在小镇里成立了自己的公司。其中最大的一家公司是三都水族自治县应丽马尾绣贸易公司，主要从事马尾绣设计、制作、生产、销售等。这家公司成立后，一直为当地妇女提供马尾绣技艺培训，有效带动了千余名妇女加入马尾绣工艺制作队伍，实现稳定就业。①

最后，"多彩贵州"传统节日文化品牌构建与传播能够刺激地方经济的发展。除了促进旅游业发展，传统节日还能够刺激当地经济的发展。比如，在火爆出圈的"村BA""村超"的推动引流下，大批游客深入黔东南州各县（市）过端午，体验包粽子、龙舟竞渡等民俗活动，近距离感受苗侗民族服饰巡游、吹芦笙、木鼓舞等原生态歌舞表演，品尝酸汤鱼、五彩糯米饭、榕江卷粉、腌鱼腌肉等民族特色美食，在黔东南度过了一个安全、有序、祥和的端午假期，全州实现旅游综合收入28.62亿元。据统计，黔东南州2023年端午假日三天，"村超"举办地榕江县共接待游客35.89万人次，同比增长345.84%，实现旅游综合收入4.44亿元，同比增长404.55%；"村BA"举办地台江县3天共接待游客16.91万人次，同比增长1.62%，实现旅游综合收入2.32亿元，同比增长35.67%。全州重点监测的17个景区共接待游客40.26万人次，实现旅游综合收入2.79亿元。其中，接待外省入黔游客17.33万人次，占比达43.05%。重点旅游景区雷山西江千户苗寨接待游客5.34万人次，实现旅游综合收入0.56亿元；镇远古城接待游客14.59万人次，实现旅游综合收入1.06亿元；肇兴侗寨接待游客2.49万人次，实现旅游综合收入0.26亿元；下司古镇接待游客2.51万人次，实现旅游综合收入0.038亿元。全州重点监测的住宿单位榕江尚品国际大酒店、凯里半山酒店、施秉水墨云山宾馆、施秉杉木河酒店

---

① 《发展文化产业 助推群众就业》，《贵州日报》2021年1月27日。

等 10 余家酒店宾馆入住率均达到 80%。① 总之，传统节日不仅是贵州省文化遗产的重要代表，更对当地经济发展具有积极的推动作用。因此，应该积极构建与传播"多彩贵州"传统节日文化品牌，挖掘和发挥其经济价值，促进贵州省经济的持续发展。

二　传统节日文化品牌构建与传播的政治价值

在过去，传统节日文化与政治间的关系较为疏离，特别是对地处西部偏远地区的传统节日文化来说，这种情况更为普遍，导致的结果就是传统节日文化的政治功能发挥不是十分明显。但在当前的文化创新中，节日文化政治化和政治文化化的双向运动得到彰显，传统节日文化政治功能得以凸显。比如，"多彩贵州"传统节日文化品牌在民族团结、核心价值观的塑造、文化安全等方面的政治功能越来越被人们认可和重视。

首先，"多彩贵州"传统节日文化品牌构建与传播有利于推进民族团结进步事业的发展。"多彩贵州"传统节日文化丰富多彩，涵盖了各个民族的传统节日，这种多元文化的传承和发展不仅能够展示各民族的特色文化，而且能够让各民族在传统节日中感受到彼此的文化魅力，增进各民族之间的交流和了解，从而促进民族团结进步事业的发展。第一，推动了民族文化的传承与发展。贵州省拥有丰富的民族文化资源，各民族都有自己独特的节日和庆典活动。通过构建和传播"多彩贵州"传统节日文化品牌，有助于保护和传承这些独特的民族文化，使之世代相传。第二，有利于增进各民族之间的交流。传统节日往往是一个民族内部团结互助的象征。在多民族国家，通过传播节日文化，加强不同民族之间的节日文化交流可以增进民族间的了解与友谊，消除彼此之间的误解和偏见，有助于维护民族团结和谐。在"多彩贵州"传统节日文化品牌的构建与传播过程中，各民族之间通过相互了解彼此的节日习俗和文化特点，能够增进彼此

---

① 《黔东南州 2023 年"端午"假日旅游市场情况综述——"村 BA""村超"推动黔东南州端午节旅游持续火爆》，黔东南州文体广电旅游局网站，2023 年 6 月 25 日，http://wtgdlyj. qdn. gov. cn/zwgk/xxgkml/zdly/tjxx/202306/t20230625_80493218. html？eqid = a5d0129b0007 c5a6000000066498ea4f。

之间的了解，有利于为民族团结创造良好的社会氛围。第三，有利于维护社会稳定和发展。传统节日文化承载着民族的历史、信仰和价值观，与民族精神密切相关。传承和发扬传统节日文化，可以强化民族认同感和凝聚力，激发民族自豪感和自信心。通过构建与传播"多彩贵州"传统节日文化品牌，可以展示贵州民族文化的独特魅力，提升"多彩贵州"的品牌形象，增强文化自信。因此，"多彩贵州"传统节日文化品牌的传播有助于民众更好地了解和认同本地民族文化，增强民族凝聚力，从而有利于维护社会稳定和发展。第四，有利于推动民族团结政策的实施。在"多彩贵州"传统节日文化品牌构建与传播的过程中，政府可以通过政策扶持和宣传推广等手段，引导各民族共同参与其中，进而有利于推动民族团结政策的落实。总之，"多彩贵州"传统节日文化品牌为民族团结进步事业的发展提供了有力的支撑。

其次，"多彩贵州"传统节日文化品牌构建与传播有利于培育和践行社会主义核心价值观。一方面，贵州传统节日文化能够传播正确的道德观念和价值理念。在贵州各民族的传统节日中，许多活动都蕴含着浓厚的道德元素，通过庆祝这些节日，人们可以学习和传承正确的道德观念。比如，体现孝道精神的贵州侗寨"敬老节"，主要流传在贵州省从江县高增乡小黄村周边的侗族村寨和贯洞镇龙图村所在的侗族村寨。尊老爱老是侗家人的优良传统，贵州侗寨人民通过各种方式表达祝福，希望村寨中的老人健康、平安、幸福。村寨成员中如果有人年至 50 岁，寨中便为其举行"添粮祝寿"仪式，谓之"敬老节"，也被称为"侗寨老人节"。这体现了爱老孝老的孝道精神，有助于弘扬家庭和睦、尊老敬贤的道德观念。"多彩贵州"传统节日文化中蕴含着丰富的道德观念和价值理念，如诚信、友善、互助等。通过传播和弘扬传统节日文化，有利于传承家庭美德；通过举办各类节日活动，倡导孝顺、尊老爱幼等家庭美德，也有利于构建和谐的家庭关系。此外，通过推广和传递这些积极的价值观念，有助于培育公民正确的道德观念，促进社会道德风尚的形成，进而为社会发展提供精神动力。另一方面，能够弘扬民族精神和时代精神。每个民族的传统节日都是由一定的历史背景和文化传统演变而来的，传播节日文化可以帮助民众了解自己民族的历史，从而更好地认识并尊重民族文化。贵州省位于中国西南地区，拥有多元的民族文化，这些民族文化都包含有丰富的传统节日文化，通过庆祝这些节日，可以传承民族精神和弘扬时代精神。其一，贵州的传统节日文化体现了民族团结和民族智慧。各个民族共同庆祝的节日，如春节、中秋节等，能够增进民族之间的友谊和理解。而特定民族的节日，如苗族的苗年、侗族的芦笙节等，则展示了特定民族的文化特色。通过参与这些节日活动，人们可以更好地了解和尊重其他民族的传统与习俗，从而促进民族团结。此外，贵州的传统节日文化传承了民族智慧。许多节日活动包含丰富的历史和民间故事，通过庆祝这些节日，人们可以传承和弘扬先辈们的智慧与勇气，激发民族自豪感。其二，贵州的传统节日文化展示了时代精神。在节日庆祝活动中，人们会通过各种形式表现出对美好生活的向往和对社会进步的关注。通过这些活动，可以弘扬积极向上的时代精神。综上所述，贵州的传统节日文化在弘扬民族精神和时代精神方面具有重要意义。通过保护和传承这些传统文化，有利于推动民族的繁荣与发展。

最后，"多彩贵州"传统节日文化品牌构建与传播有利于维护西部地区民族文化安全。在传统社会，受生产力水平的制约，经济和政治在社会发展中的重要作用十分突出，而文化在社会发展中的作用长期以来从属于经济和政治。但在现代社会，随着社会生产力的不断发展，文化的作用得到了最大限度的彰显，以至于美国政治学家丹尼尔·帕特里克·莫伊尼汉（Daniel Patrick Moynihan）指出："保守地说，真理的中心在于，对一个社会的成功起决定作用是文化，而不是政治。开明地说，真理的中心在于，政治可以改变文化，使文化免于沉沦。"[①] 但是，随着经济的全球一体化，随之而来的文化的趋同也越来越明显，西方资本主义文化正不断影响着拥有多样文化的国家的文化建设，广大发展中国家和弱势民族正在失去文化的话语权。在这样的背景之下，保存文化多样性就像保护生物多样性那样重要，因为它不仅能为人类提供无限多的文化选择、创造出无限多的文化

---

① 转引自〔美〕塞缪尔·亨廷顿、劳伦斯·哈里森主编《文化的重要作用——价值观如何影响人类进步》，程克雄译，新华出版社，2010，第8页。

可能性，也是平等、人权和自决原则所要求的，以上这些保存文化多样性的重要意义都是联合国教科文组织 1998 年《世界文化报告：文化、创新与市场》中所指出的。因此，面对当前西部少数民族传统文化的衰弱和变化现状，推动"多彩贵州"传统节日文化品牌构建与传播有助于促进文化的保护与发展，从而维护西部地区及国家的文化安全，增强民众的"四个自信"。第一，"多彩贵州"传统节日文化品牌是西部地区民族文化的重要组成部分。传承与弘扬这些文化品牌有助于保持民族文化的独特性，增强民族自豪感和认同感，从而维护民族文化安全。第二，打造"多彩贵州"传统节日文化品牌可以促进对外文化传播和民族交流与融合。"多彩贵州"传统节日文化品牌可以作为沟通与交流的平台，让不同民族之间相互了解、尊重和欣赏彼此的文化特色。这种交流有助于减少民族间的隔阂与误解，促进民族关系的和谐稳定，有利于维护民族文化安全。同时，"多彩贵州"传统节日文化品牌可以作为对外进行文化传播的载体，展示中国西部地区多元民族文化的独特魅力。通过对外文化传播，增进外界对西部地区民族文化的了解与认同，有助于维护民族文化安全。第三，"多彩贵州"传统节日文化品牌构建与传播有利于民族特色产业的发展。"多彩贵州"传统节日文化品牌可以带动相关产业的发展，如手工艺品、民族特色食品等。这些产业的发展有助于保护与传承民族文化，增强民族文化的活力与扩大其影响力，从而维护民族文化安全。综上所述，"多彩贵州"传统节日文化品牌与西部地区民族文化安全之间存在密切的关系，二者相辅相成。在保护和传承民族文化的过程中，要重视这些传统节日文化品牌的价值，并将其作为维护民族文化安全的重要手段。

三 传统节日文化品牌构建与传播的文化价值

"多彩贵州"传统节日文化品牌构建与传播能够推动西部少数民族传统节日的文化价值得到进一步提升。具体而言，"多彩贵州"传统节日文化品牌构建与传播是对传统文化的传承与发展，能够加快文化资源的开发与利用，同时又赋能中国式现代化发展。

首先，"多彩贵州"传统节日文化品牌构建与传播是对传统文化的传承与发展。一方面，促进传统文化的传承和弘扬。传统节日作为民族文化的重要遗产，不仅是对民族历史、精神气质、情感意识、宗教信仰的集中体现，也是传承民族文化的有效途径。传统节日是"文化丛"，民族的诸多文化要素，比如：音乐、舞蹈、手工艺、饮食、宗教等大都能够在节日仪式中得到展示，因而传统节日是传承传统文化的重要载体。此外，传统节日的周期性复现，保证了民族主体在特定节日时空中，能体验和感受到民族传统文化，这对于增强民族文化主体对其民族文化的记忆和认同是十分有帮助的。"多彩贵州"传统节日文化品牌注重传统节日文化的挖掘与传承。构建与传播"多彩贵州"传统节日文化品牌的过程也是对贵州各民族传统节日、民间风俗、民族艺术等文化遗产的系统梳理、保护和传承过程。这有助于保护、传承和发扬当地的民族文化，使得世代相传的民间风俗、民族艺术等得以保存和发展。同时，这对于保持民族多样性和文化独特性具有重要意义。另一方面，推动传统文化的创新发展。文化是灵动的，而不是僵化的，它是随着社会生产方式和人们的生活方式的变化而变化的。因而，没有永恒的"原生态文化"。但文化又是稳定的，而不是永远都处于变换中，它内部所蕴含着的民族情感、精神气质、伦理道德、宗教信仰、审美意识、价值取向等本质属性，并不会随着外界环境的变化而变化。文化的"变"与"不变"的辩证关系，形成了文化发展的辩证法。而这个辩证法，是事物自我否定的辩证法。发展即新事物的产生，旧事物的灭亡。发展是事物的自我否定，是事物内部矛盾运动的结果；发展是新旧事物联系的环节；发展的实质是"扬弃"，既克服又保留，既批判又继承。在传承中创新、在创新中传承，这是文化创新的本质要求和实践诉求。基于此，我们可以讲"多彩贵州"传统节日文化品牌构建与传播既是对传统文化的传承与发展，也是对传统文化的一种创新。"多彩贵州"传统节日文化品牌在传承发展的同时，也注重不断创新，使之更具有时代特色。例如，在构建与传播贵州传统节日文化品牌的过程中，可以将现代元素与传统文化相结合，将传统的文化活动与现代科技、旅游产业相结合，创新发展传统节日的形式与内容，创造出具有当地特色的文化产品，吸引更多的游客前来体验，提高民族文化的影响力。此外，现代社会中的节日文化创新，则是对传统节日文化的批判与继承下的产物，因此，创新不仅能使传统节日文化在实践中不断得到发展，也会使优秀传统节日文化不断得到继承和弘扬。

其次，"多彩贵州"传统节日文化品牌构建与传播推进文化资源的开发与利用。习近平总书记指出："实践没有止境，理论创新也没有止境。世界每时每刻都在发生变化，中国也每时每刻都在发生变化，我们必须在理论上跟上时代，不断认识规律，不断推进理论创新、实践创新、制度创新、文化创新以及其他各方面创新。"[1] 费孝通先生曾说过："对于西部文化艺术的考察，前人已经做过了不少的工作，其中包括考古学界、人类学界、民族学界、艺术学界等。这些考察是非常重要的，为今天的考察和进一步研究打下了很好的基础。但以前的考察和研究大多还是仅仅停留在对历史事实的记录、观察和描述上，在文化的角度上做进一步的理论总结和深入研究还是很不够的。今后，我们要加强这一方面的研究，补上这一课。"[2] 思想是行动的前导。因此，在对"多彩贵州"传统节日文化品牌进行构建与传播时，我们应该在对已有节日文化资料进行整理、分析和研究的基础上，进一步对节日文化资源进行开发与利用。基于此，"多彩贵州"传统节日文化品牌构建与传播对于推进文化资源的开发与利用具有重要意义。在传统文化资源的挖掘方面，以及构建与传播"多彩贵州"传统节日文化品牌的过程中，需要对贵州丰富的民族文化、民间风俗、民族艺术等进行深入研究，从中挖掘具有历史、文化价值的资源。这有助于充分挖掘传统文化的内涵，为文化资源开发提供源源不断的素材。在提升文化资源价值方面，可以将这些传统文化资源融入传统节日的庆祝活动，进行创新发展，使之更具吸引力和感染力。这有助于提升文化资源的价值，激发民众对传统文化的兴趣与认同，从而实现文化资源的有效利用。在拓宽文化传播渠道方面，通过网络、媒体等多种传播手段，可以将"多彩贵州"传统节日文化品牌推向更广泛的领域。这有助于扩大文化资源的传播范围，使更多人了解并参与到贵州传统节日文化的传承与发展中来。在促进旅游

---

① 《习近平著作选读》第 2 卷，人民出版社，2023，第 22 页。
② 费孝通：《谈西部人文资源的保护、开发和利用问题》，《文艺研究》2000 年第 4 期。

业发展方面，通过构建与传播"多彩贵州"传统节日文化品牌，可以吸引国内外游客前来参与，从而带动餐饮、住宿、交通等相关领域的发展，实现文化资源的有效开发与利用。在文化创意产业发展方面，可将传统节日文化与现代设计、艺术等元素相结合，发展文化创意产业。例如，可以通过设计具有传统节日文化特色的手工艺品、纪念品等，提升其附加值，实现文化资源的商业化开发。最后，在世界文化遗产保护与传播方面，贵州拥有许多民族传统村落，通过构建与传播"多彩贵州"传统节日文化品牌，可以提升这些民族传统村落的知名度和影响力，促进文化遗产保护工作的开展，实现文化资源的可持续利用。总之，"多彩贵州"传统节日文化品牌构建与传播有助于推进文化资源的开发与利用。这对于提升贵州地区的文化影响力、推动文化产业发展、实现经济社会的可持续发展具有积极意义。

　　最后，"多彩贵州"传统节日文化品牌构建与传播赋能中国式现代化文化发展。党的二十大报告指出，"中国式现代化是物质文明和精神文明相协调的现代化"①，这深刻指出了中国式现代化发展进程中两个文明之间的深刻联系。马克思指出，"物质生活的生产方式制约着整个社会生活、政治生活和精神生活的过程"②。也就是说，物质文明为精神文明的发展提供重要的物质前提。恩格斯指出，"物质存在方式虽然是始因，但是这并不排斥思想领域也反过来对物质存在方式起作用"③，这阐明了精神文明对物质文明的反作用。总之，没有物质文明的发展，现代化就没有根基；没有精神文明的发展，现代化就会失去灵魂。因此，要两手抓，两手都要硬，这样才能保证中国式现代化持续发展。而"多彩贵州"传统节日文化品牌作为精神文明的重要组成部分，也具有精神文明特性。因此，"多彩贵州"传统节日文化品牌构建与传播赋能中国式现代化发展。第一，"多彩贵州"传统节日文化品牌构建与传播为中国式现代化发展提供精神动

---

① 习近平：《高举中国特色社会主义伟大旗帜　为全面建设社会主义现代化国家而团结奋斗——在中国共产党第二十次全国代表大会上的报告》，《人民日报》2022年10月26日。
② 《马克思恩格斯选集》第2卷，人民出版社，2012，第2页。
③ 《马克思恩格斯选集》第4卷，人民出版社，2012，第598页。

力。贵州传统节日文化是民族文化的重要组成部分，具有丰富的历史、民俗、艺术等内涵。在中国式现代化的进程中，我们要在传承和保护传统节日文化的基础上，进行创新发展，使之与现代社会相适应。构建与传播"多彩贵州"传统节日文化品牌，既能够保持民族文化的多样性和独特性，又可以增强民族文化认同感和自豪感，这样也可以为中国式现代化发展提供精神动力。第二，"多彩贵州"传统节日文化品牌构建与传播能够推动现代化与地域文化的有机结合。在中国式现代化的背景下，各地区应当发挥自身特色，实现现代化与地域文化的有机结合。对于贵州而言，传统节日文化正是具有鲜明地域特色的资源。通过弘扬传统节日文化，可以提升贵州的软实力，吸引国内外游客，推动旅游业等相关产业的发展，从而实现经济现代化。第三，"多彩贵州"传统节日文化品牌构建与传播既能够推动传统节日文化的世界化发展，又能够保持其民族特色。在全球化背景下，中国式现代化要求我们既与国际接轨，又保持民族特色。在这一进程中，"多彩贵州"传统节日文化的传承与发展有助于我们增强民族认同感。通过举办各类节日活动，可以加强民族间的沟通与交流，增进对传统文化的了解，增强民族自豪感和向心力，进一步促进社会和谐稳定。此外，通过构建与传播"多彩贵州"传统节日文化品牌，可以展示贵州地区丰富的民族文化，提升国家文化影响力。这对于增进世界各国对中国文化的了解、推动国际文化交流与合作具有重要价值。第四，"多彩贵州"传统节日文化品牌构建与传播体现了传统与现代的融合。中国式现代化强调创新能力的培养与提升。在"多彩贵州"传统节日文化的传承与发展过程中，可以将现代元素与传统文化相结合，创新发展传统节日的形式与内容。这既能够满足现代人对于文化消费的需求，也有助于传统节日文化的创新发展，让更多年轻人参与到文化传承和发扬中来。总之，"多彩贵州"传统节日文化品牌与中国式现代化之间存在密切的关系。在现代化进程中，我们应充分发挥传统节日文化的积极作用，实现传统文化与现代化的有机融合，推动贵州乃至整个中国的文化繁荣与发展。

四　传统节日文化品牌构建与传播的社会价值

"多彩贵州"传统节日文化通过其整合、凝聚及协调特征，充分展示了其在提升地域品牌形象，推进西部地区乡村振兴战略的实施，增强西部地区社会凝聚力等方面具有重要价值。

首先，"多彩贵州"传统节日文化品牌构建与传播有助于提升地域品牌形象。当前，在"多彩贵州"传统节日文化品牌构建与传播中，存在节日活动众多而品牌节日极少、节日内容和形式大同小异等相关问题。因此，如果不对这些节日进行归类创新，打造一批在一定区域范围内极具影响力的标志性引领式节日品牌，则会使节日文化创新的功能受到削弱，甚至存在随着人们审美疲劳而节日文化创新功能消失的危险。基于标志性文化反映特定区域民众的"心灵智慧"和人格气质、和当地民众日常生活紧紧相连以及充分展现诸多地方文化等特点和优点，通过构建与传播标志性"多彩贵州"传统节日文化品牌，可以提升贵州的地域品牌形象，展示贵州独特的民族文化魅力。构建与传播传统节日文化品牌，可以从以下几个方面提升地域品牌形象。第一，丰富文化内涵。贵州省拥有丰富的民族文化、传统节日和民间风俗。通过传播这些文化，可以让外界更好地了解贵州的多元文化特色，从而提升"多彩贵州"的吸引力。第二，强化地域特色。各个地区都有自己独特的传统节日文化，通过强化"多彩贵州"传统节日文化品牌，可以凸显贵州地区的特色，让贵州在众多地域品牌中脱颖而出。第三，推动旅游业发展。传统节日文化是吸引游客的重要因素之一。通过传播"多彩贵州"传统节日文化品牌，可以吸引更多的游客前来体验，进一步推动贵州的旅游业发展。第四，促进经济发展。传统节日文化的传播可以带动地区的手工艺、美食、民俗表演等产业的发展，进而推动经济发展。同时，随着地域品牌形象的提升，会吸引更多的投资者关注和投资贵州，促进地区经济持续发展。第五，传承民族文化。通过构建与传播传统节日文化品牌，可以让更多人了解和传承贵州的民族文化，进而促进民族文化的长远发展。总之，"多彩贵州"传统节日文化品牌的构建与传播，有助于丰富贵州的文化内涵，强化地域特色，推动旅游业和经济发展，传承民族文化等，从而提升地域品牌形象。

其次，"多彩贵州"传统节日文化品牌构建与传播有利于推进西部地区乡村振兴战略的实施。乡村振兴战略是新时代解决"三农"问题的总抓手。乡村全面振兴，是这一战略的最终目标和方向。党的二十大报告指出："全面推进乡村振兴。全面建设社会主义现代化国家，最艰巨最繁重的任务仍然在农村。坚持农业农村优先发展，坚持城乡融合发展，畅通城乡要素流动。加快建设农业强国，扎实推动乡村产业、人才、文化、生态、组织振兴。"①"多彩贵州"传统节日文化与乡村振兴战略之间存在紧密的联系，二者相互促进，共同推动乡村的可持续发展。"多彩贵州"传统节日文化品牌作为中华传统文化的重要组成部分，对乡村振兴战略的实施具有积极的推进作用。通过发挥传统节日文化的优势，可以为贵州乡村振兴战略提供有力的支撑。具体表现在以下几个方面。第一，为乡村振兴战略的实施增强了文化认同感与凝聚力。贵州传统节日文化体现了地区的独特历史、民俗，激发了当地居民的文化认同感和凝聚力。这有助于增强乡村振兴战略的内生动力，为乡村发展提供稳定的社会基础。第二，传承非物质文化遗产，为乡村振兴战略的实施提供了丰富的文化资源。贵州传统节日文化包含丰富的非物质文化遗产，如民间技艺、故事和习俗等。弘扬传统节日文化，有助于保护和传承这些宝贵的文化遗产，为乡村振兴提供丰富的文化资源。第三，促进乡村旅游业发展，为乡村振兴战略的实施提供一定的经济基础。贵州传统节日文化具有丰富的观赏价值，可以吸引国内外游客参与。将传统节日文化与乡村旅游相结合，有助于发展乡村旅游业，带动地区经济增长，为实现乡村振兴提供一定的经济基础。第四，促进地区文化交流与合作，进而提升乡村形象。贵州传统节日文化可以作为地区间文化交流的纽带，通过交流和合作，推动贵州乡村与其他地区的融合发展。这有助于拓宽乡村振兴战略的视野，为乡村振兴提供新的动力。同时，贵州传统节日文化展示了当地民间风俗和历史底蕴，通过传承和弘扬这些文化，有助于提升乡村整体形象，树立乡村品牌。这对于实现乡村振兴战略具有重要意义。第五，有利于激发乡村创新活力。传统节日文化是乡村创新发展的重要资源。挖掘和传承传统节日文化，可以为乡村发展提供创新灵感，帮助乡村在保持传统特色的同时，积极探索适应现代

---

① 习近平：《高举中国特色社会主义伟大旗帜 为全面建设社会主义现代化国家而团结奋斗——在中国共产党第二十次全国代表大会上的报告》，《人民日报》2022年10月26日。

社会的发展模式。

最后，"多彩贵州"传统节日文化品牌构建与传播有利于增强西部地区社会凝聚力。在中国特色社会主义文化建设中，传统节日文化经过文化创新，其文化本质和属性早已发生变化。"民俗文化不再只是传统意义上的下层文化和地方知识，而是全社会的公民素质、民族意识、价值哲学、政府公共管理政策、多元文化选择和大学教育的构成元素，是先进的人文文化。"① 因此，在文化创新中，我们要充分利用传统节日文化，发挥其内在的基本属性，使其成为维护社会稳定所能依靠的"一把利器"。在传统节日文化中，存在一种内辐射现象，由此会产生一种向心力和凝聚力，这是传统节日文化特有的凝聚特征。比如，当春节来临的时候，汉族和各少数民族纷纷放下手中的工作，无论离家多远，都要想尽办法踏上回家的路。不管人们身在何处，他们的心理状态在春节思亲、感恩、团圆、辞旧、迎新等文化精神的感召下都呈现出了一致性和一体化状态。这种行为和心理的一体化状态，就是传统节日在稳定社会中所发挥出来的凝聚功能。而这种凝聚功能，可以愉悦身心、净化心灵、陶冶情操、加强团结。在节日里，人们在享受国泰民安的和谐氛围的同时，集体主义情怀就油然而生。在西部少数民族地区，节日的这种凝聚特征及功能则显得更为强烈。基于此，我们认为"多彩贵州"传统节日文化品牌构建与传播有利于增强西部地区社会凝聚力。第一，传统节日文化的传承与弘扬可以增进人们对民族文化的了解和认同，进而增强社会凝聚力。贵州作为中国西部地区的一个省份，拥有丰富的民族文化和传统节日。这些传统节日如苗族的"芦笙节"，侗族的"侗年"，彝族的年节（彝族年）、火把节、赛马节等，都是民族文化的重要组成部分。通过庆祝这些传统节日，人们可以增进对民族文化的了解和认同感，从而增强社会凝聚力。第二，传统节日文化的传承与弘扬，可以促进民族交流与融合，增强地域认同感。贵州的民族多样性使得节日文化丰富多彩。在这些节日活动中，不同民族的人们相互交流、学习，进一步促进了民族融合。此外，传统节日文化是地域文化的重

---

① 董晓萍：《民俗文化遗产保护三阶段论要》，《文史知识》2004 年第 1 期。

要组成部分，通过传承和弘扬贵州的传统节日文化，可以增强贵州人民的地域认同感，从而增强社会凝聚力。第三，传统节日文化的传承与弘扬，对于增进家庭与社区之间的联系具有重要意义。节日是家人团聚的时刻，通过共同庆祝传统节日，家庭成员之间的感情得以巩固。在一起举行庆祝活动、制作节日食品和传承传统习俗时，家庭成员之间的默契与团结就得到增强。此外，节日庆祝活动通常会在社区范围内进行，邻居、朋友和社区成员会聚在一起共同庆祝。这种互动有助于增进邻里之间的友谊，让社区更加和谐，进而增强社会凝聚力。

五　传统节日文化品牌构建与传播的生态价值

贵州省独特的地理环境和生态系统为传统节日文化的产生和发展提供了丰厚的滋养。这种地域特色使得"多彩贵州"传统节日文化品牌具有鲜明的生态价值，这对于保护文化生态，增强人民群众的环保意识，不断满足人民群众日益增长的美好生活需要，具有重要意义。

首先，"多彩贵州"传统节日文化品牌构建与传播对于保护文化生态具有一定的积极作用。传统节日作为与传统社会中的自然和社会文化环境相适应的民俗事象，在传统社会中，由于没有受到外在环境的过多影响，其文化生态维持着相对平衡，文化生态系统保持着相对完整。但在现代社会中，由于受外在环境各方面因素的影响和冲击，传统节日文化不可能还继续维持着自身传统的文化生态和生态系统。相反，传统节日在现代所面临的社会与文化境遇，每时每刻都在影响着节日文化生态，并使其在现代社会中不断发生变迁。比如，传统节日文化生存的自然环境发生了巨大变化，传统节日文化的行为主体地位受到限制，传统节日文化内容失真，强势机构弱势民众的运作模式凸显等问题日益突出。而"多彩贵州"传统节日文化品牌的构建与传播对于保护文化生态具有一定的积极意义。具体表现在以下几个方面。第一，传承与保护传统文化。通过构建与传播这一品牌，有助于保护和传承贵州地区丰富的传统节日文化，包括传统节日的习俗、民间艺术、民间音乐等。第二，促进文化交流，推动文化产业发展。通过对外传播"多彩贵州"传统节日文化品牌，可以加强与其他地区和民族的文化交流，促进不同文化之间的相互了解和融合。此外，通过传统节日文化品牌的构建与传播可以带动贵州地区的文化产业发展，培育新的经济增长点，从而促进地区经济发展。第三，提高文化软实力，坚定文化自信。传统节日文化品牌构建与传播有助于提高贵州地区的文化软实力，树立良好的地域文化形象，吸引更多的文化产业投资。同时，传统节日文化的传播，有助于增强贵州民众对自身传统文化的认同感和自豪感，进而坚定文化自信。第四，能够丰富人民群众的精神生活。"多彩贵州"传统节日文化品牌构建与传播，可以丰富人民群众的精神文化生活，提升人们的文化品位和生活质量。

其次，"多彩贵州"传统节日文化品牌构建与传播有利于增强人民群众的环保意识。贵州作为一个多民族聚居的省份，各民族传统节日中往往包含敬畏与保护自然环境的元素。第一，强调要敬畏自然。许多贵州传统节日中的活动与习俗都体现了对自然环境的尊重与保护。例如，苗族的"祭山节"就是用来祭拜山神、祈求山林保护的节日。此外，"贵州许多民族地区有'打保寨'的节日，多在农历九月九举行，有的地区也称作'扫寨'，由于贵州少数民族的传统房屋建筑是全木结构的杆栏式吊脚楼，防火就显得尤为重要，通过'打保寨'这种带有宗教色彩的节日活动，教育和树立人们的安全用火意识，对村寨和山林防火，维护山林安全有重要作用"。① 从黔南州福泉市王卡村苗族的"杀鱼节"中，可以看到当地民族良好的生态意识。在王卡地区人们用鱼做祭品，祈求龙王降雨，反映了农耕民族对雨神龙王的敬重。通过这些节日活动，民众可以加深对环境保护的认识。第二，传承生态智慧。传统节日中的一些习俗和活动蕴含了古人对生态环境的观察和理解。例如，在贵州的一些地区，有在春节期间种树的习俗，这种习俗实际上是古人保护环境的一种智慧表现。通过传承这些习俗，可以将生态智慧传给后代。第三，增强环保意识。通过传播"多彩贵州"传统节日文化，可以让更多人了解到贵州的自然环境与生态资源。这有助于增强人们的环境保护意识，从而更积极地参与到环境保护中。第

---

① 范波：《贵州少数民族生态文化探析》，《贵州民族大学学报》（哲学社会科学版）2017 年第 6 期。

四，促进生态文明建设。传统节日文化中的许多活动都表现了对自然的尊敬与依赖。通过弘扬"多彩贵州"传统节日文化品牌，可以促进生态文明理念的传播与实践，为贵州的生态文明建设做出贡献。另外，许多传统节日还与农业生产和动植物保护有关。例如，在农历二月二龙抬头节期间，人们会祭祀土地神，祈求农作物丰收。在这个节日中，人们通常会在祭祀仪式后在农田里放生鱼虾等动物，以示对自然的尊重和感恩。这种传统不仅可以促进农业生产，还可以保护当地的水生生物资源。总之，"多彩贵州"传统节日文化品牌与环境保护之间存在紧密的联系。通过传承和弘扬这些文化，可以在一定程度上增强人们的环保意识，推动贵州的生态文明建设。

最后，"多彩贵州"传统节日文化品牌构建与传播有利于满足人民群众日益增长的美好生活需要。当前中国社会的主要矛盾已由过去的人民日益增长的物质文化需要与落后的社会生产力之间的矛盾，转变为人民日益增长的美好生活需要和不平衡不充分的发展之间的矛盾。在人民群众对美好生活的需要和追求之中，其中一个重要部分就是对于高层次和高品位的文化需要，但当前文化市场上出现的"鱼龙混珠"现象，确实难以满足人民群众的渴求，这直接造成文化市场的结构性失衡。为了解决文化市场结构性失衡矛盾，让老百姓真正享受到精致的文化"大餐"，传统节日文化责无旁贷。而通过构建与传播"多彩贵州"传统节日文化品牌，可以满足人们日益增长的美好生活需要。具体体现在以下几个方面。第一，丰富文化体验。传统节日文化品牌的构建与传播将为民众提供更多丰富的文化体验，如节日活动、民间艺术表演等，让人们在日常生活中感受到传统文化的魅力。第二，弘扬民族精神。通过传播贵州地区的传统节日文化品牌，有助于弘扬民族精神，增强民族凝聚力和向心力，满足人们对民族文化归属感的需求。第三，增进社会交往，促进心灵成长。传统节日文化活动通常具有较强的社交功能，人们可以借助这些活动增进与他人的交往，满足人际沟通需求。此外，传统节日文化活动中蕴含着丰富的道德观念和人生哲学，通过参与这些文化活动，有助于人们陶冶心灵。第四，满足精神需求，提高生活品质。"多彩贵州"传统节日文化品牌的构建与传播，可以推动文化产业发展，提供更多的文化产品和服务，满足人们多样化的文化消费需求。此外,人民群众通过参与"多彩贵州"传统节日文化活动,可以体验到传统文化所蕴含的美学和生活智慧,从而提高自己的生活品质和审美水平。总之,传统节日文化活动可以为人民群众提供丰富的精神食粮,满足人们对美好生活的精神追求,提升幸福感,而这一切的获得与生态文化和文化生态的建构息息相关。

伟大的时代需要先进文化的指导,伟大的时代也能锻造出先进文化,先进文化滋养着伟大的时代,推进社会的全面进步。贵州社会实现全面现代化需要文化,文化也需要贵州实现社会现代化,贵州社会现代化与文化的有机结合,能发挥现代化对文化发展的引领作用和文化对现代化的反作用,两者相得益彰,共同发展。而"多彩贵州"传统节日文化品牌的构建与传播作为顺应历史发展潮流的产物,作为党和政府在文化建设上积极有为的结果,作为全体贵州人民持守和创新文化的成果,必将对"多彩贵州"文化品牌发展提供强有力支撑,对贵州文化事业产业大发展大繁荣提供强大动力,对贵州社会全面进步做出巨大贡献。一言以蔽之,立足世情、国情、省情,发挥党、政府与人民的力量,不断开启和推进"多彩贵州"传统节日文化品牌的构建与传播实践工作,是贵州文化建设事业中的一件大事和幸事,定能起到合时代、顺民心、显党性、促发展的功效。

第三章 品牌之实:"多彩贵州"传统节日文化品牌构建与传播调查

长期以来,在领导人民进行革命、建设、改革的过程中,中国共产党人始终十分重视调查研究工作,调查研究成为我们党的传家宝。正如毛泽东同志所说:"调查就像'十月怀胎',解决问题就像'一朝分娩'。调查就是解决问题。"①当前,面临新的战略机遇、任务、阶段、要求和环境,全党大兴调查研究之风的意义十分重大。当然,在调查研究中,要真正做到"五个必须坚持"(必须坚持人民中心论、必须坚持实事求是、必须坚持问题意识、必须坚持斗争精神及必须坚持系统观念),这是党中央为调查研究工作的具体实施提出的总体要求②。为了更为全面地认识和把握"多彩贵州"传统节日文化品牌构建与传播的相关情况,笔者借助问卷星调查平台,对贵州传统节日文化品牌构建与传播现状进行随机问卷调查,获取了助推"多彩贵州"传统节日文化品牌发展的相关资料,为本书的研究提供了一些实证支撑。同时,在全面把握贵州传统节日文化分布、规模大小及影响力的基础上,我们还有针对性地对一些传统节日文化品牌进行了田野调查,获得了相关资料,在本部分我们拟以个案方式呈现出来。

---

① 《毛泽东选集》第1卷,人民出版社,1991,第110~111页。
② 《中办印发〈关于在全党大兴调查研究的工作方案〉》,《人民日报》2023年3月20日。

第一节 "多彩贵州"传统节日文化品牌构建与传播问卷调查

一 节日文化品牌构建与传播问卷设计

1. 调查内容与目的

"文化是一个国家、一个民族的灵魂。文化兴国运兴，文化强民族强。没有高度的文化自信，没有文化的繁荣兴盛，就没有中华民族伟大复兴。"① 当前我们正处于实现中华民族伟大复兴的关键节点，要立足自身优势，构建文化品牌，增强中华文明的传播力影响力。"坚守中华文化立场，提炼展示中华文明的精神标识和文化精髓，加快构建中国话语和中国叙事体系，讲好中国故事、传播好中国声音，展现可信、可爱、可敬的中国形象。"② 作为具有贵州文化标识，代表贵州文化形象的"多彩贵州"文化品牌于 2005 年启动，至 2023 年已有 18 年的发展历程。在这 18 年的风雨兼程中，"多彩贵州"文化品牌是否深入人心？民众对"多彩贵州"文化品牌的了解程度是怎样的？未来如何进一步推动"多彩贵州"文化品牌的发展和传播？如何增强"多彩贵州"文化品牌的国际影响力和传播力？基于"多彩贵州"文化品牌涉及领域十分广泛、内容十分丰富，笔者选取"多彩贵州"传统节日文化品牌为主要调查对象，着重对其文化基础及节日品牌构建与传播现状进行分析，力图在一定程度上达到管窥"多彩贵州"文化品牌发展现状的目标。

笔者通过随机抽样的方式开展问卷调查，取得了较为准确的调查资料。本次调查共发放 4636 份调查问卷，收回 4636 份，有效问卷 4636 份。调查涉及 32 个问题，问卷除了涉及被调查者的性别和民族、年龄和家乡、身份等基本信息之外，还包括被调查者对贵州传统节日文化的功能认知、

---

① 《习近平著作选读》第 2 卷，人民出版社，2023，第 33 页。
② 习近平：《高举中国特色社会主义伟大旗帜 为全面建设社会主义现代化国家而团结奋斗——在中国共产党第二十次全国代表大会上的报告》，人民出版社，2022，第 45 ~ 46 页。

"多彩贵州"文化品牌构建认知、"多彩贵州"文化品牌传播认知等几个方面。通过问卷调查，一是把握被调查者对"多彩贵州"传统节日文化品牌构建与传播的节日文化基础的了解情况；二是着重了解"多彩贵州"传统节日文化品牌构建与传播的难点、痛点；三是在掌握这些难点和痛点的同时，找到具体的解决办法，推动"多彩贵州"传统节日文化品牌在新时代不断发展。

2. 问卷调查表格设计

"多彩贵州"传统节日文化品牌构建与传播现状调查问卷

亲爱的朋友：

您好！首先，我们对您能在百忙之中抽出时间填写本问卷表达诚挚的谢意。因为您的合作与支持，我们可以深入地了解"多彩贵州"传统节日文化品牌构建与传播现状，这有助于推动"多彩贵州"传统节日文化品牌的发展。在此，我们向您郑重承诺：本次调查是匿名的，对您提供的答案和建议我们将严格遵守保密原则，绝不泄露任何个人信息。您的真实意见和建议对我们非常重要，再次对您的支持和合作表示由衷的谢意，祝您一切顺利！

填写说明：

（1）请您在每一个问题的后面选上或填上适合您自己情况的答案。

（2）所有答案没有对错之分，您只需按照自己的真实情况和第一意见填写即可。

1. 你的性别和民族是？

A. 男、汉族　　　　　　　　　B. 男、少数民族

C. 女、汉族　　　　　　　　　D. 女、少数民族

2. 您的年龄和家乡是？

A. 18~35 岁、贵州　　　　　　B. 18~35 岁、非贵州

C. 35~60 岁、贵州　　　　　　D. 35~60 岁、非贵州

3. 您的身份是？

A. 学生　　　　B. 工人　　　　C. 农民　　　　D. 领导干部

E. 其他

4. 您了解贵州的传统节日文化吗？

A. 非常了解　　　B. 比较了解　　　C. 了解不多　　　D. 不了解

5. 您能说出多少个贵州传统节日？

A. 2个及以下　　B. 3~5个　　　C. 6~7个　　　　D. 8个及以上

6. 您主要通过什么途径了解贵州传统节日文化？【多选题】

A. 政府宣传　　　B. 网络媒体　　　C. 学校教育　　　D. 家庭教育

E. 同学介绍　　　F. 旅游体验　　　G. 其他

7. 您能讲出一些关于贵州传统节日文化的来历、故事及节日内容吗？

A. 能　　　　　　　　　　　　B. 比较能

C. 知道一些但不多　　　　　　D. 不能

8. 您认为贵州传统节日可以大致划分为几类？【多选题】

A. 农事性节日　　　　　　　　B. 祭祀性节日

C. 纪年性节日　　　　　　　　D. 纪念性节日

E. 社交娱乐性节日　　　　　　F. 其他

9. 您愿意去贵州体验当地的重大传统节日吗？

A. 非常乐意　　　B. 很乐意　　　C. 愿意　　　　D. 无所谓

10. 您觉得贵州传统节日文化内容丰富吗？

A. 非常丰富　　　B. 比较丰富　　　C. 一般　　　　D. 不丰富

11. 您觉得贵州传统节日文化的丰富性表现在哪些方面【多选题】

A. 节日内容丰富　　　　　　　B. 节日形式多样

C. 节日载体多元　　　　　　　D. 节日习俗有趣

E. 节日规模盛大　　　　　　　F. 节日氛围浓厚

G. 其他

12. 您如何评价贵州传统节日文化？

A. 博大精深、源远流长，应以继承发扬为主

B. 既有糟粕也有精华，要有所扬弃

C. 过时且保守，没有新意

D. 不关心也没有什么认识

13. 您觉得贵州传统节日文化的功能主要体现在哪些方面？【多选题】

A. 经济功能   B. 政治功能   C. 文化功能   D. 社会功能

E. 生态功能   F. 其他

14. 您觉得贵州传统节日中具有以下哪些共同特色？【多选题】

A. 展示五彩缤纷的服饰文化   B. 展演绚丽多姿的歌舞文化

C. 推广历史悠久的饮食文化   D. 传承底蕴深厚的历史文化

E. 凸显中华民族共同体意识   F. 其他

15. 您觉得贵州传统节日具有以下哪些经济功能？【多选题】

A. 推动贵州产业结构调整

B. 推动贵州经济社会发展

C. 充当少数民族地区产业扶贫突破口

D. 提高节日文化产业经济效益

E. 其他

16. 您觉得贵州传统节日具有以下哪些政治功能？【多选题】

A. 推进社会主义核心价值观的宣传和教育

B. 增强贵州各民族的民族认同与文化认同

C. 增强各民族的文化自信心与民族凝聚力

D. 增强文化安全与"四个自信"

E. 促进贵州各民族团结和地区稳定

F. 促进民族和谐发展

G. 其他

17. 您觉得贵州传统节日具有以下哪些文化功能？【多选题】

A. 促进民族文化的积淀与传承   B. 促进民族文化的传播与交流

C. 促进民族文化的融合和创新   D. 推进文化资源的开发与利用

E. 展示少数民族丰富多彩的历法文化

F. 为民族文化参与文化民主和政治民主建设提供现实的可能

G. 其他

18. 您觉得贵州传统节日具有以下哪些社会功能？【多选题】

A. 维护村寨、社区的秩序稳定

B. 促进贵州的社会稳定与发展

C. 推进贵州乡村振兴战略实施

D. 助力贵州民族地区和谐社会的建构

E. 加强亲族联系,调节人际关系

F. 其他

19. 您觉得贵州传统节日具有以下哪些生态功能?【多选题】

A. 推动传统节日文化生态的延续与修复

B. 促使传统节日文化生态价值的彰显

C. 推进"多彩贵州"生态文明建设

D. 构建人与自然、人与人之间和谐的关系

E. 其他

20. 您对贵州传统节日文化的传承情况满意吗?

A. 非常满意   B. 比较满意   C. 满意   D. 不满意

21. 您对贵州传统节日相关文化品牌了解吗?

A. 非常了解   B. 比较了解   C. 一般了解   D. 不太了解

E. 不了解

22. 您觉得"多彩贵州"传统节日文化品牌构建总体处于哪个阶段?

A. 品牌很有名   B. 初步构建

C. 构建过程中   D. 没有构建

23. 您觉得"多彩贵州"传统节日文化品牌构建主要依靠谁?

A. 政府   B. 学者

C. 文化拥有者①   D. 文化公司

E. 公众力量

24. 您觉得"多彩贵州"传统节日文化品牌构建有何意义?【多选题】

A. 促进传统节日文化的建设   B. 铸牢中华民族共同体意识

C. 促进产业经济发展   D. 助力民族文化传承

E. 促进民族文化传播   F. 形成贵州对外的品牌影响力

G. 其他

---

① 所谓的文化拥有者在这里主要指拥有某种传统文化的民族主体。

25. 您觉得"多彩贵州"传统节日文化品牌构建存在以下哪些问题？【多选题】

　A. 贵州少数民族节日处于弱势地位

　B. 贵州少数民族文化受到商业侵蚀

　C. 公众对贵州传统节日文化品牌的认知不足

　D. 贵州传统节日文化品牌的定位不清

　E. 贵州传统节日文化品牌育人功能发挥不全

　F. 贵州传统节日文化品牌的传播力不强

　G. 贵州传统节日文化品牌的建设机制不完善

　H. 其他

26. 您觉得应该如何构建"多彩贵州"传统节日文化品牌？【多选题】

　A. 依靠政府和金融机构支持，把贵州传统节日文化品牌打造成文旅产业集群

　B. 建立专门的智库、专家库，为打造、挖掘和创新品牌提供智力支持

　C. 保留本民族特点，注意差异性，打造原汁原味民族传统节日文化，去同质化

　D. 利用新媒体加大宣传推介力度，提升品牌影响力

　E. 发挥人才智力资源优势，推动品牌落实落地

　F. 由专业化、市场化运营实体在固定地点组织承办系列节日文化活动

　G. 完善机制，加强品牌管理

　H. 其他

27. 您了解"多彩贵州"传统节日文化品牌的传播情况吗？

　A. 非常了解　　　　　　　　　B. 比较了解

　C. 一般了解　　　　　　　　　D. 不太了解

　E. 不了解

28. 您认为"多彩贵州"传统节日文化品牌的传播效果如何？

　A. 非常好　　　B. 很好　　　　C. 一般　　　　D. 很差

29. 您认为"多彩贵州"传统节日文化品牌传播内容如何？

　A. 非常有趣　　　　　　　　　B. 有独特的内涵

C. 一般　　　　　　　　　　　D. 没新意

30. 您认为"多彩贵州"传统节日文化品牌传播困境有哪些?【多选题】

A. 经济的快速发展剧烈地冲击着贵州传统节日的稳定性和完整性

B. 开放性的社会发展使民族传统节日文化的民族特点逐渐淡化

C. 传统节日组织机构和资金缺乏

D. 在旅游开发中品位不高,有低俗化和滥用现象

E. 文化传承人才缺乏

F. 创新不足,表现形式过于单一

G. 对贵州传统节日文化的挖掘不够,缺乏独特个性

H. 其他

31. 您认为"多彩贵州"传统节日文化品牌传播途径有哪些?【多选题】

A. 以语言文字为中心　　　　　B. 以文化经典为依托

C. 以习俗节庆为纽带　　　　　D. 以化育知行为关键

E. 以文化传播为平台　　　　　F. 以文化活动为载体

G. 以对外宣传为渠道　　　　　H. 其他

32. 对"多彩贵州"传统节日文化品牌的构建与传播,您有什么更好的建议?【多选题】

A. 加大政府对少数民族文化事业的投入力度

B. 加大对民族文化传统节日整体开发的力度

C. 借助国家重大方针政策

D. 呼吁民间群众积极参与配合

E. 健全和完善传统节日文化传承机制

F. 充分发挥传统媒体与新媒体结合的优势

G. 加强对少数民族文化遗产的挖掘和保护

二　节日文化品牌构建与传播调查统计①

第1题　您的性别和民族是?［单选题］

---

① 相关调查统计结果均以被调查者所选项数量占比呈现。

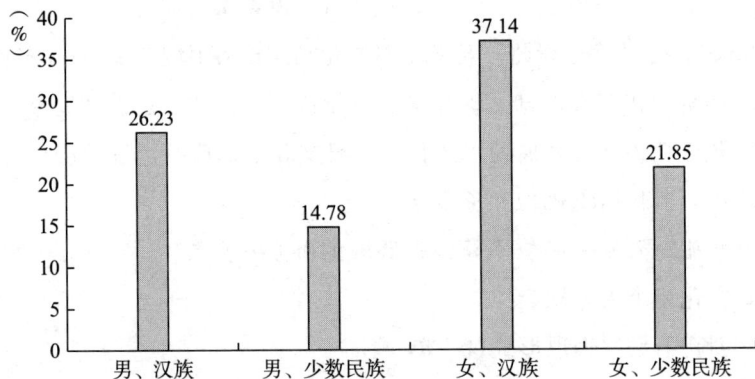

第 2 题　您的年龄和家乡是？［单选题］

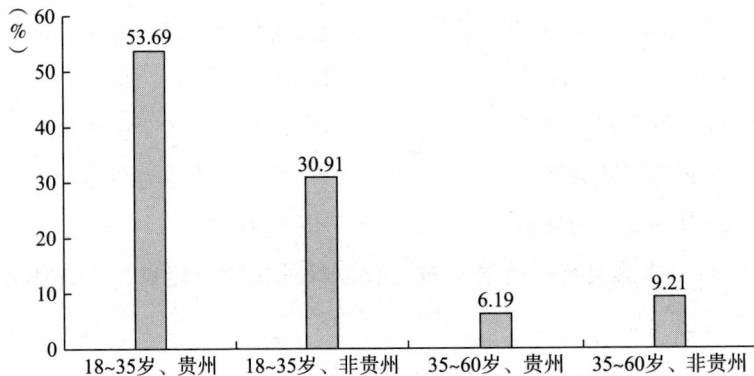

第 3 题　您的身份是？［单选题］

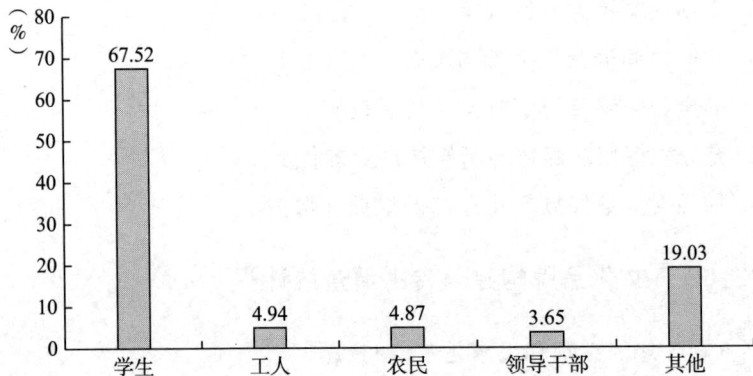

第 4 题 您了解贵州的传统节日文化吗？［单选题］

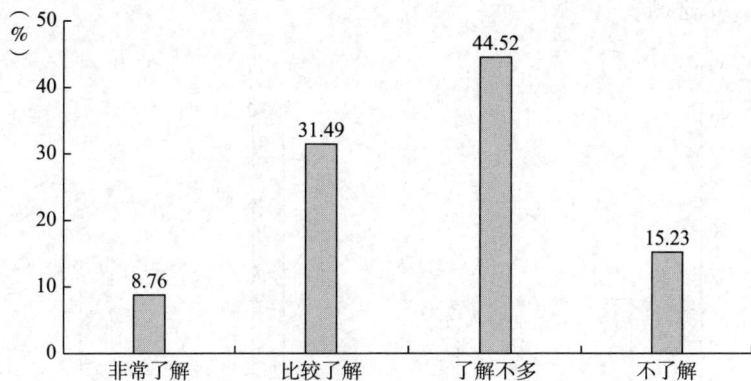

第 5 题 您能说出多少个贵州传统节日？［单选题］

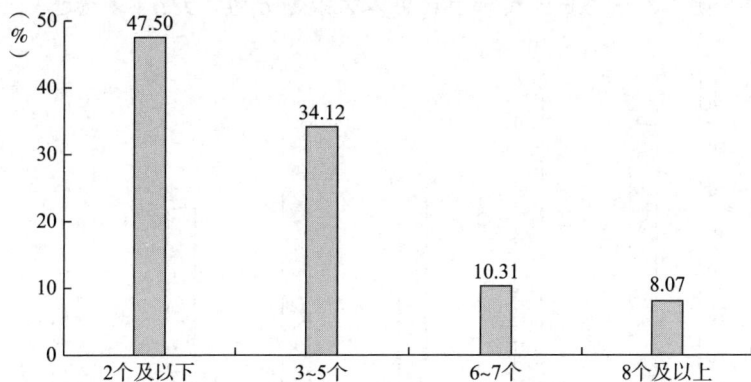

第 6 题 您主要通过什么途径了解贵州传统节日文化？［多选题］

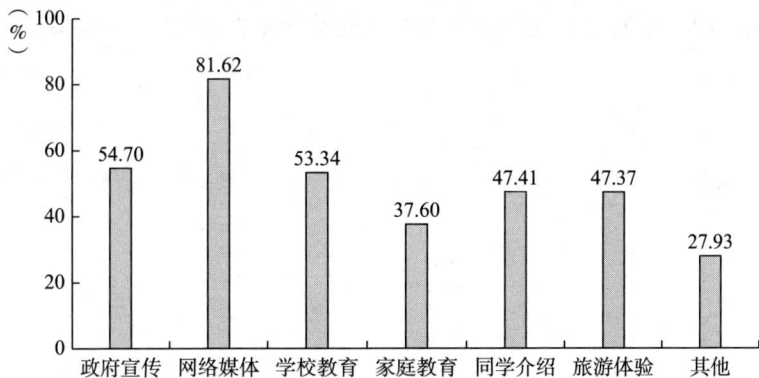

第7题 您能讲出一些关于贵州传统节日文化的来历、故事及节日内容吗？[单选题]

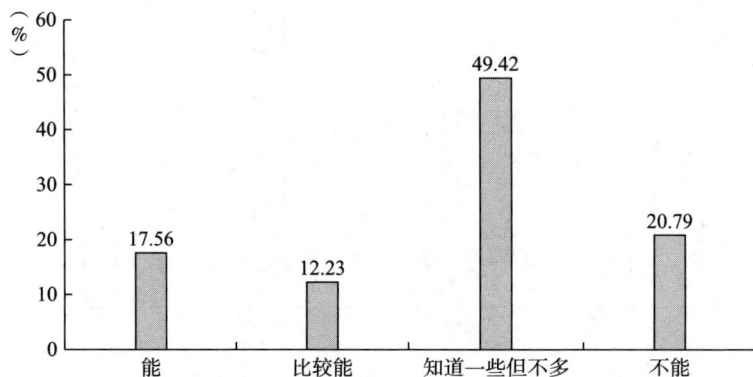

第8题 您认为贵州传统节日可以大致划分为几类？[多选题]

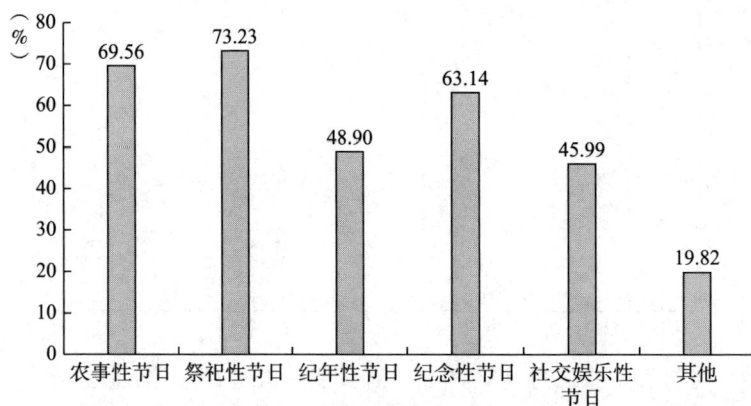

第9题 您愿意去贵州体验当地的重大传统节日吗？[单选题]

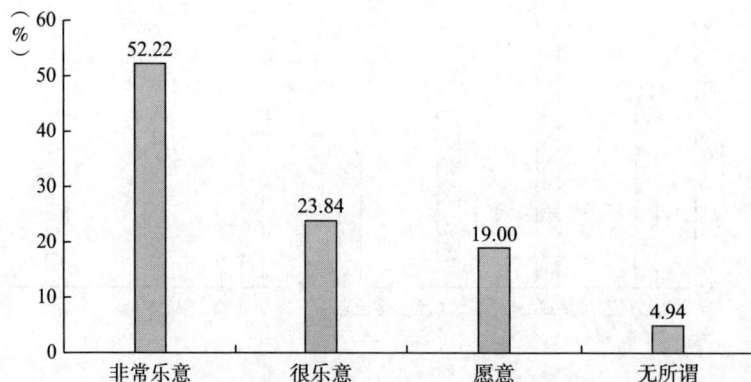

第 10 题　您觉得贵州传统节日文化内容丰富吗？[单选题]

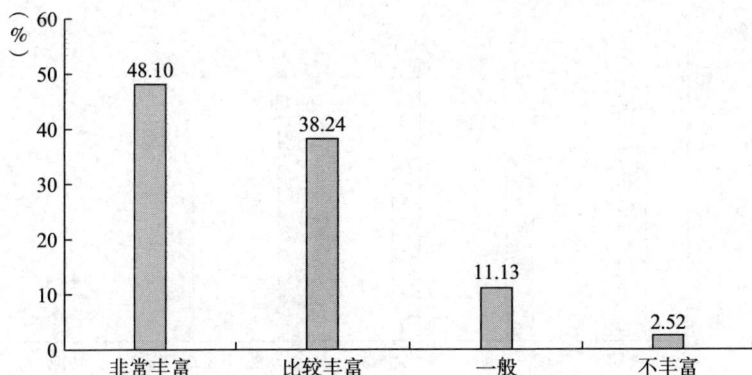

第 11 题　您觉得贵州传统节日文化的丰富性表现在哪些方面？[多选题]

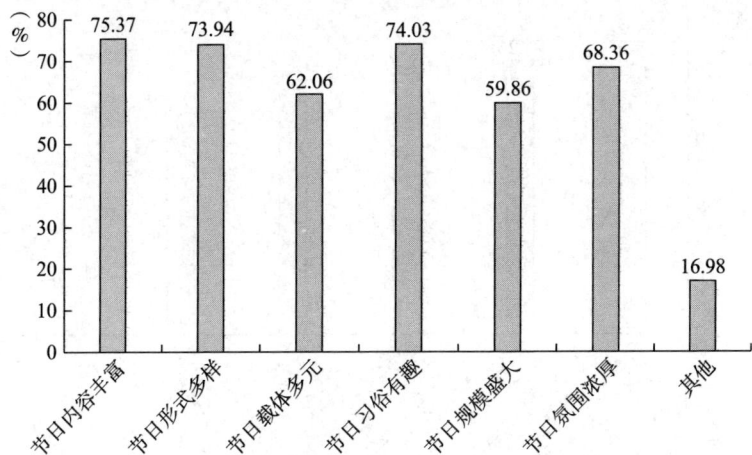

第 12 题　您如何评价贵州传统节日文化？[单选题]

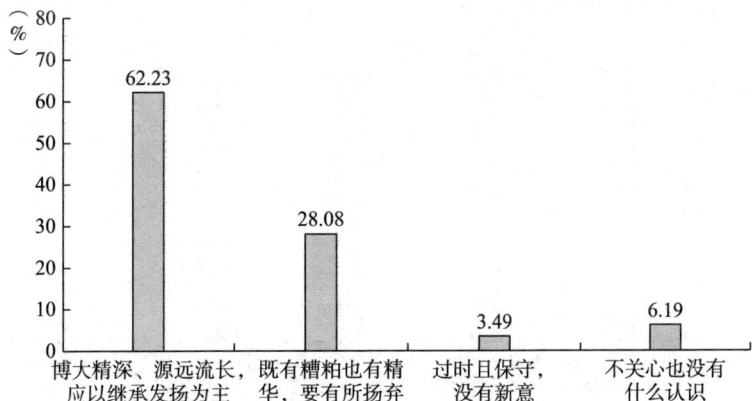

第 13 题　您觉得贵州传统节日文化的功能主要体现在哪些方面？［多选题］

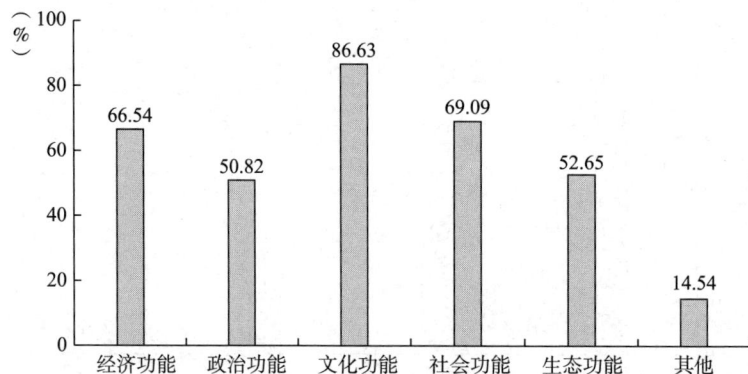

经济功能	政治功能	文化功能	社会功能	生态功能	其他
66.54	50.82	86.63	69.09	52.65	14.54

第 14 题　您觉得贵州传统节日中具有以下哪些共同特色？［多选题］

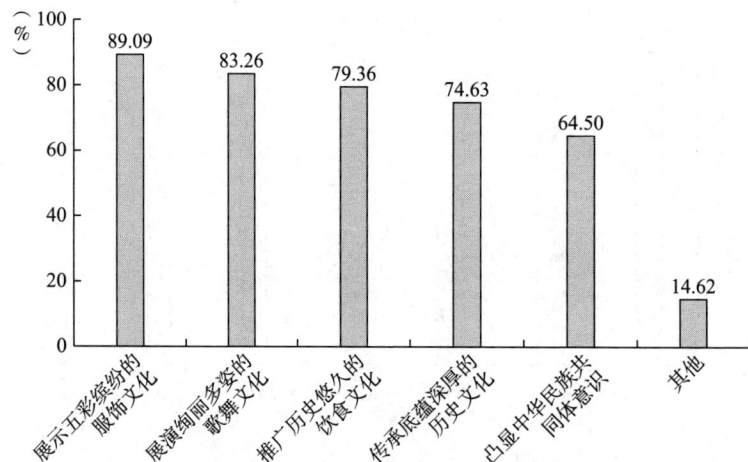

展示五彩缤纷的服饰文化	展演绚丽多姿的歌舞文化	推广历史悠久的饮食文化	传承底蕴深厚的历史文化	凸显中华民族共同体意识	其他
89.09	83.26	79.36	74.63	64.50	14.62

第 15 题　您觉得贵州传统节日具有以下哪些经济功能？［多选题］

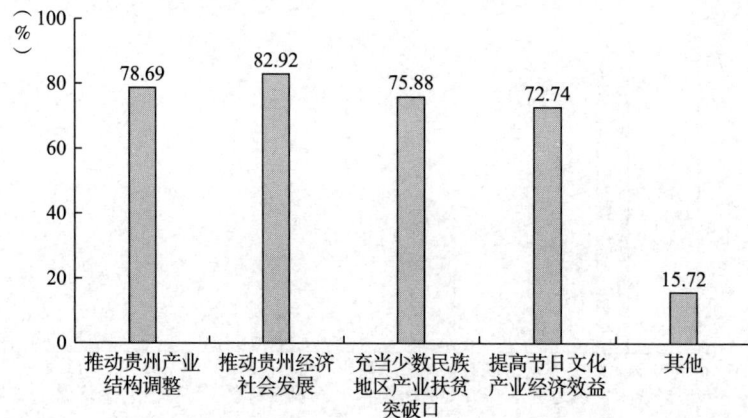

推动贵州产业结构调整	推动贵州经济社会发展	充当少数民族地区产业扶贫突破口	提高节日文化产业经济效益	其他
78.69	82.92	75.88	72.74	15.72

第 16 题 您觉得贵州传统节日具有以下哪些政治功能？[多选题]

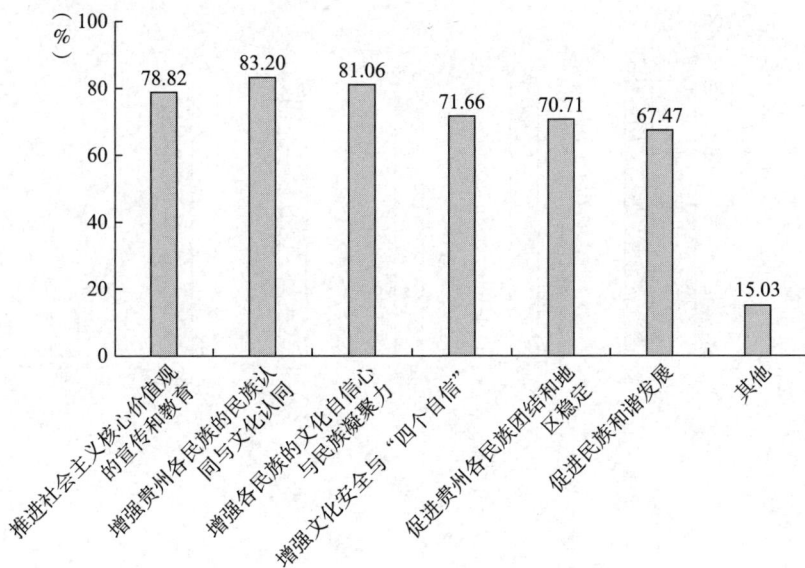

第 17 题 您觉得贵州传统节日具有以下哪些文化功能？[多选题]

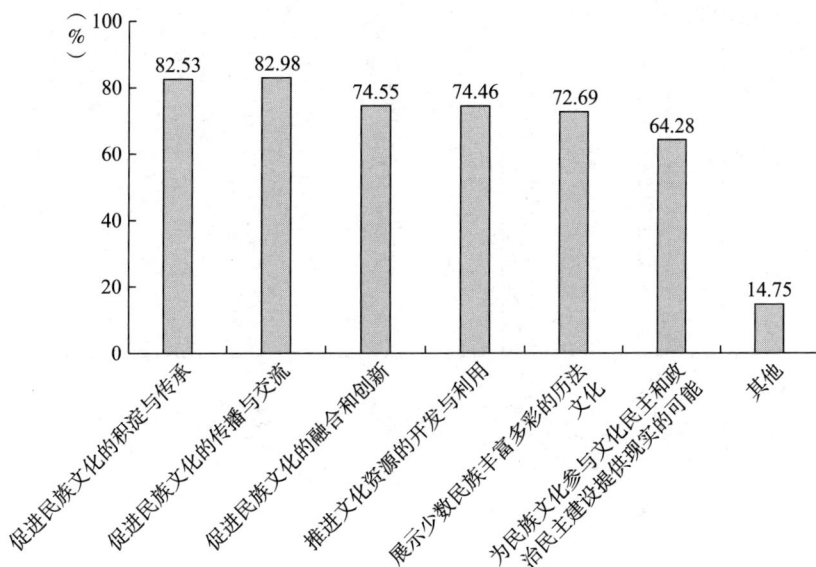

第 18 题　您觉得贵州传统节日具有以下哪些社会功能？［多选题］

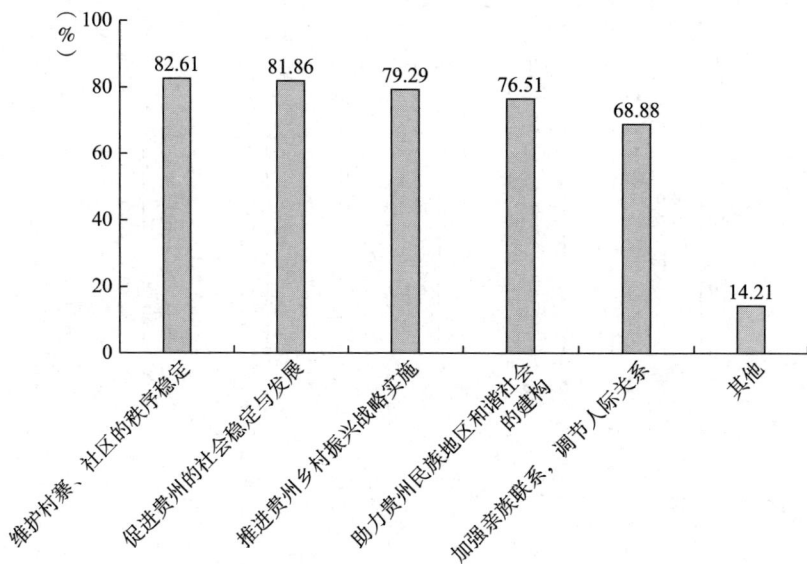

第 19 题　您觉得贵州传统节日具有以下哪些生态功能？［多选题］

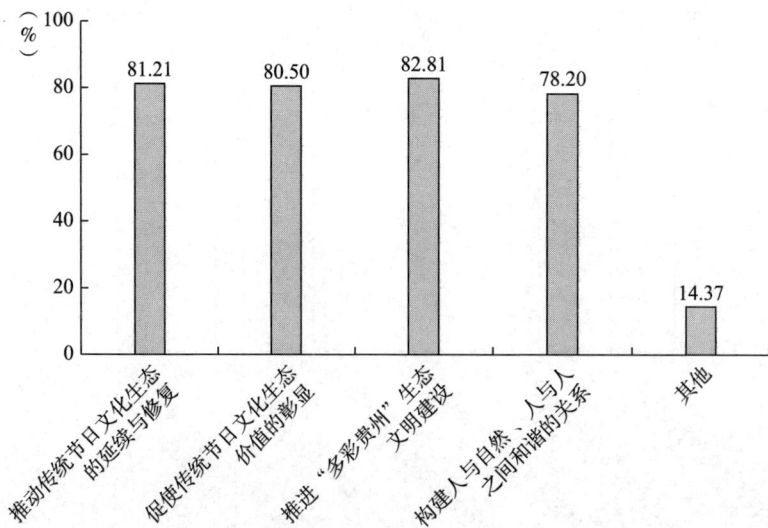

第20题 您对贵州传统节日文化的传承情况满意吗？［单选题］

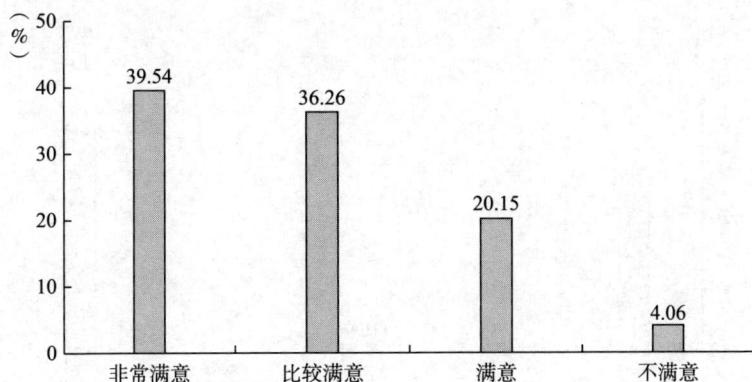

第21题 您对贵州传统节日相关文化品牌了解吗？［单选题］

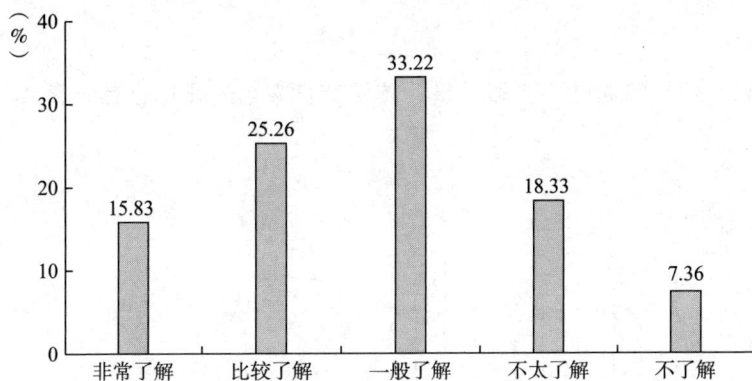

第22题 您觉得"多彩贵州"传统节日文化品牌构建总体处于哪个阶段？［单选题］

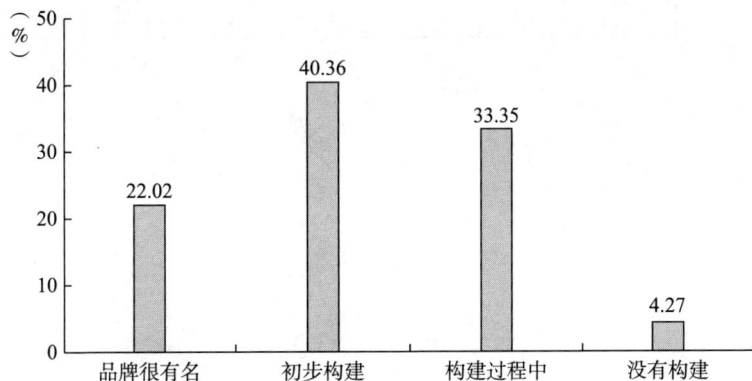

第 23 题　您觉得"多彩贵州"传统节日文化品牌构建主要依靠谁？
〔单选题〕

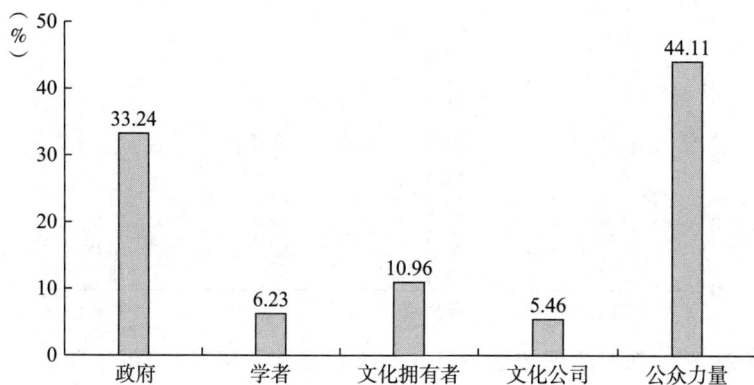

第 24 题　您觉得"多彩贵州"传统节日文化品牌构建有何意义？〔多选题〕

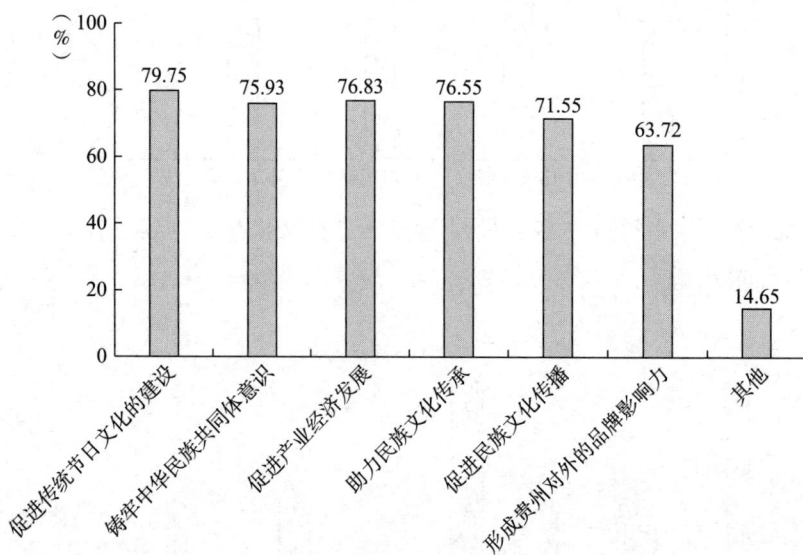

第 25 题 您觉得"多彩贵州"传统节日文化品牌构建存在以下哪些问题？[多选题]

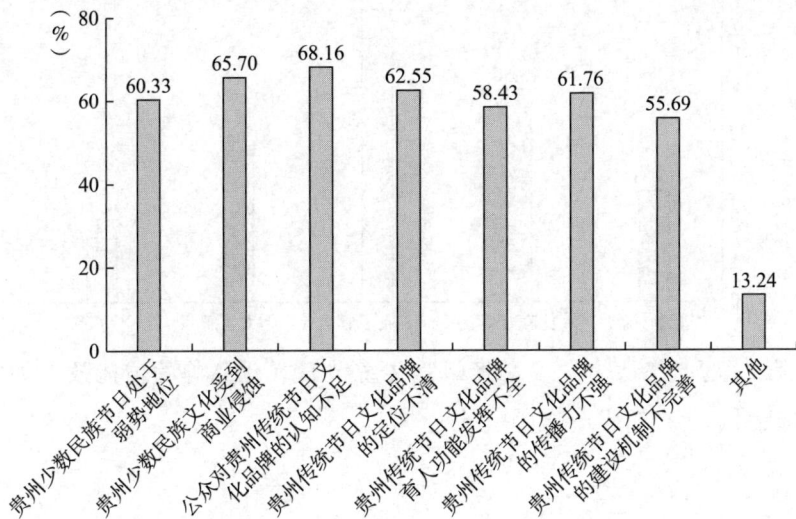

图表数据：
- 贵州少数民族节日处于弱势地位 60.33
- 贵州少数民族文化受到商业侵蚀 65.70
- 公众对贵州传统节日文化品牌的认知不足 68.16
- 贵州传统节日文化品牌的定位不清 62.55
- 贵州传统节日文化品牌育人功能发挥不全 58.43
- 贵州传统节日文化品牌的传播力不强 61.76
- 贵州传统节日文化品牌的建设机制不完善 55.69
- 其他 13.24

第 26 题 您觉得应该如何构建"多彩贵州"传统节日文化品牌？[多选题]

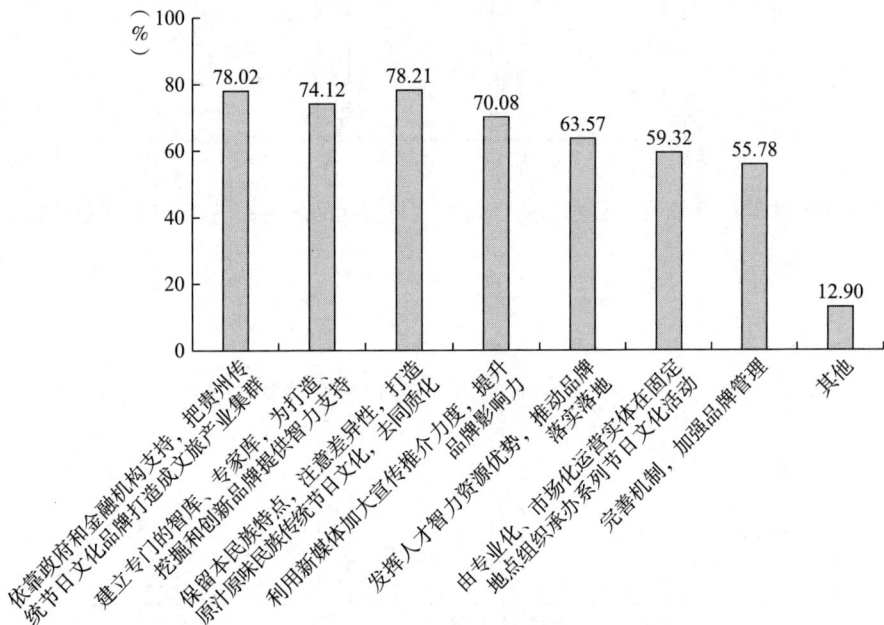

图表数据：
- 依靠政府和金融机构支持，把贵州传统节日文化品牌打造成文旅产业集群 78.02
- 建立专门的智库、专家库，为打造贵州节日文化品牌提供智力支持 74.12
- 挖掘和创新品牌，打造共同质化 78.21
- 保留本民族特点，注意差异性，原汁原味民族传统节日文化，去同质化 70.08
- 利用新媒体加大宣传推介力度，提升品牌影响力 63.57
- 发挥人才智力资源优势，推动品牌落实落地 59.32
- 由专业化、市场化运营实体在固定地点组织举办系列节日文化活动 55.78
- 完善机制，加强品牌管理 其他 12.90

第 27 题　您了解"多彩贵州"传统节日文化品牌的传播情况吗？［单选题］

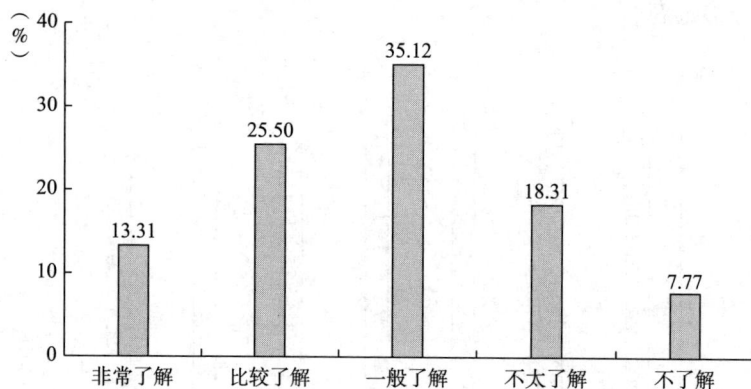

第 28 题　您认为"多彩贵州"传统节日文化品牌的传播效果如何？［单选题］

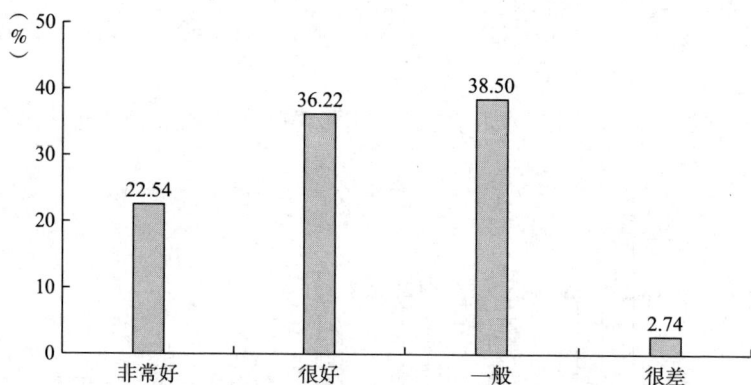

第 29 题　您认为"多彩贵州"传统节日文化品牌传播内容如何？［单选题］

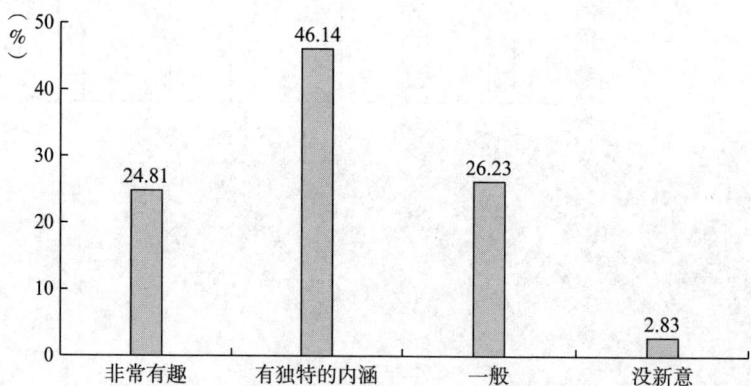

第30题 您认为"多彩贵州"传统节日文化品牌传播困境有哪些?
[多选题]

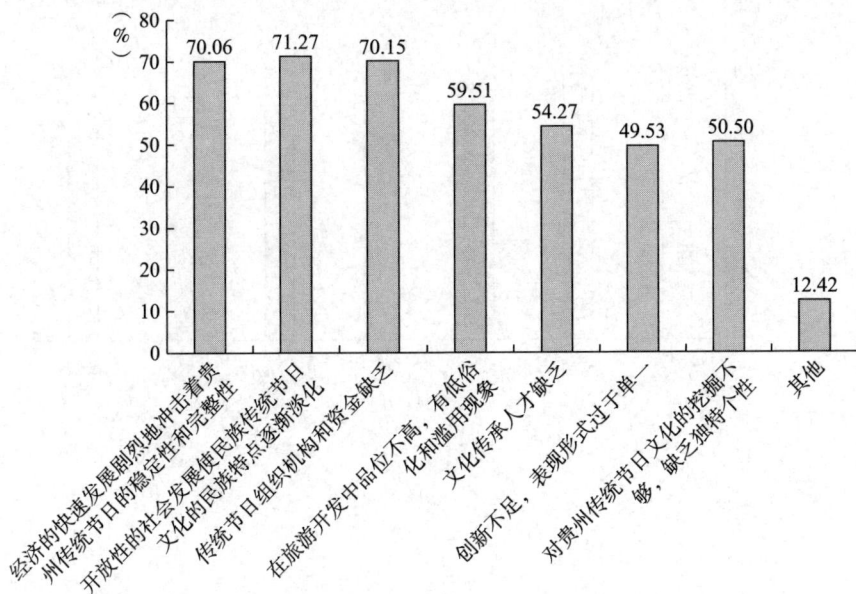

第31题 您认为"多彩贵州"传统节日文化品牌传播途径有哪些?[多选题]

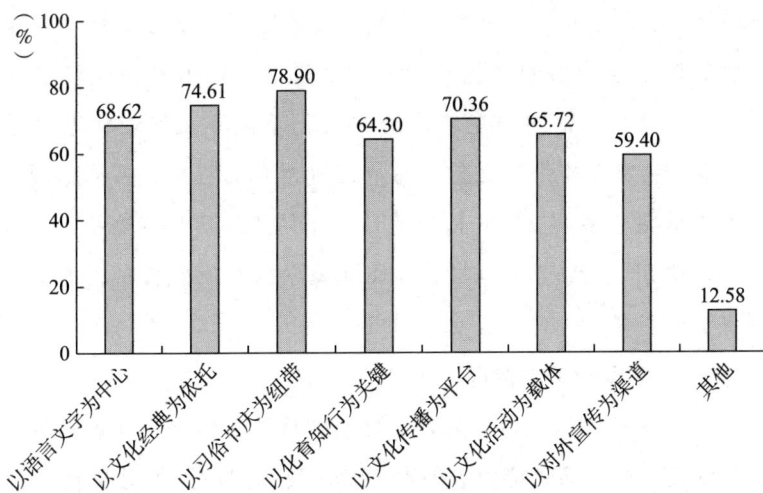

第32题 对"多彩贵州"传统节日文化品牌的构建与传播，您有什么更好的建议？［多选题］

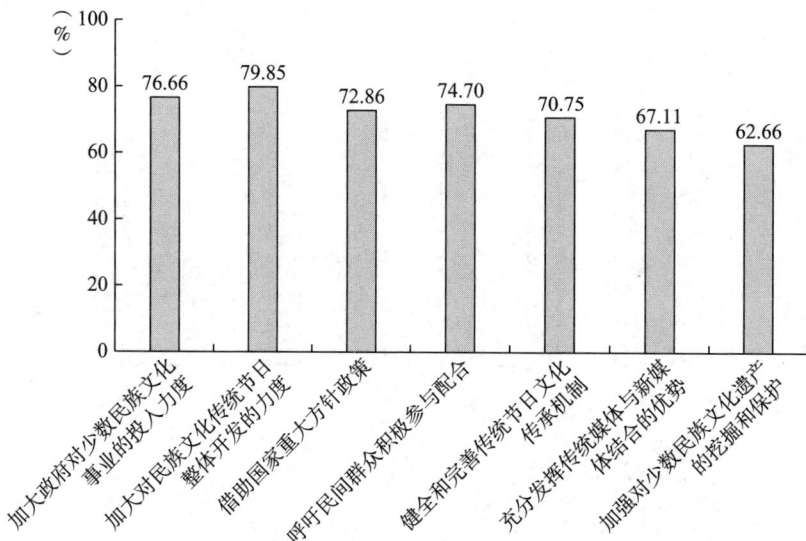

三 节日文化品牌构建与传播问卷调查分析

通过对被调查者的基本情况、被调查者对贵州传统节日文化的了解程度、被调查者对"多彩贵州"传统节日文化品牌构建与传播的了解程度等进行随机调查，我们进一步从实证研究角度掌握了"多彩贵州"传统节日文化品牌的构建与传播的文化基础和发展现状。接下来便是对"多彩贵州"传统节日文化品牌的构建与传播的文化基础和发展现状进行综合分析，即在确定样本基本情况之后，对数据进行全面收集、系统整理、科学分析，准确呈现"多彩贵州"传统节日文化品牌构建与传播状况，以此去展示"多彩贵州"传统节日文化品牌的丰富实践和实践价值，为下一步的研究提供实证支撑。

1. 被调查对象的基本情况

在调查"多彩贵州"传统节日文化品牌构建与传播现状过程中，基于人群的认知度、社会活动能力等因素考量，我们把被调查对象放在18～60岁这部分最具社会活动能力和认知能力的群体身上。随机调查了4636人，调查题目中的第 1~3 题的统计结果，很好地保证了本次调查结果具有很高的置信水平。具体来看，调查数据显示，在 4636 份有效问卷中，有 3130 份来自 18 岁以上的大学生，且 18~35 岁年龄段的人数共计 3922 人，占比 84.6%。其次接受调查的人群中还有农民、工人、领导干部和其他人群，被调查对象的涉及面相对广泛。在被调查者中女性占 58.99%，男性占 41.01%；汉族占 63.37%，少数民族占 36.63%。被调查对象中有贵州本地人 2776 人，占比 59.88%。属地、性别、年龄、身份、民族情况等方面的不同都会影响人们对调查对象的认识深度，调查数据在一定程度上很好地说明了不同人群对于贵州传统节日文化发展的真实看法、真实反映了不同人群对于贵州传统节日文化品牌构建与传播真实现状的了解情况。

2. 被调查者对贵州传统节日文化的了解情况

调查数据显示，绝大多数被调查者对贵州节日文化有一定的了解，但是了解的深度不够。在被调查过程中，认为自己非常了解贵州传统节日文化的人占比 8.76%。"了解不多"和"不了解"贵州传统节日文化的人占比 59.75%。当被问到能否讲出一些关于贵州传统节日文化的来历、故事及节日内容时，只有 17.56% 的人回答"能"。贵州传统节日文化形式、内容丰富多彩，深入了解贵州传统节日文化确实有一定难度，所以在宣传、传播过程中，要充分发挥各个主体的作用。

但在调查中，调查组惊喜地看到，贵州传统节日文化的传播和推广工作做得还是比较好的，被调查者对贵州传统节日文化传承的认可度、满意度还是很高的。调查数据显示，被调查者对贵州传统节日文化了解途径较为广泛，政府、社会、学校等都发挥了很好的作用。其中政府宣传占比 54.70%，网络媒体占比 81.62%，学校教育占比 53.34%，家庭教育占比 37.60%，同学介绍占比 47.41%，旅游体验占比 47.37%，其他途径占比 27.93%。且被调查对象对于贵州传统节日文化传承和发展的认可程度较高。在被调查者对贵州传统节日文化的传承情况的态度方面，有 95.95% 的人持满意及以上的态度。当被问到是否愿意去贵州体验当地的重大传统节日时 95.06% 的人都表示愿意去体验。

调查显示，贵州传统节日文化具有丰富性，具体体现在：75.37% 的被调查者选择了"节日内容丰富"，73.94%的被调查者选择了"节日形式多样"，62.06%的被调查者选择了"节日载体多元"，74.03%的被调查者选择了"节日习俗有趣"，59.86%的被调查者选择了"节日规模盛大"，68.36%的被调查者选择了"节日氛围浓厚"。丰富的贵州传统节日文化已经融入到人们的生活中。对于贵州传统节日文化，62.23%的人认为其博大精深、源远流长，应以继承发扬为主；28.08%的人认为既有糟粕也有精华，要有所扬弃；只有少部分人认为其"过时且保守，没有新意"或者"不关心也没有什么认识"。此外，贵州传统节日文化功能总体体现为，66.54%的被调查者认为其具备经济功能，50.82%的被调查者认为其具备政治功能，86.63%的被调查者认为其具备文化功能，69.09%的被调查者认为其具备社会功能，52.65%的被调查者认为其具备生态功能。而在对贵州传统节日具有的五大功能进行具体呈现时，2/3以上的被调查者都十分赞同传统节日所具有的这些功能。调查数据显示，贵州传统节日文化功能是被调查者最为看重的，大多数被调查者也认同传统节日中蕴含着其他相关功能。

总的来说，贵州传统节日文化已经融入了当地生活，群众对贵州传统节日文化的认同是十分强烈的，这为"多彩贵州"传统节日文化品牌的构建与传播奠定了坚实的文化基础。但同时，调查数据也显示，被调查者对贵州传统节日文化的认识还处于感性印象中，理性认知方面还稍显欠缺。

3. 被调查者对"多彩贵州"传统节日文化品牌构建的了解

"多彩贵州"传统节日文化品牌是贵州省委、省政府依托贵州省独特的传统节日文化资源打造的标志性的区域文化品牌。历经18年的建设、宣传，已经具有一定的影响力。群众对"多彩贵州"传统节日文化品牌构建的情况了解多深，如何提高品牌影响度仍是我们关注的重点。调查资料显示，"多彩贵州"传统节日文化品牌构建具有重要意义，但是"多彩贵州"传统节日文化品牌构建还有待进一步发展，传播需进一步深化。调查显示，关于"多彩贵州"传统节日文化品牌构建的意义，79.75%的人认为能够促进传统节日文化的建设，75.93%的人认为有助于铸牢中华民族共同体意识，76.83%的人认为能够促进产业经济发展，76.55%的人认为能够助力民族文化传承，71.55%的人认为能够促进民族文化传播，63.72%的人认为能形成贵州对外的品牌影响力，还有14.65%的人认为有其他重要意义。此外，在公众对"多彩贵州"传统节日文化品牌了解情况的调查中，我们看到认为自己非常了解贵州传统节日相关文化品牌的仅占15.83%，不了解、不太了解和一般了解的人占比58.91%。在被问到"多彩贵州"传统节日文化品牌构建总体处于哪个阶段时，22.02%的被调查者认为"品牌很有名"，40.36%的被调查者认为正"初步构建"，33.35%的被调查者认为在"构建过程中"，还有4.27%的被调查者认为"没有构建"。由此可以看出，"多彩贵州"传统节日文化品牌构建对于贵州省经济、社会、文化等方面发展具有重要意义，但是其品牌构建仍不成熟，品牌的构建和传播力仍需进一步拓展。调查中发现，存在阻碍"多彩贵州"传统节日文化品牌构建的一些因素。调查显示，60.33%的被调查者认为贵州少数民族节日处于弱势地位，65.70%的被调查者认为贵州少数民族文化受到商业侵蚀，68.16%的被调查者认为公众对贵州传统节日文化品牌的认知不足，62.55%的被调查者认为贵州传统节日文化品牌的定位不清，58.43%的被调查者认为贵州传统节日文化品牌育人功能发挥不全，61.76%的被调查者认为贵州传统节日文化品牌的传播力不强，55.69%的被调查者认为贵州传统节日文化品牌的建设机制不完善等阻碍其品牌构建。

为此，被调查者们认为"多彩贵州"传统节日文化品牌构建主要依托于政府和群众的力量。其中33.24%的被调查者认为应依靠政府，44.11%的被调查者认为应该依托于公众力量，也有少部分人认为依靠学者（6.23%）、文化拥有者（10.96%）、文化公司（5.46%）的力量。关于品牌构建的措施，78.02%的被调查者认为要依靠政府和金融机构支持，把贵州传统节日文化品牌打造成文旅产业集群，74.12%的被调查者认为要建立专门的智库、专家库，为打造、挖掘和创新品牌提供智力支持，78.21%的被调查者认为要保留本民族特点，注意差异性，打造原汁原味民族传统节日文化，去同质化，70.08%的被调查者认为要利用新媒体加大宣传推介力度，提升品牌影响力，63.57%的被调查者认为要发挥人才智力资源优势，推动品牌落实落地，59.32%的被调查者认为要由专业化、市场化运营实体在固定地点组织承办系列节日文化活动，55.78%的被调查者认为要完善机制，加强品牌管理。"多彩贵州"传统节日文化品牌构建要充分发挥各主体作用，破除阻碍因素，强化传播推广。

总之，在"多彩贵州"传统节日文化品牌构建上，调查数据显示，虽然"多彩贵州"文化品牌已经建立，但其文化品牌下的"多彩贵州"传统节日文化品牌则正在构建之中，其构建工作还面临着诸多困难。因此，发展贵州传统节日文化品牌不仅必要，也是可能的，进一步加强对"多彩贵州"传统节日文化品牌构建是必然的。当然，在"多彩贵州"传统节日文化品牌构建中，多元主体的参与是关键。

4. 被调查者对"多彩贵州"传统节日文化品牌传播的了解

"多彩贵州"传统节日文化品牌构建与传播是对立与同一的矛盾关系。品牌构建中涉及品牌传播，品牌传播是构建中不可缺少的一部分，且能推进品牌的最终形成。"多彩贵州"是一个综合性的区域文化产品，其品牌传播在一定程度上能够壮大品牌实力，推动品牌发展，提升品牌的影响力和品牌价值。调查显示，被调查者对"多彩贵州"传统节日文化品牌的传播了解情况如下：13.31%的人非常了解，25.50%的人比较了解，35.12%的人一般了解，还有18.31%的人不太了解，7.77%的人不了解。在"多彩贵州"传统节日文化品牌的传播效果上，22.54%的被调查者认为非常好，36.22%的被调查者认为很好，38.50%的被调查者认为一般，还有2.74%的被调查者认为很差。在"多彩贵州"传统节日文化品牌传播内容上，24.81%的被调查者认为非常有趣，46.14%的被调查者认为有独特的内涵，26.23%的被调查者认为一般，2.83%的被调查者认为没新意。由此可知，18年的"多彩贵州"文化品牌的传播取得了一定的成效，但是品牌传播作为品牌发展的重要引擎，其在传播的广度和深度上，仍需要进一步发展。调查结果显示，影响其传播的困境因素中，70.06%的人选择经济的快速发展剧烈地冲击着贵州传统节日的稳定性和完整性，71.27%的人选择开放性的社会发展使民族传统节日文化的民族特点逐渐淡化，70.15%的人认为传统节日组织机构和资金缺乏，59.51%的人认为在旅游开发中品位不高，有低俗化和滥用现象，54.27%的人认为文化传承人才缺乏，49.53%

的人认为创新不足，表现形式过于单一，50.50%的人认为对贵州传统节日文化的挖掘不够，缺乏独特个性，还有12.42%的人认为有其他影响因素。为此我们也对"多彩贵州"传统节日文化品牌传播的途径进行了调查，68.62%的被调查者认为要以语言文字为中心，74.61%的被调查者认为要以文化经典为依托，78.90%的被调查者认为要以习俗节庆为纽带，64.30%的被调查者认为要以化育知行为关键，70.36%的被调查者认为要以文化传播为平台，65.72%的被调查者认为要以文化活动为载体，59.40%的被调查者认为要以对外宣传为渠道。总之，对"多彩贵州"传统节日文化品牌的构建和传播要充分发挥各方主体的作用。调查显示，76.66%的被调查者认为应加大政府对少数民族文化事业的投入力度，79.85%的被调查者认为应加大对民族文化传统节日整体开发的力度，72.86%的被调查者认为应借助国家重大方针政策，74.70%的被调查者认为应呼吁民间群众积极参与配合，70.75%的被调查者认为应健全和完善传统节日文化传承机制，67.11%的被调查者认为应充分发挥传统媒体与新媒体结合的优势，62.66%的被调查者认为应加强对少数民族文化遗产的挖掘和保护。

概括地说，通过问卷调查和分析，我们从宏观上可以得出以下结论。"多彩贵州"传统节日文化品牌构建与传播的18个春秋中，已经取得了一定的成绩。比如，人们对"多彩贵州"传统节日文化及其品牌具有较高价值的认识趋于一致；"多彩贵州"传统节日文化品牌已经构建，且有了一定的品牌影响力；人们相信"多彩贵州"传统节日文化品牌能带来多方面的价值等。但是，基于相关调研数据，"多彩贵州"传统节日文化品牌的构建与传播在广度深度厚度等方面还有待进一步发展。比如，人们对于"多彩贵州"传统节日文化及其品牌还处于感性印象层面，理性认知层面还未达到；"多彩贵州"传统节日文化的价值与品牌实现价值之间还有很大差距；大力推进"多彩贵州"传统节日文化品牌的构建与传播的有效而又系统的措施还应进一步落实；加强"多彩贵州"传统节日文化及其品牌构建与传播在贵州大中小学生中的教育势在必行。困难与希望并存，这是当前"多彩贵州"传统节日文化品牌面临的现实境遇。

进入新时代，当与新时代同时成长的这一代特定人口逐渐成为社会主力军时，他们不可避免地会将自己的价值观念、行为方式、追求目标带到社会生活的方方面面，他们的参与一方面会对"多彩贵州"传统节日文化品牌的构建与传播带来机遇，另一方面也将会给"多彩贵州"传统节日文化品牌的发展带去新的挑战，因此，在看到"多彩贵州"传统节日文化品牌发展中取得成绩的同时，我们更要直面"多彩贵州"传统节日文化品牌构建与传播中面临的困境，针对问题，探寻原因，最后才能找到其进一步发展的路径。一言以蔽之，"多彩贵州"传统节日文化品牌构建与传播现状调查与分析，为我们进一步探析"多彩贵州"传统节日文化品牌奠定了坚实的文化基础和实践基础，为推进"多彩贵州"传统节日文化品牌的构建与传播提供了基本事实依据。

第二节　"多彩贵州"传统节日文化品牌构建与传播个案

"多彩贵州"传统节日文化品牌是由一个个具体节庆实践活动综合而成的产物，而每个节庆实施方案或节庆活动总结又是对每个节庆实践活动最为集中的归纳。要了解"多彩贵州"传统节日文化品牌构建与传播现状，则可以从其品牌下几个节庆活动方案或节庆活动总结中见到端倪。基于此，在田野调查基础上，我们拟以总体概括、活动方案或节庆总结①等方式去展示"多彩贵州"传统节日文化品牌构建与传播的不同个案。

一　务川仡佬族祭天朝祖祭祀大典品牌构建与传播

仡佬族族源和古代僚人有关，民族语言为仡佬语，属汉藏语系。仡佬族没有本民族的文字，通用汉文。仡佬族崇拜祖先，奉祀竹王、蛮王老

---

① 基于节日活动的节点性和参与实践性等特点，贵州各地打造本土节庆文化品牌一般采取的方式是平时注重节庆活动场所的建造或修缮，节庆临近之前才制定节庆活动方案，且各地很少进行节庆品牌的日常传播。因此，节庆活动的方案和总结就是最能体现贵州各地节日文化品牌构建与传播情况的实证材料。

祖、山神。现在的仡佬族主要分布在贵州省务川仡佬族苗族自治县和道真仡佬族苗族自治县。其余居住在贵阳市、六盘水市、遵义市和铜仁市、毕节市、安顺市、黔西南州等几个地区，少数散居于云南和广西。贵州省务川仡佬族苗族自治县是仡佬族的发祥地和主要聚居区，全县仡佬族人口20.5万，占总人口的44%，是全国仡佬族人口最多的县。县内有全国唯一且保存完好的中国仡佬历史文化名村、中国最美村寨和中国首批民族传统特色古村落——龙潭民族文化村①。当前，务川全县因势利导，在旅游产业发展上，正在着力打造"仡佬之源·丹砂古县"主题形象和"中国的务川，世界的仡佬"文化旅游品牌。到2023年，务川仡佬族祭天朝祖祭祀大典已成功举办了十五届，取得了令人瞩目的成绩。随着2015年仡佬之源景区和2016年中国仡佬民族文化博物馆的相继建成，近几年来，当地祭天朝祖祭祀大典就以其为主要节庆场所来开展活动。仡佬族崇拜祖先，奉祀竹王、蛮王老祖、山神。有本民族专司祭祀、祈福求寿、退鬼、超度亡灵的巫师。以前，在务川仡佬族民间祭祖中，没有固定的仪式和时间要求。后来，当地为了借助这种文化资源大力推进旅游产业发展，就着力打造了象征仡佬之源的九天母石和九天天王，祭祀中也形成了文祭、武祭、乐祭三道程序。最近几年随着祭祖大典的不断发展，务川地方资源也随之融入节日活动中，节日活动内容、形式等都发生了巨大变化。当前，务川成为全世界仡佬族寻根问祖的圣地，祭祖节也成为享誉贵州的盛大节日之一。

为了对该节日文化有更为深入的了解，我们以当地2018年祭祖大典活动方案及其实施结果为例展开分析。

2018年务川县仡佬族祭天朝祖祭祀大典活动方案

为认真办好2018年"仡佬族祭天朝祖祭祀大典"活动，进一步彰显仡佬文化魅力，根据《遵义市人民政府关于加快建成黔川渝结合部文化中心的实施意见》和《务川自治县人民政府关于加快建成黔川渝结合部文化中心的实施意见》精神，特制定本实施方案。

---

① 数据来源于《务川自治县县情简介》，务川仡佬族苗族自治县人民政府网站，2023年2月24日，https://www.gzwuchuan.gov.cn/zjwc/wcgk/wcjj/202302/t20230224_82806584.html。

一、活动宗旨。深化"仡佬族祭天朝祖祭祀节"文化内涵,以"文化＋旅游"思路创新举办模式,丰富节日群众性精神文化生活,推进我县文化旅游产业持续健康发展,提高仡佬文化知名度和影响力,发挥品牌效应,为我县打造"仡佬文化中心,人文旅游新区"注入新活力。

二、活动要求。热烈、独特、节俭、安全。

三、人员规模。贵州省仡佬学会(10人)、戴绍康文学创作研讨会参会人员(15人)、仡佬族聚居地代表(34个×3人＝102人)、新闻媒体(24人)、县四套班子工作人员(40人)、"一对一"接待单位(30人)、各乡镇(街道)分管文化和民宗事务的工作人员(32人)、组织旅游团队500人。

四、活动内容。1. 召开戴绍康文学创作研讨会(中国仡佬民族文化博物馆);2. 参观中国仡佬民族文化博物馆(中国仡佬民族文化博物馆);3. 举行仡佬族"思源归土"仪式(归源殿);4. 召开仡佬族裔百合会(百合宫);5. 举行仡佬族祭天朝祖祭祀大典(九天母石祭祀场);6. 参观"仡乡奇石展"(百匠园);7. 观赏仡佬族民俗"斗桃花水龙"(申佑广场);8. 特色文化旅游商品展销(文化商街);9. 游览仡佬族千年古寨(龙潭古寨);10. 观赏仡佬族非物质文艺展演(九天水榭);11. 远山仡佬歌舞篝火晚会(九天水榭)。

五、活动日程。(略)

六、组织机构及工作职责。1. 举办单位。主办单位:贵州省仡佬学会。承办单位:务川仡佬族苗族自治县旅游投资发展有限公司。2. 领导小组。为确保活动的顺利开展和圆满完成,特组建"2018年仡佬族祭天朝祖祭祀大典"筹备领导小组,其组成人员包括务川县委、县政府各部门相关工作人员,活动采取各部门分工合作方式开展。

通过对务川祭天朝祖祭祀大典活动方案和实际活动调查所知,近几年当地开展此项旅游节庆活动基本都是按照以上方案进行的。在祭天朝祖祭祀大典活动的背后,其节日文化品牌创新方式也展露了出来。比如,以前的祭祖仪式是各家各户自行开展，节日仪式无外乎就是感谢祖先，表达自己的感恩、怀旧之情，并祈求祖先庇佑。而现在，在当地政府、学者及民众的努力下，祭祖仪式得到了重构，节日内容也得到了较大程度上的拓展。

从上面的祭祖仪式和活动方案中，我们可以看出祭祖大典节日活动无论在理念、内容、形式，还是在运行机制上都发生了巨大变化，节日活动得到了不断创新。总的来说，当前务川在旅游产业发展方面，主要以仡佬文化为元素，以自然风光为核心，以重点景区为载体，以文化旅游为主题，采取政府引导、市场运作的方式，把民族文化旅游发展作为全面贯彻落实新发展理念的重要内容。同时着眼于抓基础、抓载体、抓保障、抓创新，全力推进以仡佬文化为重点的文化旅游发展，全县文化旅游业取得了长足进步。"渝黔人文旅游新区、中国仡佬文化中心"初步形成，"仡佬之源·丹砂古县"文旅品牌影响力和知名度得到较大幅度提升。未来，务川旅游产业发展将以"全境域"旅游"井喷式"增长为发展目标，坚持"文旅产业化"发展战略，坚持红色传承、推动绿色发展，充分发挥"红色文化、仡佬文化、丹砂文化、生态资源"四大优势，倾力打造"雪山草地·梦回长征""仡佬的世界·世界的仡佬""洪渡山水·不夜之旅"三大旅游品牌，做大做强文旅产业。

而就务川祭天朝祖祭祀大典来说，其是在中华民族多元一体大背景下不断发挥自身节日文化优势的产物。具体而言，该节庆活动紧紧抓住文化大繁荣大发展和扶贫攻坚这两条主线，充分调动各方力量的主动性和创造性，依托仡佬之源景区和中国仡佬民族文化博物馆这两个当地文化核心区，挖掘和利用县内丰富的文化资源，不断拓展节庆活动的内涵和外延，使节庆活动的影响力和创造力得到了较大程度的释放，节庆活动功能随之也逐渐得到了显现。总之，相较于传统的祭天朝祖祭祀大典，现在的祭天朝祖祭祀大典在节日活动背景、原则、策略、内容、标准、路径等方面都发生了极大变化。因此，节日活动的这些文化创新势必会带来节日活动功能的变化。

节庆活动功能除了使当地仡佬族传统文化得到保护、传承及发展之外，还体现在以下几个方面：增强了当地民众，甚至全国各地仡佬族同胞的凝聚力和向心力；对仡佬族民众，特别是仡佬族青少年进行了文化传统教育，唤起了他们保护和传承自身文化的热情与信心；节庆活动营造出的感恩、热烈、欢聚、祥和等氛围，既愉悦了各族群众，也起到了对民众进行道德教化的作用；节庆活动在党和政府直接领导下开展，这在一定程度上能起到通过节庆活动践行和宣传党与国家大政方针、民族政策以及社会主义核心价值观的作用；文化事业和文化产业往往相伴而生，节庆活动的开展，势必会带动当地旅游产业的大发展，进而实现文化扶贫和乡村振兴的融合共生。当然，通过调查，我们发现，务川祭天朝祖祭祀大典实践活动和西部地区大多数传统节日文化活动一样，在其创新实践中，我们能依稀看到西部少数民族传统节日文化创新一般模式的影子。

二 贞丰布依族"三月三""六月六"节日文化品牌构建与传播

中国首届布依民歌大赛启动仪式暨"中华民族一家亲·贞丰布依风情浓"贞丰县2019年布依族"三月三"民俗文化节系列活动实施方案[①]

为了彻底贯彻落实党的十九大精神和习近平总书记在贵州代表团重要讲话精神，充分挖掘和弘扬少数民族文化，全力打造贞丰民族文化旅游品牌，决战脱贫攻坚，按照贞丰传统民俗，决定于4月6日至8日在贞丰民族文化旅游扶贫试验区核心区举办中国首届布依民歌大赛启动仪式暨贵州贞丰2019年布依族"三月三"民俗文化节。为确保活动顺利进行，特制定方案如下。

一、活动主题：风情布依·感恩奋进。

二、活动目的。以党的十九大精神和党的民族政策为指导，通过

---

① 贞丰县布依学会：《中国首届布依民歌大赛启动仪式暨"中华民族一家亲·贞丰布依风情浓"贞丰县2019年布依族"三月三"民俗文化节系列活动实施方案》（内部资料），2019年3月28日。该活动方案由贞丰县布依学会提供，特向学会表示感谢。另外，为展示方案原貌，笔者未对其进行过多修改，文中段落序号格式不变，下同。

布依"三月三"这一平台，传承和发展布依族优秀传统文化，大力推介贞丰布依民族文化，大力发展旅游产业，增进民族团结，助推贞丰民族文化旅游扶贫试验区的发展，增加贫困农户收入，让更多海峡两岸少数民族走进贞丰、了解贞丰、关爱贞丰、投资贞丰，让更多的民族文化得到交流与传播，为全县文化旅游产业发展注入新的生机与活力。

三、活动内容。1. 祭山。草龙扫寨驱邪、躲山、避灾、祭山求雨祈福、重申"议榔规"。2. 布依民族风情展示。千人糠包对打、千人打糍粑、对歌、舞草龙、布依扒肩舞。3. 布依糯食、民族手工艺产品展示。4. 布依文艺展演。（1）民族团结进步杯木叶吹奏大赛；（2）民族团结进步杯布依古歌大赛；（3）中国首届布依民歌大赛启动仪式；（4）民族大联欢。5. 布依风情长桌宴。

四、时间地点。时间：农历三月初二至初四（4月6日至8日）。地点：贞丰民族文化旅游扶贫试验区（者相镇萝卜寨、双乳峰、贞丰古城等）。

五、日程安排。（略）

六、组织机构。1. 主办单位：贵州省布依学会；承办单位：贞丰县布依学会、贞丰县旅游文化投资开发有限公司、贵州越人文化传媒有限公司、贵州华瑞文化传媒有限公司。2. 领导机构为县布依学会，工作机构则由县级各个部门组成。

从以上方案和活动内容中可以看出，贞丰布依族"三月三"民俗文化节在保留传统文化要素的基础上，实现了很大创新。从其创新方案来看其模式，具体表现为以下几个方面。第一，从活动举办目的可以看出此次节庆活动是在县布依学会直接领导下，紧紧抓住标志性文化布依族"三月三"和脱贫攻坚两条主线来开展的。第二，节庆活动主要依托三岔河、双乳峰两个风景区以及贞丰古城和萝卜寨两个传统村寨，把四者结合起来，打造成为布依族"三月三"民俗文化节的文化核心区。第三，充分调动政府、民众、游客及旅游开发公司力量，创新中的多元主体格局形成。第四，在保存传统"三月三"民俗文化的基础上，一部分贞丰地方文化融入了节庆活动中，节日活动内容得到了不断拓展。第五，一切创新活动都是为了实现节日功能的最大化。贞丰县从2003年开始就着力打造布依族"三月三"相关活动，持续了接近二十年，节庆活动的开展对于当地经济、文化、社会等产生了深刻影响。第六，活动结束后，"三月三"民俗文化节主办方都会对节日活动的得与失进行总结。

"2019中国·贞丰'六月六'布依风情节"活动方案

布依族"六月六"承载着布依族古老的历史文化信息，是布依族作为古老农耕稻作民族的历史见证，是独具民族特色的布依族传统节日。"六月六"具有重要的历史、文化与科学意义。"中国·贞丰'六月六'布依风情节"从1978年开始举办，已成为贵州省第一批非物质文化遗产。为深入贯彻落实党的十九大精神和习近平总书记在贵州代表团重要讲话精神，充分挖掘和弘扬少数民族文化，全力打造贞丰民族文化旅游品牌，决战脱贫攻坚，按照贞丰布依族传统民俗，决定于7月7日至8日在贞丰民族文化旅游扶贫试验区核心区举办"2019中国·贞丰'六月六'布依风情节"。为确保活动顺利进行，特制定本活动方案。

一、活动主题：传承布依文化·助推脱贫攻坚。

二、活动目的：以党的十九大精神和党的民族政策为指导，通过布依"六月六"这一平台，传承和发展布依族优秀传统文化，大力推介贞丰布依民族文化，大力发展旅游产业，增进民族团结，助推贞丰民族文化旅游扶贫试验区的发展，增加贫困农户收入，让四面八方来宾进入贞丰，了解贞丰，关爱贞丰，投资贞丰，让更多的民族文化得到交流与传播，为全县文化旅游产业发展注入新的生机与活力。

三、活动内容：（一）迎宾仪式；（二）布依族祭田民俗展示；（三）布依唢呐大赛；（四）布依民风民俗图片展；（五）布依文艺展演；（六）布依美食展示。

四、活动流程。（一）民风民俗。1.贞丰这旗布依寨迎宾；2."六月六"布依族祭田民俗展示；3. 布依唢呐大赛；4. 布依文艺展演。
（二）美食及其他。1. 布依美食展示；2. 县布依学会风俗风情图片展。

五、活动时间安排（略）。

六、主办、承办单位：贞丰县布依学会。

七、组织领导：成立贞丰县"六月六"布依风情节活动组委会，组委会下设综合协调组、秘书工作组、安全维稳组、宣传报道组、后勤保障组、环境整治组等6个工作组。

八、拟邀单位人员（173人）。1. 贵州省布依学会（5人）；2. 黔西南州布依学会（5人）；3. 云南省罗平县布依学会（15人）；4. 云南省师宗县壮学会（15人）；5. 广西壮族自治区隆林县壮学会（15人）；6. 贵阳市南明区布依学会（15人）；7. 黔南州惠水县布依学会（15人）；8. 黔南州龙里县布依学会（15人）；9. 贵阳市花溪区布依学会（15人）；10. 安顺市镇宁县布依学会（15人）；11. 兴仁市布依学会（15人）；12. 黔西南州望谟县布依学会（15人）；13. 新闻媒体（8人）；14. 贞丰县苗学会（5人）。

九、工作要求。

（一）强化组织领导，形成联动机制。各相关部门要加强对活动的组织领导，要实行一把手负责制。根据职责要求，主动作为。各部门之间要密切配合，加强沟通，做到思想统一，行动统一，确保该项活动有序推进。

（二）明确工作重点，细化工作方案。各工作组要进一步细化工作实施方案，明确工作职责和工作重点，落实工作责任人和工作措施，做到责任到人、措施可行、督导到位，确保此项活动抓出成效。工作实施方案经各组组长同意后，于2019年6月30日前送交综合协调组，组委会召开会议审查通过后送相关部门备案。

（三）纪律要求。各相关部门要根据组委会的总方案和各实施方案，立说立行，按时间要求抓好落实，坚决杜绝敷衍了事、互相推诿、磨洋工等现象的发生。对于工作不力、松散怠慢、相互推诿的责任单位及责任人将按相关规定严肃处理。

（四）其他。1. 各乡（镇、街道）、各有关工作组自行安排伙食及往返交通工具。2. 由县布依学会按标准安排各乡（镇、街道）非公职人员的伙食、往返交通费用。

"2019 中国·贞丰'六月六'布依风情节"活动组委会

2019 年 6 月 12 日

三　台江姊妹节文化品牌构建与传播

台江县位于贵州省黔东南苗族侗族自治州中部，面积为 1108 平方公里，人口 16.8 万，苗族人口占全县总人口的 97%，是中国苗族人口比例最高的县域，堪称"天下苗族第一县"。苗族姊妹节，是台江县良田片区、景洞坳片区、坝场片区、老屯片区、施洞片区的苗族人民的一个传统节日，苗语叫"农嘎良"，是在每年农历 2 月 15 日和 3 月 15 日至 17 日举行的节日。节前的准备工作是姊妹节必不可少的重要环节。每年一度的苗族姊妹节，凡没有银饰盛装的姑娘，节前几个月甚至更长的时间，父母就为其忙碌起来，父亲忙着筹钱为姑娘打造银饰或购买银饰；母亲急着为姑娘绣制花衣。五彩姊妹饭，是苗族姊妹节必不可少的食物。节日当天，当地及附近的男女老少身着节日的盛装，分别聚集于良田、景洞坳、坝场、榕山、杨家寨和偏寨，载歌载舞，欢度这个极富民族特色的传统佳节。节日活动主要有：捉鱼及吃鱼、踩鼓、"游方"对歌、讨姊妹饭（苗语称为"下嘎粮"，"下"意为讨）。姊妹节是苗族社区人们走亲访友、文化娱乐、社会交往的活动舞台，成为凝聚人心和民族团结的纽带，也是与外族群体和个人进行文化、经济交流、对话、合作的重要桥梁。姊妹节活动是以青年妇女为中心，全面展示当地苗族歌舞、服饰、婚俗、历史与社会等独特文化的盛大节日，因此被称为"世界上最古老的情人节"。台江姊妹节 2006 年被列入首批国家级非物质文化遗产名录。从 1998 年 4 月第一届台江苗族姊妹节开始，节日活动已经开展了 20 多年。在不断创新发展中，姊妹节在保护与传承传统节日文化特色的基础上，已然从民间男女社交习俗转变成了享誉国内外的现代节日。

由于台江姊妹节活动方案和其他传统节日文化品牌活动方案大同小异，因此，本部分我们主要以 2017 年台江苗族姊妹节筹办工作总结①为例，展示台江苗族姊妹节节日文化品牌构建与传播情况。

2017 年苗族姊妹节筹办工作总结

由省旅发委、省民宗委、省文化厅和黔东南州人民政府主办，台江县承办的 2017 年苗族姊妹节于 4 月 8 日至 13 日在台江隆重举行。本次姊妹节活动在州委、州政府的正确领导下，在省旅发委、省民宗委、省文化厅的关心指导下，在州直各有关部门的大力支持下，在承办方的积极努力下，取得了圆满成功，成为台江县史上又一次规模大、来宾多、规格高、影响广的旅游盛会。为总结经验，审视不足，现就 2017 年苗族姊妹节活动开展情况总结如下。

（一）基本情况

本次姊妹节以"相约台江·爱在苗乡"为主题，旨在挖掘民俗文化、发展乡村旅游。姊妹节举办期间的活动内容十分丰富，独具地方特色的盛装游演、开幕式文艺演出、旅游商品展销、民间民俗活动体验、历届摄影展览等让游客目不暇接。

一是盛装游演规模宏大。今年姊妹节盛装游演以台江苗族九大支系分列方阵进行，游演人数达到 4900 人，其中有省外 1 支队伍 20 人、省内州外 4 支队伍 660 人的苗族同胞参加，充分体现了全国各苗族同胞的团结友谊。同时，我们还把即将失传的苗汉文化结合的花灯、舞龙嘘花尽情地向世人展示，让游客身临其境感受到台江作为"天下苗族第一县"丰富灿烂的服饰银饰艺术和厚重深远的历史文化，更象征着台江全县人民吹响了脱贫攻坚奔小康的战斗号角。二是开幕式举办圆满成功。今年开幕式的创作主线以"情"为载体，突出台江的生态环境、旅游资源、民族风情的特色。在现场方面，由专业团队布置坐区，使现场井然有序，同时在开幕式现场增设 100 多平方米电子显示

---

① 台江县苗族姊妹节筹办办公室：《2017 年苗族姊妹节筹办工作总结》（内部资料）。该文件由台江县旅游产业发展办公室提供，在此特向其表示感谢。

大屏，同步直播开幕式盛况，增强了开幕式视听效果和感染力。在节目方面，开幕式参演演员 650 名，节目共分四个篇章，分别为喜迎八方、远古图章、锦绣黔韵、鼓藏芬芳。达到了传承苗族文化，展示台江民族风情的效果。三是旅游商品琳琅满目。举办了民族民间工艺品及农特产品展销和千名绣娘织画卷活动，织好的画卷将放到苗族博物馆展示，宣传推介台江县银饰、刺绣、苗族剪纸、油画、雕刻等传统特色手工艺制品，着力展示特色民俗文化，延长旅游产业链，带动第三产业发展，促进当地群众增收致富。工艺品展销区中的各种精美的手工艺制品吸引了不少区内外游客，在销售员讲解手工艺制品的制作程序、用途等过程中，使游客进一步了解了台江深厚的民俗文化，形成了游客抢购各种手工艺制品的热潮。姊妹节期间，参展的手工艺制品有 100 多个品种，价值共计 800 余万元，当天销售额达到 107.42 万元。四是民间民俗亮点频出。举办舞龙嘘花、千人踩鼓、万人游方、苗歌大赛等一系列特色文化活动，将观赏性与娱乐性相结合，着力打造一批特色鲜明、雅俗共赏的优质文化娱乐活动，吸引了大量游客观光参与，提升了台江旅游品牌的知名度。通过举办斗牛、斗狗、钓鱼比赛吸引了州内外游客和各族群众争相观看。苗族游方婚俗体验活动对苗族传统婚俗体验产品的开发做出了有效的探索和尝试，从传统和现代各个侧面展现了姊妹节作为"爱情、友情、民族情"交流盛会的形象，传递出博爱、开放、包容的节日价值。

（二）主要成效

一是扩大了台江的影响力。节日期间，我们邀请文化、旅游、宣传等领域嘉宾 1000 余人，旅行团队 98 个，到我县参观体验旅游。明确贵州电视台负责姊妹节开幕式的电视直播，贵州日报报业集团负责姊妹节系列活动的全程网络直播。借百度、360、中国搜索、搜狗、搜搜等五大国内搜索引擎平台，共收集到 2017 年苗族姊妹节信息 1206.89 万条。通过开幕式、盛装游演等活动和施洞、老屯两个节区活动，大力宣传台江县境内的文化旅游资源优势，激发了游客对独特的苗族文化、丰厚的民俗文化和完好的自然生态的探知欲望。二是成功引进旅游投资项目。通过文化"担纲"经济"唱戏",进一步放大苗族姊妹节凝聚力,形成产业"孵化器",有效推动"农文旅"一体化发展。姊妹节举办期间,围绕大健康、大旅游、山地高效农业、工艺品加工及基础设施建设等领域开展招商引资活动,吸引香港、台湾、北京、上海、杭州等70多家省内外企业代表到台江进行经贸洽谈,现场签约7个项目,签约资金9.92亿元。三是加快旅游开发进程。通过举办姊妹节,有效地促进了台江县的景区景点开发建设,为景区景点可持续发展奠定了良好基础。进一步推进施洞苗族文化旅游综合体(特色小城镇)按5A级景区进行规划和建设,已完成施洞文化产业园区(特色)小城镇有机农产品生产基地、保障性安居工程及公立幼儿园等9个工程项目,投资8.95亿元。加快台江国家级森林公园基础设施建设,完善环雷公山旅游精品线路、"西施"农业旅游观光带基础设施推进旅游与农业融合发展;启动白水洞瀑布群、白鸡山风景区、翁你河景区县城段景观建设和环雷公山民族传统文化及生态旅游项目,开发革一古生物化石群地质科普教育基地促进旅游与科普融合发展。四是带动第三产业的发展。姊妹节的举办,有效带动了出行消费、餐饮消费、娱乐消费和购物消费。促进南冬、红阳、交宫、登鲁等9个民族村寨的旅游业发展,新增民宿床位2564张。姊妹节举办期间,到台江来体验和参观苗族姊妹节活动的游客人数达37.11万人次,旅行团98个,旅游综合收入实现1.16亿元,同比增长22%,真正实现了以节庆活动促进和带动旅游经济发展。

(三)主要措施

一是加强组织领导。认真制定了《2017年苗族姊妹节活动方案》,专门成立了台江县2017年苗族姊妹节组委会执行委员会,设立了办公室以及综合协调组、安全保卫组、宣传报道组、交通保畅组、食品医疗卫生组、环境整治组等十个工作小组。并及时从政府各部门抽调11位同志充实到组委会办公室,具体抓日常工作。各个工作组明确一名以上县级领导牵头,并明确牵头单位、责任单位,切实把每项任务分解、细化、量化,把责任具体落实到部门、到个人,为姊妹节圆满举行奠定了基础。二是加大对外宣传力度。通过与贵州日报报业集团合作，先后在杭州、长沙、贵阳举行姊妹节新闻发布及旅游宣传推荐会，在网络、电视、报纸等媒介平台发布姊妹节活动信息，群众关注度达 600 余万人次。人民日报、中央电视台、新华社、贵州卫视、腾讯网等 75 家媒体 330 余名新闻媒体记者现场报道"中国·台江 2017 苗族姊妹节"。同时，邀请贵州电视台对姊妹节开幕式进行电视直播，贵州日报报业集团对姊妹节系列活动全程网络直播。姊妹节开幕式、盛装游演等系列活动群众关注量突破 800 万人次。三是强化协调配合。台江县将姊妹节作为阶段性重点工作，召开专题会议，及时协调各有关单位，集中精力、集中人力解决筹备工作中遇到的困难和问题。城建部门加大了对城市环境的全面整治力度，进一步提升城市形象；交通运管部门积极开展交通秩序整顿，开辟环城南路，提前向社会公布管制线路和辖区停车场，并从凯里、剑河、三穗等兄弟县市抽调 160 余名警力协助台江县交通保畅工作，极大地缓解了城区通行压力。工商、食品药品管理部门，以宾馆酒店、餐馆、小吃店、农家乐等集中供餐单位为重点整治单位，加强了食品安全检查，保证了旅游节期间饮食安全。电力、供排水等部门积极履行职责，对各自负责区域和项目进行详细检查，保障了正常供水供电。

（四）存在的问题和不足

一是本届姊妹节由省旅发委、省民宗委、省文化厅和黔东南州人民政府主办，台江县承办，由于时间紧、任务重，对上汇报存在顾此失彼，对内协调存在沟通配合不足等问题。二是姊妹节节庆系列活动开发力度不够。目前台江姊妹节活动主要有苗族盛装游演、开幕式文艺演出、民间民俗体验、文化论坛、经贸洽谈等 5 大活动，以姊妹节为主线的延伸活动开发不足。三是姊妹节节庆活动配套服务不足。受交通、住宿、餐饮、景区景点等基础设施制约，节日期间无法满足大量游客食、宿、游的需求。缺少举办大型活动的场地场馆，影响姊妹节办节质量的提升。四是姊妹节市场化运作程度不高。以市场为导向的姊妹节节庆活动运行机制还不完善，虽然姊妹节以"政府指导、社会参与、民间举办、市场运作"的方式举办，但目前仍处于政府参与多，市场运作少阶段。五是姊妹节节庆活动产业带动性不强。虽然姊妹节举办期间吸引了大量游客，在一定程度上带动了住宿、餐饮等产业的发展，但游客仍以节庆游、观光游为主，节庆活动拉动旅游经济效应不明显。

（五）对 2018 年姊妹节的设想和建议

2017 年苗族姊妹节，在县委、县政府坚强领导下，按照"办出特色、办出水平、办出效益"的要求，取得了圆满成功。下一步我们将认真总结历届举办经验，努力挖掘节庆文化内涵，拓展丰富节庆内容，积极探索运作模式，努力将苗族姊妹节打造成为全省乃至全国著名的民族文化旅游品牌。

一是超前谋划精心准备。及时成立筹备专班，对苗族姊妹节的文化内涵进行深入挖掘；探索走市场化运作新路，谋划好阶段性、串联性的节日活动，做好节日前期预热宣传，提前谋划打造好旅游线路，让节庆炒热旅游线路，让游客更长时间留在台江、体验台江，拉动旅游经济。

二是加快旅游基础设施建设。全面推进博物馆、旅游公厕、路网、乡村客栈、民宿、农家乐、停车场、休闲度假中心、体育场馆等相关配套基础设施建设，为姊妹节活动的开展提供更加理想的环境。同时推出一批有接待能力的星级酒店，以满足节庆旅游的需求。

三是提高干部接待服务水平。把干部接待服务水平提升列入苗疆讲堂内容，邀请有关专家学者授课，通过举办公务接待培训班，重点学习台江的基本县情、历史文化以及社交礼仪等相关知识，提升台江县干部接待服务水平。

四是用好办节成果。对本届姊妹节反响热烈的活动，进一步创新形式，丰富内容，提高影响力，并逐步使之产品化。力争在活动内容、规模和表现形式上有更大创新，吸引更多的旅游企业及社会力量关注、支持和参与到姊妹节中，把姊妹节真正办成一个全国性的品牌活动。

五是加快旅游景区景点打造。深入挖掘特色民俗文化，通过"互联网+"模式，加强景点营销，打造一批景点多样、内容丰富的乡村旅游项目，吸纳人气，推动农业特色产业发展。

六是做大做强姊妹节活动品牌。围绕产品设计、人才培训、市场开发，把民族节庆文化和旅游产业有机结合起来，通过节庆活动，做好民族文化的传承保护和挖掘利用工作，对姊妹节系列文创产品及台江旅游产品进行全面开发。使其成为促进台江旅游业井喷式发展的重要引擎。

七是努力实现旅游业与周边县市抱团发展。结合台江县旅游产业发展相对落后、节庆活动多的实际，主动加强与凯里、镇远、雷山、剑河等周边县市的沟通合作，借助周边县市客源优势，实现资源共享、优势互补。

八是加强协作，密切配合。各工作组、县直各部门要加强沟通、协同配合，通过定期不定期召开会议，协调解决筹备工作中遇到的问题，形成合力。组委会要坚持一月一调度，确保各项重点工作按进度有序有效推进。各单位都要强化舆论宣传和氛围营造，动员全县上下、社会各界积极参与到各项筹备和服务工作中来。宣传部要建立统一对外宣传平台，将所有活动统筹纳入平台对外宣传发布。坚持政府主导、市场运作的方式，凡是能够交由市场运作的项目，都尽可能实行市场化运作。设立统一财政账户，规范收支管理，严格控制接待、宣传等相关费用，有效降低政府开支。

四　榕江侗族萨玛节文化品牌构建与传播

"萨玛节"是侗族现存最古老的节日，起源于母系氏族社会。宋代陆游《老学庵笔记》就有记载：侗人"至一二百人为曹，手相握而歌"，"多耶"祭萨。"萨玛"系侗语，意为"大祖母"。萨玛是侗族人民信奉、崇拜的至高无上的女神，她代表了整个侗族共同的祖先，是神灵的化身，是侗族唯一共同祭祀的、本民族自己的神。同时萨玛又是古代侗族的女英雄，在侗族古代社会的政治、军事、文化等方面占有重要地位。侗家人认为，"萨玛"能赋予人们力量去战胜敌人、战胜自然、战胜灾难，能福佑村寨安乐、人畜兴旺。侗族萨玛节流传于贵州省榕江县、黎平县、从江县及周边的侗族地区，主要以榕江县车江侗族萨玛节为代表。萨玛节举行的时间，一般是每年的农历正月、二月，但有时也根据生产、生活或其他重大活动情况改为其他月份举行。祭萨的规模，一般为各村（团寨）各祭，有的也邀请邻村、数村或相邻片区联祭，场面壮观。参加祭萨的人员，各地也不同，许多地方是全寨男女老少一齐参加。榕江三宝侗乡各村寨，则是以已婚妇女为主体（也有少数德高望重的男性寨老参加）。因此，榕江三宝侗乡的祭萨活动，带有浓郁悠久的远古母系氏族社会的遗风。

　　萨玛节活动一般在春、秋两季进行，祭坛一般由村里一名德高望重的老妇管理，而祭萨仪式，通常只有中老年妇女和年长的男性方有权参加。祭萨时，先由管萨人烧好茶水，给萨玛敬香献茶，然后由各家各户身着盛装的女主人排着队前往祭祀，她们每人喝上一口祖母茶，摘一小枝常青树枝插于发髻上，再跟随（手持半开雨伞的老妇人）绕寨一周，最后来到特定的场坪，与萨玛同唱同跳同乐，气氛庄重而热烈。侗族人民以此来祈求村寨平安兴旺，人人幸福吉祥。萨玛节里，多数侗族男性心甘情愿地在家带孩子、做家务，所以当地人说，萨玛节也是侗族的妇女节。萨玛节在侗族人民的思想观念中有很深的影响，先辈"至善"的美德对侗族的兴旺发达有重要作用。因此，尊敬老人等已成为侗族人民的优良传统。萨玛是侗寨的保护神、团结神，又是侗族的娱乐神。"萨玛"文化历史悠久，内涵浓厚，对侗族的社会生活有多方面的深刻影响。2006年5月20日，"萨玛节"经国务院批准进入第一批国家级非物质文化遗产名录。

　　早在2000年，榕江县就采取政府牵头、村民参与的方式在古榕社区举办了第一届旅游性质的萨玛节，但当时收效不大。2004年、2005年停办了2年，直到2006年，随着章鲁村的三宝鼓楼的建成，榕江县旅游性质的萨玛节才得以恢复，并持续至今。今天，萨玛节已成为榕江县全力打造"苗侗祖源·绿色榕江"、全面开展"一庙一节一城"三大建设的重要节日，成为榕江闪亮的文化旅游品牌。在萨玛节创新发展的十几年中，尤以2016

年、2017 年的节庆活动最为盛大，取得的效果也最为明显。我们这里就以2016 年榕江侗族萨玛节文化创新活动为例展开分析。

2016 年榕江侗族萨玛节活动实施方案①

为深入贯彻落实习近平总书记在全国文艺工作座谈会上的重要讲话精神，坚持以党的十八大精神为指导，坚持百花齐放、百家争鸣的"双百"方针，坚持贴近农村、贴近群众、贴近生活的"三贴近"文化活动要求，增强民族团结、自信和凝聚力，保护、传承和弘扬好榕江县民族民间文化艺术，助推"文旅兴县"战略实施，榕江县侗学研究会决定举行 2016 年榕江侗族萨玛节。

活动主题："苗侗祖源·绿色榕江"。

主办单位：榕江县侗学研究会。

协办单位：古州镇人民政府、忠诚镇人民政府、榕江县文体广电旅游局、榕江县民族宗教事务局、榕江县文学艺术联合会。

活动时间及地点：1. 活动时间：2016 年 12 月 18 日至 19 日；2. 活动地点：车江古榕群。

活动内容：1. 祭萨活动仪式（三宝侗学研究会负责）；2. 节日开幕式（县文化馆负责）；3. 侗歌比赛（县侗学研究会负责）；4. 侗族形象大使选拔赛（县侗学研究会负责）；5. 民族工艺品及土特产品展销，地点：车江五、六村（县文物局负责）；6. 榕江饮食一条街（忠诚镇人民政府负责）。

活动方式。1. 组队方式：以侗族支系为单位，每支系分别组织2~6 个歌队参赛。大歌节目演员每队 21 人，琵琶歌每队 8~12 人，乐里嘎报每队 6~10 人，天府侗歌每队 6~12 人，三宝侗每队 8~12 人，九岁侗（2 个队）每队 6~12 人，四寨侗（3 个队）每队 6~10人，每个队一个节目，每队演唱限时 6 分钟以内（含上下台时间）。

---

① 榕江县侗学研究会：《2016 年榕江侗族萨玛节活动实施方案》（内部资料），2016 年 12 月 13 日。该文件由榕江县侗学研究会提供，在本书中笔者对方案进行了简单的归纳总结，在此特向研究会表示感谢。

2.比赛流程：比赛分歌曲演唱专场和选美专场，比赛结束，12月18日下午颁奖。3.设置奖项。（1）本次歌赛设奖项为一等奖1名，奖金3000元；二等奖2名，每名奖金2000元；三等奖3名，每名奖金1000元。另设优秀奖5名，每名奖金800元。（2）侗族支系形象大使，每个支系分别选出2名，共14名，奖金共28000元。（3）全县侗族县级男女形象大使共2名，奖金共6000元。4.节目呈报方式：以乡镇为单位报送。各村、自然寨节目报送到所在乡镇党政办公室，由乡镇遴选后统一报送到县萨玛节组委会和县侗学研究会。

组织节目要求。1.传统歌唱节目：以侗族民间流传和新编曲目参演，内容健康向上，歌唱社会主义、歌唱美好生活。提倡按民俗传统进行深加工创作，着完整本民族服饰盛装。2.报送节目要求：所报送的节目需注明节目类型、人数、时长、道具以及所需要的话筒类型（如扣麦、立杆话筒等）。参加比赛演出的乐器、伴奏、光碟、U盘自备。3.各支系选美、歌曲选拔都要在赛前进行海选，然后由各乡镇报送县组委会。

除此之外，节日期间，还举行"相约榕江踏歌行"国际户外徒步大会；"苗侗祖源·绿色榕江"摄影作品展；民族工艺品及土特产品展销；榕江特色美食展销；"美丽中国·侗乡之旅"中国摄影报走进榕江影友联谊会暨贵州摄影"大篷车下基层"双月赛（榕江站）采风创作系列活动等节庆配套活动。

2016年榕江侗族萨玛节活动工作总结[①]

2016年榕江侗族萨玛节以"苗侗祖源·绿色榕江"为主题，以赛事来传承保护和发展榕江县侗族文化，以节会友，以歌传情，搭建起汇聚四海宾朋的广阔平台，产生了良好的社会效果。

1.节庆概况及社会反响

2016年榕江侗族萨玛节于12月18日至19日在三宝古榕群景区隆

---

① 榕江县侗学研究会：《2016年榕江侗族萨玛节活动工作总结》（榕侗学〔2017〕1号）（内部资料），2016年12月21日。该文件由榕江侗学研究会提供，在此特向研究会表示感谢。

重举行，12月18日上午，在榕江县城举行民族服饰巡游展，在三宝古榕群景区举行开幕式；下午，在三宝古榕群景区举行侗族形象大使选拔赛和侗歌比赛。12月19日上午，三宝侗族地区9个行政村分别举行祭萨仪式；下午，在三宝古榕群景区举行盛大的联合祭萨仪式。

前来参加本次节庆活动的有榕江县四大班子领导和贵州省原省州苗侗民族老领导，有贵州、广西、湖南、四川四省（区）各级侗文化研究专家以及贵州大学教授学者70多人，有新华社和中央各大报社与各省有关新闻媒体的编辑记者100多人，有全县七个侗族支系及兄弟民族群众演员3000多人，本次活动总参加人数达21600余人。形象大使和歌赛活动经过紧张的比拼和专家评委的公正、严格评定，共评出了35名优秀侗歌队、14名侗族支系形象大使、2名县级侗族形象大使。在美食和土特产展销方面，日销售额均在12.5万元以上。

各方来客通过各类平台对节庆活动进行了现场直播和跟踪报道，受到社会各界的广泛赞誉和好评。一是榕江侗族不同支系不同盛装不同侗歌唱法，充分展示了榕江侗文化多姿多彩的特殊魅力。民族工艺品和饮食文化品类独特，丰富多彩。榕江人民的热情好客，使所有与会者深受感动。二是这次活动，广泛激发了侗族各支系爱侗歌、唱侗歌的积极性，增强了民族自信心及自豪感，通过歌艺的大比拼，晒出了侗族各支系文化的独特感染力，侗族各支系的群众还通过编歌和民间互传的方式对县委、县政府给各支系民众舞台展示的机会表示衷心的感谢。三是各界来客通过短信、微信等方式对给予他们认识榕江、了解榕江的机会表示感谢，他们在各自朋友圈中广传了榕江萨玛节的见闻和感想。

2. 这次活动的主要做法

（1）领导重视，精心安排

为了使全县广大群众共同过好侗族萨玛节，县侗学研究会对此提出了申请，并立即得到县委、县政府的高度重视，县委宣传部为此3次召开有县侗学研究会领导班子参加的工作会，两次召开相关单位部门负责人参加的大型协调会。县侗学研究会立即制定了活动方案报县委宣传部,从方案策划到组织实施,先后召开了8次专题会,从成立活动领导小组到任务实施,明确了各项活动的时间及相关机构和人员的主要工作任务与职责,保证各项活动都能够组织到位、实施到位。县侗学研究会在时间紧任务重的情况下,积极做好宣传部署工作,组织歌队和形象大使海选以及祭萨活动安排。县委宣传部于12月5日在贵阳召开了"榕江萨玛节·相约榕江"新闻发布会,12月13日又在贵阳召开了榕江萨玛节影视洽谈会,并对"萨玛节活动"的主题进行了研究和确定,还拟定了活动总方案,及时提交县乡各部门研究执行。县委宣传部对此还多次深入基层检查活动细节并进行现场指导。同时还对各单位和部门下发文件通知。从活动宗旨、组织原则、活动内容、安全要求等方面作了翔实、周密的安排,做到了目标明确、任务具体、责任到人。县侗学研究会7名正副会长按侗族支系分片负责,并将各项工作任务量化到每个成员身上,同时还成立了会务组、后勤组、财务组、调度组、安保组、演出组等,组长或副组长对领导小组负责、小组成员对正副组长负责,做到一级对一级负责。县文体广电旅游局牵头举行民族服饰巡游展和开幕式;县侗学研究会组织侗族形象大使选拔赛和侗歌比赛;三宝侗学研究会组织祭萨活动;县委宣传部、县文联组织"相约榕江踏歌行"国际户外徒步大会、"苗侗祖源·绿色榕江"摄影作品展、"美丽中国·侗乡之旅"中国摄影报走进榕江影友联谊会暨贵州摄影"大篷车下基层"双月赛(榕江站)采风创作系列活动;工信局等部门组织民族工艺品及土特产品展销;忠诚镇组织榕江特色美食展销。各部门领导成员还多次深入基层和现场,检查了各项重点活动的进展情况,并进行现场指导,对各项工作中存在的问题及时采取补救措施,确保了各项工作的顺利进行。

(2) 加大宣传力度,营造氛围

为了活跃节日气氛,让更多的人民群众积极主动地参与到活动当中,我们对此集思广益,紧紧围绕"苗侗祖源·绿色榕江"这个主题先后通过多种方式多角度、多层次、多阶段地发表了30多篇新闻报道和190多张图片,扩大了宣传范围,吸引了众多志愿者义务服务,新闻媒体提前介入，营造了浓厚的节日气氛和良好的舆论氛围，同时也吸引各界商家关注榕江、投资榕江，为建设榕江作贡献。这次节庆活动时间长、规模大、投入多、层次高，参与人数广、社会影响大，极大地丰富和活跃了群众的精神文化生活。整个活动特色鲜明、品位高雅，呈现一派欢乐祥和的氛围。参加节日活动的领导、专家、学者和来宾普遍反映：榕江民族文化丰富多彩、底蕴深厚；祭萨活动古朴神秘、场面浩大感人；民族工艺文化和饮食文化，让人目不暇接，流连忘返。

（3）力求互动，内容丰富

活动中始终坚持贴近农村、贴近群众、贴近生活的"三贴近"原则，精心指导和组织群众性节庆活动，主要亮点如下。

祭萨活动规模浩大。按照"规模大、时间足、神秘性"的要求，县侗学研究会相关正副会长多次临场指导，并明确一名副会长专门配合三宝侗学研究会主持祭萨活动。三宝侗学研究会在祭萨活动中，采用古老的大祭仪式：首先由三宝侗九个村分别祭祀，然后在三宝古榕群景区萨玛场举行众祭，共有"总祭、分祭、引萨神、供祭品、众祭祀、群乐舞、唱哆耶"等七个程序，还邀请了苗水瑶等兄弟民族参演助兴，达到"文化惠民、欢乐祥和"的目的，得到来宾及广大民众的一致好评，增强了民族文化自信。

群众自发，踊跃参赛。这次萨玛节我们着力于民族文化大展演，实行上下联动，为侗族七大支系搭建了一个展示自我的平台，在海选过程中，各支系参赛歌队少则有28个队，多则有32个队，每个支系参赛人数少则280人，多则近400人。参赛人群年龄最小的16岁，最大的有68岁。各支系都充分发挥自己的传统特长，演出异彩纷呈，充分展示了各支系的文化魅力，推动了民族文化的自我传承和发展，增强了民族的凝聚力和向心力，民族的精神风貌也因此得到了很好的改善。

依托侗族萨玛节推动旅游业和民族工艺品产业的发展。这次活动入榕游客有3200多人，有28家民营企业带工艺品和11家加工厂带土特产品在古榕广场展销，买卖场面火爆非凡，同时还有大批群众带着侗族各支系特色服饰银饰等产品踊跃加入，品种琳琅满目，场外榕江特色美食也应有尽有，不少企业老总当即与民族工艺品展销者进行了生产联姻，如贵州娘美侗族布艺染坊厂就有三家公司老总与之签订了生产合同，还有很多企业老总有意向在榕江投资兴建土特产品加工厂。在场外各种传统文化娱乐活动随处可见，有的互换恋物、有的敬酒拦路，场内场外集娱乐性、协作性、趣味性于一体，让游客留恋不已。

（4）团结协作，保障有力

在时间短、任务重、组织协调难度大的背景下，县侗学研究会一班人以高度负责的精神，克服用人难、经费难、用车难等各种困难，全力以赴地投入工作，同时大家自觉地团结协作、自觉牺牲个人休息时间，加班加点。有的带病工作，有的已退休的正副会长在既没话费报销又没交通补贴和年终奖的条件下，为了工作不顾家人反对、不计个人得失，坚持义务工作，确保了本次活动的正常开展。本次活动要求高、时间紧、涉及全县9个乡镇和10余个单位部门，为确保活动的顺利开展，在县委、县政府的领导下，大家克服重重困难，相互配合。如县民宗局从主要领导到普通干部职工，全力以赴投入活动的全过程，并在工作中积极为县侗学研究会排忧解难，确保本次活动顺利进行。县文体广电旅游局负责开幕式的总体策划和演出，三宝侗学研究会负责主持祭萨，县侗学研究会负责节庆的组织、实施和经费筹措等工作，并多次向县委宣传部和县政府领导汇报情况，同时按照县委、县政府的意见及时调整预算，在县委宣传部的协调下，保证了各项活动按时间和质量要求顺利开展。县财政局、卫监局、工信局、公安局、交通局等部门和单位，也都按照各自的分工和职责，认真组织安排，积极协调配合。责任落实到位、安全措施到位、演出方案到位、财力及时到位是本次活动能顺利开展的有力保证。各单位部门主动克服困难，采取有效措施，把萨玛节作为当前主要任务来抓，活动期间未发生任何安全事故，为活动的顺利开展提供了有力的组织保障。

总之，经过创新，榕江萨玛节由当地各民族村寨的自有节日，演变成了榕江县，乃至黔东南侗族地区重大的旅游节日。萨玛节节日文化的创新发展，不仅保护与传承了民族文化，也促进了当地经贸活动的开展，更是营造出了团结和谐的氛围，为榕江县民族和谐进步、经济社会发展做出了重大贡献。

五　望谟布依族"三月三"节日文化品牌构建与传播

布依族节日"三月三"，布依语为"向善"（xianglsaaml），是布依族同胞在农历三月初三举办的一个祈盼风调雨顺、缅怀祖宗先辈、感恩山水自然、交流思想感情的重要传统节日。节日活动能体现最真实的布依民俗、最原始的宗教文化、最典型的农耕文明，能全方位反映布依族物质文明、精神文明等多方面价值。该传统节日活动的基本内容主要有：祭祀社神、祭祀民族英雄、扫寨、"祭地蚕"、植树上坟挂青（扫墓）、踏青、对歌、传统体育及传统乡场上的经济贸易交流活动。节日具有民族性、集体性、社会性、变异性及交融性等文化特征。

"2018 国际山地旅游暨户外运动大会·中国望谟
'三月三'布依族文化节"活动方案[①]

为传承优秀文化、发展旅游产业、助推脱贫攻坚，经县委、县政府研究，决定于 2018 年 4 月中旬举办"2018 国际山地旅游暨户外运动大会·中国望谟'三月三'布依族文化节"。为抓好活动组织工作，特制定本方案。

一、活动意义

望谟县是中国布依族人口数量最多、布依族传统保存最好、布依族文化底蕴最深的县，被誉为"中国布依古歌之都""中国传统纺织文化之乡"。其布依语言，是全国布依语标准音，因此成为"中国布依族语言与文字培训基地"。

---

① 中共望谟县委办公室、望谟县人民政府办公室《关于印发〈2018 国际山地旅游暨户外运动大会·中国望谟"三月三"布依族文化节活动方案〉的通知》（望办字〔2018〕37号）（内部资料），2018 年 3 月 26 日。该文件由望谟县文体广电旅游局提供，在此特向其表示感谢。

布依族节日"三月三"，布依语称"向善"（xianglsaaml），是布依族同胞自古以来在每年农历三月初三举办的一个缅怀祖宗先辈、感恩自然山水、祈盼风调雨顺、交流思想感情的重要传统节日。县委、县政府从 2008 年开始将其发展为"三月三"布依族文化节，至今已成功举办了十届。2011 年 6 月，望谟县"三月三"布依族文化节成为国家级非物质文化遗产。2017 年 3 月，被中国人类学民族学研究会民族节庆专委会授予"中国品牌节庆示范基地"称号，节中布依族群众"多人同时用纺线车纺线"活动创造了吉尼斯世界纪录。

中国望谟"三月三"布依族文化节在传承民族文化、增进民族团结、展示地方特色、推动旅游产业发展、促进经济发展和文化繁荣等方面发挥了重要作用，已然成为望谟县、贵州省乃至全国一张亮丽的民族文化品牌，得到了社会各界的广泛好评。

举办"2018 中国望谟'三月三'布依族文化节"，旨在提振干部群众精神，展现脱贫攻坚决心，树立全面小康信心，丰富全县工会职工文体生活，满足人民群众美好文化生活需求，增强民族文化自信，促进民族团结进步，加快绿色望谟、温暖望谟、锦绣望谟、多彩望谟、港口望谟的建设。

本届"三月三"布依族文化节，作为"2018 国际山地旅游暨户外运动大会"的重要组成部分，将从社会、民族、文化、宗教等多维度，通过布依祭祀大典、布依糠包万人舞、布依服饰设计大赛、民族风情巡演、海峡两岸民族文化交流、户外运动嘉年华等多种形式，让参与者充分享受布依文化的精神大餐。

二、活动主题

走进新时代·相约三月三·建设新望谟

三、活动主体

指导单位：贵州省民族与宗教事务委员会、贵州省旅游发展委员会、贵州省文化厅、贵州省体育局

主办单位：中共望谟县委员会、望谟县人民政府

协办单位：黔西南州民族与宗教事务委员会、黔西南州旅游发展

委员会、黔西南州文体广电新闻出版局

承办单位：贵州省布依学会、黔西南州布依学会、望谟县布依学会

四、活动地点

望谟县城王母文化广场及县内有关村寨、景区

五、活动内容

（一）主体活动。1. 民族方队巡演；2. 布依祭祀大典；3. 布依糠包万人舞；4. "民族团结同昂央·社会和谐丽甲习"文艺汇演；5. "中华民族一家亲·相约望谟三月三"海峡两岸民族文化交流活动。

（二）配套活动。1. 布依宝——"户外嘉年华·寻宝三月三"大型户外运动；2. 布依情——脱贫攻坚招商引资项目签约仪式；3. 布依美——"锦绣布依"布依族服饰设计大赛；4. 布依味——"原汁布依"特色商品展销；5. 布依境——"决战脱贫攻坚·决胜全面小康"摄影作品展；6. 布依欢——"激情布依"民族体育竞技体验；7. 布依韵——"天籁布依"古歌展唱；8. 布依俏——"王母之星"选秀大赛；9. 布依秘——布依人文始祖布洛托祭祀仪式研讨会。

六、领导机构

成立"2018中国望谟'三月三'布依族文化节"组委会。组成人员包括县级政府各大部门相关人员。

七、经费筹措

本次活动预算210万元。采取以下方式筹集：1. 县级财政资金100万元；2. 县工会活动专项资金80万元；3. 氛围营造资金30万元。

八、工作要求

（一）提高认识，狠抓落实。此次活动是宣传望谟、推介望谟的一次良好契机，意义重大，影响深远。各乡镇（街道）、县直各部门要认真按照组委会工作要求，增强责任感和紧迫感，讲政治、顾大局，服从统一安排部署。县文体广电旅游局做好活动各项工作的调度；县工贸科技局、县市场监督管理局做好企业及个体经营户参加展销的宣传动员工作，鼓励企业赞助"三月三"布依族文化节活动；县民宗局做好活动宣传组织工作；县教育局做好学校师生参与演出抽调

工作；县电信、移动、联通公司配合做好活动宣传工作；各乡镇（街道）组队参与方队巡演，县直各部门可联合组织方队参与巡演；苗学会负责组织麻山绝技参与晚会演出；布依学会负责做好布依祭祀大典活动；其余单位严格按照工作方案执行，确保活动顺利进行。

（二）注重细节，真心服务。各牵头单位认真细化内部方案，按照活动时间节点，用心准备，上心落实，真心服务，做到精细、精准、精效，树立和展现望谟良好形象。

（三）强化责任，严肃纪律。各乡镇（街道）、县直各部门要做到措施到位，人员定岗，任务明确，落实责任。对工作不负责或推诿扯皮造成不良影响的单位和人员将严格追究责任。

通过田野调查和个案展示，我们从中可以看出"多彩贵州"传统节日文化各子品牌构建与传播中具有以下特点。第一，"多彩贵州"传统节日文化子品牌数量众多，一部分节日文化子品牌构建与传播初具规模，小有名气。第二，"多彩贵州"传统节日文化子品牌构建与传播内容丰富，实践体制机制已经建立。第三，"多彩贵州"传统节日文化子品牌构建基本完成，品牌传播工作也在渐次展开。第四，"多彩贵州"传统节日文化子品牌以节日民俗时间空间为轴心，开始考虑社会时间空间相关问题。第五，"多彩贵州"传统节日文化子品牌以节日文化事业发展为主，节日文化产业化倾向凸显。当然，"多彩贵州"传统节日文化品牌构建与传播中也面临一些问题，比如，节日内涵挖掘不够、节日活动程式化严重、节日产业化色彩不够突出、"多彩贵州"传统节日文化及其品牌的整体性不强等。而对这些问题的具体分析，我们将在后面进一步展开。

总之，问卷调查和个案呈现很好地说明了"多彩贵州"传统节日文化品牌构建与传播具有广泛而又深厚的基础，但"多彩贵州"传统节日文化品牌构建与传播还需从整体视角入手，在对各子品牌进行归纳、整合、提升的基础上，凸显"多彩贵州"传统节日文化品牌构建与传播的目标、理念、定位、架构、要素、形象等。只有这样，"多彩贵州"传统节日文化品牌才能逐渐成长，直至大放异彩。

第四章　品牌之理："多彩贵州"传统节日文化品牌构建目标、定位与理念

　　品牌是商品经济发展到一定阶段的产物。在社会主义市场经济条件下，推动文化品牌的构建与传播是建设贵州民族特色文化强省和旅游强省，提升贵州文化软实力的必由之路。"多彩贵州"传统节日文化品牌正是在这样的背景下应运而生的。"多彩贵州"传统节日文化品牌立足于贵州丰富的历史文化、民族文化、民俗文化、艺术文化资源，将贵州传统节日文化的传承和发展纳入到建设社会主义文化强国以及建设中华民族现代文明的宏观战略视野中，通过发挥多元主体力量，以现代性的节日文化品牌构建目标、定位与理念推动贵州传统节日文化的现代化转型和功能再造。品牌效应的释放对内有助于增强贵州传统文化的凝聚力和向心力，对外有助于发挥贵州传统文化的感召力和影响力，其在推动传统节日文化的现代化转型中，具有强大的经济价值、政治价值、文化价值、社会价值和生态价值。诚然，明确正确的目标、定位与理念是高质量构建"多彩贵州"传统节日文化品牌的关键。经过近二十年努力，"多彩贵州"传统节日文化各子品牌已形成其独特的目标、定位与理念，并成为展现贵州深厚历史文化底蕴、多彩民族文化风情的重要窗口，成为一张亮丽的"贵州名片"。面向未来，在"多彩贵州"文化品牌的指引下，我们需进一步明确"多彩贵州"传统节日文化这个文化总品牌的目标定位，优化品牌理念，这对构建贵州传统节日文化品牌起到纲举目张的重要作用。

第一节 "多彩贵州"传统节日文化品牌构建目标

马克思主义认为，实践是人的存在方式。作为实践主体的人，总是按照自身的目的和需要改造客观对象，不断解决着主体和客体之间的矛盾，推动人类社会不断向前发展。自觉的目的性是人类实践活动的重要特征，实践过程的结果往往在实践过程开始之前，就作为观念的形态存在于人脑中。主体的价值和目的贯穿于实践的整个过程和实践结果之中，它既是实践过程的初始环节，也是实践过程中的内驱动力和内控因素。具体来说，实践是人类能动地改造客观世界的对象化活动，主体把自己的需要、愿望、价值、计划、目标等主观性的东西作用到客观对象之中，使之成为现实的客观存在，以满足主体的某种需要、目的和价值。节日文化品牌构建作为一种文艺实践活动，同样遵循着人类认识和实践运动的一般规律，特定的品牌构建目标反映着构建主体的愿望和需要，主体的价值和目标凝结在其中。正确的品牌目标有助于促进品牌的持续健康发展，错误的品牌目标往往会阻碍品牌的发展。具体来说，正确的目标对品牌的构建与传播起到重要的导向作用、激励作用和凝聚作用。正确的品牌构建目标往往凝聚着品牌构建主体的正确价值观念，反映着构建主体对文化发展规律、品牌运行规律和受众心理规律等客观规律的正确把握，是真理尺度与价值尺度的辩证统一，也是品牌构建成功的先决条件。

综上，传统节日文化品牌的目标决定着品牌的发展方向，决定着品牌与受众连接的深度，进而决定品牌的前途命运。"多彩贵州"传统节日文化品牌作为传承发展贵州优秀传统文化的一个省级文化品牌，其品牌目标在构建实践中有多个维度的呈现，我们将从国家文化发展战略、中华民族共同体建设、贵州省域发展、节日文化本身四个层面对"多彩贵州"传统节日文化品牌构建目标进行分析。

一 国家文化发展战略层面的构建目标

从国家文化发展战略层面看，"多彩贵州"传统节日文化品牌构建目标在于为推动社会主义文化繁荣兴盛、建设社会主义文化强国、建设中华民族现代文明贡献贵州力量，从而助力中华民族伟大复兴和全面建设社会主义现代化国家的伟大征程。

党的十八大以来，以习近平同志为核心的党中央高度重视中国特色社会主义文化建设，将文化建设作为"五位一体"总体布局的重要内容，提出了建设社会主义文化强国的战略方针。党的十九大报告明确指出："文化是一个国家、一个民族的灵魂。文化兴国运兴，文化强民族强。"① 其将文化建设放在了国家发展和民族复兴战略全局的高度。没有社会主义文化繁荣发展，就没有社会主义现代化；没有高度的文化自信，就没有中华民族的伟大复兴。我国是世界四大文明古国之一，中华民族有着悠久的历史和灿烂的文化，为人类文明进步做出了巨大贡献。中华优秀传统文化是我们推动社会主义文化繁荣兴盛、建设社会主义文化强国、建设中华民族现代文明的重要资源禀赋。加强中华优秀传统文化传承和创新，弘扬社会主义核心价值观，是我国在文化建设领域持续努力的重要方向。新时代十年来的伟大实践充分证明，加强中华优秀传统文化传承和创新，是实现中华民族伟大复兴的重要支撑和内在力量。当前我们已经迈上了全面建设社会主义现代化国家的新征程，习近平总书记强调："在新的起点上继续推动文化繁荣、建设文化强国、建设中华民族现代文明，是我们在新时代新的文化使命。"② 这一重要论述深刻阐明了我国文化事业发展的目标和使命。

贵州是一个多民族省份，有着深厚的传统节日文化资源，如苗族的姊妹节、四月八、花山节、鼓藏节，侗族的萨玛节、赶社、播种节、斗牛节，水族的端节、卯节，仡佬族的吃新节、敬雀节、祭山节，土家族的牛王节、五月节、赶年节，彝族的火把节等，这些传统节日是贵州丰富历史文化、民族文化、民俗文化、艺术文化的重要载体。贵州丰富多彩的传统节日文化是中华优秀传统文化中的有机组成部分，亟须得到传承和发扬，以助力我国文化事业向前发展。作为传承发展中华优秀传统文化的一个省

---

① 习近平：《决胜全面建成小康社会 夺取新时代中国特色社会主义伟大胜利——在中国共产党第十九次全国代表大会上的报告》，人民出版社，2017，第40~41页。

② 《担负起新的文化使命 努力建设中华民族现代文明》，《人民日报》2023年6月3日。

级文化品牌,"多彩贵州"传统节日文化品牌在构建与传播的实践中始终坚持以习近平新时代中国特色社会主义思想为指导,立足贵州传统节日文化资源,以推动中华优秀传统文化创造性转化与创新性发展为己任,致力于以品牌的力量整合贵州各个地区、各个民族的优秀传统节日文化资源,推动贵州传统节日文化现代化。

党的二十大报告提出:"从现在起,中国共产党的中心任务就是团结带领全国各族人民全面建成社会主义现代化强国、实现第二个百年奋斗目标,以中国式现代化全面推进中华民族伟大复兴。"① 现代化的本质是人的现代化,中国式现代化以实现人的现代化为价值目标,而文化作为人之为人的最高表现,实现文化的现代化则成为推进中国式现代化的重要内容。因此,建设中华民族现代文明是推进中国式现代化的必然要求,也是习近平总书记关于文化使命重要论述的重大理论创新。中华民族现代文明是指中华民族在当代世界中继承和发扬数千年来的优秀文化与文明成果,并在此基础上吸收借鉴一切人类优秀文明成果,通过新的时代诉求激活中华优秀传统文化因子,推动中华文明实现现代性转型而创造出来新的文明成果。贵州是中国式现代化建设的后发追赶者和创新探索者,同时也是中华文化的一块福地。面向全面建设社会主义现代化国家的新征程,"多彩贵州"传统节日文化品牌应进一步聚焦建设中华民族现代文明的目标使命,为之贡献贵州力量。

二 中华民族共同体建设层面的构建目标

从中华民族共同体建设的层面看,"多彩贵州"传统节日文化品牌构建目标在于铸牢中华民族共同体意识,助力中华民族共同体建设。

中华民族不仅是由中华疆域内的各个民族通过数千年来的交往交流交融自发融合的,也是在近代民族国家世界体系建立的背景下,在各民族维护中华疆域完整、摆脱殖民掠夺、构建中华现代民族国家的斗争与实践中自觉凝聚的。近代以来,在帝国主义列强的侵略和欺辱下,亡国灭种的现

---

① 习近平:《高举中国特色社会主义伟大旗帜 为全面建设社会主义现代化国家而团结奋斗——在中国共产党第二十次全国代表大会上的报告》,人民出版社,2022,第21页。

实威胁笼罩在中国先进知识分子的内心。同时世界民族国家的普遍建立，特别是近代日本以"创造日本国民"为主要内容的国族构建运动极大地冲击着中国近代知识分子。梁启超最早将现代的"民族"概念和现代国家理论从日本引入国内，并明确提出"中华民族"概念。"民族"理念的传播受到了较多的关注，并对孙中山、李大钊等革命先驱产生了重要的影响。通过认识的不断深化，舶来的"民族"与"民族主义"成为国人进行国家改造、社会整合的认识工具与理论武器。随着中华人民共和国的成立，中华民族与国家结合在一起，具有了国家的形式。① 新时代以来，习近平总书记不仅将中华民族的伟大复兴作为国家发展的目标，还做出了"铸牢中华民族共同体意识"的战略部署，强调："铸牢中华民族共同体意识是新时代党的民族工作的'纲'，所有工作要向此聚焦。"②

贵州是一个多民族的省份，全省有 56 个民族，其中有 18 个世居民族。贵州有着极为丰富的民族民俗文化资源，这些是中华民族文化的瑰宝，其中丰富多彩的传统节日作为"文化丛"，是展现贵州各族人民历史文化、生产方式、思想观念、行为方式的重要窗口。贵州的民族团结进步事业关系全省的发展，也关系着中华民族共同体建设的战略全局。多年来，贵州十分重视民族团结进步工作，将铸牢中华民族共同体意识作为全省民族工作的根本遵循和核心任务，不断推动构筑中华民族共有精神家园、深化各民族交往交流交融，增强各族人民的文化认同、民族认同和国家认同。贵州传统节日文化品牌的构建也应将"多彩贵州"与"红色中国"相融合，树立大中华历史观，紧紧围绕铸牢中华民族共同体意识这条主线，将铸牢中华民族共同体意识、构筑中华民族共有精神家园、推动中华民族共同体建设作为品牌构建的目标任务。

传统节日是"中国各族人民历史文化、生产方式、思想观念、行为方式的集中展现，传统节日，凝结着中华民族的民族精神和民族情感，承载着中华民族的文化血脉和思想精华，是维系国家统一、民族团结和社会和

---

① 周平：《中国何以须要一个国族？》，《思想战线》2020 年第 1 期。
② 《习近平在中央民族工作会议上强调 以铸牢中华民族共同体意识为主线 推动新时代党的民族工作高质量发展》，《人民日报》2021 年 8 月 29 日。

谐的重要精神纽带,是建设社会主义先进文化的宝贵资源"①。构建"多彩贵州"传统节日文化品牌,能够有效整合贵州各民族的传统节日文化,推动各民族的传统节日在统一的文化品牌下共同发展、相互促进,从而为促进各民族交往交流交融和构筑中华民族共有精神家园打造重要的实践平台。通过民族传统节日和集会,能够有效增强全国人民对贵州民族精神、民族文化的认同,也能够在各民族的交往交流交融中,切实有效地增强贵州各族人民对伟大祖国、中华民族、中华文化、中国共产党、中国特色社会主义的认同,进而为铸牢中华民族共同体意识做出贵州贡献。这不仅是"多彩贵州"传统节日文化品牌构建与传播的内在价值,也是其构建目标的一个重要维度。

三 贵州省域发展层面的构建目标

从贵州省域发展的层面看,"多彩贵州"传统节日文化品牌构建目标在于发挥贵州文化优势,建设"多彩贵州"民族特色文化强省,从而为推动贵州高质量发展、谱写中国式现代化贵州实践新篇章注入新动力。

地处西南腹地的贵州,省内生活着包括汉族、苗族、布依族、侗族、彝族等在内的 18 个世居民族,不同民族在长期的交往交流交融中,创造了丰富多彩、形式各异的地域文化,使得"山地公园省、多彩民族风"声名远扬、"多彩贵州"文化品牌受到了世人的广泛关注。在新时代,贵州全省贯彻落实党中央关于文化建设的战略部署,始终坚持"两个结合",坚定文化自信自强,进一步发挥贵州特色文化优势,着力固本培元、守正创新,加快建设多彩贵州民族特色文化强省;坚持以高质量发展统揽全局,紧紧围绕"四新"抓"四化",在西部大开发中闯新路,着力打造"四区一高地",推动贵州社会全面现代化。文化多元与多元文化是贵州闻名于世的重要法宝,也是贵州新时代发展的核心资源与要素。据统计,贵州是全国民族传统节日最丰富、节日文化最绚丽的省份。传统节日文化是贵州多元文化的集大成者,是贵州各个民族传统文化的集中体现,是人们了解

---

① 《运用传统节日弘扬民族文化的优秀传统》,《人民日报》2005 年 6 月 24 日。

贵州的一把钥匙和一个窗口，是表征贵州历史、展现贵州现在及预示贵州未来的最好标志物。正是基于此，贵州传统节日文化成为建设"多彩贵州"民族特色文化强省的重要资源和比较优势。不仅如此，贵州传统节日文化作为一种独特的社会意识，能够渗透经济、政治、社会、生态等各个领域，对贵州经济社会发展起着独特的反作用。这种独特的反作用体现在贵州传统节日文化的经济功能、政治功能、文化功能、社会功能、生态功能上。

基于此，"多彩贵州"传统节日文化品牌作为传承发展贵州优秀传统文化的一个省级文化品牌，其构建应充分聚焦多方位的功能价值，从而全方位推动贵州高质量发展，为谱写中国式现代化贵州实践新篇章注入新动力。从经济功能上看，贵州传统节日文化品牌构建应致力于提高节日文化产业经济效益，推动贵州产业结构调整，巩固少数民族地区脱贫攻坚成果，促进共同富裕；从政治功能上看，贵州传统节日文化品牌构建应致力于增强贵州各民族的民族认同与文化认同，推进社会主义核心价值观的宣传和教育，促进贵州各民族团结和地区稳定；从文化功能上看，贵州传统节日文化品牌构建应致力于促进贵州传统节日文化的积淀与传承、传播与交流，推动贵州文化产业高质量发展，建设多彩贵州民族特色文化强省；从社会功能上看，贵州传统节日文化品牌构建应致力于维护村寨、社区的秩序稳定，助力贵州民族地区社会治理现代化；从生态功能上看，贵州传统节日文化品牌构建应致力于推动传统节日文化生态的延续与修复，促使传统节日文化生态价值彰显，构建人与自然、人与人之间和谐的关系，书写"美丽中国"的贵州篇章。

四 节日文化本身层面的构建目标

对于传统节日文化本身而言，"多彩贵州"传统节日文化品牌构建目标在于促进贵州传统节日的文化传承、文化发明与文化现代化。

"不是人们的意识决定人们的存在，相反，是人们的社会存在决定人们的意识。"① 社会存在决定社会意识，社会意识反作用于社会存在。在历

---

① 《马克思恩格斯文集》第2卷，人民出版社，2009，第591页。

史唯物主义视域下，传统节日文化作为一种社会意识，其产生和发展都深深地根植于社会存在的土壤之中，根植于人类社会实践的发展与变迁中。具体来说，传统节日是人类在物质生产实践和社会交往基础上产生的，通过特定时间空间下的特定仪式来反映本民族生产生活方式、原始信仰和美好生活愿望的民俗活动，是人类适应自然、社会及自身心理、人与人关系的产物。一旦节日赖以存在的社会生活土壤发生变化，无论是节日的外在的、具体的表现形式，还是节日的"实质性传统"，节日文化，甚至节日的作用和意义都将发生变迁。当然节日文化的这种变迁不是自发实现的，而是通过自觉能动的文化艺术实践实现的。实践是具体的、历史的，社会实践的发展决定着传统节日文化的发明、创新与发展。

先进的、与时俱进的节日文化往往能够正确反映社会发展趋势，促进人与自然、人与社会、人与自身矛盾的解决，从而推动社会实践向前发展；反之，落后的节日文化往往不符合社会发展趋势和要求，阻碍社会实践的发展。因此在这个飞速发展与变迁的时代，传统节日文化不仅要紧跟时代和实践的步伐，不断创新发展，也要充分发挥其作为社会意识的"相对独立性"作用，通过自觉地节日文化创新引领社会历史的发展。当然在推进传统节日文化发明与创新的过程中，必须厘清传承与创新、发明的内在关系，不能忽略对传统节日文化的传承。也就是说，传承与创新是辩证统一的，它们互为目的，也互为手段，传承是创新的前提和基础，创新是传承的深化与升华。只有传承，文化创新才有立足点，只有通过创新，文化才更适应时代变迁而得到更好的传承。因此，创新与传承共同作为传统节日文化品牌构建的目标而存在。

贵州少数民族传统岁时节日反映了古代社会的自然节气与先民对时间的记忆方式、先民的原始崇拜与宗教禁忌观念、古代农耕经济形态的性质以及先民对美好生活的向往[①]。当前，走向现代化或实现现代化已经成为所有国家和民族发展的目标或标识。在此背景下，诞生于农耕文明条件下的贵州传统节日文化在时下正不可避免地受到现代化浪潮的冲击，这对贵

---

① 杨昌儒、陈玉平编《贵州世居民族节日民俗研究》，民族出版社，2009，第39~52页。

州传统节日文化的发展既是机遇又是挑战。传统节日文化的现代化离不开对其进行传承、发明与创新。而传统节日文化品牌正是在社会主义市场经济条件下，推动传统节日传承、发明与创新的重要载体。传统节日文化品牌的构建与传播作为文化再生产的一种类型，不仅具有人类实践的一般结构，也是特定时间和空间条件下以节日创造为主题的一次具体实践活动。从贵州传统节日文化本身发展的维度看，以文化现代化为主旨，达致文化传承、文化发明与文化现代化"三位一体"，则是贵州传统节日文化品牌构建与传播的当务之急和最高诉求。

第二节　"多彩贵州"传统节日文化品牌定位

马克思主义价值论认为，价值作为一个哲学范畴，揭示的是主客体之间的意义关系，不仅有客观基础，也蕴含着主体性特征。价值的主体性特征指价值始终与主体相关联，以主体为中心。主体总是以自身需要、特点以及情感、兴趣和爱好进行价值评价，评价结果与主体直接相关。而品牌定位就是一项对品牌现实基础和受众心理之间价值关系的认识活动。对品牌特色、优势等现实基础以及受众心智的双向把握是品牌定位成功的前提。当前，我们进入了一个以消费者心智为商业竞争中心的时代，这个时代也被称为定位时代。在定位时代，定位（positioning）成为品牌构建的基础和灵魂，而贵州传统节日文化品牌构建亦需要把准定位，依托正确的定位走向成功。

一　品牌定位相关理论简述

"定位理论"创始人里斯和特劳特把市场营销的发展划分为产品时代、品牌形象时代和定位时代，三个不同的时代体现的是生产力的发展带来的竞争中心发生了"工厂—市场—消费者心智"的转移。根据里斯和特劳特的观点，"选择的暴力"和"过度传播"是定位时代竞争的重要特征。一方面，商品经济的高度发达在不同的行业中都产生了琳琅满目的商品和众多的品牌，消费者比以往任何时期都有了更多的选择空间，基于消费者心智的选择更能决定商品的"惊险跳跃"以及市场实体的生死存亡，如何对抗"选择的暴力"，获取顾客的"选择"，成为品牌生存的前提；另一方面，在这个传播过度的时代，传播渠道往往拥堵不堪，暴增的媒体、产品和信息让受众应接不暇，受众心智遭受信息轰炸，受众心智为抵御海量的传播信息往往会进行筛选和排序，如何能够切中受众的心智，成为品牌成功的关键。在此背景下，为市场主体准确定义成果，准确把握和切中消费者心智，化"选择暴力"为"选择动力"的手段——定位被提了出来。

所谓定位就是要针对竞争对手，在顾客的心智中确立最优位置。"定位"不是对产品的定位，而是对消费者心智的定位，定位的核心就是消费者心智资源。因此，定位的过程就是通过一系列手段将最能代表企业产品、服务、价值的符号——品牌植入并占领消费者心智的过程。通过上述分析，我们可以得知，品牌定位的三大核心要素就在于品牌自身、一定的定位手段以及消费者心智，如何制定正确的品牌定位战略应从这三大核心要素及其延伸来着手。除了以上三大要素外，品牌定位战略还应充分考虑政治背景、市场环境、主要竞争对手情况等因素，学者迈克尔·波特就曾经提出了对于市场定位和战略分析领域具有较强代表性和影响力的"五力模型"，认为一个市场实体在市场定位和战略分析时应确认并评价供应商的讨价还价能力、购买者的讨价还价能力、潜在竞争者进入的能力、替代品的替代能力、行业内竞争者现在的竞争能力这五种力量的大小，及其对市场实体的影响、重要性。学者余明阳等提出了动态定位模型，认为品牌定位应以消费者、竞争对手和企业自身为参照主维度，以宏观环境、行业等为辅维度，从多个维度采集信息来对品牌进行精确定位；同时应坚持静态定位与动态定位相协调，初次定位与再次定位相结合，也就是说要坚持联系和发展的观点考察品牌定位，品牌定位不是一劳永逸的，需要根据市场环境、消费者心智以及品牌自身优劣势的量变和质变进行分析与再定位。归根结底，品牌定位需要综合考虑多方面的因素，但品牌自身、一定的手段以及消费者心智始终是定位的基本参照点，而占领消费者心智则始终是品牌定位的核心和根本落脚点。

因此，正确的品牌定位应包含以下环节：第一，明确目标受众，即把握品牌定位的主要目标受众、次要目标受众、潜在目标受众；第二，分析消费者的偏爱、喜好和需要以及关于品牌的既有认知等消费者心智因素；第三，创造品牌的核心价值，找到品牌的相较于竞争者的独特优势；第四，通过广告、营销等手段将品牌定位传递给消费者，并占据消费者心智，最终同消费者产生共情与共鸣，得到消费者认同和消费者忠诚。

在这个以消费者心智为竞争中心的时代，定位已成为品牌在激烈竞争中胜出的重要法宝，而关于揭示定位内涵、规律、步骤的定位理论已成为定位时代品牌构建的重要指南。"多彩贵州"传统节日文化品牌构建应以定位理论为基本分析框架，充分把握其主要受众和受众心智、独特的品牌优势和品牌价值，并探索出品牌价值与受众心智相沟通的现实路径。

二 传统节日文化品牌受众心智分析

对"多彩贵州"传统节日文化品牌受众心智进行分析，首先需要准确把握贵州传统节日文化的目标受众。笔者始终坚持人民群众是社会精神财富创造者的观点，中国的传统节日文化是各族先祖在数千年的农耕生产实践中创造的，体现着中华历史文化的长期积淀，凝结着中华民族的民族精神和民族情感，承载着中华民族的文化血脉和思想精华，传统节日文化品牌源自人民、为了人民、属于人民。"多彩贵州"传统节日文化品牌不仅是贵州人民、贵州各民族的文化品牌，也是中国人民和中华民族的文化品牌。在全球化的时代，我们同样需要以胸怀天下的广博胸襟深化文明交流互鉴，推动贵州传统节日文化"走出去"。因此，"多彩贵州"传统节日文化品牌的目标受众包括贵州各传统节日的所属民族和当地居民以及广大的中外游客、传统节日文化爱好者和研究者。

首先，对于贵州各传统节日的所属民族来说，本民族的传统节日文化有着重要的意义，如何能够保护本民族节日文化中的实质性传统，又能够丰富节日形式、创新节日理念、壮大节日规模，以现代化的面貌呈现本民族传统节日文化，已经成为贵州各族人民的现实关切。特别是在传统节日文化不断遭受现代化浪潮冲击的今天，经济的快速发展剧烈地冲击着贵州传统节日的稳定性和完整性，开放性的社会发展使民族传统节日文化的民族特点逐渐淡化，在此背景下传承和发扬本民族文化已经成为各民族对于构建"多彩贵州"传统节日文化品牌的殷切期盼。尊重和发挥传统节日敬畏神灵、敬畏自然、纪念英雄、崇拜祖先的原始功能，加大对本民族文化的保护力度和挖掘力度，推动传统节日文化整体性开发，并通过创新理念、内涵、技术和节庆活动的举办方式，引领本民族文化现代化成为贵州各族人民的现实诉求。此外，传统节日文化凝结着各族人民的民族情感、认同感和归属感，通过构建传统节日文化品牌和举办民族节庆活动来凝聚民族意识，增强民族自信和自豪感，同样成为各民族受众心智的重要维度。另外，传统节日作为"文化丛"，是彰显各民族深厚历史文化底蕴、多彩民族文化风情的重要窗口，是贵州各族人民历史文化、生产方式、思想观念、行为方式、精神面貌的集中体现。因此，通过举办本民族的传统节日活动来呈现本民族的文化和精神，向世界展现本民族节日和文化的独特魅力也成为贵州各民族的重要期许。

其次，对于各地游客以及传统节日文化的爱好者、研究者来说，获取高质量的旅游体验和人文体验是满足自身心智需要的重要内容。新时代随着社会主要矛盾的变化发展，人民对文化和旅游需求的层次越来越立体、形式越来越多样，且正由模仿型排浪式消费转向多样化个性化消费。人民群众旅游消费需求从低层次向高品质和多样化转变，对旅游的认知更加多元，由注重观光向兼顾观光与休闲度假转变，从看景点、拍照转向追求个性化旅游体验。大众旅游出行和消费偏好发生深刻变化，线上线下旅游产品和服务加速融合。《中国旅行消费趋势洞察白皮书（2023 年版）》显示，2023 年中国旅游消费呈现出四大趋势：第一，从"热门主流"到"小众独特"；第二，从"游山玩水"到"自在松弛"；第三，从"周密翔实"到"未知惊喜"；第四，从"到此一游"到"深度在地"。"小众独特"体现了旅游消费者结合自己的喜好、特质主动挖掘尚未为大众所熟知的城市或目的地，以期在旅游中获得更新奇的体验、游历更独特内容，在旅程规划上呈现更自我、个性的特质。"自在松弛"表明旅游不仅是游山玩水、享用美食，更是一种情绪消费。通过旅游，能够赋予身心新的能力、新的视角、新的体会，也赋予消费者更多能量面对生活中纷繁的工作与生活难题。"未知惊喜",体现着旅游消费者不再追求满满当当的旅行方式,从而增加旅游的"任务感",即兴出游、边玩边临时决策的高自由旅行方式更受欢迎。"深度在地"体现出随着消费者的旅游经历不断丰富,他们对于旅游的体验也不断升级,提出更高的要求。对比以往"到此一游"、打卡赶集的旅游方式,现今的消费者更希望能够在地深化多角度的体验,品鉴一方水土、短暂成为一方人。

值得注意的是,近些年来城市化进程加快,城市的生活水平提高,但城市发展过程中的污染、拥堵、内卷等正加重人们的心理负担,催生"民俗热""非遗热""乡村旅游热"。而生活水平的提高,也使得人民对文化发展的要求更高、期待更多。在都市生活久了的人们往往期待能够通过乡村旅游、民俗旅游体验原汁原味的乡土气息和原生态的民族文化、民俗文化。

三 传统节日文化品牌独特的优势和价值

品牌定位的实质是品牌与受众心智的沟通,是品牌对受众心智的满足和实现,也是受众对品牌的认同、依赖。因此,品牌定位除了要厘清潜在的受众及其心智,把握客观宏观市场环境等因素外,还应建立和明确品牌自身独特的优势与价值,明晰品牌的优势和价值能给受众带来差异化的利益。综合贵州传统节日文化的禀赋、特征、发展、趋势,以及"多彩贵州"传统节日文化品牌的目标、理念来看,笔者认为,"多彩贵州"传统节日文化的独特优势和价值主要在于以下两个方面。

首先,"多彩贵州"传统节日文化品牌能给受众带来高质量、个性化的休闲娱乐体验。据统计,贵州各民族共创造出1400余个传统节日,因此,贵州也被誉为"千节贵州"。在贵州,从正月到腊月一年到头都有传统节日,有苗族的四月八、姊妹节、芦笙会、苗年,有布依族的三月三、牛王节、嫩信节、六月六,有侗族的祭祖母、抬官人、播种节、吃新节、萨玛节、赶社,有水族的卯节、端节、敬霞节、苏宁喜节,有彝族的火把节、赛歌节、赛马节等。

在各种节日里,娱乐活动与体育竞技结合,人们的生活丰富多彩。节日期间,人们聚餐、赶集、吃新、打花鼓、赛歌、吹唢呐、吹木叶、荡秋千、爬刀梯、抢花炮、抬官人、相亲约会、游山、划船、骑马、射箭、摔跤、讨花带、讨树秧、射背牌、跳地戏、敲铜鼓等,节日内容可谓异彩纷呈。在这些节日活动中,不仅当地居民乐在其中,更是吸引了众多中外游客共同欢度佳节,为参与者提供了沉浸式的"深度在地"体验。同时传统节日文化物品的稀有性、节日仪式技巧的高超性、节日文化形式的多姿多彩性和内涵深刻性则给予中外游客更多的"未知惊喜"。"多彩贵州"传统节日文化品牌的构建,旨在通过现代化的品牌运用理念、经营管理方式、科学技术手段,整合贵州传统节日文化资源,挖掘传统节日文化深层次内涵,丰富传统节日形式,实现文化传承、文化发明与文化现代化。构建"多彩贵州"传统节日文化品牌应在更好传承贵州传统节日文化形式的基础上,对其进行适度加工、创新,植入时尚、文创、艺术等元素,推动传统节日文化的年轻态、时尚化、个性化表达,使其更贴近现代人需求,以此增强节庆活动的大众体验感。

其次,"多彩贵州"传统节日文化品牌能够给受众带来多样性、原生态的人文熏陶。贵州"最宝贵的资源是民族、最经典的品牌是民族、最耀眼的名片是民族"。民族,是一个文化范畴,是以文化为纽带联结起来的人群共同体,不同民族的文化在贵州这个"文化千岛"上交相辉映、美美与共。传统节日正是贵州民族文化、民俗文化、历史文化的集中体现,反映着贵州各族人民的生产生活方式、原始信仰、文化积淀和美好生活愿望。据不完全统计,一年之中,全省有各种民族节日集会数百个,集会点1000余处,毫无疑问,贵州的确是全国民族节日最多的一个省。① 每逢传统节日,艳丽的传统民族服饰、独特的民族饮食、古朴的歌舞表演,虔诚的祖宗祭祀都会向人们集中展现。"这些民族传统节日,堪称贵州非物质文化遗产的博览会,体现了文化传统节日的多元性、丰富性及其相对完好传承的文化形态。"② 此外,"原生态文化"所具有的代表性、独特性是不可替代、不可复制的。同时,原生态文化又具有广泛的产业关联性,可统

① 贵州省文化厅群文处等编《贵州少数民族节日大观》,贵州民族出版社,1991,第1页。
② 赵相康:《千节贵州 引流密码》,《贵州日报》2023年8月4日。

筹文化与产业的双重需要。原生态文化很好地界定了消费者的体验价值，如新奇和神秘的文化特色，审美品位和消费层次上的优越感，以及天然原生态的健康生活方式十分契合当今旅游消费者心智的新变化。

四 传统节日文化品牌定位与品牌形象、语言设计

品牌定位的目的就是要占领受众心智，赢得受众的认知、认同和忠诚，以在竞争中赢得优势，不仅需要"找位""选位"，还需"提位"和"到位"，以将品牌的理念、个性、优势传达到目标受众的心智之中。如果说对"多彩贵州"传统节日文化品牌的受众心智分析和独特优势、价值分析是品牌定位的"找位"和"选位"阶段，那么设计品牌形象和语言，并通过一定的营销、传播战略使品牌占据消费者心智中的独特位置就是品牌定位的"提位"和"到位"阶段了。这时品牌定位才能真正落到实处并发生作用。

所谓"找位"和"选位"其实就是"补位"的过程，一方面要填补受众心智中的内在需要，另一方面要填补市场供给侧的"缺位"，品牌定位的实质和核心就在于"补位"。基于前文分析，"多彩贵州"传统节日文化品牌的受众涵盖贵州各传统节日的所属民族和当地居民以及广大的中外游客、传统节日文化爱好者和研究者。对于传统节日的所属民族和当地居民来说，实现传统节日文化的传承、创新与现代化，并通过传统节日文化来凝聚民族意识、增强民族自信和自豪感，向世界展现本民族节日和文化的独特魅力是其最主要的关切和期盼。对于广大的中外游客、传统节日文化爱好者和研究者而言，获取高质量的旅游体验和人文体验以满足其立体化、多样性的文化旅游需求是其受众心智的主要内容。这样的受众心智同当前工业化、城镇化、现代化背景下文化多样性、原生态性缺失的矛盾日益凸显。"多彩贵州"传统节日文化品牌正是在这样的矛盾下产生的，其能够在一定程度上推动矛盾的化解。

"多彩贵州"传统节日文化品牌的独特优势和价值就在于其能够通过整合节日文化资源，实现节日文化的传承、创新与现代化，从而给受众带来高质量、个性化的休闲娱乐体验和多样性、原生态的人文熏陶，放眼全

国甚至世界这都是独一无二的。这在很大程度上同受众心智相契合，二者的契合使得"多彩贵州"传统节日文化品牌的定位逐渐清晰。"多彩贵州"传统节日文化品牌的定位应聚焦其独有的价值和优势，面向广大的受众，构建一个多元与和谐相统一、传统与现代相贯通、本土化与大众化相结合的原生态文化大汇。这个原生态文化大汇既要搭建各民族彰显其文化特色、民族风采、独特魅力的大舞台，又要为各民族文化的交往交流交融、和谐共生创造交互平台，使之成为多元与和谐相统一的文化品牌；既要最大限度地保持传统节日文化的原生态属性，传承传统节日文化的实质性传统，又要以创新理念引领传统节日文化现代化，使之成为传统与现代相贯通的文化品牌；既要尊重和发挥传统节日敬畏神灵、敬畏自然、纪念英雄、崇拜祖先的原始功能，又要结合现代人的需要，通过传承与创新，发挥传统节日文化在休闲、娱乐、旅游等方面的功能，使之成为本土化与大众化相结合的文化品牌。

所谓"提位"，就是要为品牌赋予个性化的特征，让品牌的优势和价值得以提炼与升华，使品牌能够"活化"，进而更好地走进受众的心智。受众心智是有限的，在这个传播过度的时代，受众心智为抵御海量传播信息的侵袭，往往会对信息进行筛选和排序，这个时候我们需要将信息"削尖"，使用极度简化的信息，使其能够切中消费者心智。因此，以关键词的形式提炼和概括品牌的个性与核心价值成为设计品牌语言的关键，如沃尔沃的"安全性"、宝马的"驾驶感"都是深入人心而又极度简洁的品牌语言。基于前文分析，"多彩贵州"传统节日文化品牌的独特优势和价值就在于其能够给受众带来高质量、个性化的休闲娱乐体验和多样性、原生态的人文熏陶。笔者根据"多彩贵州"传统节日文化品牌的独特优势和价值以及品牌构建目标、理念综合考量，认为"多彩贵州"传统节日文化品牌的个性特征可用以下关键词概括：纯真、惊艳、丰富、欢快、强壮（后文将对这五个关键词逐一分析）。对品牌个性的提炼能够使之成为受众头脑中对"多彩贵州"传统节日文化品牌的第一联想。此外，我们也可以通过设计品牌口号的方式让品牌进一步"活化"，进而打动消费者心智，如"千节贵州"的口号和提法就是对贵州传统节日文化多样性的极简化表达。

此外，原生态是"多彩贵州"传统节日文化品牌中最不可替代、不可复制的文化元素，我们可聚焦原生态的文化价值，通过诸如"贵在原生态·醉美民族情"的品牌口号将"原生态"这一核心价值植入品牌传播之中，在受众心智中勾勒出一个大致的贵州印象。

最后我们应通过一定的营销手段和传播手段，使品牌定位、品牌形象、品牌语言进入并占领受众心智，以实现"到位"的最终目的。如我们要在"多彩贵州"传统节日文化品牌的产品、服务和周边设施中全方位融入其品牌构建的目标、定位和理念，并将品牌形象和语言巧妙地植入旅游服务、文创产品、周边设施之中，使之潜移默化地进入消费者心智中，达到润物无声的传播效果。此外，可通过"全媒体"的理念，综合运用多种媒体资源，打造贵州传统节日文化的传播矩阵去全面呈现品牌形象和语言。一旦品牌形象和语言深入受众眼里心里，品牌传播效果自然而然就会得到提升。

第三节　"多彩贵州"传统节日文化品牌构建理念

理念是人类认识的高级阶段，包含着主体运用理性思维对客观对象的表象及其内在规律的把握，也包含着主体对改造客观对象的目的、手段、媒介、方案的认识。理念是行动的先导，贯穿于实践的全过程以及实践结果之中，任何成功的实践都离不开科学理念的引领。当然，"哲学家们只是用不同的方式解释世界，问题在于改变世界"①。理念的生命力在于实践，理念必须要落到实处。也就是说，必须通过实践这一环节，才能将存在于人脑中的理念作用于客体，使之对象化，造成客观世界的某种改变，理念才能真正发挥其改造世界的巨大作用。对于传统节日文化品牌构建这项系统、复杂的实践活动而言，科学的理念是其成功的关键所在。所谓科学的理念，必须包括品牌构建主体的正确世界观和方法论，凝练着品牌构建主体清晰而明确的目标和定位以及系统完备、逻辑严密的战略手段。一

---

① 《马克思恩格斯文集》第1卷，人民出版社，2009，第502页。

且科学的品牌理念得以确立，便会对品牌的良性运转具有战略性功能与作用，对内能够产生导向、激励、凝聚的作用，对外能够成为沟通受众心理的桥梁，有助于建立受众的品牌忠诚度，并成为品牌的一张名片。

在党的十八届五中全会上，习近平总书记提出了以"创新、协调、绿色、开放、共享"① 为主要内容的新发展理念。新发展理念是引领我国实现高质量发展的行动指南，对经济社会发展各领域均有普遍性的指导意义。"多彩贵州"传统节日文化品牌构建作为党领导下的文化建设应以新发展理念为遵循，但与此同时，贵州传统节日文化品牌构建作为一种特定时间和空间条件下，以节日创造为主题的文化实践活动，在其理念设定上有着特殊性的要求。因此对贵州传统节日文化品牌构建理念的设定应遵循普遍性与特殊性相结合的原则，既要遵循新发展理念的一般要求，又要因地制宜，充分彰显贵州民族特点和地理特点，还应把握和遵循文化事业发展的一般规律。

一 坚持共建共享理念调动和发挥多元主体力量

在实践活动的基本结构中，主体是其中具有自主性和能动性的因素，担负着制定实践目的和实践方案、运用工具与媒介改造客体的重要任务，因此正确调动和发挥主体的力量是文化品牌构建的先决条件。人，特别是广大劳动人民是文化创造的主体，文化是人的文化，人的本质决定文化的本质，人的变化发展带动文化的变化发展。马克思说："人的本质不是单个人所固有的抽象物，在其现实性上，它是一切社会关系的总和。"② 因此，文化的本质属性是其社会属性。在社会化大生产日益发展的当今世界，人们的社会分工、社会交往日益扩大，文化对社会各领域的渗透不断加强，不同文化之间的交流交融日益密切。在此背景下，贵州传统节日文化品牌的构建作为一项复杂的系统工程和具有鲜明特殊性的文艺实践活动，已经不是某一民族、某一部门或某一团体的内部事务，需要充分调动和发挥多元主体力量，凝聚构建贵州传统节日文化品牌的最大合力，以实

---

① 《十八大以来重要文献选编》（下），中央文献出版社，2018，第706页。
② 《马克思恩格斯文集》第1卷，人民出版社，2009，第505页。

现共建共享。

当前，在政府的强势介入、学者的积极推动、媒体的广泛宣传、文化主体的自觉自信和社会大众的积极参与下，保护、传承、发明、利用和发展传统节日，已然成为社会主体的一种共识、社会发展的一种趋势及社会研究的一股热潮。其中，中国共产党作为中国特色社会主义建设的领导核心，始终是传统节日文化品牌构建与传播的根本保证和重要依靠。"一个传统节日的兴废，与政府执政的理念、施行的政策和施加影响的方式与程度紧密相关。"① 党性和人民性的一致性，使得党能够带领人民发挥其主动性、能动性、创造性，不断促使传统节日文化品牌在现代社会中得到构建与传播。因此构建贵州传统节日文化品牌必须坚持新时代中国特色社会主义先进文化的前进方向，充分发挥党总揽全局、协调各方的作用。党和政府要在深入调研的基础上，以一系列体制机制、方针政策，为贵州传统节日文化品牌构建进行顶层设计。此外，也要充分发挥党员干部的先锋模范作用，其不仅要带头宣传贵州传统节日文化，还要注重以社会主义核心价值观引领贵州传统节日文化的现代性转型，要充分挖掘和提炼传统节日文化中反映中华民族传统美德、民族团结进步的先进内容，使之同干部教育、民族团结进步教育相结合。

首先，应充分发挥文化主体和人民群众的主体性作用。历史唯物主义认为，人民群众不仅是社会物质财富的创造者，也是社会精神文化财富的创造者，一切精神文化财富得以创造、传承都离不开人民群众的社会实践。而文化主体是指在一定范围内尊崇或欣赏特定文化内容和形式，并愿意按照特定文化方式而生活的公民、社团或组织。无论是从质上看，还是从量上看，人民群众和文化主体虽然范围不同，但有较大程度的交叉和重合，都是贵州传统节日文化品牌构建的重要主体力量。新时代随着社会主要矛盾的变化发展，人民对文化需求的层次越来越立体、形式越来越多样，且在模仿型排浪式消费转向多样化个性化消费中，人民对文化发展的要求更高、期待更多。而传统节日作为中华优秀传统文化的重要代表，在

---

① 张士闪主编《中国民俗文化发展报告 2012》，北京大学出版社，2013，第 118 页。

新时代的发展现状和创新态势则会直接影响人民精神生活的层次与档次。正所谓人创造了文化，文化塑造了人。广大人民群众不仅是传统节日文化品牌的构建主体，也应是传统节日文化品牌的共享主体、受益主体。因此，要充分尊重广大人民群众和文化主体的意愿，唤醒其主体意识、建设意识与角色意识，调动其构建贵州传统节日文化品牌的积极性、主动性、创造性，从而激发贵州传统节日文化品牌构建的内生动力。此外，民族群体、民间组织、社会团体是传统节日的直接创造者、尊崇者和受益者，应注重发挥民族群体、民间组织、社会团体作为文化主体的主体性力量。"节日本来自民间，就应该还归于民间，在老百姓自娱自乐中，文化就得到很好的传承与保护。因此，我们主张旅游节日的举办，办节主体应以民间组织为主，还节于民，进而才能达到保护文化生态、理顺节日举办机制的作用。"[1] 调动和发挥人民群众和文化主体的积极性、主动性、创造性，共建贵州传统节日文化品牌，这既是对新发展理念中共享发展在贵州现代化实践中的具体运用，也是形成贵州传统节日文化品牌构建内生动力的必然要求。

其次，对贵州传统节日文化品牌的构建，需要政府部门与科研机构、高校、档案部门、方志馆等共同发力。要重视收集整理地方文史资料，研析和丰富贵州传统节日文化资源，组织专家团队实地调研考察，挖掘传统节日文化的深层次精神内涵，鼓励和引导知识界对贵州传统节日文化开展深入研究，形成相关学术成果。不仅要研究和阐释贵州传统节日文化的仪式、风俗、形态，也要深入挖掘其深层次内涵，更要基于唯物史观、大历史观、正确党史观、中华民族史观加强对贵州传统节日文化的历史起源、文化变迁、演进规律、整体风貌、总体特征做出学理性阐释，注重从贵州传统节日文化中挖掘和提炼新时代贵州精神，为建设中华民族现代文化做出贡献。

最后，还应充分发挥企业、金融机构在贵州传统节日文化品牌构建中的积极作用。在社会主义市场经济条件下，构建贵州传统节日文化品牌作

---

[1] 李银兵：《民族传统节日社会功能研究——文化创新的视角》，人民出版社，2020，第118页。

为一项经济活动，应充分发挥政府和市场"两只手"的作用，坚持市场在资源配置中的决定性作用，更好发挥政府作用。贵州各级政府应该搭建好贵州省对内外招商引资的平台，吸引国内外企业家到贵州民族地区对传统节日文旅资源进行投资与开发。贵州各地要深入挖掘和充分发挥地区比较优势，在改善基础设施的前提下，通过特色文化、特色产业吸引优质资本，破解招商难、引资难的困境。在坚持政府主导原则下，积极优化营商环境，以合作共赢、共同开发的理念，鼓励那些具有资本、技术优势的企业与具有优质资源和发展潜力的地方政府合作，以适应多元化的市场需求，也能够使贵州民族地区通过"自我造血"的方式解决资金不足的问题。

二 坚持守正创新理念推进贵州传统节日文化现代化

如前文所述，在历史唯物主义视域下，传统节日是人类在物质生产实践和社会交往基础上产生的，通过特定时间空间下的特定仪式来反映本民族生产生活方式、原始信仰和美好生活愿望的民俗活动，是人类适应自然、社会及自身心理、人与人关系的产物。而传统节日文化作为一种社会意识，则是对传统节日、传统农耕生产方式和人们社会关系的反映，是传统节日的精髓和深层次内核。社会存在的变化、生产方式的发展、社会实践的推进都必然促使传统节日文化赖以生存的土壤发生变化，进而引发传统节日文化的变迁。通过上述分析，我们可以得出两方面结论。一方面，传统节日文化是具体的、历史的、发展的，无论是其外在表现形式还是精神内核都必然随着时代和实践的发展而发展；另一方面，新事物是对旧事物的扬弃，即新事物诞生于旧事物的母体之中，否定了旧事物不合理的因素，继承了旧事物中合理的因素，具备了旧事物所不能容纳的结构、功能和要素，因而，传统节日文化的创新不是凭空产生的，其有着鲜明的历史继承性，没有传承就没有创新。因此，贵州传统节日文化品牌的构建必须秉持守正创新的理念，所谓守正就是要坚持中华文化立场，这是传统节日文化品牌构建与传播的根；而所谓创新就是要结合实践的发展和时代的变化赋予传统节日文化以新的内涵，推进其现代化转型，同时充分利用现代化的科学技术手段赋能传统节日文化品牌的构建与传播。其中，马克思主义始终是传统节日文化品牌构建与传播的魂。

一方面，要多措并举保护和传承贵州传统节日文化。贵州被誉为"文化千岛"，民族的多样性、地域的复杂性和历史的继承性塑造了丰富多彩的贵州传统节日文化。贵州传统节日文化是中华优秀传统文化的有机组成部分，集中体现着贵州各族人民的生产生活、风土风情、历史文化、民族文化、民俗文化和社会思潮，是人们观察贵州民族文化的一个窗口、研究贵州地域文化的一把钥匙，也是构建贵州传统节日文化品牌的重要根基、建设"多彩贵州"民族特色文化强省的重要资源禀赋。习近平总书记在文化传承发展座谈会上指出，中华文明具有突出的连续性、创新性、统一性、包容性及和平性①。连续性是中华文明最首要的特质，这既是传统节日文化品牌重构的理念遵循，也是构建传统节日文化品牌的实践指示。因此构建贵州传统节日文化品牌，不是要我们构建一种新文化、凭空创造一个新品牌，而是必须以保护和传承贵州传统节日文化为根基，在此基础上利用品牌这一商品经济下的有力竞争载体，整合贵州传统节日文化资源，使其实现整体性发展，推动其迈向现代化。

当前，传统节日文化正遭受着现代化浪潮的冲击，正处在生死存亡的紧要关头。为此，贵州各级党委和政府要高度重视传统节日文化资源的保护和传承工作，要坚持"保护为主、抢救第一，合理利用，传承发展"的指导方针，通过一系列制度、法规、措施让非物质文化遗产孕生于民间、扎根于乡土、发展于传承、展示于舞台、芬芳于世界、回馈于乡民。如，相关部门、文化主体可通过开展民族村寨文化遗产普查工作，对各民族的口头传统和表现形式、表演艺术及社会实践、仪式、节庆活动和有关自然界的知识与实践、传统手工艺等具有历史价值的非物质文化遗产项目进行搜集整理，建立非物质文化遗产项目库；开展少数民族文化传承人及民族民间艺人普查工作，挖掘、培养民族民间优秀人才，对各类非遗项目传承人才建立档案，出台管理办法明确工作任务，为挖掘、抢救、保护和传承

---

① 《担负起新的文化使命 努力建设中华民族现代文明》，《人民日报》2023 年 6 月 3 日。

非物质文化遗产做好人才队伍建设工作；因地制宜围绕当地特色民族文化组织成立相关文化学会，组织人员收集、整理当地包括民族传统节日文化资源在内的非物质文化遗产，通过举办相关学术研讨会的形式，加强对传统节日文化的研究和阐释、保护和传承。

另一方面，要在保护和传承贵州传统节日文化的基础上，推动其创造性转化与创新性发展，实现传统节日文化现代化。创新是新发展理念的首要内容，是引领发展的第一动力。对于文化事业和文化产业而言，创新既是目标又是手段，创新理念体现着传统节日文化品牌构建目标与手段的结合。在现代化浪潮的冲击下，传统节日赖以存在的经济和社会基础发生重大变化，不同程度上导致传统节日"节味"的消散或传统节日文化的变异。产生这种现象的根本原因在于传统与现代之间的矛盾未能得到有效的解决。基于文化发展的视角，在传统与现代这对永恒矛盾中，矛盾的主要方面在于传统的一方面，在于其不能适应现代化进程。因为现代化是人类文明演进的必然趋势，没有哪一个国家、民族，也没有哪一种文明、文化能够置身事外，在现代化的浪潮中任何一个民族和国家、任何一种文化或文明只有不断对自身进行"肯定—否定—否定之否定"的扬弃，才能改造自身以适应现代化的历史进程。而创新正是有效解决传统与现代矛盾的重要手段，当然矛盾的解决并不意味着传统与现代之间一方克服了另一方，不是传统或现代某一方的胜利，而是通过创新赋予旧事物新的结构、功能和要素，以适应现代化的要求，从而引领二者的矛盾由冲突走向和谐。

首先，要紧跟时代和实践的步伐，推动贵州传统节日文化内容创新。传统节日文化是内容与形式的统一，内容决定形式，有什么样的内容，就有什么样的形式，因而内容的创新是更为根本的创新。推动贵州传统节日文化内容创新必须在保护和传承贵州传统节日文化的基础上，紧跟时代和实践的步伐，坚持大历史观，将贵州传统节日文化品牌的构建置于全面建设社会主义现代化国家的新征程和实现中华民族伟大复兴的战略全局中。要用社会主义核心价值观引领贵州传统节日文化，运用马克思主义中国化时代化最新理论成果浸润贵州传统节日文化品牌。党的十八大从建设社会主义文化强国的战略高度，提出了以"富强、民主、文明、和谐，自由、平等、公正、法治，爱国、敬业、诚信、友善"为内容的社会主义核心价值观，提出了培育和践行社会主义核心价值观的重大任务。社会主义核心价值观作为一种先进文化，体现了其适应时代进步的要求，推动社会先进生产力发展、促进人的全面发展和社会全面进步的积极意义。为此，我们应以社会主义核心价值观的先进性和广泛性理解与包容不同民族的传统节日文化，同时要坚持社会主义核心价值观的主导地位，创新核心价值观的形式和方法以引导与整合民族文化，促使民族传统文化适应社会主义发展，在社会主义建设中发挥积极的作用和影响。

其次，要充分利用现代科学技术，推动贵州传统节日文化形式创新。内容决定形式，形式也有其相对独立性，这种相对独立性集中体现为形式对内容的反作用，适合的形式能够促进内容的发展，落后的形式则成为内容发展的桎梏。推动贵州传统节日文化创造性转化与创新性发展不能只注重内容，而忽略了形式。科技是第一生产力，推动贵州传统节日文化形式创新，必须充分依托现代科学技术的力量。正如霍克海默（Max Horkheimer）和阿道尔诺（Theodor W. Adorno）所指出的：文化生产一旦与科技结合，形成产业体系，就会产生影响社会的巨大力量。① 伴随 VR、AR、5G 等新兴技术的不断发展，文化产业数字化转型已经成为必然趋势。为此，应整合各方资源要素，推动贵州传统节日文化品牌走出一条"立足自身资源禀赋""技术赋能""创新节日文化传承"的可持续发展新路径。政府部门、文化主体、文化公司利用数字化手段对贵州传统节日文化的表现形式进行适度加工、创新，植入时尚、文创、艺术等元素，赋予贵州传统节日文化活泼、青春的气息，以更贴近现代人需求，增强传统节日的大众体验感。此外，要充分利用和发挥"互联网＋"的作用，借助"两微一抖"平台打造一批具有强大影响力和吸引力的"多彩贵州"特色民族文化宣传媒介，为贵州省的传统节日文化、传统节日旅游"吸粉""带货"。

最后，要坚持胸怀天下，注重吸收借鉴国内外传统节日文化品牌构建经验。创新既要立足本来，又要放眼世界。当前，社会各界不仅在积极呼

---

① 〔德〕马克斯·霍克海默、西奥多·阿道尔诺：《启蒙辩证法：哲学断片》，渠敬东、曹卫东译，上海人民出版社，2003，第 134～148 页。

吁和参与传统文化保护与发展工作，也在不断发起一场又一场以文化再生产为主题的轰轰烈烈"节日再造"运动。在此背景下，无论是国内还是国外都有诸多传承和创新传统节日文化的经验做法，这些经验做法对贵州传统节日文化品牌构建起到了重要的参考借鉴作用。

例如，火把节是彝族人民最重要的传统节日之一，也是云南省最具影响力的民族文化活动之一。每年农历六月二十四日，巍山县都会举行盛大的火把节庆祝活动，吸引了众多游客前来观看和体验。近年来云南巍山将火把节同全域旅游的创新理念相结合，极大地推动了火把节从传统走向现代。2019年由华侨城集团、云南省彝学学会联合主办，云南世博旅游集团、巍山县彝学学会联合承办的云南巍山国际火把节将"创想"理念，融入传统民族节日之中，对节庆内容和规模，均进行全面升级，1100架无人机的惊艳表演、内容丰富的8大活动、连续3天的火把狂欢，八方游客与当地百姓共享了前所未有的节庆之乐。巍山国际火把节大获成功的第二个关键是"云南大会战"机制。"云南大会战"是华侨城集团开创的"集团军作战模式"，"大会战"启动以来，华侨城集团发动其全部资源，总部各职能部门及所属各级企业从全国四面八方一批批奔赴云南进行项目调研和洽谈合作，从产业帮扶、项目规划、资金支持、人才输送等方面提供全方位支援。云南的"巍山经验"在多元主体参与、节日形式创新、科技赋能、全域旅游等方面有着重要的参考借鉴意义。

此外，我们也要注重借鉴"洋节"精华，汲取国外传统节日的成功经验。在全球化不断向纵深发展的时代背景之下，资本全球扩张必然裹挟着不同文明要素在全球范围内相互碰撞、相互交融，由此带来的必然趋势是人类文明的交流互鉴。而包括圣诞节、愚人节、感恩节、狂欢节、复活节等在内的"洋节"的舶来，亦是这个过程的必然结果。对于"洋节"在中国的流行，我们应当以科学和理性的方式进行反思。一方面，面对"洋节"的冲击，我们要坚定"四个自信"，坚守中华文化立场，保护和弘扬中华民族传统节日文化；另一方面，我们要以海纳百川的广博胸襟，放眼世界、博采众长，吸收借鉴国外传统节日文化的保护、传承、创新机制，学习国外举办节庆活动的有益经验与运作模式。学者宋建林、茹晓将国外传统节日的成功经验总结为以下几方面:第一,民众广泛参与,重视欢乐体验;第二,民族特色突出,文化内涵丰富;第三,节庆活动创新,品牌意识明确;第四,政府转变职能,民办节日为主;第五,市场运作模式,广泛筹集资金。① 虽然这些经验在一定程度上也成为贵州各级政府、文化主体、文化企业的共识,但在实践中仍然有待落实和深化。

三 坚持系统观念实现贵州传统节日"全域旅游"化

贵州传统节日文化品牌构建是一项复杂的系统工程,其中涉及不同节日之间、文化之间、地域之间、品牌之间等关系网络的调处,也涉及对节日与生活,文化与品牌,构建与传播,节日文化与旅游、娱乐、生态、康养等要素之间复杂关系的统筹。而当前贵州传统节日文化品牌构建还存在着形式多样而内涵挖掘不足、类型多元而内容程式化严重、经济唱戏而文化价值彰显不够、整合化明显而整体性欠缺等诸多问题。针对这些问题,构建贵州传统节日文化品牌,必须坚持系统观念,妥善处理好品牌构建中的多重关系,以"全域化"理念整体性推进贵州传统节日文化品牌构建工作。

系统观念是指以系统的观点考察事物内部诸要素和事物之间的相互联系、相互作用的思想方法和工作方法。系统是一定数量的要素,按照一定的层次、等级和结构相互联系构成的统一体。系统不仅内部诸要素相互联系,其也作为一个统一整体同他物发生联系,对外界作用做出整体性的反应。系统的一个重要特点是其作为一个整体,具备它的各个构成要素都不单独具有的功能和性质,整体的功能大于各部分功能之和。一般系统论创始人贝塔郎菲由此认为,系统的本质特征是整体性,而一般系统论就是对"整体"和"整体性"进行科学探索。此外系统的有序性是系统的又一项重要特质,系统内部诸要素具有层次等级式的组织化特征,一个系统由若干子系统构成。同时,该系统亦是作为他物,即更大系统的一个子系统或者要素而存在。任何一个系统要保持其"系统质"的稳定性,不仅要保持

① 宋建林、茹晓:《借鉴"洋节"精华,弘扬传统节日文化》,《美与时代》(下) 2011 年第 1 期。

内部诸要素的有序性，同时系统也必须同环境进行物质、能量、信息交换。而系统观念作为一种基础性的思想方法和工作方法，要求我们加强前瞻性思考、全局性谋划、战略性布局、整体性推进，要将贵州传统节日文化品牌作为一个有机统一的整体和系统，妥善处理好品牌内部诸要素的关系，优化品牌结构，使内部诸要素、子系统以最优的结构有序排列和联系，从而发挥其"系统质"的最优功能。同时也要注重从多个维度出发，将贵州传统节日文化品牌视作不同更高层级系统的"子系统"加以考察，处理好其作为"子系统"同更高层级系统的关系，推动其与外界环境有序进行物质、能量、信息的交换。

全域旅游也称为空间全景化的系统旅游，是系统观念和新发展理念在文化旅游领域的具体性运用，全域旅游对构建贵州传统节日文化品牌具有重要的指导作用。全域旅游具体内涵在于，立足于特定的区域，将这个区域视作一个整体性和系统性的旅游目的地，通过"旅游+"融合发展的新理念和全新旅游资源观，将特定区域内包括各种旅游资源、文化资源、相关产业、生态环境、公共服务、体制机制、政策法规、主体力量等在内的经济社会资源作为系统要素，全面统筹，进行全方位、一体化、系统化的优化提升，实现区域资源有机整合、产业协同发展、社会共建共享，以旅游业带动和促进经济社会协调发展的一种新的区域协调发展理念和模式。全域旅游是对传统的景点、景区旅游的突破和提升，当前，全域旅游已被党中央确立为推动我国文化和旅游业转型升级，实现文化和旅游业高质量发展的一项国家战略。

以全域旅游的理念来引领贵州传统节日文化品牌的构建，是坚持系统观念的必然要求，不仅能够有效促进贵州传统节日文化的传承和弘扬，也有助于最大化发挥贵州传统节日文化品牌的经济功能、政治功能、文化功能、社会功能、生态功能，更能成为推动贵州文化和旅游业高质量发展的重要途径。近年来，贵州依托其独特的自然景观和人文景观，秉持"全景式打造、全季节体验、全产业发展、全方位服务、全社会参与、全区域管理"的全域旅游新理念，实现从景区旅游到全域旅游的华丽蝶变，形成新的生产力和竞争力。构建基于全域旅游的"多彩贵州"传统节日文化品牌将成为贵州推进全域旅游进一步升级发展的重要突破口。以全域旅游的理念来引领贵州传统节日文化品牌的构建，要坚持"全域化、全要素、全游客、全时空、全媒体、全社会"的发展思路。

"全域化"一方面强调贵州各个地区和各个民族要将当地的或本民族的传统节日文化当作一个整体来打造。另一方面强调，要将贵州省作为一个整体的区域，以此来统筹全省范围内的各个地区、各个民族的传统节日文化，从而跳出各个地区、各个民族的传统节日文化各自为政、单兵作战的定位逻辑，这将有助于从整体上发挥贵州不同传统节日文化的最大合力，构建一个统一的、整体的、具有相当规模的省级文化品牌。

"全要素"就是要充分利用贵州省内自然、文化、社会、经济等各类资源要素，并将其有效整合，同时围绕这些资源要素设计节庆活动内容，为品牌系统增加新的构成要素，从而最大化增强贵州传统节日文化品牌的旅游吸引力和市场竞争力。贵州可通过"旅游+"模式延伸"节日+"发展，通过"节日+文化""节日+旅游""节日+生态""节日+体育""节日+科技""节日+红色文化"等模式，推动省内各项资源要素共同助力传统节日文化品牌构建。又如，贵州作为中国大数据产业的重要基地，是我国数字化转型升级的重要战略支点，可充分依托数字化资源优势，推动信息技术与传统节日文化深度融合，使大数据、人工智能赋能贵州传统节日文化品牌构建。

"全游客"就是要"将旅游目的地居民与游客同等看待，在节庆品牌中体现'居民即游客，游客即居民'的理念"。传统节日文化源自人民、为了人民、属于人民，人民的广泛参与是节日活动举办的基本前提。这里强调的"人民"首先不是游客，而是节日活动举办地的居民。只有广大居民积极、广泛参与，节日文化的生命力、感召力才能够得到体现，游客才能够感受到热烈的节日氛围和原生态的节日文化，同时应保持热情、友善、开放的态度，让游客宾至如归，真正融入居民之中、文化之中。

"全时空"就是要在时间和空间两个层面为节庆参与者提供全覆盖的传统节日文化产品。贵州传统节日众多，在节日时间上覆盖各个月份，在节日空间分布上，几乎各个市县都有一定特色和规模的节庆活动，这在客观上为"全时空"打造贵州传统节日文化品牌提供了天然的可能。在时间上，可挑选最富特色、最具市场潜力的节庆活动，作为当季主打品牌进行培育，一些较小的节庆活动则可纳为当季主打品牌的子品牌。在空间上，应根据不同地域的资源特点、产业布局等有针对性地开发节庆品牌，不断优化节庆品牌的空间布局。

"全媒体"就是要综合运用多种媒体资源，打造贵州传统节日文化的传播矩阵，以达到对受众的全面覆盖和最佳传播效果。构建与传播是一对辩证统一的关系，二者相辅相成、相互促进，运用"全媒体"思维有助于以高质量的品牌传播带动高质量的品牌构建。从传播渠道来看，既要通过广播、电视、报刊等传统手段加大对贵州传统节日文化的宣传力度，又要注重与时俱进，充分利用和发挥"互联网＋"的作用，借助"两微一抖"平台打造一批具有强大影响力和吸引力的贵州文化和旅游宣传媒介。从宣传主体来看，要坚持政府主导，发挥好宣传部门的牵头作用，同时也要注重调动民间力量参与品牌构建与传播工作。要充分鼓励和引导文艺界、影视界的知名作家、知名导演以及民间艺术工作者结合新时代发展需要，对贵州传统节日文化进行符合时代特征的创新性阐释，推出高质量文创产品。同时，贵州应培养和利用意见领袖、网红、大 V 的影响力，以多元化手段为贵州传统节日文化品牌"吸粉""带货"。

"全社会"思维就是要充分调动和发挥各方社会力量，以最大合力构建贵州传统节日文化品牌，实现多元主体共建共享。如前所述，贵州文化品牌的构建作为一项复杂的系统工程和具有鲜明特殊性的文艺实践活动，已经不是某一民族、某一部门或某一团体的内部事务，需要充分调动和发挥多元主体力量。一方面，需要旅游、商务、会展、文化、安全、医疗、交通、通信、环境、金融等各个部门明确职能、协调联动，对贵州传统节日文化品牌统筹谋划。另一方面，要推动节庆活动由政府包办向"政府引导、市场运作、社会参与"的模式转变，应鼓励、支持、引导当地居民、民间组织、游客等社会力量积极参与贵州传统节日文化品牌的管理与决策。

第五章　品牌之举:"多彩贵州"传统节日文化品牌架构、要素与形象

有学者指出,随着生产力的不断发展,企业经营先后经历了以下三个阶段:产品经营时代、资本经营时代及品牌经营时代①。随着品牌经营时代的到来,市场要求经营者制定出具有系统性、全局性、长期性、创新性、导向性的总体发展规划和行动方案,以此去占据在竞争中的有利位置。但针对以品牌的总体发展规划和行动方案为主要内容的品牌战略,学界则有不同的认识和看法。在上一章中,我们认为品牌目标、品牌定位及品牌理念分别作为品牌构建的旨向、核心和灵魂,是品牌战略中的关键部分,而品牌架构组合、品牌要素构成与品牌形象设计虽然也具有品牌战略的些许特点,但其更偏向于品牌策略内容。因此,本部分笔者主要对"多彩贵州"传统节日文化品牌的这三个策略进行探析,以此去推进"多彩贵州"传统节日文化品牌构建的具体实践。

第一节　"多彩贵州"传统节日文化品牌架构组合

一　"多彩贵州"文化品牌架构组合

当前,随着市场竞争和消费市场的多元化与复杂化不断加剧,品牌架构组合的最优化逐渐受到了人们的广泛关注。不同的文化品牌架构组合产生不同的文化功能,结构与功能的互动一致性推动文化品牌架构组合的选择及其最终形成。"品牌架构组合是指企业内部品牌要素的数目与产品之

---

① 余明阳、杨芳平编著《品牌学教程》,复旦大学出版社,2009,第94页。

间的对应、排序、组合方式。品牌架构组合其实是品牌名称与产品之间的排列组合。"①一般而言，品牌架构设计有品牌—矩阵图和品牌等级两种设计方法。品牌—矩阵图有助于明确企业出售的产品和品牌的范围，品牌等级更强调品牌与产品之间的关系。同时，品牌架构组合的类型一般有单一品牌架构、复合品牌架构、多品牌架构和分类品牌架构。基于几种品牌架构都存在优点和不足的事实，这就要求在选择品牌架构时真正做到有的放矢。比如，对于一些享有很高声誉的企业一般选择单一品牌架构，对于一些主品牌突出、副品牌有强劲发展潜力的企业可以选择复合品牌架构，对于经济实力雄厚的大企业可以选择多品牌架构，对于走多元化经营思路的企业则选择分类品牌架构。当然，对于企业选择什么样的品牌架构组合类型，一是要遵循实事求是原则，二是要把近期和长远有机结合起来，三是一般大企业都会选择两种品牌架构并用方式。

文化品牌区别于其他品牌的关键在于文化品牌具有内化的文化价值及其核心精神，且在品牌形成及发展过程中，能把这些文化价值及其核心精神外化为人们感知化、形象化与视觉化的载体，使企业和消费者在共享品牌产品中实现对品牌及其文化价值的共情感。具体就文化品牌的形成而言，其奠基于对文化及其发展现状的调研与分析，依存于品牌发展目标、定位及个性化发展理念，形成于品牌架构组合、要素构成及品牌形象设计之中。而品牌架构作为品牌的总体框架，是由品牌内部涉及的要素和产品所形成的结构系统。为了更好地设计出"多彩贵州"传统节日文化品牌架构组合，我们还是先从"多彩贵州"文化品牌架构组合入手去分析。

"多彩贵州"文化品牌经历了从文化活动到文化品牌的形成阶段，文化品牌产业化的发展阶段，到今天初步形成文化品牌产业化集群成熟阶段。2005年"多彩贵州"文化品牌形成，多彩贵州文化产业发展中心建立，"多元、和谐、原生态"文化品牌内涵自此确定，2010年"多彩贵州"商标被政府正式完成注册，品牌正式走向商业化市场化运营模式，2011年随着"贵州"品牌形象标志的出台，"走遍大地神州，醉美多彩贵

---

① 余明阳、杨芳平编著《品牌学教程》，复旦大学出版社，2009，第95页。

州"的广告语随之扬名天下，一大批依托"多彩贵州"文化品牌而形成的产业集群出现，"多彩贵州"文化品牌获得了不断发展。具体而言，"多彩贵州"文化品牌采取品牌—矩阵设计方式和复合品牌架构类型。比如，就当前"多彩贵州"文化品牌载体而言，主要有艺术综合体、工艺服务体、产业集成体及协同创新体。就产业集群来看，旅游、会展、演艺、大健康、大数据、影视、传统手工技艺等新旧产业的形成与发展，极大地推动了贵州文化事业产业飞速发展，而产业背后诸如多彩贵州·赛、多彩贵州·酿、多彩贵州·风、多彩贵州·艺、多彩贵州·味、多彩贵州·游、多彩贵州·养、多彩贵州·茶、多彩贵州·会等一系列子品牌的构建，极大地丰富了品牌内容，推动了"多彩贵州"文化品牌多样化发展。就地域文化来说，国家公园省·世界喀斯特博物馆（贵州）、爽爽的贵阳·中国避暑之都（贵阳）、瀑布之乡·攀岩圣地（安顺）、转折之城·会议之都（遵义）、梵天净土·桃源铜仁（铜仁）、山水长卷·水墨金州（黔西南州）、民族原生态·万象黔东南（黔东南州）、生态之州·浪漫荔波（黔南州）、洞天湖地·花海鹤乡（毕节）、凉都六盘水·露营天堂（六盘水）等一系列地域文化品牌的形成，为"多彩贵州"文化品牌发展奠定了坚实基础。就参与主体来看，上到贵州省委、省政府，中到各级各类企业和单位，下到普通民众，都在积极地参与构建和传播"多彩贵州"文化品牌。但就"多彩贵州"文化品牌下各级各类企业和单位的类型去看，则涉及网站、演出、工艺品、饮品、酒类、航空、旅游产业、文化旅游地产及教育等不同行业。

通过以上对"多彩贵州"文化品牌的形成及其品牌架构的描述，我们能够得知"多彩贵州"文化品牌架构设计上采取的是品牌等级法，而在具体的品牌架构组合中，"多彩贵州"文化总品牌采取的是单一品牌架构，但在每一个具体类型上又采取的是复合品牌架构和多类品牌架构相结合的架构方式。正是这种"多元一体"的品牌架构方式，很好地适应了"多彩贵州"文化品牌的特点和属性，推动了"多彩贵州"文化品牌的不断发展。而"多彩贵州"文化品牌的这种发展策略的效果，则可以通过 2005年"多彩贵州"文化品牌构建以来，贵州旅游业出现的繁荣景象，特别是

国内旅游人数和旅游收入不断增长的趋势来体现。2000 年旅游人数 1980
万人，旅游收入 57.95 亿元；2001 年旅游人数 2100 万人，旅游收入 75.81
亿元；2002 年旅游人数 2200 万人，旅游收入 99.86 亿元；2003 年旅游人
数 1835 万人，旅游收入 114.36 亿元；2004 年旅游人数 2480 万人，旅游收
入 114.36 亿元；2005 年旅游人数 3099 万人，旅游收入 242.83 亿元；2006
年，旅游人数 4716 万人，旅游收入 377.79 亿元；2007 年旅游人数 6220 万
人，旅游收入 504.04 亿元；2008 年旅游人数 8151 万人，旅游收入 643.82
亿元；2009 年旅游人数 10400 万人，旅游收入 797.69 亿元；2010 年旅游
人数 12863 万人，旅游收入 1052.64 亿元；2011 年旅游人数 16961 万人，
旅游收入 1420.70 亿元；2012 年旅游人数 21331 万人，旅游收入 1849.49
亿元；2013 年旅游人数 26684 万人，旅游收入 2358.18 亿元；2014 年旅游
人数 32049 万人，旅游收入 2882.66 亿元；2015 年旅游人数 37536 万人，
旅游收入 3500.46 亿元；2016 年旅游人数 53038 万人，旅游收入 5011.94
亿元；2017 年旅游人数 74291 万人，旅游收入 7097.91 亿元；2018 年旅游
人数 96712 万人，旅游收入 9449.58 亿元；2019 年旅游人数 113365 万人，
旅游收入 12296.03 亿元；2020 年旅游人数 61777 万人，旅游收入 5783.64
亿元；2021 年旅游人数 64431 万人，旅游收入 6640.82 亿元[1]。当然，近
年来促使贵州旅游人数和旅游收入不断增长的因素有很多，但毫无疑问的
是，"多彩贵州"文化品牌的构建是推动贵州旅游产业不断发展的重要因
素之一。

二 "多彩贵州"传统节日文化品牌架构

"贵州省委、省政府充分认识到，多彩贵州品牌是一个大文化的概念，
这种路径的选择，无疑成为贵州文化发展战略选择的最大亮点。"[2] "多彩
贵州"传统节日文化品牌虽然只是作为"多彩贵州"旅游产业子品牌下的
一个子品牌，但基于贵州传统节日文化在整个贵州文化中的地位和作用，

---

[1] 数据来源于《贵州统计年鉴 2022》，http://hgk. guizhou. gov. cn/publish/tj/2022/zk/index-
ch. htm。
[2] 中共贵州省委宣传部编《贵州文化改革发展案例选编》，贵州人民出版社，2013，第 10 页。

“多彩贵州”传统节日文化品牌的构建与传播在“多彩贵州”文化品牌中的地位和作用自然也十分重要。但就“多彩贵州”传统节日文化品牌架构而言，理应在考虑以下一些具体因素后进行组合选择。第一，在“多彩贵州”文化品牌取得如此大的成绩的背景下，贵州传统节日文化事业和产业需要借助“多彩贵州”文化品牌的影响力号召力来促进自身发展。第二，贵州传统节日文化众多，分布十分广泛，在进行传统节日文化品牌架构时，则需充分考虑地域、民族、节日文化特点及影响力、市场需要及仪式时间等多方面因素。第三，在“多彩贵州”传统节日文化品牌架构中，一定要彰显标志性统领式节日的带动作用。第四，在“多彩贵州”传统节日文化品牌架构中，要充分考虑传统节日文化品牌与传统节日文化、其他文化品牌之间的协调关系。

立足贵州传统节日文化品牌发展现状，我们或许更能找到“多彩贵州”传统节日文化品牌架构组合的最佳方案。调查发现，贵州省内传统节日文化品牌发展呈现出了以下特点。第一，传统节日文化品牌繁多。随着市场经济和旅游节日的兴起，传统节日文化随之成为推动地方经济的一把“金钥匙”，再加上贵州历来以节日众多著称，多方面的原因使得贵州传统节日文化品牌繁多的局面出现。这种传统节日文化品牌繁多局面的形成，一方面可以为具有丰富内涵、历史悠久、影响力广及文化价值大的传统节日名牌的最终形成奠定基础，但另一方面则又因为节日文化品牌繁多杂乱而导致节日文化危机现象出现。第二，传统节日文化名牌逐渐形成。名牌是从品牌里面脱颖而出的品牌。经过多年的努力，在贵州众多传统节日文化品牌中，一部分传统节日文化名牌被打造出来，得到了市场和社会的认可。比如，仡佬族毛龙节、祭祖大典；苗族姊妹节、鼓藏节、四月八、苗年；水族的端节；布依族三月三、六月六；瑶族盘王节；侗族萨玛节；土家族炸龙节等传统节日。第三，传统节日文化品牌区分度不高。和其他传统节日文化发展一样，贵州传统节日文化在内容发展上都走向了复合化道路，节日文化多功能价值性得到了凸显，但同时传统节日文化程式化现象十分明显，节日个性和特色难以彰显。传统节日文化品牌的区分度不高的现状，在一定程度上会导致消费者审美疲劳、节日可持续发展受到阻碍等困难的出现。第四,"多彩贵州"传统节日文化品牌尚未形成。传统节日文化品牌的构建一方面要遵循节日时间、地点、民众等自然因素,但另一方面也要顾及品牌内外的各种因素,才能更好地实现品牌的价值。过去,在贵州传统节日文化品牌打造过程中,贵州各地和各个民族还处于各自为政、各办各节的分散式品牌构建模式,而这种模式对于节日文化品牌构建初期来说是适宜的。如今,随着节日市场竞争越来越激烈、节日品牌向纵深发展与节日文化功能的不断彰显,作为"多彩贵州"文化品牌重点打造的民族文化品牌的重要组成部分的贵州传统节日文化品牌,亟须走上与"多彩贵州"文化品牌相契合的道路,并在"多彩贵州"传统节日文化品牌指引下实现整合化、跨越式发展。

结合文化品牌架构理论和贵州传统节日文化品牌发展现状,我们可以对"多彩贵州"传统节日文化品牌架构组合作一些思考。第一,品牌架构以"多彩贵州"为总品牌,在依托"多彩贵州"文化品牌影响力号召力的基础上,把贵州独特的生态文化与民族文化融合起来,不断去彰显贵州传统节日文化品牌的独特性和重要性。第二,以地域、民族、节日时间及节日性质等要素为节日文化品牌架构基础,特别是要以入选国家级非物质文化遗产保护名录中的传统节日为基础,重点遴选并打造出 8~10 个"多彩贵州"传统节日文化主品牌,并理顺主品牌与当地其他节日子品牌之间的兼容关系。第三,在发挥主品牌文化标志性引领式作用的基础上,发挥节日的"文化丛"作用,利用好主品牌与当地其他文化品牌、其他地方节日文化品牌之间的协同关系。第四,要加强"多彩贵州"传统节日文化品牌与多彩贵州文化传播有限公司、多彩贵州航空有限公司、多彩贵州品牌推广有限公司、贵州旅游投资控股(集团)有限责任公司、贵州多彩民族民间文化艺术发展有限公司及贵州民族大学多彩贵州文化协同创新中心等企业或单位的合作,架构起"多彩贵州"传统节日文化品牌与其他品牌及机构之间的共赢关系。

由此可见,遵循"重点论"和"两点论"的唯物辩证法,在明确"多彩贵州"传统节日文化品牌属于"多彩贵州"文化品牌诸多子品牌中的一个基础上,我们认为"多彩贵州"传统节日文化品牌架构最好采用品牌等级的设计方法,并在品牌架构上,真正做到立体性、层级性、平衡性和系统性。具体而言,在"多彩贵州"文化总品牌引导下,形成起"多彩贵州"传统节日文化品牌架构,而在"多彩贵州"传统节日文化品牌引导下,单个节日文化品牌架构又采取复合品牌架构组合方式。这种节日文化品牌架构组合的形成,可以节省节日文化品牌的广告宣传费用,增强销售效果;彰显每个节日文化品牌特色及其品牌独立性;利于一些新的节日文化品牌的推出;有效避免品牌扩展中产生的"株连效应"。诚然,在复合品牌架构组合中,品牌要得到发展,则需要塑造出独具特色、个性十足的副品牌来作保障。只有设计完满了,副品牌才能避免被主品牌遮盖或被其他副品牌遮蔽。一旦品牌架构顺利完成,接下来的品牌要素设定才能得到具体落实,品牌架构也会在品牌要素设定中得到进一步反映。

第二节　"多彩贵州"传统节日文化品牌要素构成

当前,学界针对品牌要素的认识,存在广义和狭义之分。广义的品牌要素是指在品牌形成过程中所涉及的一切因素的总和;狭义的品牌要素则是指在品牌具体设计中所涉及的外在和内在相关因素的总和。比如,有学者认为,品牌要素主要包括显性要素和隐性要素,显性要素主要是指品牌认知,也就是品牌与众不同的商标设计。它主要包括品牌名称、标识或标记、广告曲、标志字、标志色等,且力图通过这些外在的、具体的视觉形象系统去达到冲击和俘获消费者的目的。而隐性要素则与显性要素相区别,它是指品牌内在的、抽象的部分,它是品牌的精神和核心部分,主要包括品牌承诺、品牌个性与品牌体验,且需要企业和消费者在品牌实践环节中不断认知和坚守的核心理念与价值取向[1]。而有的学者面对文化品牌要素构成时,则从文化产品或服务、标识、品牌定位、品牌联想、品牌个性、品牌文化及品牌情感七个方面去探析[2]。基于本书研究结构安排、广义狭义品牌要素关系及文化产品和品牌定位已经在前面论述中有所涉及的

---

[1]　杨芳平编著《品牌学概论》,上海交通大学出版社,2009,第129~131页。
[2]　柏定国主编《文化品牌学》,湖南师范大学出版社,2010,第55页。

事实，这一节笔者着重从品牌承诺、品牌个性和品牌体验三个方面对"多彩贵州"传统节日文化品牌要素进行分析。

一 "多彩贵州"传统节日品牌承诺

品牌承诺是企业生产者和消费者之间确定的一种潜在契约关系，是对企业生产者的经营理念、价值观与文化观的集中体现，是促成消费者对品牌保持强烈情感的核心要素。简单地说，品牌承诺其实就是品牌文化的构建。"品牌的一半是文化。"消费者购买产品，不仅要选择品牌功效和质量，也会考虑品牌的文化品位。在产品同质化趋向十分明显的状况下，企业往往最终靠其背后的品牌文化而获得消费者青睐。未来企业的竞争不仅是品牌的竞争，更是品牌文化之间的竞争。因此，品牌文化是培养消费者品牌情感、提升产品传播功效及保持产品竞争力的"杀手锏"。而对于品牌文化承诺来说，其主要涉及品牌文化内容组成、品牌文化构建原则及品牌文化构建过程等相关内容。一般来说，品牌文化内容包括品牌的商品文化、质量文化、营销文化及服务文化；品牌文化构建一般要遵循消费者本位、差异性、兼容性等原则。而品牌文化构建过程一般都要经历品牌文化资源整理整合、品牌价值体系形塑、品牌文化体系及品牌管理体系构建等过程。

文化涉及范围广泛、内容丰富多彩、功能十分多样，文化的核心是价值观，价值观是文化的本质所在。基于"多彩贵州"传统节日文化品牌作为"多彩贵州"文化品牌的子品牌、"多彩贵州"传统节日文化的多样性事实等，我们认为"多彩贵州"传统节日品牌文化与"多彩贵州"品牌文化是十分契合的，因而"多彩贵州"传统节日品牌文化应与"多彩贵州"总品牌文化保持一致。基于此，在"多彩贵州"传统节日品牌文化构建中，要一以贯之地严格遵循以"多元、和谐与原生态"为核心的品牌文化价值，这是品牌拥有者对消费者最大的承诺。

"多元"是从自然视角去说明贵州传统节日文化多样化的存在态势，而这种态势不仅体现了贵州传统节日文化类型、风格、内容的多样化，也反映了贵州社会对多样民俗与民俗多样化的保护成效，还充分展现了贵州传统节日文化的独特性。"和谐"是从整体性视角去说明贵州传统节日文化内在所具有的和谐品质，而这种和谐品质集中反映在人与自然、人与人、人与社会、人与自我的关系统一性上。特别是要通过贵州传统节日去凸显贵州作为生态文明建设先行区和民族团结示范区的建设理念和实践，去彰显贵州围绕"四新"主攻"四化"的创新发展战略。"原生态"是从贵州传统节日文化个性上去说明贵州传统节日文化内在品质。贵州传统节日文化中的"原生态"，一方面是指相对于工业文明下产品复制化模式、程式化形式及批量化生产等特征来说，贵州传统节日文化还保留着自身独特的地域性、民族性、独特性。另一方面也说明了贵州传统节日文化在创造性转化与创新性发展中，很好地适应了现代生活的要求，走出了一条"新生态"的发展道路。新生态文化是对人类既有生态文化的继承与发展、超越与升华，是与新时代同行同步的马克思主义生态文化。其以科学引领为基本遵循，以合理规制为实施保障，以多元协作为基本条件，在有效处理人与自然、自然与社会、文化与政治关系中，充分展现了全新的发展规律、特点和优点。总之，遵循自然规律、社会规律及文化发展的一般规律，注重对贵州自然、人文的尊崇，促进了"多彩贵州"传统节日品牌文化的最后形成，保证了贵州传统节日品牌文化价值的适宜性、先进性和独特性。

"多彩贵州"传统节日品牌价值是在多种关系中形成，通过主体性去显现的，因此，要更好地践行"多彩贵州"传统节日品牌承诺，则需处理好品牌的产品文化、质量文化、营销文化与管理文化间的各种关系，坚守品牌文化价值构建的内在原则，最终才能在品牌拥有者与消费者互动中实现对"多彩贵州"传统节日品牌文化的理解、尊重及认同，实现品牌拥有者对消费者的承诺和提升品牌消费者对品牌的忠诚度。在接下来的传统节日品牌文化形象识别设计中，主要会涉及品牌营销文化与管理文化等相关内容，因而在本部分中，笔者主要从品牌的产品文化和质量文化入手去言说品牌承诺。

二　"多彩贵州"传统节日文化品牌个性

在工业化、市场化、全球化的当前，传统文化受到了有史以来最大的冲击，生存的压力无时无刻不在考验着传统文化的持有者和保护者。贵州独特的地理条件和人文环境，很好地保存和保护了贵州传统节日文化，使得贵州传统文化变迁的节奏相对缓慢一些。"民族的，就是世界的。"当前，在促进贵州传统文化大发展大繁荣中，"多彩贵州"传统节日文化具有的独特个性更加显得弥足珍贵。因此，建构起"多彩贵州"传统节日文化品牌，保存和彰显"多彩贵州"传统节日文化品牌个性就显得十分重要。品牌和人一样，都有自身的性格。"人的个性是在个体的行为、态度、信念、心理特点等基础上形成的，而品牌的个性是在与消费者直接或间接接触的基础上形成的，通过品牌个性能反映该品牌使用者的形象。"① 当前学界对于品牌个性的定义存在多种说法，有人从消费者特征视角去推断，也有人从品牌自身人格特质角度去言说，还有人从品牌个性对于打造消费者形象的功能上去分析。结合以上观点，我们认为，品牌个性就是品牌拥有者立足消费者而去构建的品牌人格特质组合。通常而言，文化品牌个性潜藏于品牌文化之中，显现于文化品牌各要素之中，是在理顺文化品牌与品牌文化辩证关系基础上的产物。品牌文化个性主要反映在商品文化的差异化、质量文化的精品质、营销文化的个性化与服务文化的人性化上。因此，差异化、精品质、个性化、人性化是品牌区别于一般企业文化的标志，是品牌文化个性化的具体表现。而品牌个性的来源，一般来自产品本身、广告及消费者。

"多彩贵州"文化品牌具有一般品牌文化个性特征，也具有贵州的特色。"多元、和谐与原生态"的核心价值是其个性的集大成者，而"走遍神州大地，醉美多彩贵州"中所体现出来的自知、自信、自强、坚定与豪迈则是其个性的集中体现。而在文化品牌个性和"多彩贵州"文化品牌个性基础上，"多彩贵州"传统节日文化品牌也应该建立起自身独特的品牌个性来。结合"多彩贵州"传统节日文化禀赋、品牌构建目标、品牌定位等多要素去综合考量，笔者认为"多彩贵州"传统节日文化品牌个性可以从以下几个要素去分析：纯真、惊艳、丰富、欢快、强壮。

---

① 余明阳、戴世富：《品牌文化》，武汉大学出版社，2008，第77页。

纯真，是从"多彩贵州"传统节日文化品质上去言说的，主要指贵州传统节日文化中保留着的原生态性、贵州各民族率性而为的淳朴性格、传统节日活动仪式的真实性等特征。惊艳，是对"多彩贵州"传统节日文化的独特个性的概括，主要表现为传统节日文化物品的稀有性、节日仪式技巧的高超性、节日文化形式的多姿多彩性和内涵深刻性。丰富，是对"多彩贵州"传统节日文化内容内涵功能特征的表达，主要是指贵州传统节日文化作为"文化丛"，是各民族文化内容的集中表现；是指贵州传统节日文化融合政治、经济、文化、社会与生态，具有丰富的文化内涵；是指贵州传统节日文化在现代社会中发挥着丰富的节日文化功能。欢快，是对"多彩贵州"传统节日文化氛围的归纳，是指贵州传统节日随着贵州社会的不断发展，一改过去节日中阴沉、晦涩、迷信、陈旧等氛围，变成了欢乐、幸福的海洋；是指贵州人民在欢度传统节日文化时所表现出来的乐观、自信、知足、感恩、幸福的心态及借助传统节日去展示他们对幸福生活、美好生活的追求与向往。强壮，是从"多彩贵州"传统节日发展态势入手去总结的，主要是指贵州传统节日数量多、品质高、影响力大和号召力强；是指贵州各民族参与传统节日文化的程度高，使得节日文化声势气势阵势十分壮大；是指贵州传统节日文化在新时代的茁壮成长趋势，预示了其在未来社会有强大的发展可能性。彰显"多彩贵州"传统节日文化中的即时即地性、独特性、独有性，也就是保留住"多彩贵州"传统节日文化中的"光晕"，也就彰显了"多彩贵州"传统节日文化品牌个性。

总之，"多彩贵州"传统节日文化品牌个性的形成过程，深深扎根于贵州深厚的历史文化之中，是不同主体共建共治共享的结果，是遵循文化及其品牌形成与发展规律的产物。而"多彩贵州"传统文化品牌个性的最终形成，则会推进贵州传统节日文化繁荣发展、贵州节庆产业跨越式发展、贵州经济高质量发展，赋能贵州在新时代全面实现现代化。

三　"多彩贵州"传统节日文化品牌体验

品牌构建的最终目标是引导或激励消费者对品牌下各类产品的消费行为的产生，因而品牌构建效果需要由消费者来评判。"消费者是品牌的最后拥有者，品牌是消费者经验的总和。"①"顾客就是上帝。"随着社会的全面进步，人们一改过去以满足温饱为主要诉求的消费指向，转而对精神文化消费的需求日益增长。但精神需求对于物质需求来说，显得更为主观、随性和隐蔽。同时，消费者对于文化品牌"唯一性""第一性"的追求初心始终没有发生根本性变化。基于消费者在品牌中的核心地位，我们认为，消费者对品牌保持长期的、稳定的认同和认可，往往能使品牌长久不衰；消费者一旦厌倦、讨厌、否定品牌，就是品牌夭折或灭亡之际。而消费者主要通过消费体验实践行为来判断、认可和忠诚品牌，因此，我们需要对消费者体验实践涉及的基本要素进行分析，才能很好地把握消费者对品牌体验的真实状况，最后才能找到培育消费者品牌情感的有效方法。总的来说，消费者对文化品牌体验主要涉及文化品牌消费者心理特征、文化品牌消费者购买心理、文化品牌消费者购买行为及文化品牌消费者忠诚度形塑几个方面内容。

一般而言，品牌消费或体验的本质是对文化的消费，而文化品牌消费直接面对的是文化，因而消费者对于文化的消费，特别是对文化产品精神层面的消费显得更为突出。当前，随着经济社会的全面进步，文化品牌消费群体结构也在急速地发生变化，以年轻化、技术化、富裕化及理想化为主要特征的消费群体开始成为文化品牌消费主体。同时，根据这些主体对品牌敏感心理的不同，可以把这些消费主体分为务实型、成就体验型、情感诉求型、个性彰显型、被动型品牌敏感消费者，且这些不同品牌敏感消费者对品牌产品的体验目的也存在差异。诚然，消费者都是为了满足自身的生理或心理需要而进行品牌体验的，有了这种需要才会有动机，在动机刺激下才会促成消费行为的产生。随着生活水平和需求层次的不断提高，人们对于满足文化品牌背后的象征意义、自身精神享受及灵魂安顿有了比以前更多更高的追求。但总的来说，受消费群体年轻化趋势的影响，人们对文化品牌消费的动机和目的更多地体现在追求新颖、好奇、炫耀、随性、跟风、求美的个性上。

---

① 杨芳平编著《品牌学概论》，上海交通大学出版社，2009，第131页。

文化品牌消费者体验文化品牌行为的产生,一般都要经历知情意行四个环节。有了对文化品牌的需求,就会对文化品牌数量、质量、价格、服务水平及交通状况等进行全方位的认知。在认知基础上,消费者才会对文化品牌进行甄选。因此,消费者对文化品牌的态度或情感直接决定消费者消费行为的产生。消费者一旦对文化品牌产生了强烈的情感,就会在其内心之中锻造起去消费文化品牌的强烈意志,并且在强烈意志的控制下,形成对文化品牌持续不断的消费习惯,最终促使消费者对文化品牌忠诚度飙升。同时,在对文化品牌忠诚度指引下,消费者不仅会重复性地购买文化品牌下的产品,而且还会激发文化品牌联想,催生购买文化品牌相关产品的欲望,更会把自身体验传递给与自己相连的人群,能很好地发挥人际传播的效应。文化品牌消费者对文化品牌消费体验,是消费者与文化品牌直接接触、融合的过程。在这一过程中,如果消费者消费体验感受与其对文化品牌的知情意保持一致,则会进一步坚固其对文化品牌的忠诚度;如果消费者消费体验感受与其对文化品牌的知情意格格不入,则会影响消费者对文化品牌的忠诚度,甚至会导致消费者直接放弃文化品牌消费行为。消费者对文化品牌的忠诚度直接决定着文化品牌构建成功与否,而消费者对文化品牌的忠诚度则直接反映在其对文化品牌的消费热情和消费购买力上。因此,文化品牌拥有者要立足文化品牌资源和资产,不断提高文化产品质量,提升文化产品服务水平,维护好文化品牌形象及提供物美价廉的文化产品等,理顺文化品牌与文化品牌消费者之间的关系,力保和促使消费者对文化品牌的忠诚度不断攀升。

根据以上文化品牌体验实践的相关理论及要求,我们认为,要促进消费者体验"多彩贵州"传统节日文化品牌,提升消费者对"多彩贵州"传统节日文化品牌的忠诚度,应该从以下几个方面入手去具体落实。第一,要充分考虑"多彩贵州"传统节日文化品牌主要体验者特征及需求。当前,节日旅游的主要目标人群为 18~60 周岁的成人,这部分人群有活力、敢消费,同时对于节日文化品质、服务等要求极高。因此,针对消费人群结构及其特点,"多彩贵州"文化品牌构建要充分考虑到这部分人群的旅行需求。比如,青年人和中年人体验节庆活动不外乎是为增长见识、获得新奇体验和文化熏陶、纾解压力及调节生活节奏等。

第二，要提高"多彩贵州"传统节日文化品牌质量。内容为王，形式为辅，形式始终为内容服务。高科技化、人文化、消费化、整合化、热烈、震撼、欢快、奇特、代入感等成为衡量传统节日现代化程度的标志词。单就消费档次来说，在参与节日活动中，人们除了增强了对传统节日饮食的需要之外，还对传统节日仪式、节日物资、节日氛围、节日服务等节日消费品提出了更高的要求。物美价廉、丰富深刻、多样统一、雅俗共赏等逐渐成为传统节日现代性发明的品质标配，"百货公司""消费至上""文化搭台、经济唱戏""节日购物狂欢节"等成为传统节日现代性发明的适时取向。因此，"多彩贵州"传统节日应在坚守传统中不断创新发展，才能提高其节日文化品牌质量。而高质量的传统节日文化品牌，则为促进消费者体验实践奠定了坚实基础。

第三，要规范"多彩贵州"传统节日文化品牌服务。传统节日文化品牌服务涉及消费者文化品牌体验前、体验中及体验后的各种服务，包括网站、医疗、银行、交通、文化产品等诸多方面。同时，"多彩贵州"传统节日文化产业，是文化服务产业，也是人性化产业，还是个性化产业。因此，结合以上各种因素，我们认为要以品牌消费者为中心，从制度、物资、人员、教育、科技等方面不断提高"多彩贵州"传统节日文化品牌的服务质量和服务水平，才能为增强消费者品牌消费体验提供保障。

第四，要注重消费者对"多彩贵州"传统节日文化品牌体验的反馈。文化品牌拥有者与消费者之间不仅是服务与被服务的关系，更是交往交流交融的共同体关系。一旦消费者把"多彩贵州"传统节日文化品牌作为自己的文化与品牌来维护与构建，那么，在某种程度上来说，"多彩贵州"传统节日文化品牌就取得了极大成功。特别是在打造共建共治共享的治理共同体的当前，消费者对"多彩贵州"传统节日文化品牌体验的反馈就显得尤为重要。比如，消费者对"多彩贵州"传统节日文化品牌体验的正向评价，可以作为激励和宣传文化品牌的活材料；消费者对"多彩贵州"传统节日文化品牌体验的负面评价，可以使品牌拥有者及时发现问题，不断鞭策品牌拥有者进一步去完善文化品牌。"多彩贵州"文化品牌构建和传播共同体的形成，是重视消费者对文化品牌体验反馈的直接结果，能起到进一步协调文化品牌拥有者与消费者的关系，提高文化品牌管理、服务水平，提升文化品牌消费者忠诚度的效果。

一言以蔽之，"多彩贵州"传统节日文化品牌体验，是指文化品牌消费者的一次体验实践活动，且涉及一个完整实践活动的方方面面。其中，主体、客体、中介、主体客体化、客体主体化、实践意图、实践过程、实践结果及其反馈等各要素组成了一个体验实践系统体系。但毫无疑问的是，在这个系统体系中，消费者的感知、感觉、感情是处于最为核心、最为重要的位置上。

第三节　"多彩贵州"传统节日文化品牌形象设计

有学者指出："品牌是能给拥有者带来溢价、产生增值的一种无形资产，它的载体是用以和其他竞争者的产品或劳务相区分的名称、术语、象征、记号或设计及其组合，增值的源泉来自在消费者心智中形成的关于其载体的印象。"[1] 这个概念告诉我们，品牌形象由品牌拥有者设计，而品牌印象则由消费者心智所形成，形象和印象在品牌构建与传播中是一对不可分割的矛盾。当前，学界不仅对品牌形象的内涵存在不同认识，而且对品牌形象外延的认定上也存在多种解释。因此，只有厘清品牌形象内涵与外延、明确品牌形象与品牌设计之间的关系，才能有针对性地对品牌形象设计进行具体分析。

一　品牌形象与品牌设计之间的关系

品牌形象虽属于品牌的外在形式，但却离不开品牌的内容，其是对品牌内容的外在表征。当前，学界对于品牌形象内涵的认识存在多种面相。因此，结合当前学界对于品牌形象的多种阐释，我们认为，品牌形象是品牌拥有者在对消费者知识、情感、态度、心理等全面把握的基础上，通过

---

[1]　余明阳、杨芳平编著《品牌学教程》，复旦大学出版社，2009，第5页。

提高品牌质量、彰显品牌个性、提供优质品牌服务等方式形塑而成，其能向消费者展示品牌各要素图像和概念等品牌个性，并在消费者心中形成一个关于品牌综合性感知的印象。品牌形象不是由品牌拥有者或消费者单方面形成的，而是在品牌拥有者和消费者之间的相互作用中形成；品牌形象是品牌的外在形式，更依存于品牌实力；品牌形象是综合、总体的，而不是单一、零碎化的；品牌形象是有形资产，更是无形财富。而品牌形象按照其表现形式来看，一般分为内在形象和外在形象。内在形象主要通过品牌构建目标、构建理念、品牌定位及品牌文化等表现出来，集中表现为产品形象和文化形象两个方面。外在形象主要通过品牌名称、结构组合、标识、广告语、品牌体验等方式去展示，集中表现为品牌形象标识系统和品牌声誉两个方面。

品牌设计，从广义上去说，是指品牌目标、品牌定位、品牌个性、品牌形象、品牌传播、品牌管理、品牌保护及品牌延展等与品牌相关的一系列实践活动。因此，品牌设计一般包括品牌经营战略谋划、品牌产品创新、品牌质量管理系统构建、产品包装设计、品牌忠诚度强化及品牌管理提升等环节或过程。品牌之所以能区别于一般商品，是因为其在打造过程中，很好地展现了个性化、差异化、社会化等品牌基本形象，遵循了全面兼顾、以消费者为中心、求异创新、简洁深刻、社会经济效益双丰收等设计原则。同时，品牌设计的过程要严格遵循实践—认识—再实践的过程和规律，在广泛收集和认知品牌资源与资产基础上，才能去拟定品牌发展战略、实施品牌具体策略、落实品牌传播攻略，品牌设计就是在周而复始的不断发展中最终形成的。品牌设计只有进行时，没有完成时和过去时。品牌设计，从狭义上去看，特指的是对品牌形象标识系统的设计，是对品牌定位、品牌个性和品牌文化等品牌战略具体反应的产物，属于品牌具体实施策略的内容。和广义上的品牌规划相比，它更具可操作性、具体性、实践性、落实性及形象化色彩。

综上，品牌形象和品牌设计是一对不可分割的矛盾，品牌形象是品牌设计的结果，品牌设计是品牌形象形成的实践过程；一个强调的是静态，另一个强调的是动态。但品牌设计不等于品牌形象，且品牌设计还分为品牌整体设计和品牌形象标识具体设计之分。品牌形象不等于品牌设计，品牌设计不等于企业形象设计。诚然，一次成功的品牌构建与传播，本质上是一次完整的品牌设计的结果。在前面章节和接下来章节中，笔者已经对品牌构建目的和理念、品牌基础、品牌定位、品牌架构、品牌承诺、品牌个性及品牌体验，或将要对品牌传播进行较为详细的论述。基于此，我们在这一节中，将结合时下较为流行的企业形象识别系统（Corporate Identity System，CIS），去重点探析"多彩贵州"传统节日文化品牌的具体形象设计相关问题。

二 "多彩贵州"传统节日文化品牌形象识别系统设计模式选择

1956 年，美国国际商业机器公司（IBM）率先引入企业形象识别系统，从此 IBM 开辟了发展史上的新视域新境界，也把企业发展带到了一个新时代。后来，麦当劳、可口可乐、福特、洛克菲勒等欧美国家的知名企业也紧随其后，先后完成了 CIS 的改造。而在亚洲，以善于学习著称的日本人，于 20 世纪 70 年代初引入 CIS，马自达、索尼、松下等企业先后实施品牌形象识别战略。几年后，中国台湾企业，诸如宏碁等也先后引入 CIS。中国内地引入 CIS 是在 1988 年，广东"荣事达"开先河，并在 CIS 引导下取得巨大成功，这掀起了中国内地企业运用 CIS 去塑造企业品牌的热潮。自此以后，使用 CIS 成为企业界一股潮流和企业成功的一大法宝。今天，世界上绝大多数企业都十分重视 CIS，且把 CIS 打造成了企业连接外界的一张响亮名片。

品牌形象识别战略不是为了战略而实施战略，而是为了给企业带去更多的效益而去实施战略。因此，CIS 的实质就是为企业创造一个具有鲜明特点、便于识记的、能使企业增值的品牌好形象。一般来说，CIS 作为一个系统，主要包括理念识别（Mind Identity，MI）、行为识别（Behaviour Identity，BI）和视觉识别（Visual Identity，VI）三大部分。正如有学者所说，行为识别系统是 CIS 的手，视觉识别系统是 CIS 的脸，理念识别系统是 CIS 的头，它们共同构成了完整的 CIS[1]。

---

[1] 陈放：《品牌学——中国品牌实战原理》，时事出版社，2002，第 157 页。

在 CIS 不断发展的浪潮中，整个世界逐渐形成以美国和日本为首的两种模式，简称为美式 CIS 和日式 CIS。虽然两种模式都强调把品牌个性、品牌形象、品牌文化等渗透进品牌建设各个环节中去，但在这个过程中，美式 CIS 以消费者为最终诉求对象，更强调 CIS 对外宣传功效；日式 CIS 则更侧重于企业内部建设，强调通过挖掘内部潜力去凸显企业的经营理念。总的来说，中国走 CIS 之路的初期，基本上沿着美式 CIS 之路进行，更加强调品牌形象设计部分，但在实践中却远未达到期待的效果。难道中国 CIS 要倒向日式 CIS？虽然中国和日本在文化上有些相同之处，但中国企业在员工素质、忠诚度、凝聚力上还是和日本企业有很大差别，因而走日本模式也不一定能取得成功。遵循马克思主义唯物辩证法去看，笔者认为把两种模式结合起来去思考，无疑是一种较为合理的方法。但在具体落实中，一定要以品牌内涵为基础和根本，以品牌形象为形式和重要条件，两者并行发展，但又要有所侧重。

"多彩贵州"传统节日文化品牌作为"多彩贵州"文化品牌下的一个子品牌，同时也是中国众多文化品牌中的一个，在进行品牌形象识别系统设计时，既要遵循一般品牌形象识别系统设计的基本原则，也要充分考虑"多彩贵州"传统节日文化品牌的地域特点和领域特点，才能设计出符合"多彩贵州"传统节日文化品牌的识别系统来。

三 "多彩贵州"传统节日文化品牌理念设计

品牌理念识别是指企业运作背后存在的指导思想、价值追求、经营思想和企业精神等的综合表现，是企业在思想上区别于其他企业的主要标志。MI 是企业 CIS 的灵魂和精髓，也是企业 CIS 运作的原动力。因为 MI 贯穿于企业生产和经营全过程，是企业领导进行组织、管理的指导思想，是企业灵魂和精神的集中体现，是指引和约束企业员工的伦理道德规范。MI 的内涵与外延十分丰富，但主要涉及企业经营哲学、企业秉持的价值观及企业精神三个方面。此外，在 MI 系统中，要遵循民族化、独特性和简洁性设计原则；要发挥导向、引领、辐射、凝聚等基本功能；要坚持客观、团结、协商等设计要求。

　　由于哲学、价值观与精神在概念内涵上具有交叉性和一致性,企业在具体设计品牌理念时,有的把这三个方面结合起来设计一个简单明了的品牌理念,有的则把这三个方面分开,分别对其进行解析;有的更注重对传统理念的坚守,有的则喜欢标新立异。针对品牌理念设计上存在的这种状况,我们觉得,只要能很好地发挥出品牌理念功能,都是好的理念设计。比如,日本松下集团则是用所谓的"松下精神"去开拓和积淀品牌。"松下精神"由精神、纲领、信条、哲学四方面组成,四个部分各司其职,形成了一个品牌理念整体,最终创造了品牌理念设计神话。又如,中国一汽集团提出"争第一,创新业"的简洁理念,一举奠定了其汽车行业先驱地位;同仁堂以"炮制虽繁必不敢省人工,品味虽贵必不敢减物力"为品牌理念,企业历经百年而不衰。再如,有的企业坚持"求实、团结、奋斗、创新、献身"的传统设计理念,品牌形象特色没有彰显,而北京百货大楼坚持"用我们的光和热去温暖每一个人、每一颗心"的理念设计,却打动了消费者,最终获得了消费者的青睐。总之,遵循因时、因地、因人的实事求是原则,设计具有远大目标,又脚踏实地的品牌理念,一直是品牌拥有者们奋斗的方向。

　　但就"多彩贵州"传统节日文化品牌理念设计来说,在遵循品牌理念设计基础原则、功能及要求下,其品牌理念不仅要与"多彩贵州"文化品牌价值相匹配,也要与自身品牌气质相契合。结合"多彩贵州"传统节日文化品牌在"多彩贵州"文化品牌中的地位及作用、"多彩贵州"传统节日文化品牌内涵与外延的实际情形,笔者主要从品牌经营哲学、品牌价值观与品牌精神三个方面入手去探析"多彩贵州"传统节日文化品牌理念设计。

　　首先,"和谐、发展与人文"是"多彩贵州"传统节日文化品牌的经营哲学。哲学是理论化、系统化的世界观和方法论,而马克思主义哲学是科学的世界观和方法论的统一。马克思主义在中国意识形态领域具有领导地位,因此,其理所当然成为"多彩贵州"传统节日文化品牌总的指导思想。在马克思主义指导下,"多彩贵州"传统节日文化品牌经营哲学作为指导品牌经营行为的基本思想,其涉及的根本问题是处理好人、物质与经济文化发展规律的关系问题，也就是要平衡好主体与客体之间的关系问题。因此，作为"多彩贵州"传统节日文化品牌发展的原动力，我们认为"和谐、发展与人文"能很好地概括"多彩贵州"传统节日文化品牌理念，是"多彩贵州"传统节日文化品牌经营哲学。

和谐：对当今世界绝大多数追求和平与发展的国家和地区来说，在它们追求高质量发展的过程中，都把和谐作为其发展中不可缺少的重要理念。而"多彩贵州"传统节日文化品牌把和谐作为品牌理念之一，是基于品牌运作中要处理好贵州传统节日文化品牌中的"多"与"一"关系、"多彩贵州"传统节日文化品牌与"多彩贵州"其他文化品牌的关系、品牌构建与传播中不同主体之间关系等而产生的。和谐就是矛盾的对立统一，其实质就是和而不同。这个理念不仅能满足"多彩贵州"传统节日文化品牌当前发展需要，也是"多彩贵州"文化品牌最为出彩和最为本质的特征之一。

发展：新时代以来，党和国家在经济建设上提出了贯彻新发展理念，构建新发展格局，推动经济高质量发展的战略。发展的实质是新事物的产生和旧事物的灭亡。在发展理念中，可以看到贵州人对传统节日文化的"扬弃"（克服与保留）及继承与发明，创造性转化与创新性发展。同时，节庆旅游产业作为资源消耗低、带动能力强、就业机会多、综合效益好的朝阳产业，长期以来都是贵州旅游产业中的支柱产业。节庆产业发展与创新、协调、绿色、开放、共享理念相结合，能很好地展现"多彩贵州"传统节日文化品牌构建与传播的先进性、时代性、科学性、实践性及发展性等特征，展示贵州人作为生态文明排头兵的创新风采。此外，在节庆产业发展中，能充分体现当代贵州人敢于斗争善于斗争敢于胜利的拼搏奋进精神。

人文：一切实践的出发点和落脚点都是为了人的发展。"多彩贵州"传统节日文化品牌的构建与传播，是为了发挥文化在现代化发展中的重要作用而生的，也是满足人民对美好生活需要和促进共同富裕的产物，还是为了实现以文化人的传承教育目标而生的。一切为了人民，一切依靠人民，从群众中来，到群众中去的群众路线和发挥群众主动精神，相信群众能自我解放等群众观点,始终是"多彩贵州"传统节日文化品牌的核心理念。过去,"多彩贵州"传统节日文化品牌为贵州社会打赢脱贫攻坚战,实现全面小康做出了重大贡献;现在,其在实现脱贫攻坚与乡村振兴的有效衔接中,定能发挥更大作用。发展是为了人,发展也要依靠人,人始终是"多彩贵州"传统节日文化品牌中最为重要的因素。因此,"多彩贵州"传统节日文化品牌构建与传播要在充分调动不同主体能动性创造性的基础上,在其品牌构建与传播实践中践行共建共治共享理念。

其次,"多元、和谐、原生态"是"多彩贵州"传统节日文化品牌价值观。价值观是人们对价值是什么以及评价价值标准、原则及方法的总的看法和观点。价值观没有对错之别,但有大小、善恶、美丑之分。在不同价值观比较下,最好最合时宜的价值观是以客观事实为基础,以推动生产力发展、顺应历史发展潮流、得到绝大多数人支持的价值观。"多彩贵州"传统节日文化品牌隶属于"多彩贵州"文化品牌,因而"多彩贵州"传统节日文化品牌的价值观需要与"多彩贵州"文化品牌保持一致,才能让两个不同层级的品牌实现共融共荣效应。由于在前面的品牌承诺分析中,我们已经对"多彩贵州"文化品牌的价值观进行了一定论述,因而在这里就不过多赘述。概括来说,"多彩贵州"文化品牌价值是在对贵州自然地理、历史文化、民族民间文化进行分析,在和其他文化品牌相比较,特别是和"七彩云南""印象广西"等文化品牌比较中,并借鉴国内外相关文化品牌经验而得出来的。具体是在贵州文化资源丰富性、类型多样性中展现了"多元";在文化内部各要素、外部各种关系及内外部各种关系中体现了"和谐";在贵州文化独特性、唯一性、稀缺性、在地性中保留了"原生态"。"多元、和谐、原生态"不仅是"多彩贵州"文化品牌的内涵本质,也是其文化品牌的核心价值。同时,在三大价值中,原生态处于核心价值地位。针对"多彩贵州"文化品牌的原生态核心价值,有学者从传统性、民族性、本土性、内生性四个方面进行了分析,指出了"多彩贵州"文化品牌的地域文化特色,具有唯一性和不可复制性的特点①。还有学者从品

---

① 喻健:《"多彩贵州"文化品牌的构建与传播研究》,华中师范大学硕士学位论文,2014,第30页。

牌的文化、市场与竞争三个方面指出了"多彩贵州"文化品牌的原生态核心价值的竞争优势，凸显了原生态在"多彩贵州"文化品牌中的地位和作用①。"多彩贵州"传统节日文化具有节日众多、类型多样、原生态、独特性等特点，再加上其本身属于"多彩贵州"文化品牌的一部分，因此，"多彩贵州"传统节日文化品牌具有"多彩贵州"文化品牌同样的价值观。

最后，"团结、创新、奋斗、祥和"是"多彩贵州"传统节日文化品牌精神。和其他品牌创建者主要是企业有所不同，"多彩贵州"文化品牌的创立和传播一开始就是政府行为。从2005年品牌创立，到多彩贵州文化产业发展中心的成立，再到今天品牌产业集群的初步形成，贵州省委、省政府起到了核心作用。因此，要建立"多彩贵州"传统节日文化品牌精神，就要从省委、省政府着力塑造和弘扬的贵州精神中去思考。

新时代贵州精神来源于《关于进一步促进贵州经济社会又好又快发展的若干意见》（以下简称"国发2号文件"），提振于2022年《国务院关于支持贵州在新时代西部大开发上闯新路的意见》（以下简称"新国发2号文件"）。在2012年国发2号文件指导下，贵州省委、省政府汇聚长征精神，遵义会议精神，脱贫攻坚精神，孺子牛、拓荒牛、老黄牛之"三牛"精神，"三线建设"精神等，凝练出了"团结奋进、拼搏创新、苦干实干、后发赶超"新时代贵州精神。2022年新国发2号文件中提出要支持贵州在新时代西部大开发上闯新路的指示，使得贵州精神再次得到提振。贵州着力打造的"四区一高地"战略，以"四新"为引领，"四化"为目标，实现高质量发展为根本。而在这个战略中，需要新时代贵州精神迸发出来的志气、勇气和底气，需要新时代贵州精神提供精神动力，需要新时代贵州精神形塑的广大党员干部模范形象，需要把中华民族伟大创造精神、伟大奋斗精神、伟大团结精神、伟大梦想精神等融入新时代贵州精神，增强贵州各族人民的"四个自信"。在"奋力谱写多彩贵州现代化建设新篇章"愿景目标的当下，"贵州依然需要'死磕'韧性，'干'字当头、'闯'字为先、'拼'字为劲、'破'字为力，战天斗地、逢山开路、遇

① 王砂砂：《"多彩贵州"文化品牌发展研究》，贵州民族大学硕士学位论文，2016，第22页。

水架桥。依然需要培植厚重的贵州文化沃土，彰显贵州文化自信，构筑新时代贵州精神的'新地标'"①。

"多彩贵州"文化品牌建立以来，受品牌属性和品牌范围等多方面的影响，长期以来都没有形成一个统一而完整的品牌精神。但毫无疑问的是，新时代贵州精神理应是"多彩贵州"文化品牌精神。我们可以从多彩贵州文化产业投资集团的介绍中得知："多彩贵州文化产业投资集团（简称'贵州文投'）是贵州省委、省政府深入贯彻党中央深化文化体制改革战略部署，在原多彩贵州文化产业集团的基础上改组成立的省管大一型国有文化企业，2023 年 1 月 13 日完成工商信息变更登记，主管部门为省委宣传部，集团注册资本 20 亿元，坐落于美丽空港——贵州双龙航空港经济区，总部设在 4A 级景区多彩贵州风景眼文创园内。现有职工 115 人，内设 10 个部门，下属 5 个二级单位。贵州文投主责主业是围绕文化旅游投融资、文旅资产运营管理、数字文化科技、文旅商贸、文体康旅服务等五个板块开展业务，依托文化资本运营、文旅基金投资、文化产权交易'三大支柱'，搭建全省文化旅游业投融资平台、资源整合平台、产权交易平台、增值服务平台'四个平台'，旨在统筹好国有文化资本、整合优质文旅资产、盘活低效优质文旅资产、管理好文旅投资基金，打造贵州省文化产业头部企业，引领全省文化产业高质量发展，实现社会效益和经济效益相统一，助推多彩贵州民族特色文化强省和旅游强省建设。"② 基于此，在全面把握新时代贵州精神内涵和外延的基础上，结合"多彩贵州"文化品牌发展实际，笔者认为应着力塑造以"团结、创新、奋斗、祥和"为核心的"多彩贵州"传统节日文化品牌精神。

品牌精神是品牌定位、品牌个性、品牌理念、品牌价值及品牌承诺等在相关企业应用中所展现出来的精神品质，总体来说属于品牌文化的重要组成部分。品牌精神是在企业生产经营过程中形成的，反过来又会作用于企业经营活动。团结：这是"多彩贵州"文化品牌发展的主体性要求。基

---

① 刘吉昌：《弘扬新时代贵州精神 勇闯高质量发展新路》，《贵州政协报》2022 年 5 月 11 日。
② 信息来源于《集团概况》，多彩贵州文化产业投资集团官网，2020 年 11 月 24 日，http://www.dcgz.cn/jituangaikuang/jituanjianjie/index.html。

于"多彩贵州"文化品牌涉及范围的广泛性、"多彩贵州"传统节日文化品牌的多姿多彩性以及经济社会发展的整体性，我们认为，处于"多彩贵州"传统节日文化场域中的不同主体，众志成城，才能发挥"人多力量大"的优势，才能推动"多彩贵州"传统节日文化品牌的不断发展。创新：这是"多彩贵州"文化品牌发展的动力源泉。节日文化产业属于创新创意产业，对人、科技、环境和教育等方面的要求很高。科技是第一推动力、人才是第一资源，教育是基础，而创新则是把以上要素凝聚起来，是推动社会发展的动力和源泉。因此，"多彩贵州"传统节日文化品牌要实现在创新中发展，就必须发挥学校教育、社会教育和家庭教育的基础性作用，引进、培养各级各类文化创新人才，借助最新科学技术，在一个自由、宽松、和谐、互助的氛围中实现"多彩贵州"传统节日文化品牌创新。奋斗：这是"多彩贵州"文化品牌发展的实践要求。幸福是奋斗出来的。过去，在苦干、实干、巧干中，"多彩贵州"传统节日文化品牌取得了较为丰硕的成果。现在，在党和国家大力倡导文化传承发展、建设中华民族文明的紧要关头，在文化旅游业蒸蒸日上的当前，文化企业员工始终保持不断开拓进取、求真务实、团结奋斗、再创辉煌的干劲拼劲，一定能够把"多彩贵州"传统节日文化品牌推向发展高峰。祥和：这是对"多彩贵州"文化品牌发展目标的最高凝练。祥和是对温暖、和谐、美好氛围的表征。祥和氛围的显现，充分印证了"多彩贵州"传统节日文化品牌发展以人为本的宗旨；反映了节日文化品牌在构建与传播中的各种关系处理上的有序章法；说明了节日文化品牌在人民追求美好目标中发挥着重要作用。歌舞升平、欣欣向荣、一派祥和的田野牧歌景象，是"多彩贵州"传统节日文化品牌传递给外界的形象，也是"多彩贵州"传统节日文化品牌构建与传播中对员工的目标要求。我们相信，只要把"团结、创新、奋斗、祥和"的品牌精神坚持和弘扬下去，"多彩贵州"传统节日文化品牌的具体实践一定会更加精彩。

四 "多彩贵州"传统节日文化品牌行为设计

品牌行为设计（BI）是企业理念、宗旨、哲学、价值观、精神等指导下的企业经营活动,是不同主体行为活动的动态形式。它通过企业内部的经营管理活动和外部的社会公益活动来践行企业的经营理念,使企业品牌得到内部员工认可和外部消费者接受,从而树立起美誉度高的品牌形象。因此,企业品牌形象识别分为企业内部和企业外部的形象识别行为。企业内部形象识别一方面是引导和鼓励员工通过知晓、理解及践行企业战略、经营思想、品牌目标、企业文化等方式,不断去增强员工对企业的认同认可,增强员工对企业的热爱,进而产生为企业发展作出自身贡献的决心。另一方面则是通过制定较为完善的企业规章制度、法规等来强化企业员工的规则意识,约束企业员工的行为举止。企业外部形象识别主要是通过一系列公关活动或者公益活动向外界传递企业相关信息,从而让公众最大限度地了解企业及其产品。市场营销和公共关系处理是企业外部形象识别设计的两种方式,市场营销强调营销信息与企业信息的一致性、整体性,与其他企业相比所具有的信息识别性,对特定人群的针对性等;公共关系处理则要求企业在与消费者、社区大众、政府机关及传播媒体搞好关系的基础上,着力在品牌受众群体中维护好企业形象。总之,品牌行为设计就是品牌理念设计的直接呈现,是将企业 CIS 中的核心理念加以制度化和规范化,并深入贯彻到企业日常经营活动之中的实践行为。

文化品牌精神是对文化品牌哲学、价值观等理念的集中体现,从这个意义上去说,文化品牌行为设计就是如何在节日活动中去展现节日文化品牌精神的问题。目前,就"多彩贵州"单个传统节日文化品牌行为设计而言,已经形成了较为完善的行为文化体系。比如,每当传统节日文化开展时,各级各类政府通过政策支持、资金支持等方式,不断去引导和调动民众积极参与节日文化传承教育工作,积极参与节日文化系统活动。又如,在贵州举办的较大节日文化活动中,其在节日理念、节日内容、节日体制及节日形式等方面都创意十足,亮点频出。这就说明贵州传统节日文化在获得保护与传承后,在现代社会获得了创造性转化与创新性发展。再如,在传统节日文化活动中,民众表现出来的淳朴、热情、大方、积极、团结、热爱等意识,很好地表征了节日文化精神,达到了节日文化品牌运行的效果。"团结、创新、奋进、祥和"的贵州传统节日文化品牌精神之所以能在传统节日文化活动中得到体现，最为重要的缘由在于节日文化发展有了制度保障和民众自觉自信意识的增强两大要素的支撑。但对于"多彩贵州"传统节日文化品牌行为设计来说，以上的品牌行为设计还远远不够，它们还承担不起一个以省级为单位的核心文化品牌行为设计的要求。因此，我们还需在理论层面上进一步优化节日文化品牌行为背后的体制机制，最终才能为"多彩贵州"传统节日文化品牌行为设计提供坚实的理论支撑。

帕森斯（Talcott Parsons）说："价值出自文化系统，而且价值必须通过两个过程牢牢确立在两种行动系统当中：一种是人格系统的内化过程，另一个是社会系统的制度化过程。"① 首先，培育"多彩贵州"传统节日文化品牌构建与传播的动力机制。基于当前节日文化品牌构建与传播现状，我们觉得在不断强化"多彩贵州"传统节日文化品牌行为设计中，要积极培育起品牌相关主体的动力。我们认为，"多彩贵州"传统节日文化品牌构建与传播的动力要素主要有主体内生动力和外在推动力两方面。主体对于文化的需要、对文化地位和作用的认识以及文化改革创新动力的认同等组成了主体内生动力；而体制改革、文化价值、社会实践、文化创新、市场经济等成为外在推动力。只有把两者结合起来，才能更好地推动"多彩贵州"传统节日文化品牌的构建与传播。而有了内外动力，会进一步推动不同主体对"多彩贵州"传统节日文化品牌的行为设计，维护好节日文化品牌形象。

其次，注重"多彩贵州"传统节日文化品牌构建与传播的内化机制。任何一次完整的认识过程，都要经历实践—认识—再实践的不断循环发展过程。同时，人格系统的内化不仅需要理性指导，还需要非理性推动。针对不同实践主体，应采取不同手段去加强他们对于"多彩贵州"传统节日文化品牌构建与传播的认知、认可及认同机制，促使不同主体从感觉、直觉、表象层面去把握节日文化品牌，进而形成系统的节日文化品牌构建与传播的感性机制。在此基础上，通过现象—本质的深化机制、真理—价值

---

① 转引自〔德〕汉斯·约阿斯、沃尔夫冈·克诺伯《社会理论二十讲》，郑作彧译，上海人民出版社，2021，第80~81页。

的转化机制、描述—阐释的递进机制，促使不同主体从概念、判断、推理层面去把握节日文化品牌，最终形成完整的传统节日文化品牌构建与传播的理性机制。此外，在"多彩贵州"传统节日文化品牌行为设计中，还要发挥情感、意志、习惯、灵感、猜测等非理性行为作用，使不同主体在美好情感、坚强意识、崇高境界中，不断完善和丰富"多彩贵州"传统节日文化品牌构建与传播行为。

再次，发挥"多彩贵州"传统节日文化品牌构建与传播的外化机制。内化机制的形成依赖于外化机制的推动，从外化到内化是一个符合认识规律的自然过程。就"多彩贵州"传统节日文化品牌构建与传播的外化机制来说，主要涉及以下几个方面：通过宣传导向的构成机制、分工机制以及评价反馈机制，形成系统的宣传导向机制；通过节日文化融入形式机制、层级机制、过程机制和评价标准机制，形成完整的教育引导机制；通过言传身教、群体—个体的感染与濡化、同伴激励等方式，形成一整套文化熏陶机制；通过实践—认识—再实践的认识发展规律，调动不同文化主体不断实践，在实践中完善实践决定机制。

最后，强化"多彩贵州"传统节日文化品牌构建与传播的保障机制。主要从法律法规保障机制、主体意识保障机制、组织管理保障机制等方面，实现制度、主体及组织管理的"三位一体"，才能形成"多彩贵州"传统节日文化品牌构建与传播的保障体系和机制。另外，应构建汇聚不同主体而成的、多元协作的传统节日文化保护机制及文化传承主体的选培制度，完善节日文化遗产保护制度。同时，把各级各类规章制度和民间礼仪俗规有机结合起来，不断完善不同主体的行为规范、岗位职责制度、奖惩制度、培训教育制度、设备管理制度等，规范节日品牌运行中不同主体的行为。将社会公德、职业道德、家庭美德与"多彩贵州"传统节日文化品牌构建与传播有机结合起来，发挥不同层级组织在节日文化品牌构建与传播中的作用，推动节日文化品牌的有序运行。

总之，"多彩贵州"传统节日文化品牌行为设计是以节日文化品牌理念为基础，以节日文化品牌运行域中不同主体为对象，通过培育不同主体认同认可品牌及企业的方式，调动不同主体积极维护品牌及企业良好形象的实践活动。诚然，品牌行为设计出发点和落脚点在于不同主体对品牌及企业的认同上，但关键点却在不同主体认同行为产生背后的动机及保障机制的构建上。那么，在节日文化品牌的理念设计、行为设计基础上，"多彩贵州"传统节日文化品牌又是以一个什么样的形象呈现出来的？这就与节日文化品牌形象设计息息相关。

五　"多彩贵州"传统节日文化品牌形象设计

MI 是企业形象识别系统中的理念精神，BI 是企业形象识别系统中动态的行为活动，而 VI 是企业形象识别系统中静态识别符号。视觉是人们感知外在信息的主要方式，"调动人们先天的视觉和感性认识的能力，是一种全人类、全世界和全民族共通的符号语言"①。视觉识别设计是以视觉化的传达形式去展现品牌理念、内容、个性、文化等内容，具有涉及项目多样、层面广博及效果直接的特征，因而被称为品牌企业的脸面。品牌形象视觉设计一般涉及品牌图标、色调、文字、包装、吉祥物等，其中，企业标志、标准字是整个 VI 系统的核心，能充分地反映企业的基本气质和根本特征。同时，设计中要遵循诸如以企业理念为中心（是企业宗旨、使命、战略方向、价值观、精神等的重要载体）、人性化（设计要富含情感、一切以人为中心，体现以人为本）、合法化（遵守国家相关法律法规）、普适性（符合当地习俗，但又能跟上时代潮流）、习惯性及 3E（工程学、经济学与美学）原则。

为了更好地把握"多彩贵州"传统节日文化品牌形象设计，我们还是先从一些成功的案例入手，才能找到"多彩贵州"传统节日文化品牌形象设计的正确方式和方法。

比如，太阳神集团从 20 世纪 80 年代末的一个默默无闻的乡镇企业，在 20 世纪 90 年代一跃成为中国第一养生品牌，实现了跨越式发展。在企业发展过程中，企业品牌形象标识的横空出世起到了很重要的作用（见图 5-1）。

---

① 付静：《视觉传播与文化产业》，吉林美术出版社，2019，第 17 页。

图 5 - 1　太阳神品牌商标

太阳神商标的形象图案设计,以圆形与三角形为主要标识,圆形是太阳的象征,代表温暖、健康、向上的企业经营宗旨,三角形的放置呈向上趋势,是 APOLLO 的首写字母,同时也像一个"人"字,体现出企业向上升腾的意境和以"人"为中心的服务及经营理念。以红、黑、白三种色彩为组合,形成强烈的色彩反差,体现企业不甘现状,奋力开拓的整体心态。"太阳神"字体来自中国象形文字,以"阳"字篆书字体"⊙"为主要特征、结合英文 APOLLO 的黑体字形成具有特色的合成文字。太阳神商标具有展现企业向上和以人为本精神、商品气质独特、商品属性功能明显、形象优美直观、形象联想性强五大优势,因而很好地打开了销售渠道,获得了消费者的认同。

又如,2011 年 8 月,"多彩贵州"文化品牌新标识正式启用。"多彩贵州"文化品牌以符号化、艺术化的"贵州"两个汉字为主体,形象地把贵州多姿多彩的自然景观、民族风情、丰富物产结合起来,辅之以多种标准色,充分展示了贵州山、水、人融为一体的美好生态。最为可贵的是,"多彩贵州"文化品牌形象加上独具特色的广告词,显得个性化十足(见图 5 - 2)。

对于"多彩贵州"文化品牌形象标识的设计,有学者这样概括:"贵州的山、贵州的酒、贵州的民族风情、贵州的名胜古迹以大写意的挥洒,融合进'贵州'这两个字当中,让'贵州'的标识在成为一幅书法作品的

走遍大地神州，醉美多彩贵州

图5-2 "多彩贵州"文化品牌商标

同时，也成为一幅山水、一幅饮酒器皿和一幅民族风情的画卷，蕴含了贵州多彩的民族民间文化。""使贵州不仅仅是一个地方、一个省份，而是将其打造成了一个具有独特形象标识系统的品牌。"① 我们则认为，"多彩贵州"文化品牌形象标识设计所显现出的特点有以下几个方面。一是"贵州文化多元和谐"。特殊的地理人文环境造就了贵州文化上的多姿多彩，而标识很好地体现了贵州文化上的这种多元性及其背后的和谐性；二是"贵州人奋斗向上"。在历史和现实交汇中，贵州人在尊重自然、认识自然和利用自然过程中，形塑了一种积极向上、奋斗不止的精神气质。三是"贵州人自信开放"。标识在充分展示贵州多元文化和贵州人积极向上、奋斗不止的精神气质中，也展露了贵州人在文化上的自觉、自知、自信、自强。广告语中的一个"醉"字，有效凸显了贵州人对其美景、美物、美人的自豪感。

此外，2018年贵阳市城市旅游品牌形象新标识正式发布，相较于以前贵阳旅游品牌形象标识来说，新标识将贵阳旅游品牌"爽爽的贵阳"英文"COOL GUIYANG"巧妙地与中文"爽"字相结合，更加凸显了"爽爽的贵阳"的"爽"。标识上增加了"贵阳旅游"四个字，是贵阳向外界在旅

---

① 杜再江：《"贵州"形象进入品牌营销时代》，《贵州民族报》2011年7月27日。

游品质上做出的庄严承诺。标识标志的色彩隐喻了贵阳的蓝天白云、河流湖泊、森林树木、城市温度(见图5-3)。贵阳旅游品牌形象标识一经推出,就广受认可。此外,贵阳旅游品牌的吉祥物小猴和小树,在展现贵阳的山和林的个性时,更为贵阳旅游增加了一些俏皮和生动色彩(见图5-4)。

图5-3 贵阳旅游品牌商标

图5-4 "爽爽的贵阳"文化品牌吉祥物小猴和小树

综上,我们认为,"多彩贵州"传统节日文化品牌视觉识别设计应该从以下几个方面入手去落实。首先,构建"多彩贵州"传统节日品牌视觉的整体性形象。当前,随着贵州旅游节日的兴起,单个民族或单个地方传统节日文化品牌形象大都已经建立起来。但遗憾的是,"多彩贵州"传统节日文化品牌的整体形象尚未形成,每个节日自成一体,但总体上却使贵州旅游节日呈现出"一盘散沙"的现状,严重影响了贵州旅游节日整体效应的发挥。"多彩贵州"传统节日文化品牌作为连接"多彩贵州"文化品牌和"多彩贵州"单个传统节日文化品牌形象的纽带,在整个"多彩贵州"系列品牌发展中起着承上启下的关键作用。因此,其形象的建立在一定程度上能起到丰富"多彩贵州"文化品牌和整合贵州传统节日文化品牌的作用。

其次，注重"多彩贵州"传统节日文化品牌视觉的整体性设计。任何品牌形象设计都是品牌理念设计、行为设计与视觉设计的有机结合体，但三种设计在整个品牌形象设计中所处的地位不同，因而三种设计发挥的作用也就不同。而视觉设计作为整个品牌的脸面，是对品牌精神、理念、文化、宗旨等的集中反映，又对品牌行为设计起着衬托和辅助作用。因此，"多彩贵州"传统节日文化品牌视觉的整体性设计要在品牌理念，特别是遵循"多彩贵州"文化品牌"多元、和谐、原生态"的核心价值指导下进行。同时，品牌视觉设计要真正做到把强化视觉要素、营造视觉景观与形塑视觉形象有机结合起来。在强化视觉要素上，要凸显视觉要素审美功能；在营造视觉景观上，要体现景观和谐整体性；在形塑视觉形象上，要展现形象鲜明直观性。此外，在"多彩贵州"传统节日文化品牌视觉的整体性设计中，还应考虑品牌视觉设计与传播、整体与个性、具象与抽象等各种关系。只有这样，"多彩贵州"传统节日文化品牌视觉设计的整体性目标才能达成。

再次，突出"多彩贵州"传统节日文化品牌视觉的鲜明个性。在一个机械化不断普及的时代，文化品牌立足于世的最大资本就是始终坚持品牌的唯一或第一，因而独具特色的设计是保持"多彩贵州"传统节日文化品牌视觉个性化的重要手段。共性寓于个性之中，没有脱离个性的共性，也没有脱离共性的个性。在坚持品牌设计一般原则基础上，"多彩贵州"传统节日文化品牌视觉的个性也要得到凸显。个性是一个事物区别于另外一个事物的标志。具体来说，"多彩贵州"传统节日文化品牌视觉个性主要体现在以下几个方面。第一，视觉设计理念和方法上的独具特色。只有把当前人们关注的核心概念，诸如和谐、原生态、人类命运共同体、现代化、整体性等先进理论和方法融入文化品牌视觉设计中，"多彩贵州"文化品牌视觉才会因独具特色、内涵深刻而傲立于世。第二，凸显"多彩贵州"传统节日文化品牌个性。在前面对"多彩贵州"传统节日文化品牌的个性论述中，结合"多彩贵州"文化品牌构建目标、定位、价值观、宗旨等，我们把"多彩贵州"传统节日文化品牌个性归纳为：纯真、惊艳、丰富、欢快、强壮。因此，在节日文化品牌视觉设计中，能很好地反映出"多彩贵州"传统节日文化品牌个性，就能在一定程度上保持住节日文化品牌视觉的独特个性。第三，彰显"多彩贵州"传统节日文化的独特性。"多彩贵州"传统节日文化不仅多，而且内涵丰富，更是个性十足。如何把多种多样、个性十足的传统节日文化凝聚起来，形成一个完整而又鲜明的贵州节日整体形象，是"多彩贵州"传统节日文化品牌视觉设计中必须要考虑的基本内容。因此，我们认为，以标志性、引领式传统节日为基础，以贵州传统节日文化总体内涵为灵魂，才能很好地表现"多彩贵州"传统节日文化的个性。

最后，表征"多彩贵州"传统节日文化品牌视觉的具体性形象。有了设计理念和方法的保障，节日文化的基础与节日文化品牌个性的支撑，"多彩贵州"传统节日文化品牌视觉的具体性形象就应运而生。我们认为，可以从以下几个方面入手去设计。第一，基本结构：在"多彩贵州"文化标识引领下，以贵州主体民族为对象、以贵州山水为背景、以狂欢为基调，以七彩色为标准色，融入英文和中文"节日"标准字，凸显欢乐主旋律。第二，图标下明示诸如"走遍神州，乐在贵州"的广告语。广告语借助"仁者乐山，智者乐水"的说法来展示贵州山水人士的文化品质，承诺贵州好山好水好人能给消费者带去欢乐，展现新时代中国社会欣欣向荣、人民幸福快乐的祥和景象。第三，以贵州独有的动物、植物或景观为吉祥物原型，对其进行拟人化的形象设计，并冠之以"乐乐"的名字，以此来展示"多彩贵州"传统节日文化品牌形象的欢快、纯真、俏皮、有趣的人格特征。第四，在尊重简单明了、寓意深远、主题鲜明的设计风格上，我们认为，"多彩贵州"传统节日文化品牌要反其道而行之，在视觉形象设计中充分展现要素繁多而结构简洁、内容多元而精神统一、形式多样而内涵深刻、旋律欢快而主题严肃等特点。总之，多元、和谐、原生态、欢快、正能量、现代始终是"多彩贵州"传统节日文化品牌视觉设计的要点，也是"多彩贵州"传统节日文化品牌形象的特点和优点。

当前，随着社会的不断进步，企业与消费者、大众之间的交流交往交融方式也变得越来越多。因此，传统的 MI、BI、VI 已经不能完全覆盖 CIS 的全部内容，情感识别（SI）、听觉识别（AI）、感觉识别（FI）、环境识别（EI）、战略识别（SI）、超觉识别（II）等一系列识别方式的出现，更加开拓了 CIS 的广阔发展空间。

"单一的世界文化将是乏味而令人担忧的，它缺乏多样文化中所具有的丰富性和多样性。一种标准化文化会导致适应能力的丧失，因而将来必定会产生危机。"① 这或许就是对"多彩贵州"传统节日文化品牌构建目标、价值及意义的最好写真。当然，时代在变、社会在变，人们的需求也在变，变化的世界和人们促使"多彩贵州"传统节日文化及其品牌也应随之变化。在变化着的社会和文化结构中解构与建构，应当是"多彩贵州"传统节日文化品牌一以贯之的主旋律和主基调。

---

① 〔美〕威廉·A. 哈维兰：《当代人类学》，王铭铭等译，上海人民出版社，1987，第 589 页。

第六章 品牌之传:"多彩贵州"传统节日 文化品牌传播模式、策略与路径

从广义视角去说,任何一个品牌的构建都是一个系统工程,涉及品牌资产、品牌管理、品牌传播、品牌创新等诸多要素。从狭义上去看,任何一个品牌的最终形成仅仅落脚于品牌构建相关环节,主要包含品牌构建目标、理念,品牌定位、架构、要素及形象设计等过程。但不管如何,品牌构建与品牌传播之间是一对不可分割的矛盾。品牌传播是企业的核心战略之一,是品牌力塑造的主要途径。品牌传播主要是通过有效手段去促使广大消费者和社会大众对品牌的认同,进而使品牌产品与目标市场有效衔接,在市场上掀起一股品牌声浪,最终达到使品牌得以迅速发展起来的传播目的。一般来说,品牌传播主要涉及品牌传播模式选择、品牌传播策略及品牌传播路径三大部分内容。基于此,本部分笔者结合品牌传播相关理论,主要从以上三部分着手去探析"多彩贵州"传统节日文化品牌的传播。

第一节 "多彩贵州"传统节日文化品牌 传播模式选择

"所谓文化品牌传播,就是文化企业以品牌的核心价值为原则,在品牌识别的整体框架下,选择广告、公关、销售、人际等传播方式,将特定品牌推广出去,以建立品牌形象,促进市场销售。"[①] 文化品牌传播和一般

---

① 柏定国主编《文化品牌学》,湖南师范大学出版社,2010,第237页。

品牌传播一样，具有信息聚合性、媒介多元性和操作整体性特点。信息聚合性说明文化品牌传播是对表层信息和深层信息的聚合传播，而不是对某个方面的传播；媒介多元性是指在认识传统媒介和新媒体各自优势中，文化品牌传播在媒介选择中要实现新旧媒体的多元组合，发挥新旧媒体的组合优势；操作整体性是强调在品牌传播中，要充分考虑品牌拥有者与消费者、对内传播与对外传播、长远传播与短期传播之间的关系，传播要以整体方式进行。但文化品牌传播和一般品牌传播又不同，这种不同主要是基于文化自身所具有的特殊品质而来的。品牌需要国际化、全球化，但文化则需要地方化、民族化。只有独具地方化、民族化的文化品牌才能走向国际化，民族化和地方化是文化品牌的灵魂。诚然，文化品牌传播的一般性和特殊性特征是在文化品牌传播过程中形成的，并以文化品牌传播模式的方式呈现出来。

一 文化品牌传播过程、类型及模式选择

"品牌的传播推广实质上是特定信息的传播，要探究品牌传播的规律，必须先认识信息传播的一般规律。"[①]传播是信息流动的过程，也是一个系统运行的过程。一般情形下，传播活动基本涉及信息源、通道与目的地三个最为基本的要素。相较于基本要素来说，传播过程中的要素则多得多，主要有传播情境、传播者、信息接收者、讯息、通道、编码、解码、噪声、反馈等。因此，理顺和把握好传播过程中要素间的各种关系，就能认识信息传播的一般规律。基于"模式"是对客观事物内外部机制的直观、简洁、条理的描述，从这个意义上去说，传播模式就是信息传播的一般规律的另一种说法，主要由传播过程模式和传播沟通模式组成。当然，在认识传播模式之前，我们还有必要对传播类型有所了解。

人类信息流动涉及的范围、方式、状态等各式各样，因而信息传播也可分为不同类型。现代社会的传播是社会传播，而这种社会传播分为内向传播、人际传播、组织传播及大众传播四种类型。内向传播属于人体内的

---

① 余明阳、杨芳平编著《品牌学教程》，复旦大学出版社，2009，第179页。

一种信息交流活动，是一个主体借助感性活动到理性活动，对信息逐渐接受的过程，基本上属于心理范畴。人际传播是指内在传播之外的一切人类传播，是传播者和接受者之间的信息互动过程，也是人际关系得以建立、维持的润滑剂。组织传播是指组织成员之间和外部社会之间的信息交流活动，分为组织内传播和组织外传播两种。大众传播则是专业的媒介组织运用先进的传播技术和手段，以社会上一般大众为对象而进行的大规模信息交换活动。一般来说，在企业信息传播过程中，四种传播类型都在联合交替使用，但尤以大众传播为主。随着互联网技术的不断发展，大众传播的媒介也在不断丰富，大众传播在现代社会信息传递中的地位和作用也愈加重要。当前，传播者都在试图发挥大众传播的重要作用，但大众传播作为社会系统中的一部分，受到社会多方面的限制。因此，人们对于大众传播功能的认识也是多种多样的。比如，拉斯韦尔（Harold D. Lasswell）的监视社会环境、社会协调及社会遗产传承三功能；怀特（David M. White）在拉斯韦尔三功能基础上增加了社会娱乐功能；施拉姆（Wilbur Schramm）的政治、经济、社会及娱乐四功能等。当然，信息传播不仅仅只是带来积极作用，也会存在消极影响，特别是在资本、权力与偏见等因素控制下，信息传播的负面功能也会出现。

在信息传播过程中，信息传播过程模式逐渐形成。但基于视角、方法、理路等方面存在的差别，信息传播模式也呈现出多样状态。丹尼尔·麦奎尔（Denis McQuail）曾对历史上的传播过程模式进行过归纳，他认为主要有5种类型28个模式，具体为基本模式8种，大众传播对个体影响模式5种，大众传播对文化与社会影响模式5种，受众中心模式3种，大众媒介模式7种。一般来说，有三种最为基本的传播过程模式：线性传播过程模式、控制论传播过程模式及社会系统传播过程模式。线性传播过程模式把传播看成单项的、直线的过程，拉斯韦尔模式就是这一模式的代表。Who say what through which channel to whom with what effect 即：谁通过什么渠道对谁说了什么，产生了什么效果。5W模式就是由控制分析、内容分析、媒介分析、受众分析及效果分析组成的。后来，布雷多克在此基础上，又增加了两个 W：在什么情况下？为了什么目的？即环境和意图，最终形成了 7W 模式。控制论传播过程模式也叫循环传播过程模式，是在区别于线性传播过程模式单向传播下而形成的双向传播模式，其在传播过程中增加了反馈机制，强调传播者和接受者之间的平等关系以及信息传播的循环性特征。这种传播方式比较客观地反映了传播过程和现象，但较适用于人际传播，而不太适合大众传播。社会系统传播过程模式把传播过程放在社会系统中去考察，相较于线性传播模式和控制论传播模式主要关注传播过程中的内部要素来说，社会系统传播模式最大的优点在于承认传播过程中具有内向传播之外，还要注重传播过程中外部条件的重要性，从而形成了大众传播的新面貌。但社会系统传播过程模式虽然看到了社会中各要素对传播的影响，但在对传播过程基本要素和环节的把握上则有所减弱。基于三种传播过程模式各有侧重的现状，当前学界一般采用如图 6-1 所示的传播过程模式去分析传播。

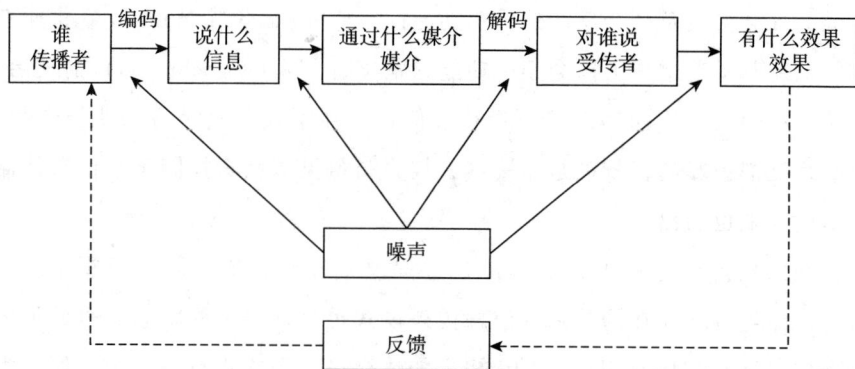

图 6-1　传播过程模式

传播的目的是促使传播者的编码和受传者的解码实现一致，因而在传播过程中，要充分考虑受传者选择性接触、选择性理解、选择性记忆等"选择性"问题，也要注意诸如社会环境、传播方式、传播来源等其他影响传播效度的因素。

在传播过程模式中，还涉及具体的信息传播沟通模式。信息的传播沟通模式，通常是指品牌机构运用多种传播方式，借助传播媒介或直接向品牌利益相关者传播品牌相关信息的过程中所形成的关系结构。品牌信息传播作为一个复杂系统，主要涉及品牌机构、专业传播机构、品牌利益相关者、噪声及反馈等基本要素。品牌机构是指品牌拥有者和传播者,专业传播机构是指广告公司、公关公司、顾问公司等营销传播机构,主要负责信息编码与相关传播事宜,品牌利益相关者是除品牌机构之外的个人和组织等受传者,噪声主要来自品牌竞争者的信息干扰,反馈主要体现在品牌资产上,品牌资产的变化是品牌传播的"晴雨表"。具体来看,这些要素之间的工作机理如图6-2所示。

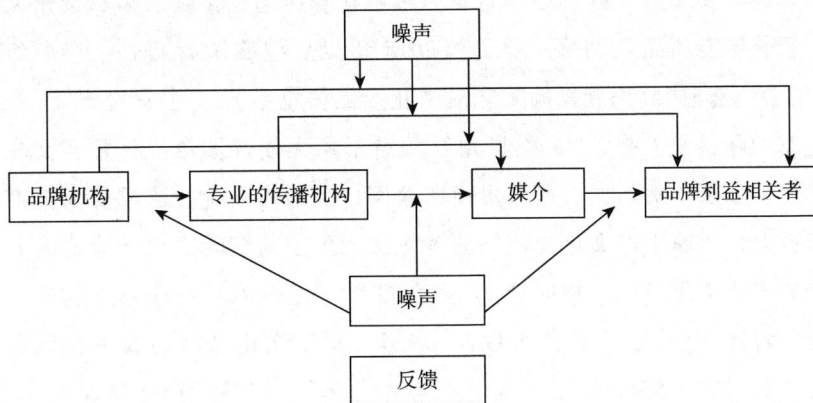

图6-2　品牌传播沟通模式

信息从品牌机构发出,可以采取通过媒介和不通过媒介两种方式到达品牌利益相关者,也就是人员传播和非人员传播两种方式。人员传播和非人员传播各有利弊,前者可控性强、信息损耗少、反馈直接,但缺点则是速度慢、覆盖面小;后者传播速度快、范围广、形式多种多样,但缺点是可控性弱、信息损耗大、反馈间接。基于此,在现代社会中,结合两种沟通方式的优缺点,品牌传播沟通方式一般综合两种传播方式进行。总的来说,广告、销售促销、公共关系、人员推销及直接营销是五种主要的传播工具。同样地,五种主要传播工具在传播过程中也分别存在利弊之别,因此,整合营销传播方式呼之欲出。整合营销传播一方面是指在传播中,不同传播工具交替使用,互相配合,真正做到扬长避短;另一方面是指在传播中,传播信息要保持一致,共享品牌最核心要义,传递品牌定位给利益相关者①。

---

① 余明阳、杨芳平编著《品牌学教程》,复旦大学出版社,2009,第179~183页。

二 "多彩贵州"文化品牌传播模式分析

遵循文化品牌传播过程模式和品牌传播沟通模式,"多彩贵州"文化品牌自建立以来,就十分重视品牌的传播工作。2005 年,"多彩贵州"概念的正式提出,标志着"多彩贵州"文化品牌的正式建立,紧接着品牌传播活动也随之得以展开。经过十几年的品牌构建与传播,"多彩贵州"文化品牌逐渐发展成为以"多彩贵州"歌唱比赛为起点,以《多彩贵州风》、多彩贵州旅游商品"两赛一会"(2015 年以后把旅游商品展销会升级为"民博会",即国际民族民间工艺品文化产品博览会)、"多彩贵州"·中国原生态国际摄影大展、"多彩贵州"旅游形象大使选拔赛等为重要文化展示平台,以多彩贵州城、多彩贵州印象网、多彩贵州生态旅游等为多产业聚合样态,以原生态文化为核心的多元文化生态与多元文化产业样态并行发展的省级文化名片。相应地,"多彩贵州"传播体系已经建立起来。正如有学者这样概括:"总体来说,'多彩贵州'文化品牌的载体有四种类型,一是'艺术综合体',二是'公益服务体',三是'产业集成体',四是'协同创新体'。至于'多彩贵州'文化品牌的塑造方式,是按照'党政推动、三级联动、社会参与'的原则,整合宣传、文化、旅游、体育、农业等部门资源,构建全方位、多层次、宽领域的大外宣格局,大力推动多彩贵州文化'走出去、请进来',从而塑造'多彩贵州'这个文化品牌的形象与魅力。"[①] 具体来说,这个体系以贵州独有的历史文化(夜郎文化、屯堡文化、阳明文化)、民族文化(歌舞文化、节日文化、民族工艺文化、沙滩文化)、红色文化(长征文化)及生态文化(景观文化、喀斯特文化、酒文化)为品牌传播基本内容,以艺术综合体、公益服务体、产业集成体、协同创新体为品牌传播载体,紧紧抓住"多元、和谐、原生态"的品牌文化核心价值,通过"党政推动、三级联动、社会参与"品牌传播主体联动方式,借助广告、公关、人际传播等多种传播手段,实现了品牌知名度、美誉度、忠诚度不断攀升的传播效果。

---

① 喻健:《"多彩贵州"文化品牌的构建与传播研究》,华中师范大学硕士学位论文,2014,第 15 页。

　　结合文化品牌传播模式理论，特别是文化品牌传播过程模式，我们可以对"多彩贵州"文化品牌传播模式有更为详细的认识。首先，"谁"需要传播："多彩贵州"文化品牌拥有机构的特殊性。和一般文化品牌拥有者是企业或公司不同，"多彩贵州"文化品牌由贵州省委、省政府牵头构建，且"多彩贵州"品牌商标也是由政府在 2010 年正式注册完成。政府强大的影响力号召力执行力不仅能使品牌构建初衷、目标得以很好地展现，也会进一步推进品牌的传播。在"多彩贵州"文化品牌构建之初，品牌传播工作基本由政府主导完成，后来，随着贵州省多彩贵州文化产业发展中心（以下简称"中心"，现称为"多彩贵州文化产业集团"）的正式成立，"多彩贵州"文化品牌有了专门负责管理和运营的机构。同时，2014 年，在贵州省委、省政府大力支持下，多彩贵州网有限公司正式成立，品牌传播和服务平台最终形成。当前，在贵州省委、省政府主导下，"多彩贵州"文化品牌形成了"一个中心、两大体系、三项标准、四大平台、五大利润模式"[①] 的品牌运作模式，但就"多彩贵州"文化品牌传播方式而言，贵州省委、省政府提出"党政推动、三级联动、社会参与"的传播原则，旨在发挥党政把握传播方向、企业配合品牌推广及人人参与品牌推广作用，最终实现政府、企业及个人在"多彩贵州"文化品牌传播中的"三位一体"。因此，贵州省委、省政府不仅是"多彩贵州"文化品牌的建立者，也是"多彩贵州"文化品牌传播的主导者，企业和个人是"多彩贵州"文化品牌的受传者，也是"多彩贵州"文化品牌传播的主要参与者。

　　其次，传播什么："多彩贵州"文化品牌传播内容。《多彩贵州品牌价值研究与品牌"十二五"发展规划报告》指出："多彩贵州品牌源自贵州文化，它的品牌灵魂必然来自贵州文化。探究贵州文化的根源与实质，找

[①] "一个中心"指多彩贵州文化产业发展中心，"两大体系"指品牌授权体系和品牌认证体系，"三项标准"指品牌认证准入与管理标准、品牌授权与管理标准、公益品牌申请与管理标准，"四大平台"指群体展会平台、群体宣传平台、项目投融资平台、品牌研发孵化平台，"五大利润模式"指品牌授权标准模式、品牌认证费标准模式、产业股份分红、展会经营利润、销售服务费。

到贵州文化魅力的源泉，就能找到多彩贵州的品牌核心价值。"① "多彩贵州"文化品牌建立在贵州独特的文化基础之上，没有贵州独特的历史文化、民族文化、生态文化、红色文化等为支撑，"多彩贵州"文化品牌及其品牌价值就难以形成。有了贵州生态、民族、历史及红色文化的基础，"多彩贵州"文化品牌逐渐形成了一系列子品牌。比如，多彩贵州·赛、多彩贵州·酿、多彩贵州·风、多彩贵州·艺、多彩贵州·味、多彩贵州·游、多彩贵州·养、多彩贵州·茶、多彩贵州·会等子品牌的相继建立，极大地丰富了"多彩贵州"文化传播内容。诚然，文化品牌和一般品牌不同，在传播过程中，其更加强调品牌背后的精神文化。贵州人的价值取向、精神面貌、性格特征、兴趣爱好等都在"多彩贵州"文化品牌传播内容范围之内。当前，在"多彩贵州"文化品牌传播内容上，已经形成了融历史文化、民族文化、红色文化、生态文化于一体的结构态势。

再次，什么媒介："多彩贵州"文化品牌传播手段。"多彩贵州"文化品牌作为我国首个由省委、省政府主导的省级区域性文化品牌，促进贵州文化事业发展的公益性和带动文化产业发展的商业性始终贯穿其中。因此，在其传播策略上，也表现出了与其他品牌不一样的地方。"多彩贵州"文化品牌传播采取党政传播、媒体传播、传播机构传播、企业传播、个人传播相结合的特殊传播策略。同时，为了把一个"宜游、宜居、宜业"的贵州形象传递给外界，"多彩贵州"通常走新闻、经贸、文化、体育、会展等传播路径，而传播手段主要借助广告、公关、营销、形象代言人及人员传播等形式进行。比如，从2011年8月起，以"走遍大地神州，醉美多彩贵州"为主题的贵州形象片，亮相于以《新闻联播》为首的中央电视台各节目，品牌形象瞬间流传于海内外，传播效果十分明显。又如，在品牌传播中，由17个贵州世居民族历时13年打造的、号称世界绚丽的民族舞台史诗的《多彩贵州风》于2006年1月在贵阳推出后，受到了国内外民众的广泛好评，成为"多彩贵州"文化品牌灵动的传播名片。再如，在"多彩贵州"文化品牌传播中，充分利用公益活动、商贸活动，参加各种

---

① 多彩贵州品牌价值研究与品牌"十二五"发展规划课题组编《多彩贵州品牌价值研究与品牌"十二五"发展规划报告》，贵州省多彩贵州文化产业发展中心，2011，第4页。

博览会及邀请社会各界知名人士传播品牌的案例数不胜数。由此可见，全方位、立体型、多层次的传播局面在"多彩贵州"文化品牌传播中已然形成。

又次，向谁传播："多彩贵州"文化品牌传播的受传者。任何一个完整的传播活动，从结构上说，在传播要素、类型和模式理论指导下，大都涉及传播者、传播媒介、传播内容、受传者及传播效果几个部分。同时，由于认识视角、主旨和方法上的不同，学界对品牌传播的以上部分内容的理解也存在很大差别。比如，仅仅在受传者分类上，就有广义受众和狭义受众，一般受众和特殊受众，预期受众、现实受众及潜在受众，读者、观众及听众，纯粹受众和介质受众，等等。因此，对于任何文化品牌传播来说，受传者范围十分广泛，因而在自身文化传播中，则需在顾及受传者的广泛性基础上，培育重点的受传群体。"多彩贵州"文化品牌作为全面展示贵州文化的省级文化品牌，在其传播过程中，一直都在积极地采取各种形式，在强化对内传播和对外传播中，培养起了众多文化品牌的忠诚者。具体来说，旅游业作为"多彩贵州"文化品牌产业集群中的核心部分，应以四川、重庆、广西、广东等周边省份人群为主要目标群体，以夏季清凉避暑游为主题，主打民族文化游、生态地理游和红色文化游三张名片，培育了一大批以大学生、家庭和军人等为主体的目标群体，不断扩大和稳固了"多彩贵州"文化品牌传播受众群体，提升了他们对于"多彩贵州"文化品牌的忠诚度。当然，他们对于"多彩贵州"文化品牌的这种忠诚度，一方面可以从"多彩贵州"文化品牌建构前后贵州旅游业发展中的相关数据变化中看出来。以贵州省每年发布的统计年鉴中的旅游人口、收入、在三大产业中的占比等数据为基础，以纵向年份的数据曲线图走势为分析样本，则能充分看到"多彩贵州"文化品牌构建前后，贵州旅游业的发展情况。而这种发展情况，则在一定程度上说明了受传者对"多彩贵州"文化品牌的接受度在不断提高。另一方面则可以通过 2023 年夏天火遍全球的贵州"村 BA"和"村超"去体现。如果没有对"多彩贵州"文化品牌的广泛认可，怎么会有通过小小村级篮球和足球比赛，就使贵州夏季旅游热在中国众多夏季旅游中出圈的现象出现。

最后，传播效果："多彩贵州"文化品牌传播的反馈。任何一个传播活动都是围绕着特定目标进行的实践活动。在品牌传播活动中，结合特定传播要素，在与各种来自各方面的噪声进行斗争中，品牌传播会在一定程度上对受传者和社会产生一定的积极影响。而这些积极影响的总和，就是品牌传播的效果。和品牌传播中的其他要素一样，国内外学界对品牌传播效果的认识也存在差异。比如，中国学者董天策就把传播效果分为显著效果和潜在效果、即时效果和延时效果、暂时效果和持久效果、积极效果和消极效果[①]。因此，结合国内外对传播效果的不同认识，我们认为，传播效果还可以从定性和定量两个视角去分析。具体就"多彩贵州"文化品牌的传播效果来说，从定性视角去看，则存在以下一些认识："多彩贵州"文化品牌传播的三方主体（政府、企业及民众）架构已经形成；传播主要内容（生态文化、民族文化、历史文化及红色文化）已经确立；传播媒介多种多样（新旧媒介交错使用）；传播效果十分显著（知名度美誉度忠诚度不断攀升）。从定量视角去说，则可以通过"多彩贵州"文化品牌的核心部分——文化旅游业中的旅游总人数和旅游总收入[②]来直接体现（见表6-1）。

表6-1　2008~2021年贵州旅游总人数和总收入及其逐年增长率[③]

年份	旅游总人数 （万人次）	旅游总人数逐年 增长率（%）	旅游总收入 （亿元）	旅游总收入逐年 增长率（%）
2008	8190.23	0	653.13	0
2009	10439.95	27.47%	805.23	23.29%

---

① 董天策：《传播学导论》，四川大学出版社，1995，第298页。

② 旅游总人数包括入境旅游人数、外国人、港澳同胞、台湾同胞、国内旅游人数，旅游总收入包括国际旅游外汇收入和国内旅游收入两部分。为了更好地反映"多彩贵州"文化品牌传播效果，研究本应涉及"多彩贵州"文化品牌构建前后的相关统计数据，但囿于贵州统计年鉴中对贵州旅游总人数和总收入的统计仅有2008~2021年的数据，所以本书就只能以这十年的数据为分析基础。此外，基于旅游业的兴衰与社会各方面发展状况有着直接联系，因而此数据只是在一定程度上反映了"多彩贵州"文化品牌传播效果。特此说明。

③ 数据来源于《贵州统计年鉴2022》，http://hgk.guizhou.gov.cn/publish/tj/2022/zk/index-ch.htm。

续表

年份	旅游总人数 (万人次)	旅游总人数逐年 增长率(%)	旅游总收入 (亿元)	旅游总收入逐年 增长率(%)
2010	12900.26	23.57%	1061.23	31.79%
2011	17019.36	31.93%	1429.48	34.70%
2012	21401.18	25.75%	1860.16	30.13%
2013	26761.28	25.05%	2370.65	27.44%
2014	32134.94	20.08%	2895.98	22.16%
2015	37630.01	17.10%	3513.82	21.33%
2016	53148.42	41.24%	5027.54	43.08%
2017	74417.43	40.02%	7116.81	41.56%
2018	96953.27	30.28%	9471.03	33.08%
2019	113526.60	17.09%	12318.86	30.07%
2020	61781.49	-45.58%	5785.09	-53.04%
2021	64436.68	4.30%	6642.16	14.82%

　　除了受新冠疫情影响的 2020 年、2021 年,贵州旅游总人数和旅游总收入呈逐年上涨的趋势,且在一定程度上,表 6-1 中的数据反映了"多彩贵州"文化品牌传播效果。

　　诚然,随着"多彩贵州"文化品牌传播的不断深化,其传播实践中也出现了一些不足。比如,有学者这样总结"多彩贵州"文化品牌传播中存在的不足:传播定位含混不清、传播主体管理能力薄弱、传播内容吸引力低及传播方式效率低下①。我们也认为,相对于传播取得的成效而言,"多彩贵州"文化品牌传播中存在的不足,都是文化品牌进一步发展过程中必须要解决的,但这些不足没有如上面学者所说的那么严重。我们认为,"多彩贵州"文化品牌在传播中还存在子品牌之间的不协调、重点目标人群的关注不够、传播手段针对性不强及传播内容的多元一体结构不够完整等。解决好这些问题,则能进一步推动"多彩贵州"文化品牌及文化品牌传播迈上一个新台阶。

---

① 张珈瑜:《"多彩贵州"文化品牌传播研究》,湖南大学硕士学位论文,2019,第 31~37 页。

三 "多彩贵州"传统节日文化品牌传播模式选择

早在 2012 年国务院发布的"2 号文件"就特别强调，贵州要"把文化和旅游产业发展成为支柱产业。依托贵州多民族文化资源，建设一批文化产业基地和区域特色文化产业群。深入挖掘民族文化，做大做强以'多彩贵州'为代表的民族歌舞、工艺美术、节庆会展、戏剧、影视、动漫等文化品牌，培育一批有特色、有实力、有竞争力的文化骨干企业，积极引进文化产业领域战略投资者"①。而在 2022 年国务院发布的"2 号文件"进一步指出，贵州要"围绕推进长征国家文化公园建设，加强贵州红色文化资源保护传承弘扬，实施中国工农红军长征纪念馆等重大项目，打造一批红色旅游精品线路。做优做强黄果树、荔波樟江、赤水丹霞、百里杜鹃等高品质旅游景区，提升'山地公园省·多彩贵州风'旅游品牌影响力。支持培育创建国家级文化产业示范园区（基地）、国家文化产业和旅游产业融合发展示范区"②。当前，在贵州举全省之力打造"多彩贵州"文化品牌之际，"多彩贵州"传统节日文化品牌只有且必须在"多彩贵州"文化品牌传播定位、理念、价值及目标等引领下，才能取得更大更好更强的传播效果。

基于"多彩贵州"文化品牌传播在传播主体、传播内容、传播方式及传播效果上取得的成绩，我们认为，"多彩贵州"传统节日文化品牌传播模式应该在遵循"多彩贵州"文化品牌传播过程模式和沟通模式基础上，重点突出"多彩贵州"传统节日文化品牌在贵州文化与"多彩贵州"文化品牌发展中的独特性、整体性、引领性、群众性等特点和优点。诚然，这不仅仅涉及"多彩贵州"传统节日文化品牌传播模式问题，也牵涉到"多彩贵州"传统节日文化品牌传播策略与路径等相关问题。在这部分内容中，我们着重具体分析"多彩贵州"传统节日文化品牌传播模式，传播策

---

① 《国务院关于进一步促进贵州经济社会又好又快发展的若干意见》，《贵州日报》2012 年 1 月 16 日。

② 《国务院关于支持贵州在新时代西部大开发上闯新路的意见》，《贵州日报》2022 年 1 月 27 日。

略和路径在下面依次展开。

具体而言,在"多彩贵州"传统节日文化品牌传播模式中,也同样涉及"多彩贵州"文化品牌传播的基本要素和基本环节,只是这些基本要素和基本环节在"多彩贵州"传统节日文化品牌传播中显得更为具象和直接。首先,从传播主体来说,相对于"多彩贵州"文化品牌由贵州省委、省政府建构和拥有不同,"多彩贵州"传统节日文化品牌应该在省委、省政府领导下,以各级地方政府为品牌传播的具体主体,并调动其能动性创造性。同时,适当引入相关文化产业企业参与传统节日文化品牌传播,最终形成各级政府、企业及民众的三级传播联动机制。

其次,从传播内容去看,"多彩贵州"传统节日文化品牌传播内容和"多彩贵州"文化品牌传播内容一样多。贵州作为全国传统节日最多的省份,在品牌传播中,要把众多的传统节日传播出去,在内容选择上,一定要真正做到有的放矢,才能达到传播目的。具体而言,在"多彩贵州"传统节日文化品牌传播内容选择上,除了要对贵州传统节日类型、地域、规模等作充分考量,还要传播贵州传统节日类型多样又数量大、内容奇特又质朴、氛围庄重又活泼、本质自然又人文的节日特征;要传播贵州的山、水、林、田、湖等自然要素;要传播贵州人乐观、淳朴、热情、坚韧、大方的性格特征;要传播贵州社会开放、包容、和谐、奋进的社会风貌。

再次,对受传者而言,"多彩贵州"传统节日文化品牌和"多彩贵州"文化品牌的受传者大体一致,只是"多彩贵州"传统节日文化品牌传播更强调本民族本地区及周边地区各个民族群众的参与。传统节日和一般文化品牌不同,人们只有在参与节日仪式中才能真正体验与感受到节日所蕴含着的特殊价值和意义。因此,节日文化品牌中的对内传播相对于对外传播来说,显得更为基础和重要。节日文化品牌对内传播一方面能保证节日文化仪式的群众参与性、节日期间的浓重氛围性、节日形式的原生性及节日内涵的本真性;另一方面则有增强节日文化拥有者文化自知自觉自信的功能。这样,在对内传播基础上,"多彩贵州"传统节日文化品牌的对外号召力影响力传播力才能得到迅速拓展开去。

又次，从传播媒介去说，在网络信息化时代，除了借助传统媒介之外，"多彩贵州"传统节日文化品牌传播更要发挥新媒体的力量。在新媒体运用中，要充分展现贵州传统节日内容的丰富性、节日形式的独特性、节日规模的宏大性和节日形象的唯美性。当前，在传统节日一改旧社会那种封建、约束、陈旧、迷信的基调，逐渐呈现出欢快、自由、新颖、理性等新时代格调下，"多彩贵州"传统节日文化品牌的传播，更要吸引年轻人，特别是大学生来参与节日活动。因此，在利用大众传媒对年轻人进行传播的同时，让贵州传统节日进校园，借助校园文化教育方式去传播贵州传统节日文化，无疑是一个传播节日文化的新方向。

最后，从传播效果去看，"多彩贵州"传统节日文化品牌总体上要服从于"多彩贵州"文化品牌建构的目标价值。但具体而言，文化品牌和其他品牌在价值取向上有些许不同。一般品牌在价值取向上都侧重于品牌经济利益，而文化品牌的价值主旨则在文化的社会价值上，发展节日文化产业，旨在繁荣和发展文化事业，满足人们对美好生活的需要。因此，关于"多彩贵州"传统节日文化品牌传播效果，传统节日文化品牌在运行中所带来的经济效益是一方面，传统节日文化品牌在运行中对传统文化的传承与发明、对当地社会全面发展的促进及满足当地民众文化生活需要的程度如何，则是"多彩贵州"传统节日文化品牌传播效果中更为重要的部分。

总之，"多彩贵州"传统节日文化模式的选择，必须遵循一般品牌类型、发展过程及模式相关理论要求，立足于"多彩贵州"文化品牌传播过程和沟通模式，才能找到适合自身的品牌发展模式。"多彩贵州"传统节日文化模式的最终形成，则是文化品牌走向成熟的标志。因此，针对当前"多彩贵州"传统节日文化品牌中存在的各子品牌各自为政、宣传多样化而不成体系、宣传效率效果还需进一步提升以及品牌多而繁杂的发展态势等，我们需要采取一定策略去不断提高"多彩贵州"传统节日文化品牌传播的效率，实现"多彩贵州"传统节日文化品牌传播的整体性、规范性。

第二节 "多彩贵州"传统节日文化品牌传播策略

战略是从总体上、宏观上、长远上对事物发展进行根本性、原则性的设定；策略则是以战略为基础，对事物发展作具体性、可操作性、短期性的谋划。在品牌就是引领力、生产力、风向标及竞争力的当前，"多彩贵州"传统节日文化品牌的传播，一方面要受到其他省市传统节日文化品牌的竞争与冲击；另一方面还要受到"多彩贵州"文化品牌下其他文化子品牌的挤压。因此，如何在各种文化品牌满天飞的发展场景中，保持和凸显自身文化品牌特点与优点，传播自身文化品牌特点和优点，则是"多彩贵州"传统节日文化品牌传播必须要考虑的重要问题。具体而言，在传播目标上要着重打造中国"节日最强省"、在传播内容上要凸显贵州传统节日原生态"文化丛"、在传播方式上要强化整体性多元性群众性及在传播效果上要强调社会性。

一 品牌传播目标是打造中国"节日最强省"

目标既是战略的一部分，也是策略的主要内容。作为战略，"多彩贵州"传统节日文化品牌传播的最终目标和"多彩贵州"传统节日文化品牌构建目标是一致的，都是为了实现文化品牌在知名度、美誉度及忠诚度上的不断攀升，最终达到提升文化品牌资产价值的目标。作为策略，"多彩贵州"传统节日文化品牌传播的直接目标则是去为着力打造中国"节日最强省"服务。总体去看，在传统节日分布区域上，中国南方地区传统节日数量和类型比北方地区传统节日数量和类型要多；云南和贵州作为两个少数民族人口较为集中的省份，相对于南方其他省份来说，传统节日数量更多，类型也更加多样；相对于云南来说，贵州传统节日在数量上多于云南传统节日数量。在传统节日影响力上，我们认为，贵州和云南平分秋色，势均力敌。云南有闻名遐迩的彝族火把节、白族三月街、傣族泼水节、景颇族目瑙纵歌、哈尼族矻扎扎节、傈僳族刀杆节、佤族拉木鼓节等重大节日，而贵州也有声名鹊起的苗族"三月三"、"六月六"、姊妹节、鼓藏节，侗族萨玛节、侗年，布依族查白歌节、"六月六"，仡佬族尝新节、祭祖大典，水族端节、卯节，瑶族盘王节等重大节日。贵州是传统节日最多的省份，云南则是我国民族最多的省份，传统节日最多和民族最多的碰撞，使得贵州在打造中国"节日最强省"中，面对的首要的，也是最强竞争对手便是云南。因此，"多彩贵州"传统节日文化品牌传播目标需在贵州和云南传统节日文化及其品牌的比较中才能达成。

就拿同处于西南地区的成都来说，其文化品牌传播的核心定位是"中国中西部文化之都"，即国家文化枢纽、遗产资源宝库、文化产业基地、市民共享之城。成都城市文化品牌的构建与传播，以自身文化资源为基础，以城市发展定位为核心、以文化管理和创意为动力，以文化共享为归宿，走出了一条独具特色的中西部城市文化发展之路。成都城市文化之所以能够在现代社会中不断"出圈"，很大程度上得益于其差异化的品牌定位和独特化的传播策略。在城市文化营销目标上，"成都城市营销的一个重要目标就是在全球环境中重新定位和推广成都"①。在这个城市营销策略指导下，成都营销工作一方面注重对自身文化资源的梳理和挖掘，另一方面侧重对推介对象的细分和明确。在这一过程中，最关键的是培育起了成都城市营销的核心产品和核心项目。但就"多彩贵州"传统节日文化品牌传播目标的达成而言，主要涉及如何在云南和贵州两省文化发展目标总体趋于一致性中，走出一条自身节日文化发展壮大之路的问题，而这个问题也是"多彩贵州"传统节日文化传播目标实现的关键。具体来说，与贵州积极打造"多彩贵州"文化品牌相对应，云南则着力打造"七彩云南"文化品牌，"多彩贵州""七彩云南"文化品牌的提出，一方面说明了贵州和云南两省文化上的丰富性，另一方面则反映出贵州和云南两省文化发展目标上的一致性。同时，贵州传统节日文化和云南传统节日文化，不管是在节日文化类型、仪式过程，还是在文化特色及文化价值等方面都存在诸多相似性。因此，"多彩贵州"传统节日文化品牌文化传播目标的达成，必须在与"七彩云南"传统节日文化品牌宣传竞争中实现。

---

① 花建、郝康理：《文化成都——把什么样的成都带入 2020 年》，人民出版社，2008，第276 页。

　　要在同质产品中冲出重围，除了不断夯实自身文化产品基础、建构起自身文化品牌特色之外，还需要设定好自身文化品牌发展的具体目标，因为目标是文化品牌发展的方向、旗帜。"多彩贵州"传统节日文化品牌传播目标就是为其具体发展目标服务的。我们认为，打造中国"节日最强省"就是"多彩贵州"传统节日文化品牌发展的具体目标，因而"多彩贵州"传统节日文化品牌传播就是为打造中国"节日最强省"而服务的。当然，打造中国"节日最强省"，贵州不仅需要在节庆产业上变"数量优先"为"质量取胜"，走节庆品牌化、整体性、标志性、引领式发展道路，还需在传播内容、传播形式、传播方式及传播效果上下功夫。同时，要在传播中去彰显中国"节日最强省"，则需知晓中国"节日最强省"应该具有哪些属性和特征，才能真正做到有的放矢。基于此，此处主要对中国"节日最强省"应该具有的属性和特征进行分析，而对如何运用传播的力量为打造中国"节日最强省"服务的相关分析则在后面内容中有所体现。

　　第一，中国"节日最强省"体现在品牌价值上。作为第一个以省级政府名义注册申请的文化品牌，"多彩贵州"文化品牌始终遵循着"多元、和谐、原生态"文化品牌价值。这个文化品牌价值是对贵州文化特征的高度概括，充分体现了贵州文化的独特性，是贵州文化区别于其他省份文化的最大之处。特别是在文化产品趋向同质性的当前，文化品牌的价值取向则成为文化品牌间竞争的焦点，属于文化品牌构建中深层次、高级别的核心内容。而"多彩贵州"传统节日文化品牌作为"多彩贵州"文化品牌的子品牌，理应遵循"多彩贵州"文化品牌"多元、和谐、原生态"价值。诚然，相对于"七彩云南"文化品牌来说，"多彩贵州"文化品牌在构建与传播的实践度、成熟度，特别是文化品牌价值的倡导上先行一步。因此，在"多彩贵州"传统节日文化品牌宣传中，要紧紧抓住节日文化品牌的这一核心价值去展开。

　　第二，中国"节日最强省"彰显在特色中。"民族的，就是世界的。"在工业化、全球化、市场化不断渗透的今天，文化产品只有在持续保持自身"原生态"属性的基础上，才能展现其独一无二的品质。云南和贵州作为少数民族传统文化聚集的两个大省，在传统文化上都呈现出了多元、和谐、原生态等特征。但由于生活在云南和贵州的主体民族存在差异，因而云南和贵州的民族文化表现也就存在不同。因此，在"多彩贵州"传统节日文化品牌宣传中，应该扬长避短，在凸显自身传统节日文化差异性的基础上，着重对贵州省内的主体民族传统节日文化进行宣传。同时，要发挥贵州传统节日数量多的优势，形成全面性、立体性的贵州传统节日文化发展体系。只有这样，"多彩贵州"传统节日文化品牌才能在与"七彩云南"传统节日文化品牌竞争中获得比较优势。

第三，中国"节日最强省"反映在管理和服务上。节日产业作为服务型的产业，服务质量高低往往是决定其发展成功与否的重要因素。新时代以来，贵州全省坚持围绕"四新"主攻"四化"主战略和"四区一高地"主定位，聚焦贵州国民经济、社会发展和改革开放中的具有全局性、战略性、前瞻性、长期性及综合性问题，始终坚持发展和生态两条底线，走出了一条赶超跨越的高质量发展新路。特别是在推进治理体系和治理能力现代化过程中，贵州全省各级党委、政府不断解放思想，锐意进取，用高质量的管理和服务为贵州现代化建设保驾护航。比如，在 2023 年"多彩贵州"夏季避暑旅游推介会上，贵州省委宣传部、贵州省文化和旅游厅向全国游客、旅游企业推出了特定人群景区门票免费优惠及高速公路通行费五折优惠；企业奖补和满意旅游服务等政策和举措，最终推动 2023 年夏天贵州旅游火爆全国局面的产生。因此，在"多彩贵州"传统节日文化品牌宣传中，要客观、真实地把贵州各级党委、政府重视文化、发展文化的决心和信心传递给游客，让游客相信贵州社会在文化旅游中的管理能力和水平，愿意来贵州接受旅游节日服务。

第四，中国"节日最强省"建立在地缘优势中。贵州处于云贵高原的东端，1000 米海拔高度非常适宜人类的生存，良好的地理条件为贵州打造中国"节日最强省"奠定了自然基础。新时代以来，在党和国家、人民的共同努力下，贵州全省 88 个县实现县县通高速，为贵州本地人实现节庆游提供了便利的交通条件。同时，贵州作为西南地区连接华南地区的重要交通枢纽，能为贵州节庆游的主要客源地广东和重庆、四川等地游客入黔提供诸多便利。特别是随着黔东南黎平、从江和榕江融入大湾区战略和遵义融入重庆经济圈战略的进一步实施，贵州打造中国"节日最强省"的优势将更为凸显。节日的时间性、仪式性、文化性、地缘性等属性使得参与节庆的游客主要为节日所在地、周边和临近区域民众。因此，在民族节日文化属性和特征较为相似的情况下，贵州相较于云南来说，特殊的地缘优势使得其在打造中国"节日最强省"中定会拔得头筹。

诚然，贵州要成为中国"节日最强省"，除了具备以上一些属性和特征之外，还会涉及诸如节日文化资源挖掘、节日文化研究、节日文化整合及节日文化产业人才引进和培育等相关问题。因此，在"多彩贵州"传统节日文化品牌传播中，不仅要把贵州打造成中国"节日最强省"的目标及其相关属性和特征传播出去，还应加大对节日文化资源禀赋的挖掘力度以及节日文化人才引进和培育力度。只有这样，"多彩贵州"传统节日文化品牌传播目标才能达成，将贵州打造成中国"节日最强省"的战略目标才能早日实现。

二　品牌传播内容要凸显贵州原生态节日"文化丛"

"多彩贵州"传统节日文化品牌传播是为打造中国"节日最强省"而服务的，而这种传播，除了需要展示文化品牌在价值、特色、管理服务及地缘优势上体现出来的属性和特征之外，还需要在传播内容、传播形式、传播方式及传播效果上有所作为，才能进一步推进节日文化品牌传播目标的早日实现。当前，在供给侧和需求侧发生一定程度的分离之际，对需求侧的重视就成为促进经济发展、拉动内需的一把锁钥。特别是在消费主义不断张扬的时代，满足不同人群的文化生活需要，则是任何文化品牌构建和传播的直接目的。那么，对于节庆游的游客们来说，他们在节日仪式中最需要什么？这就和旅游、文化旅游的本质有着联系。一般来说，旅游涉及"旅"和"游"这两个关键字。"旅"是旅行，外出的意思，主要是指人们为了实现某一目的而在空间上从甲地到乙地的行进过程；"游"则是指外出游览、观光、娱乐，即为达到这些目的所进行的旅行。因此，旅游是旅和游组合起来的复合词。旅行偏重于行，旅游不但有行，且有观光、娱乐含义。"旅游是指自然人为休闲、娱乐、游览、度假、探亲访友、就医疗养、购物、参加会议或从事经济、文化、体育、宗教活动，离开常住地到其他地方，连续停留时间不超过 12 个月，并且主要目的不是通过所从事的活动获取报酬的行为。"① "文化旅游简称为文旅，定义是指通过旅游实现感知、了解、体察人类文化具体内容之目的的行为过程，泛指以鉴赏异国异地传统文化、追寻文化名人遗踪或参加当地举办的各种文化活动为目的的旅游。寻求文化享受已成为当前旅游者的一种风尚。"② 由此可见，旅游，特别是文化旅游，从来都不是一个简单的实践行为，不同的旅游人群有着不同的文化旅游目的。

诚然，不同旅游人群的文化旅游目的是通过文化旅游公司或部门提供不同文化内容来实现的。换句话说，用文化内容去满足旅游人群的不同消费需要，就能满足旅游人群的旅游目的。特别是在消费主义不断盛行、"消费"已经成为文化旅游的关键词和核心词的当前，满足不同旅游人群的消费需要是文化旅游产业必须考虑的重要内容。但正如消费主义大家布希亚（Jean Baudrillard）所认为的那样，在消费社会理论形成过程中，消费定义也在不断发生变化。这种变化大概经历了从否定性消费到肯定性消费、从消耗性消费到浪费性消费、从需要的满足到社会关系和意义的创造的变化过程③。因此，消费的定义发展到今天，已经"不在于我们所消化的食物、不在于我们身上穿的衣服、不在于我们使用的汽车、也不在于影像和信息的口腔或视觉实质，而是在于，把所有以上这些〔元素〕组织为有表达意义功能的实质……如果消费这个字眼要有意义，那么它便是一种符号的系统化操控活动"④。布希亚对消费定义变化过程的认识，很好地说明了人们在消费层次上的变化和消费重心上的选择，这对于"多彩贵州"传统节日文化品牌传播内容的确定是大有裨益的。

传播学的理论和实践告诉我们，传播是信息的传递或是社会信息系统的运行。传播具有以下一些特点：传播是一个信息共享活动；这种共享活

---

① 傅广海主编《旅游学概论》，科学出版社，2019，第 33 页。

② 文化旅游，360 百科词条，https://baike. so. com/doc/5342406 - 5577849. html。

③ 张良丛编著《从解构到建构：后现代思想和理论的系谱研究》，社会科学文献出版社，2017，第 267~269 页。

④ 〔法〕尚·布希亚：《物体系》，林志明译，上海人民出版社，2001，第 223 页。

动需在一定社会关系中进行，并反映一定社会关系；传播是一种双向的社会互动行为；传受双方要有共同的意义空间。在社会不断走向现代化的过程中，只有通过传播者和不同旅游人群对传播信息的共享活动，才能让传受双方对信息中的意义空间产生共情，这就涉及传播内容的选择问题。具体就"多彩贵州"传统节日文化品牌传播内容的选择来说，我们认为，在"多彩贵州"传统节日文化品牌传播中，应以凸显贵州原生态传统节日"文化丛"为主要内容。理由如下：第一，节日是"文化丛"。对于任何一个特定民族来说，节日和宗教都是其文化的核心部分，是对其文化最为集中的表征。同时，节日仪式中往往有宗教的成分，有的宗教仪式本身就是一个节日。有的学者说："云南民族节日，与各民族宗教祭祀有着血脉相连、割舍不断的内在联系，可以说，不带有祭祀意味的纯喜庆、纪念意味的节日少之又少，几乎不可能改变由祭祀主导云南民族节日文化构成、趋向的格局。节日文化就是神人共聚的殿堂。"①　此外，传统节日作为集中展现特定民族文化的重要载体，不仅是人们日常生活的延续，也是日常生活中的特殊日子。因此，传统节日作为特定民族"文化丛"，是对特定民族吃、穿、住、用、行等基本生活要素的集中体现，也是对特定民族的社会交往、政治表现、宗教信仰、价值表现、审美情趣等经济基础和上层建筑的集中表现，还是对特定民族所处社会的人际和谐、社会发展的集中表现。传统节日"文化丛"的属性，要求在"多彩贵州"传统节日文化品牌传播中，以特定节日为主题，在传统节日仪式中全面展示节日之中或节日背后深厚的民族文化内容。

　　第二，节日是原生态"文化丛"。由于贵州和云南都处于西南地区、云贵高原腹地，长期以来受各方面条件的限制，贵州传统节日和云南传统节日在文化属性上有很多相似之处。比如，有学者这样概括云南节日文化的鲜明特征：第一，内容和形态上具有复合型；第二，民族性；第三，地域差异性；第四，层次差异性；第五，神圣性向世俗性转化②。再如，有学者指出云南传统节日具有民族性、多样性、人文性、开放性、宗教性和

① 杨寿川主编《云南特色文化》，社会科学文献出版社，2006，第372～375页。
② 杨寿川主编《云南特色文化》，社会科学文献出版社，2006，第380页。

原生性特征①。但在充分认识和考量云南与贵州传统节日文化相似属性中，我们认为，"多彩贵州"传统节日文化品牌传播要在传播中重点突出贵州传统节日文化的原生态性。因为民族、生态及大数据是贵州重点打造的对外标识，贵州自身除了具有在打造生态文明上的地形地貌和资源禀赋优势之外，各级政府对贵州生态文明建设的重视和支持，无疑会为"多彩贵州"传统节日文化保持原生态性提供前提条件和政策、资金等各方的支撑。同时，和云南传统节庆产业发展相比，贵州在节庆产业的开发时间和程度上存在的一定"滞后性"，恰恰为保留和打造以原生态为价值核心的"多彩贵州"传统节日文化品牌奠定了坚实的文化基础。

第三，节日是传统节日"文化丛"。"多彩贵州"传统节日文化品牌传播不仅要把节日文化丛这个属性完整传播出去，也需要紧紧抓住贵州传统节日原生态文化价值特质，还要在传播传统文化品牌传播中，不断去彰显贵州所具有的独特地域文化特点。但就"多彩贵州"传统节日文化品牌传播来说，要把贵州地域文化与贵州原生态传统节日"文化丛"结合起来，我们认为，应该从以下几个方面入手去实践。从地域文化的自然性去看，贵州地域文化特点反映在"多彩贵州"传统节日文化品牌上，主要反映出在贵州喀斯特地形地貌下，独特的山水林木湖水与传统节日之间的自然耦合性，体现贵州山、水、人等生命共同体在节日中的天然结合性。从地域文化的社会性去说，"多彩贵州"传统节日文化与贵州社会历史发展中的经济、政治、文化、社会、生态等始终保持一致，贵州社会沧桑多变的历史与现时代的急速飞跃的碰撞，形构了"多彩贵州"文化多元、和谐的迷人精致。从地域文化的个人性去说，"多彩贵州"传统节日文化全面展现古今贵州人始终秉持着的乐观、自然、善良、热情、淳朴、向上的情感、情趣和情怀。特别是贵州人天生具有的那种乐观、欢快、热情、大方等个性，无疑是吸引游客的最好名片。

总之，在"多彩贵州"传统节日文化品牌传播内容的选择上，节日文化企业或组织要充分抓住"贵州""原生态""文化丛"这三个关键词，

---

① 李银兵：《云南少数民族传统节日文化创新研究》，云南大学出版社，2015，第50~53页。

不断去挖掘贵州传统节日文化所蕴含着的丰富而又独特的文化内容;要充分考虑到节日文化企业或组织与游客之间的信息需要,最终才能使两者内心对贵州传统节日文化产生共情。同时,在秉持"内容为王"的基础上,"多彩贵州"传统节日文化品牌的宣传,还需不断彰显贵州与其他省份,特别是与云南节庆产业内容上的不同之处和独特之处。只有这样,"多彩贵州"传统节日文化品牌才能通过自身独特的节日文化内容,去吸引更多的人群来贵州体验。

三 品牌传播方式上要彰显整体性多元性群众性

文化品牌终究要传播文化,文化是文化品牌传播的核心内容,特定的文化内容与特定的形式有机结合在一起。没有脱离内容的形式,也没有脱离形式的内容,唯内容而内容、唯形式而形式都是形而上学。而方式作为反映内容各要素存在和发展的形式,按照不同的标准去划分,可以分为一般方式与特殊方式、外在方式与内在方式、个别方式与整体方式等。结合"多彩贵州"传统节日文化品牌的本质、属性和架构去看,我们认为,"多彩贵州"传统节日文化品牌传播方式主要涉及整体方式与个别方式、普遍方式和特殊方式之间的关系,也就是涉及节日文化品牌传播方式中面临的结构问题。因为和一般的、单个的传统节日文化品牌的传播不同,"多彩贵州"传统节日文化品牌作为"多彩贵州"文化品牌这个以省级政府为品牌拥有者的子品牌,其是集省内众多传统节日文化于一体而形成的省级传统节日文化品牌,因而在品牌传播方式上,"多彩贵州"传统节日文化品牌也存在与其他文化品牌不一样的地方。

首先,"多彩贵州"传统节日文化品牌传播方式上要彰显整体性。和其他单一文化品牌传播方式不同,"多彩贵州"传统节日文化品牌传播的整体性特征十分突出。具体而言,这种整体性特征主要体现在以下几个方面。第一,传播理念上的整体性。"多彩贵州"传统节日文化品牌隶属于"多彩贵州"文化品牌,且"多彩贵州"传统节日文化品牌下面又有众多节日子品牌,因此,作为连接"多彩贵州"文化品牌和"多彩贵州"传统节日文化品牌各子品牌的纽带,"多彩贵州"传统节日文化品牌传播要与

"多彩贵州"文化品牌的理念、目标和定位等保持一致，同时也要把这些理念、目标和定位等传递给"多彩贵州"众多节日子品牌。第二，传播结构上的整体性。"多彩贵州"传统节日文化品牌传播方式上要充分考虑整体与个体之间的关系，在众多节日中去高度凝练"多彩贵州"传统节日文化品牌的整体性属性。只有坚持了传播结构上的整体性，才能凸显"多彩贵州"传统节日文化品牌子品牌的独特个性。第三，传播效果上的整体性。"多彩贵州"传统节日文化品牌传播的目的是打造"中国节日最强省"，这就要求其传播方式围绕着这个整体性去选择传播对象、传播具体方式、传播手段和路径等相关传播实践要素。只有实现传播理念、结构、具体方式上的一致性，才能实现"多彩贵州"传统节日文化品牌传播方式的整体性。

其次，"多彩贵州"传统节日文化品牌传播方式上要注重多元性。在工业化、市场化、模式化、程式化不断推进的今天，保留住传统节日文化中所具有的独特性、地域性，无疑就成了"多彩贵州"传统节日文化品牌发展最为重要的核心要素之一。那么，如何借助"多彩贵州"传统节日文化品牌传播，去凸显贵州传统节日文化特色？这不仅涉及"多彩贵州"传统节日文化品牌构建的问题，也牵涉"多彩贵州"传统节日文化品牌传播方式的选择问题。诚然，遵循"多彩贵州"传统节日文化品牌传播方式上的整体性是前提和基础，但在这个前提和基础上，则需不断去彰显"多彩贵州"传统节日文化的多元性。基于贵州传统节日数量众多、类型多样、分布不均衡的特点，"多彩贵州"传统节日文化品牌传播方式的选择上，一定要以节日文化品牌架构为基础，以节日赖以生存的地域、主体民族、节日内涵、独特个性和社会影响力等综合因素为衡量要素，才能选取出反映"多彩贵州"传统节日文化品牌多样性的节日样本来，也才能最终保证"多彩贵州"传统节日文化品牌传播方式上的多元性。具体而言，应以节日文化内涵的丰富性、时代性为基础和前提，以节日独特个性为核心，以节日所属民族和地域为重要条件，并在综合考量节日文化内在属性和外在影响力的基础上选取出节日样本，才能为"多彩贵州"传统节日文化品牌传播方式的多样性保驾护航。

最后,"多彩贵州"传统节日文化品牌传播要凸显人际传播方式的重要性。传播方式除了传播内容各要素之间的结构选择之外,还涉及传播媒介的综合运用。文化品牌传播效果与其传播方式的选择和设定息息相关,一旦传播方式选择不恰当,则会降低文化品牌传播效果。一般来说,文化品牌传播最常用的媒介方式有广告传播、公关传播、促销传播与人际传播等几种主要方式。几种传播媒介各有侧重,但也各有优缺点。立足各种媒介方式的特点和属性,我们认为,"多彩贵州"传统节日文化品牌传播在坚持以上几种传播媒介综合运用基础上,要着力运用人际传播方式,凸显人际传播方式的重要性。人际传播是人与人之间的直接沟通,主要是通过企业人员的讲解咨询、示范操作、直接服务等,使消费者在直接感受、认知和理解企业中,最终形成对企业的特有印象和评价。因此,可以说,人际传播是形成文化品牌知名度和美誉度的重要途径,是最易为消费者接受的传播方式。除此之外,人际传播主要是为了发挥节日主体的巨大优势。节日商品和其他商品不同的地方在于,节日商品的消费必须在特定时间、空间中进行,且是对特定人群的特有文化的消费。因此,节日文化消费对于消费者来说,必须要有"身临其境"性。同时,文化是人的文明化,节日文化是特定民族的节日文化,人始终是节日文化中的灵魂。节日文化中群众的参与热情、人性表达和情感诉求等,无疑会直接影响消费者对传统节日的印象、认知和评价。此外,传统文化本身就是社交的产物和社交的一种方式,在节日中,人与人之间通过互相交往交流交融,一方面可以增进人际认知和情感,另一方面可以消弭人与人之间的隔阂和矛盾,实现人际的共生和谐。以上人际传播特点和优点是其他传播方式所不具有的,因而在"多彩贵州"传统节日文化传播方式的选择上,要充分利用人际传播的这些特点和优点,凸显人际传播在品牌传播方式中的地位。

诚然,"多彩贵州"传统节日文化品牌传播方式涉及的内容还有很多,在下一节传播路径中笔者将进一步论述,此处就不一一赘述。在文化品牌传播所具有的信息的聚合性、媒介的多元性和操作的系统性指导下,我们认为在"多彩贵州"传统节日文化品牌传播方式上,着力彰显传播方式的整体性、多元性和群众性,既遵循了文化品牌传播方式的一般性,也突出了"多彩贵州"传统节日文化品牌传播方式上的独特性。遵循传统与现代、系统与要素、一般和特殊相结合的传播原则,"多彩贵州"传统节日文化品牌在传播方式上实现了唯物论和辩证法的有机结合。

四　品牌传播效果上要不断强调社会性

詹姆逊说:"文化研究是一种愿望,探讨这种愿望或许最好从政治和社会视角入手,把它看作是促成'历史大联合'的事业,而不是理论化地将它视为某个学科的规划图。"① 的确,"文化从根本上不是与政治、经济等相并列的领域或附属现象,而是人的一切活动领域和社会存在领域中内在的、机理性的东西,是从深层制约和影响每一个体和各种社会活动的生存方式"②。和其他文化品牌不同,"多彩贵州"文化品牌是以贵州省委、省政府为拥有者的第一个省级文化品牌,品牌属性和拥有者的特殊性决定了"多彩贵州"传统节日文化品牌构建目标与传播效果上的独特性。2005年2月,胡锦涛同志视察贵州时就预见性地指出,贵州将面临前所未有的良好发展机遇,强调要抓住机遇,用好机遇,努力实现贵州经济社会发展的历史性跨越。就是在这样的时代背景下,贵州全省以推动文化发展、满足人民对文化需要为出发点和落脚点,以贵州省委、省政府为领导力量,聚合贵州全省文化资源,着力打造"多彩贵州"文化品牌。由此可见,"多彩贵州"文化品牌构建与传播的公益性、人文性、综合性、文化性等社会属性十分突出,"多彩贵州"文化品牌与一般商业品牌在构建与传播效果的追求上则有些不同。

首先,这是由文化及文化品牌发展的最终目标决定的。任何文化及文化品牌发展的最终目标都是借助文化的发展去满足人对文化的需要,实现推进社会的全面进步、人的自由个性形成的目标。因此,对于任何文化和文化品牌的构建与传播来说,社会效益远远大于经济效益。"多彩贵州"

---

① 王逢振主编《詹姆逊文集(第3卷):文化研究和政治意识》,蔡新乐等译,中国人民大学出版社,2015,第1页。
② 衣俊卿:《文化哲学——理论理性和实践理性交汇处的文化批判》,云南人民出版社,2005,第66页。

传统节日文化品牌和"多彩贵州"文化品牌一样，本质上属于文化品牌类型，且有着主品牌和子品牌的从属关系，因此，"多彩贵州"传统节日文化品牌传播效果也要和"多彩贵州"文化品牌传播效果一样，着重强调其社会性的传播效果。

其次，这是由"多彩贵州"传统节日文化品牌构建与传播的使命决定的。在过去，由于受制于地理条件、经济发展等多方面因素，贵州社会发展一直处于全国较为落后的状态。而如今，在党和国家的领导与支持下，贵州人民立足贵州实际、不断改革创新，走出了一条绿色发展之路。"多彩贵州"传统节日文化品牌的构建与传播，直接目的在于提高节日所在地区的经济收入，但在其经济目标的背后，则有着促进贵州各地治理体系和治理能力现代化，提高贵州各地民众文化自信，强化贵州各地民众社会主义制度自信、道路自信、理论自信，推进贵州社会全面现代化和实现贵州乃至全国共同富裕的深层次目标。这是贵州省委、省政府结合贵州实际，充分利用文化发展去带动贵州社会全面发展的重大战略决策。

最后，这是由"多彩贵州"传统节日文化属性和功能所决定的。节日文化属于"文化丛"，是对特定民族和特定地域文化的集中体现。节日文化所具有的文化丛属性，直接决定了节日文化及其品牌化能对节日所在区域产生多重影响。这种影响不仅仅反映在族群认同、文化传承即社会教育等小社会效应方面，更是体现在"五位一体"的大社会建设上。早在2005年，中共中央宣传部等部门就指出："充分运用民族传统节日，大力弘扬民族文化的优秀传统，对于推动形成团结互助、融洽相处的人际关系和平等友爱、温馨和谐的社会环境，对于进一步增强中华民族的凝聚力和认同感、推进祖国统一和民族振兴，对于不断发展壮大中华文化、维护国家文化利益和文化安全，具有重要意义。"[①] 但就"多彩贵州"传统节日文化及其品牌化而言，节日作为"路由器""助推器""风向标"，其能对贵州各地区经济、政治、文化、社会及生态产生巨大推动作用。

---

① 《运用传统节日弘扬民族文化的优秀传统》，《人民日报》2005年6月24日。

总之，在"多彩贵州"传统节日文化品牌传播模式的引导下，节日品牌企业或组织要充分发挥好"多彩贵州"传统节日文化品牌传播目标的引领作用、传播内容的核心作用、传播方式的整体性多元性群众性，才能为"多彩贵州"传统节日文化品牌传播社会性效应的产生奠定坚实基础。但要使"多彩贵州"传统节日文化品牌传播实现最优效果，光靠理论层面上的传播战略和策略的设定还远远不够。比如，传播定位的精确选择、传播能力的不断提升、传播内容吸引力的逐渐提高及传播方式创新的具体实践等方面也要加以考虑。只有这样，"多彩贵州"传统节日文化品牌传播的最终目标和产生的最佳效果才能得以实现。

第三节　"多彩贵州"传统节日文化品牌传播路径

相较于文化品牌传播模式和策略所具有的宏观性、理论性、长远性，"多彩贵州"传统节日文化品牌传播路径则显得更为微观、具体，更具可操作性。但路径具有多重意义，有道路、到达目的地的路线、办事的门路与方法或人的做事行径等。而针对"多彩贵州"传统节日文化品牌传播路径而言，有的学者侧重于从传播价值、传播定位、传播内容、传播形象、传播效果等宏观方面入手去分析，有的学者主张从传播多元主体、传播形象设计、传播具体方式、传播组织能力及传播实施手段等微观方面入手去探讨。比如，喻健就认为，"文化品牌的传播必须抓住三个关键，一是文化品牌的核心价值定位，这是文化品牌构建与传播的核心；二是文化品牌的物化要素和物质载体，这是文化品牌传播的重点；三是文化品牌传播的目标与手段，这是文化品牌构建的关键"[①]。我们认为，宏观和微观的传播路径各有利弊，把两者结合起来去思考，则会起到相得益彰的作用。基于此，立足"多彩贵州"传统节日文化品牌目标、定位、理念、架构、要素及形象设计，遵循"多彩贵州"传统节日文化品牌传播模式和传播策略，我们在这部分主要从对内传播、对外传播及节点传播三个方面去阐释"多

---

① 喻健：《"多彩贵州"文化品牌的构建与传播研究》，华中师范大学硕士学位论文，2014，第29页。

彩贵州"传统节日文化品牌传播路径。

一 "多彩贵州"传统节日文化品牌对内传播

相较于对外传播来说,文化品牌对内传播的成本要远远低于对外传播,传播效果要远远大于对外传播。但文化品牌对内传播要顺利进行,则需要借助文化品牌基础建设、文化品牌价值理念、文化品牌传播主体素质等方面来支撑,这就涉及文化品牌管理相关问题。在不断提高治理能力和治理体系现代化的当前,文化品牌管理与文化品牌对内传播相结合,无疑是提高"多彩贵州"传统节日文化品牌对内传播功效的有效途径。同时,节日文化品牌是建立在节日文化基础上的品牌,节日文化所包含或蕴含着的物质和精神内容,是节日文化品牌对内传播最为重要的载体。据民俗学家萧放的总结,节日文化传统具有物质生活层面、社会层面及精神生活层面的传统,且这三大层面涉及信仰、人伦、传说、饮食、娱乐五大要素[①]。因此,"多彩贵州"传统节日文化品牌对内传播就要充分利用好以上节日文化传统。

总体来看,"多彩贵州"传统节日文化品牌对内传播包括实物用品传播、环境传播及主体传播三大方面。首先,"多彩贵州"传统节日文化品牌实物用品传播。节日实物用品是指节日物质生活层面的传统,就是指节日中的人们在衣、食、住、行上的各种物品的总称。就拿节庆活动中最为重要的饮食传统来说,其不仅与节日祭祀有关,还与时令相适应,能起到平衡阴阳的功能,发挥祈福求祥的功效。特别是"饮食亲宗族兄弟"作为社交礼仪,在节日食品中负载着民族的认知、情感和意志,通过祭祀、赠送和集体享用的方式,最终能起到加强亲情、族情和国情的作用。贵州各民族传统美食众多,比如,糯米饭、糍粑、糟辣鱼、酸萝卜、泡汤、洗澡肉、坨坨肉、腌胙肉、腌骨头、打油茶、酸汤鱼、酸菜鱼、酸汤牛肉、风味羊肉、拦门酒、咂酒等都是贵州各民族日常享用,且有名气的饮食。因此,在"多彩贵州"传统节日品牌传播中,一定要在保证各种实物用品质

---

① 萧放:《传统节日与非物质文化遗产》,学苑出版社,2011,第9~11页。

量的基础上，设计出符合节日要求的广告语和实物形象，严格按照品牌要求进行对实物的操作和使用，利用好宣传栏、横幅等各种媒介物对各种实物用品进行宣传。诚然，在利用实物用品进行传播时，一定要突出实物用品的真实性、民族性、地域性、独特性及文化性。

其次，"多彩贵州"传统节日文化品牌环境传播。一般来说，环境有自然环境和社会环境之分。自然环境一般包括地形、地貌、气候、河流、山川等自然因素，社会环境则是指人们所处地的经济、政治、文化等社会因素，集中体现在人与人、人与社会之间的各种关系中。自然环境相对社会环境来说，其变化的程度不大，但社会环境则随着社会的发展不断发生变迁。比如，今天的贵州，在自然环境上，山高坡陡，河谷深邃，好多地方还是"八山一水一分田"。但在社会环境中，在党和国家的领导与支持下，贵州经济、政治、文化、社会、生态实现了"新飞跃"，在全面实现小康社会之后，正在向实现中国式现代化迈进。自然环境的保护与社会环境的变迁，如何通过"多彩贵州"传统节日文化品牌传播去得到彰显？我们认为，在节日宣传中，除了用各种媒介对节日所在地的独特而又美好的自然环境、和谐而又发展的社会环境进行宣传之外，还可以通过节日仪式中的实物用品和节日活动发展现状等去展示。比如，在节日活动中，通过宣传威宁苦荞粑如何成为今天的美味食品荞酥的历史，不仅可以看到生活在贵州毕节、威宁一带的人们在身处特殊自然条件下所表现出来的坚韧、勤劳、智慧、创新等优秀品质，而且还可以通过荞酥产业化看到在党和人民的共同努力下，当地社会发生的天翻地覆的变化，正在迈向现代化的事实。又如，在过去，由于贵州各地缺盐，盐价高昂，广大贫苦人民利用聪明才智，实现以酸代盐，发明了以酸补盐的烹调艺术。而在现代节日活动中，贵州少数民族，特别是苗族、侗族的酸味菜，诸如酸汤鱼、酸菜豆米、酸汤牛肉等，都得到了全面展示。对酸味食品的发展历史及其背后的人文因素的挖掘与展示，无疑会推动对贵州全省自然与人文的宣传与传播。再如，近几年，随着贵州镇远龙舟节的开展，不仅龙舟节的历史发展、非遗属性、组织系统、民间工艺、娱乐游戏等得到了全面展示，而且镇远当地各民族和谐关系、清明政治、悠久历史、灿烂文化、组织能力等都得到了全面反映。

最后，"多彩贵州"传统节日文化品牌主体传播。创建品牌形象，实施品牌战略，关键在于人。特别是对于传统节日文化品牌传播来说，节日主体的一言一行、一举一动对于品牌传播起着十分重要的作用。而这里所指的人，主要是指拥有和展演节日仪式的文化主体。除此之外，还包括品牌管理者、供应商、合作伙伴、消费者等。具体来说，第一，品牌拥有者自身除了要对"多彩贵州"传统节日文化品牌发展理念、核心价值、目标定位、形象设计、架构组成等重要组成部分有清楚的认知之外，还需通过管理方式把以上部分内容，特别是品牌核心价值观传递给节日主体，使得管理者和节日主体在品牌认知上达成一致。第二，节日主体要通过"知、情、意、行"等方式对"多彩贵州"传统节日文化品牌进行宣传。节日主体对于"多彩贵州"传统节日文化品牌的认知、情感、意志、行动，不仅能充分体现节日文化内含着的物质、社会、精神层面，还能体现节日主体对于节日文化品牌构建与传播的认识认可认同。此外，节日主体在节日仪式中展现出来的对自身文化的自觉自知自信自强等主体意识和情感、统一话语和着装等，都会对外界起着强大的感染、感召作用。第三，发挥节日其他主体的人际传递功能。在管理者和节日主体的共同推动下，"多彩贵州"传统节日文化品牌主体传播则会形成连锁反应。只有那些与"多彩贵州"传统节日文化品牌构建与传播相关的人，都十分清楚和欣赏品牌发展战略与策略，并乐意为品牌发展做出自己的贡献，"多彩贵州"传统节日文化品牌传播才能达到预期效果。因此，"多彩贵州"传统节日文化品牌传播，需要发挥"一传十，十传百"的人际传播优势。只有这样，"多彩贵州"传统节日文化品牌的好声誉和好口碑才能通过品牌传播而实现。

二 "多彩贵州"传统节日文化品牌对外传播

"多彩贵州"传统节日文化品牌对内传播为其对外传播提供了基础，特别是对"多彩贵州"传统节日文化品牌对外传播形象有了明确的规定。那么，如何把已经在品牌内部形成的形象传递给外界，则是品牌发展的关键一步。从前面的分析中，我们已经对"多彩贵州"传统节日文化品牌传播的具体方式，诸如广告传播、公关传播、促销传播与人际传播等几种主要方式进行了简单描述，并指出了各种具体传播方式存在利弊两面性。而有的学者则以以上几种传播媒介为基础，进一步把文化品牌传播分为平面媒体传播（报纸、杂志、招贴、传单、书籍及其他印刷品等）、户外媒体传播（路牌、灯箱、气球、霓虹灯等）、电子媒体传播（广播、电视、电影、幻灯片、互联网等）、连锁传播与会展传播，并对这些传播媒介的优缺点进行了比较分析①。我们认为，在互联网如此发达的今天，"多彩贵州"传统节日文化品牌传播应当把数字媒体与人际传播有机结合起来，充分发挥现代科技的推动作用和人际传播言传身教的感染、号召、鼓动作用。以上方式是从传播媒介视角出发对"多彩贵州"传统节日文化品牌传播进行的分析。诚然，除了从传播媒介入手去分析"多彩贵州"传统节日文化品牌传播之外，还存在把这些传播媒介融入传播实践过程，去分析"多彩贵州"传统节日文化品牌传播的实践路径。

"多彩贵州"传统节日文化品牌对外传播作为一种实践活动，主要应包含实践意图或目标、实践过程、实践结果及结果反馈等几个环节，涉及实践主体、实践客体及实践中介三个主要要素。结合"多彩贵州"传统节日文化品牌传播模式和实践要素结构，我们认为，除了以上相关节日文化品牌传播手段之外，"多彩贵州"传统节日文化品牌对外传播具体实践还要考虑以下几个方面。首先，传播主体要三方联动。"多彩贵州"传统节日文化品牌管理者、节日文化主体及品牌相关人士对品牌价值、定位、理念、目标、架构等战略和策略有了统一的认识，这本身就是节日文化品牌传播的基本环节，也是节日文化品牌传播的基础。但如何在不同主体间形成有效的传播机制，则是"多彩贵州"传统节日文化品牌对外传播主体面临的核心问题。具体来说，"多彩贵州"传统节日文化品牌传播主体主要涉及贵州各级政府、节日文化品牌企业或组织、节日文化主体三方力量。贵州各级政府要遵循"多彩贵州"文化品牌发展原则，主导规划好"多彩贵州"传统节日文化品牌传播方向；企业或组织作为"多彩贵州"传统节

---

① 柏定国主编《文化品牌学》，湖南师范大学出版社，2010，第263~273页。

日文化品牌传播的实际执行者，要把握好各级政府文化发展精神，实施和组织好"多彩贵州"传统节日文化传播的具体工作；节日文化主体作为"多彩贵州"传统节日文化传播的主力军，要积极参与节日文化传播各项工作。只有这样，"党政推动、三级联动、社会参与"的局面才能最终形成。

其次，传播内容要系统化。相对于"多彩贵州"传统节日文化品牌来说，"多彩贵州"传统节日文化品牌子品牌的对内传播往往都是具象化、形象化、地域化、民族化的，而要把"多彩贵州"传统节日文化品牌作为一个整体呈现给外界，则需对"多彩贵州"传统节日文化品牌子品牌的传播内容进行抽象化、系统化、艺术化的处理。结合新时代贵州文化事业和文化产业发展重点，我们认为，"多彩贵州"传统节日文化品牌传播内容应以贵州独特优美的自然风光、多元和谐创新的社会环境以及勤劳质朴欢快的人文气息为主，且要把自然、社会与人有机结合起来，实现传播内容系统化。

再次，传播客体要有针对性。"多彩贵州"传统节日文化品牌传播的直接对象就是参与节庆文化的特定游客。从职业和年龄来看，是以大学生为主的年轻人；从参与方式去说，是以自驾游为主的家庭游客；从节日主体来看，是以本民族及周边区域各族群众为主，因为本民族及周边区域各族群众具有游客和节日主体的双重身份；从传播覆盖面去说，是以周边省市，特别是重庆、四川、广东等省市游客为主；从出游目的去说，主要是以休闲、娱乐为出游目的，且喜欢原生态文化和山地自然风光的目标人群。由此可见，在"多彩贵州"传统节日文化品牌对外传播时，一定要针对不同类型的目标人群，有的放矢，采取不同传播方式和手段，才能吸引到众多游客来参加节日盛典。

最后，传播效果要实现最大化。一般来说，只要传播目标明确、理念先进、过程科学、方式得当，传播自然而然就会取得良好效果。但为了使"多彩贵州"传统节日文化品牌传播效果最大化，我们认为，传播实践中还应从以下几个方面入手。比如，为了避免"多彩贵州"传统节日文化品牌传播信息被铺天盖地的其他信息所覆盖，一方面要注意"多彩贵州"传统节日文化品牌传播的差异性,凸显"多彩贵州"传统节日文化及其品牌的独特之处;另一方面则要建构矩阵型的传播体制,采取循环、立体、多维视角的传播方式。又如,针对"多彩贵州"传统节日文化及其品牌的大众性、群众性属性,在传播中要发挥其大众性、群众性力量,才能实现节日文化品牌传播的轰动效应。再如,要重视对"多彩贵州"传统节日文化资源的挖掘和整合工作。为了避免同其他省份传统节日雷同,彰显"多彩贵州"传统节日各子品牌文化的多样性和独特性,则需加强对"多彩贵州"传统节日文化资源的挖掘工作。同时,要重视节日的节点属性,在众多节日存续的背景下,要按照节日存在地区、民族、类型、规模及影响力等因素,并在充分考虑节庆游客的时间节点基础上,整合出"多彩贵州"传统节日文化精品。只有在方法上促进节日文化品牌构建与传播的一般性和特殊性的有机结合,才能实现"多彩贵州"传统节日文化品牌效果最大化。

三 "多彩贵州"传统节日文化品牌节点传播

俗话说:"养兵千日,用兵一时。""多彩贵州"传统节日文化品牌对内传播和对外传播,都是为了吸引最大多数人来参与节日文化仪式,消费节日文化产品,最终实现"多彩贵州"节庆事业和节庆产业双丰收。因此,"多彩贵州"传统节日文化品牌传播除了对内传播和对外传播之外,还会涉及节点传播。如果说,"多彩贵州"传统节日文化品牌对内传播和对外传播主要是作为节日文化的常规传播方式,那么,"多彩贵州"传统节日文化品牌节点传播,则是节日文化的焦点或集中传播方式,也是对"多彩贵州"传统节日文化品牌多种传播方式及其效果的集中体现。文化品牌传播时间的确定是指对文化品牌发布程序、机会、频率等制定出一个合理的时间安排。时间安排是否合理,直接影响到品牌传播效果。一般来说,其又包括文化品牌传播时间策略(集中时间、均衡时间及季节时间策略)和文化品牌传播时序策略(即时、提前、延后策略)。而对于"多彩贵州"传统节日文化品牌传播时间来说,理应在考虑"多彩贵州"传统节日文化品牌总体传播时间和传播时序基础上,再去重点考量"多彩贵州"

传统节日文化各子品牌传播时间和传播时序，力求达到总品牌和子品牌传播时间的协调一致。因此，"多彩贵州"传统节日文化各子品牌节点传播是在充分尊重"多彩贵州"节日文化总品牌传播时间基础上，重点突出自身节日文化品牌传播时间的产物。简言之，"多彩贵州"传统节日文化品牌下的具体节庆活动的开展，都是对"多彩贵州"传统节日文化品牌传播时间的直接印证。

节日就是时间空间交织下具有节点性质的特定日子，节日文化内涵丰富，寓意深刻。比如，节日作为"文化丛"，具有周期性、全民性、传承性、娱乐性、仪式性、社交性等特征。又如，节日文化作为特定人群文化的组成部分，是特定社会文化的一个重要分支，是观察特定民族文化的一个窗口，是研究特定地域文化的一把钥匙①。再如，节日文化作为社会运行的"调节阀"、社会兴衰的"温度计"、社会发展的"推进剂"及社会文明的"灌输器"，始终与人们的理想愿望、人情交往、欲望显现、身心愉悦、情感宣泄及审美情趣等精神因素相伴随，在社会运行中发挥着重要的理论和实践价值。基于节日文化所具有的丰富内涵、独特属性及文化价值，我们认为，发挥"多彩贵州"传统节日文化品牌节点传播功效，无疑是"多彩贵州"传统节日文化品牌传播的主要路径。一般而言，"多彩贵州"传统节日文化品牌节点传播除了遵循一般文化品牌传播原则和方法之外，还要严格遵循"多彩贵州"传统节日文化品牌传播价值、目标、理念；依据"多彩贵州"传统节日文化品牌传播模式和策略；做好"多彩贵州"传统节日文化品牌节庆组织、宣传、管理、调动等各项工作，才能推动"多彩贵州"传统节日文化品牌节点传播的开展。具体来说，我们认为，要发挥好"多彩贵州"传统节日文化品牌节点传播功效，除了在形式上用好各种传播媒介和方法等之外，最为关键的地方还是要在传统节日的诗学、政治学及其发展目标上下功夫。

首先，发挥"多彩贵州"传统节日文化诗学的文化表象。诗学作为专注于文学艺术创作规律的学问，在现代社会被文化研究积极引入，侧重于

---

① 高占祥主编《论节日文化》，文化艺术出版社，1991，第1页。

对文化变化发展的呈现方式、表现态势、构建手段及其规律进行探析。克利福德和马库斯提出的民族志的诗学、霍尔所指的表征的诗学，是其运用于文化研究的主要代表。而对传统节日现代性发明的诗学探析，则主要通过传统节日大众化、整合化、科技化及消费化属性来表现。第一，传统节日大众化。在过去，传统节日作为特定人群在特定时间、特定地点开展的具有特定意义的仪式活动，既是人们日常生活的组成部分，也是人们日常生活中不同寻常的日子。在现代，为了迎合大众对传统节日的需求，很多传统节日一改过去自身内在的界限和边界，迎合大众、满足大众成了节日发明与创造的重要组成部分，人气高低成为衡量传统节日发展与否的晴雨表。无边界、世俗化、大众化的现代节日，彻底激活或创生了传统节日，使得传统节日在现代社会中获得了"新生"或"重生"。第二，传统节日整合化。在过去，囿于生产能力、消费水平与交通状况等客观条件，传统节日总的表现为参与群体地域化、规模狭小化、物资本地化、消费自我化，节日的自然性、在地性、区域性特征十分明显。在现代，受益于工业化、市场化、交通畅通化的优势，传统节日在创造性转化与创新性发展中，打破时间空间限制，把天时、地利、人和与人、财、物有机结合起来，节日的整合属性在现代社会中表现得尤其突出。第三，传统节日科技化。高科技介入节日活动仪式之中，使得传统节日在声光电的碰撞下，一改过去自然、热烈、朴实、简单的模样，在一定程度上变成了"科技节日"。人们在高科技狂欢中，感受着亦真亦假所带来的魔幻感、体验着现代与传统交织而成的穿越性及享受着忘却忧愁与沉醉当下带来的快感。同时，高科技在增强节日现代感的同时，也唤起了人们对陈年往事的追忆，"乡愁"在现代化的节日仪式中油然而生。恰恰就是在看似矛盾丛生和交融的节日活动中，传统节日现代化逐渐产生，并最终得到确证。第四，传统节日消费化。随着消费主义和消费文化对中国社会的影响不断加大，人们在感知节日、体验节日、享受节日之余，增加了对消费节日的需求。在参与节日活动中，人们除了加强了对传统节日饮食的需要之外，还对传统节日仪式、节日物资、节日氛围、节日服务等节日消费品提出了更高的消费要求。物美价廉、丰富深刻、多样统一、雅俗共赏等逐渐成为传统节日现代性发明的品质标配，"百货公司""消费至上""文化搭台、经济唱戏""节日购物狂欢节"等成了传统节日现代性发明的适时取向。诚然，随着传统节日现代性发明的诗学而出现的文化表象，有人欢呼，也有人忧虑，但在赞成与反对的矛盾态度中，传统节日现代性发明的艺术实践已然得以最终形成。

其次，利用"多彩贵州"传统节日文化政治学的实践意指。詹姆逊说："文化研究是一种愿望，探讨这种愿望或许最好从政治和社会视角入手，把它看作是促成'历史大联合'的事业，而不是理论化地将它视为某个学科的规划图。"① 这说明，传统节日现代性发明需要诗学，但更强调诗学背后的政治学。政治学关注权力、权利与利益关系，而把这种关系用来对传统节日现代性发明进行分析，则会反映出文化与政治的本质关系。正如萨义德（Edward W. Said）所说的那样，一旦文化与民族或国家结合在一起，就有了"我们"或"他们"之别，文化是舞台和战场，各种政治的、意识形态的力量都在这个舞台上亮相、在这个战场上角逐。② 中国作为社会主义国家，在传统节日现代性发明中，坚守公有制和共同富裕的社会主义本质、践行社会主义核心价值观及铸牢中华民族共同体意识等，无疑是传统节日现代性发明最为重要而又基本的实践意指。在这个基本实践意指基础上，传统节日现代性发明的政治学则主要体现在以下几个方面。第一，节日现代性发明依存政治权力。在强调"以党的政治建设为统领"和"把政治建设摆在首位"、坚持"两个维护"做到"两个确立"的当前，党的政治权力不仅体现在"东西南北中，党政军民学，党是领导一切的"之中，也可以通过权力对文化现代性发明与创新的领导和引导来体现。用政治权力领导和引导传统节日现代性发明，除了能保证发明立场、方向、原则及道路的正确性之外，权力直指的人民中心论、共同富裕论、民主集中制及社会主义核心价值观等还可以融进节日生活中，不断去增强

① 王逢振主编《詹姆逊文集（第3卷）：文化研究和政治意识》，蔡新乐等译，中国人民大学出版社，2015，第1页。
② 〔美〕爱德华·W. 萨义德：《文化与帝国主义》，李琨译，生活·读书·新知三联书店，2003，前言第4页。

人民群众对权力的认识、认同与尊崇，最终实现加速推进权力大众化进程的实践目的。第二，节日现代性发明遵循主流意识形态。当前，随着权力的不断转移，信息、数据、图像、价值观及象征符号作为知识的重要组成部分，在社会进步中起着十分重要的作用。人们在亨廷顿（Samuel P. Huntington）主张的价值观影响人类进步中，或是托夫勒（Alvin Toffler）对未来社会知识权力论的认知里，对文化价值观的重要地位和作用的认识越发清晰。此外，社会发展中一直存续着的意识形态文化化与文化意识形态化的双向运动，也很好地表征了文化的意识形态社会本质和功能。社会主义核心价值观作为马克思主义在当代中国社会的集中体现，从国家层面、社会层面和个人层面对社会发展的价值目标与追求作了高屋建瓴的概述，而这些目标和追求要真正进入人民群众大脑与心里，则需要一个实践化过程来完成。而在这个实践化过程中，马克思主义基本原理同优秀传统节日文化相结合，无疑是践行社会主义核心价值观最为有效的途径。因此，主流意识形态融入传统节日现代性发明之中，是对两个"结合"的生动诠释。第三，节日现代性发明指向社会目标。在建设社会主义现代化强国和实现中华民族伟大复兴的新征程上，我们不仅明确了"五位一体"总体布局和"四个全面"战略布局，也制定了"两步走"战略目标，还强调了高质量发展的战略导向。传统节日现代性发明作为立足新发展阶段、贯彻新发展理念、构建新发展格局下的产物，除了需要符合文化高质量发展要求，还需通过传统节日现代化去助力中国式现代化，最终实现赋能社会主义现代化强国和中华民族伟大复兴的创新目标。总之，依存政治权力、遵循主流意识形态、指向社会目标，不仅是传统节日现代性发明中政治学的实践意指，也是传统节日现代性发明的社会性指向。

在传统节日现代性重构的复杂场域中，以文化现代化为主旨，达至文化传承、文化发明与文化现代化"三位一体"，则是传统节日现代性重构的当务之急和最高诉求。"多彩贵州"传统节日文化一旦有了诗学和政治学的支撑，顺之就把节日文化艺术性、文化政治性与文化价值性有机结合了起来，这种结合的最为直接的结果则是"多彩贵州"传统节日文化现代化的实现。"多彩贵州"传统节日文化现代化的实现，以理念现代化、实践现代化及价值现代化为主要标志，能大大提高"多彩贵州"传统节日的文化品质、政治素养和价值内涵。一言之，有了"多彩贵州"传统节日文化现代化的支撑，"多彩贵州"传统节日文化品牌节点传播实践活动就能顺利进行。与之相应的是，"多彩贵州"传统节日文化品牌传播价值也得到了彰显。诚然，"发展文化，实现文化现代化，其外在价值取向是实现社会的现代化，其内在价值取向是实现人的全面而自由发展"①。

此外，在注重"多彩贵州"传统节日文化品牌对内传播、对外传播及节点传播之外，还应考虑在"多彩贵州"传统节日文化所在地开展日常传播的必要性。日常传播是维系节点集中传播的有效手段，其在充分考虑游客即时即地需要性基础上，以节日文化仪式舞台展演化为主，结合节日所在地空间、实物与人等节日文化要素，通过随机性进行传统节日文化展演而达到节日文化品牌传播的目的。

综上，"多彩贵州"传统节日文化品牌传播，作为集真理性、实践性与价值性于一体的实践混合物，其真理性、实践性、价值性不仅体现在传统节日内存的神圣性价值在新时代的保存中，也反映在传统节日现代性重构中传统节日文化价值的延展上，还要充分考虑传统节日作为一种文化融入社会发展和人类进步中而产生出来的外价值。正是在这些价值指引和推动下，"多彩贵州"传统节日文化品牌构建与传播正在新时代如火如荼地进行着。

---

① 杨竞业：《文化现代化——从"自由的文化"到"文化的自由"》，武汉大学出版社，2012，序言第 3 页。

第七章 品牌之护："多彩贵州"传统节日文化品牌构建与传播保障机制

从本质上来看，"多彩贵州"传统节日文化品牌构建与传播是一个富有创新性的实践活动。创新是社会发展的不竭动力，是人类社会不断进步的阶梯。创新就是要破除与客观事物发展进程不相符合的旧观念、旧理论、旧模式以及旧做法，在继承历史发展优秀成果的基础上，发现和运用事物间新的联系和规律，更加有效地推动人类认识世界和改造世界的活动。而文化创新是文化主体在先进理念和技术的基础上，立足于社会实践，不断继承与发展传统文化过程中的文化再生产过程。这一定义的确定，为我们分析"多彩贵州"传统节日文化品牌构建与传播奠定了坚实的基础。"多彩贵州"传统节日文化品牌通过文化创新，在当前我国经济建设、政治建设、文化建设、社会建设以及生态建设等方面发挥着巨大的作用，进而为中国特色社会主义建设做出巨大贡献。而对于这些作用和贡献，我们已经在第二章第三节进行了较为详细的分析，此处就不再赘述。然而，随着品牌构建与传播的不断深入，"多彩贵州"传统节日文化品牌在发挥其特有的价值与功能的同时，在创新发展中也出现了某些异化现象，这对于品牌构建与传播是十分不利的。问题是时代的声音，是实践过程中不断出现的新矛盾。因此，只有我们正视矛盾、分析矛盾、解决矛盾，才能把"多彩贵州"传统节日文化品牌构建与传播创新实践向前推进。那么，在"多彩贵州"传统节日文化品牌构建与传播中存在哪些问题？这些问题产生的原因是什么？这些问题又会对"多彩贵州"传统节日文化品牌构建与传播造成什么样的影响？以及如何保障"多彩贵州"传统节日文化品牌构建与传播？这些问题成为当下在"多彩贵州"传统节日文化品牌构建与传播中值得深入探究的重要议题。在接下来的研究中,我们拟围绕上述问题展开论述。

第一节　"多彩贵州"传统节日文化品牌构建与传播面临挑战

现象作为事物外部联系和表面特征,是事物本质属性的外在表现。因此,我们要"透过现象看本质",要认识和把握事物发展的规律,应从现象描述入手。当前,随着"多彩贵州"传统节日文化品牌构建与传播的不断深化发展,出现了一些值得警惕和防范的现象,这些现象在一定程度上影响了"多彩贵州"传统节日文化品牌的构建与传播。"多彩贵州"传统节日文化品牌构建与传播作为创新性的实践活动,是推动优秀传统文化创造性转化与创新性发展的重要动力,其在优秀传统文化的保护与传承、传统文化的现代化转型、中国特色社会主义文化建设、全面建设社会主义现代化国家以及在全面推进中华民族伟大复兴等方面都发挥出了重要作用。因此,从这个意义上来看,"多彩贵州"传统节日文化品牌构建与传播不仅是一次新的"思想解放运动",也是一场轰轰烈烈的"社会变革运动"。尽管如此,我们仍然要清醒地看到,"多彩贵州"传统节日文化品牌构建与传播在造福社会发展的同时,也存在一些问题。这些问题纷繁复杂,但归纳起来,主要表现在以下几个方面。

一　品牌构建与传播经济化色彩过浓

行动是理念形成的基础,理念是行动实施的先导,一定的实践活动都是受一定的发展理念指导的。中国共产党作为一个十分重视理论创新和实践创新的新型政党,党的十八大以来,以习近平同志为核心的党中央顺应时代发展和中国特色社会主义建设实践的新要求,坚持以人民为中心的发展思想,鲜明地提出要贯彻执行创新、协调、绿色、开放和共享的新发展理念,引领着中国特色社会主义建设取得一系列巨大成就。党的十九大以来,党中央把坚持新发展理念作为新时代坚持和发展中国特色社会主义的基本方略，把发展的思想和理论提升到了新的高度。创新是引领发展的第一动力、协调是可持续健康发展的内在要求、绿色是永续发展的必要条件、开放是国家繁荣发展的必由之路及共享是中国特色社会主义的本质要求，五大发展理念有机统一，形成了一个不可分割的集合体。党的二十大报告指出："守正才能不迷失方向、不犯颠覆性错误，创新才能把握时代、引领时代。"① 当然，对于"多彩贵州"传统节日文化品牌的创新发展来说，除了要坚持创新发展理念的基本要求之外，也要把其他四个发展理念融入其创新发展中，尤其是要抓住"协调发展的理念"，"推动社会主义精神文明和物质文明协调发展"②，为实现"多彩贵州"传统节日文化创新发展的目标提供思想指引。然而，在"多彩贵州"传统节日文化品牌构建与传播的过程中，经济化色彩过浓，相关部门过度重视对经济利益的追求，忽视了传统节日文化中的核心价值和意义。

一方面，商业氛围过于浓厚，传统节日文化中的文化价值被忽视。传统节日本身是一种文化现象，它是人们生活方式、思维方式的一种体现。因此，它的价值不仅仅在于经济方面，更重要的是它蕴含着丰富的精神价值，它对人们精神世界的塑造具有重要的影响。对传统节日文化中经济价值的过度挖掘，会淡化其文化内涵，甚至削弱其影响力和传播力，这不利于"多彩贵州"传统节日文化品牌的构建与传播。在传统节日文化品牌的构建与传播中，有些旅游节日为了达到增加经济利益的目的，完全不顾传统节日的文化性而纷纷"入俗"，成了"造物节""招商会""展销会"。针对节日文化过于经济化的现状，著名的民俗学家刘锡诚教授批评道："每到节日，'假日办'、经济管理部门和商家总是把人们的注意力引导到旅游和商品消费上。有些政府主管部门几乎忘掉了文化，也许他们压根儿不懂文化。"③ 传统节日最大的文化特征在于其是民众理想信念、伦理道德、审美情趣、宗教信仰等精神生活的写照。因此，满足人们精神性的需

---

① 习近平：《高举中国特色社会主义伟大旗帜 为全面建设社会主义现代化国家而团结奋斗——在中国共产党第二十次全国代表大会上的报告》，人民出版社，2022，第20页。
② 《习近平著作选读》第2卷，人民出版社，2023，第34页。
③ 刘锡诚：《传统节日文化的继承与发展》，《徐州工程学院学报》（社会科学版）2013年第4期。

求是节日文化的核心价值所在。同时，任何一个文化产业发展的首要目标都是展现其文化价值，其次才是经济价值。这对于走向产业化开发的旅游节日来说，也是如此。一旦节日发展过程中的经济性色彩过浓，就会无形中削弱节日的文化性。"人们越来越迅速地同事物中那些经济上无法表达的特别意义擦肩而过……生活的核心价值和意义总是一再从我们手边滑落；我们越来越少地获得确定无疑的满足。"① "当审美幻象已经变成像货币一样不仅是欲望的一般对象，而且成为一般的欲望对象时，美进入了一般性文化交流，甚至商品流通的领域，美和审美变形也会发生异化。"②

　　另一方面，重视短期利益，忽视长期发展。从当前的经济利益来看，在"多彩贵州"传统节日文化品牌构建与传播过程中过度的经济化可能会带来短期的经济收益。在"多彩贵州"传统节日文化品牌构建与传播中，传统节日文化保护与发展的目标经常被淡化，经济利益成为传统节日文化发展的目的。特别是在一些旅游节日文化活动中，这种现象表现得较为突出。当然，对于西部地区的人们来说，由于长期受经济条件的制约，其对于经济利益的需求是十分强烈的，这本无可厚非。但在有些节日上，忽视节日文化内容和属性，"唯经济而经济"的现象则广泛存在。比如，对于有一定举办周期的传统节日来说，为了开展旅游节日，主办方把节日改为一年一次或者一年几次；为了吸引游客，故意把民族文化拼凑杂糅起来，使节日文化成为"百货商店"，以此去满足不同游客的需求，从而实现增加旅游收入的目的；有的传统社交节日一改过去那种圣洁、浪漫的节日氛围，摇身一变，被渲染成产生"艳遇"的高发期。特别是为了达到吸引游客的目的，一些地方媒体打着"最古老的情人节""最浪漫的狂欢节"标语，在节日中，过度凸显"情、性、色"，使得节日文化受到歪曲；还有一些宗教节日，完全摒弃宗教的神圣性，只要游客愿意出钱，当地人就可以把有一定活动周期和表演要求的节日文化展演给游客看，这就使得传统节日神圣的仪式频繁暴露在大庭广众之下。但从长期发展来看，它可能会阻碍传统节日文化的传承和发展。进一步讲，在传统节日文化品牌构建和

---

① 〔德〕西美尔：《金钱、性别、现代生活风格》，顾仁明译，学林出版社，2000，第8页。
② 王杰：《审美幻象研究——现代美学导论》，广西师范大学出版社，1995，第227页。

传播过程中，如果过度追求经济利益，可能会导致过度的商业化。这不仅会损害节日的神圣性和独特性，还可能导致消费者对这些节日产生抵触心理，不断疏远它。一旦消费者对这些节日失去了兴趣，那么这些节日就可能会逐渐消失。因此，在"多彩贵州"传统节日文化品牌构建与传播中应该保持适度的经济化，同时兼顾文化价值的传承和发展，使其既能保持一定的经济效益，又能兼顾其文化的核心意义和价值。

总之，传统节日文化之所以能成为我们的传统，不仅在于它是人们文化积淀的产物，是连接民众过去、现在和未来的精神发展史，而且还在于它是我们的精神家园、心灵港湾，时刻唤起着人们铭记于心的"乡愁"。因此，在"多彩贵州"传统节日文化品牌构建与传播中，要使传统节日文化品牌的文化价值和经济价值做到并行不悖，则需要在两者关系处理上分清主次，真正做到有的放矢，进而促进"多彩贵州"传统节日文化品牌的创新发展。

二 品牌构建与传播程式化和杂糅化较为明显

"节日是被赋予了特殊的社会文化意义并穿插于日常之间的日子，节日民俗是指这些特殊日子的文化内涵以及人们所表现的相沿成习的各种活动。"[①]"多彩贵州"传统节日文化是独特的民族特性和地域特点相结合的产物，其本身自带光芒，这种光芒也就是西方学者所说的"光晕"（aura）。"光晕"是法兰克福学派美学家本雅明（Walter Benjamin）在探讨艺术生产论时所使用的核心概念。它的本意是指和现代机械复制时代的艺术相比，传统艺术具有不可复制的特点，相应地，其就具有独一无二的价值。后来，这个词被大量用来指传统仪式或艺术品所具有的独特、珍贵、权威、永恒的性质。正如本雅明所说："即使在最完美的艺术复制品中也会缺少一种成分：艺术品的即时即地性，即它在问世地点的独一无二性。但唯有借助于这种独一无二性才构成历史。"[②] 但随着一部分传统节日走上产

---

① 高丙中：《中国民俗概论》，北京大学出版社，2009，第188页。
② 〔德〕W. 本雅明：《机械复制时代的艺术作品》，王才勇译，浙江摄影出版社，1993，第54页。

业化道路，"多彩贵州"传统节日文化正在急剧向市场化、商业化转型。为了达到市场经济和商业经济要求的商品交换的目的，"多彩贵州"传统节日文化一改过去传统的"妆容"，在内容上不断更新去迎合人们的各种需要。

　　节日文化作为一种商品，有其特殊的价值和使用价值。商品就是用来交换的劳动产品，而商品要交换成功，则需要其具有满足商品购买者的某种需要的属性。仪式研究专家维克多·特纳（Victor W. Turner）说："在人类的生活中，似乎存在着一种'需要'（need）——如果我们能够使用这个有争议的词汇的话——来使人们对这两种形式都进行参与。那些急迫地想使这一'需要'在日常的活动之中得到满足的人，会在仪式的阈限中去寻求。"① 当前，在旅游节日文化中，这种需要性主要表现为满足游客的各种各样消费性。消费由来已久，其本是广义生产关系中不可或缺的一环，但随着资本主义不断发展，消费逐渐在西方社会占据主流，并不断向全球各地传播。在新的时代，消费社会的文化症候出现了诸如媚俗与仿真、消费本位、符号消费、消费异化及意识形态操控等现象。平等、自由与幸福的虚假神话，随着个人主义和享乐主义的价值观而成为当前人们的人生指南。特别是消费的异化，使消费目的由需要的满足异化为欲望的满足、消费对象由物品异化为符号、消费方式由储蓄消费异化为信贷消费，这些成为资本主义社会新的控制形式。发端于资本主义社会的消费主义，在传统节日文化创新中得到了一定程度上的显现。比如，在节日中，人们注重的是文化符号的新颖，而不是文化实体的深刻；关注的是消费品的丰饶，而不是节日文化内容的丰富；在乎的是"狂欢"，而不是文化精神熏陶；重视的是社会和经济地位的展现，而不是文化气质和素养的提升。当前中国文化消费者消费观的形成虽然受西方消费主义的影响，但也不可否认，这种消费观恰恰表征了国人当前的思想意识和心理需求。正如林语堂在《中国人》里面所说："中国人的心灵在许多方面都类似女性心态，只有'女

---

① 〔美〕维克多·特纳：《仪式过程：结构与反结构》，黄剑波、柳博赟译，中国人民大学出版社，2006，第206页。

性化'这个词可以来总结中国人心灵的各个部分。"① 国人稍显感性化的思维方式和心理状态，再加上现代生活所带来的压力和无奈，使得他们对于节日文化的消费需求往往建立在娱乐消遣、购物消费上，而不在感受文化和享受文化上。"本来消费的意义在于给人一种更幸福、更令人满意的生活。但是现在，消费自身成了目的。需要的不断增加迫使我们不断努力，这使我们为这些需要所控制，依赖于能帮助我们满足这些需要的人及机构。"②

因此，在"多彩贵州"传统节日文化品牌构建与传播的过程中，传统节日文化的个性、独特性、民族性及客观性就会受到一定程度的消解，传统节日的内容出现了程式化和杂糅化的倾向。具体来说，在以往的传统节日中，节日各要素之间是有机结合的整体。但在一些现代旅游节日上，拼凑和粘贴则成了其主旋律。除了保留着传统节日文化的核心要素之外，节日文化氛围、仪式过程、具体要素等都是千篇一律，毫无特色。比如，节日上的具体文化内容都是遵循着工业机械化的规则而连接成的一个机械联合体。在这种简单的组合方式中，"吃、喝、玩、乐"和招商引资几乎成了所有旅游节日建构的新指向，旅游收入则成了节日办得成功与否的最大标志。因此，在很多旅游节日的报道中，经济收入和招商引资往往成为各种报道中最为显著的主题，而对于文化的弘扬和传承则并不重视。而与节日内容程式化相伴随的，往往就是节日内容中的各种要素杂糅化的现象。在一些旅游节日中，传统与现代、神圣与世俗、经济与人文、客体与主体、真实与虚假等混杂在一起，让人难以鉴别和分清。"高度集中化的舞台展演使传统节日内容脱离了原生的传承空间，削弱了节日的文化意义，从而显得空洞无味；节日集中在一个地方举办，消解了传统的过节氛围，且容易引发事故和造成环境破坏，节日活动存在严重的互相借鉴和模仿的现象，把传统节日带入了同质化的发展陷阱。"③

总之，由于受消费主义和消费人群因素的多重影响，西部地区一部分

---

① 林语堂：《中国人》，学林出版社，1994，第90页。
② 〔美〕艾里希·弗洛姆：《健全的社会》，孙恺祥译，上海译文出版社，2011，第109页。
③ 张士闪、李松主编《中国民俗文化发展报告2015》，山东大学出版社，2016，第308页。

传统节日在文化创新中，其内容程式化和杂糅化现象十分严重，这就使得“多彩贵州”传统节日文化品牌成了一个“百货商店”，产品种类繁多，游客可以在商店里各取所需。同时，节日内容的快餐式组合，看起来有结构和内容，但仔细观察，节日内容碎片化较为严重，其实质就是一个“空心萝卜”，其“里面到头来并没有心，没有核，没有隐秘，没有不能再简约的本原，惟有无穷尽的包膜，其中包着的只是它本身表层的统一”①。因此，传统节日文化内容内涵的深刻性就难以真正得以展现。对节日商业价值的过分追求，使得节日文化在创新上缺乏想象力和创造力。如果长期按照这样的方式进行下去，传统节日文化早晚会变成“庸俗文化”。这些都是当前我们应该审思的，也是应该不断加以修正的地方。

三　品牌构建与传播有些盲目追逐景观化

在传统节日中，节日文化、生活世界与日常生活是有机结合在一起的，共同反映着民众的生活方式和生产方式。但随着现代工业文明和消费社会的来临，这种和谐关系在一定程度上被打破，节日文化的生活性被消费性所取代。消费性具有的“物化”“异化”“狂欢”“快餐式”现象，使日常生活产生了变形和扭曲。这种变形和扭曲，反映在节日文化中，就直接导致一些旅游节日在内容上出现程式化和杂糅化的倾向。形式是为内容服务的，既然内容发生了改变，那么形式也就要随之发生改变。在这种情况下，景观化就闪亮登场，并很快成为包装节日文化的最好武器。这里的“景观化”不是指人们日常看到的景观呈现，而是与人们过分追求视觉表象化息息相关。学界在景观化研究上最为有名的当属法国著名思想家居伊·德波（Guy Debord），他用景观及景观社会理论对资本主义工业社会背后的意识形态控制进行了无情批判。正如他在《景观社会》开篇中指出的那样：“在现代生产条件无所不在的社会，生活本身展现出景观的庞大聚积，直接存在的一切都转化为一个表象。”② 景观就是视觉表象。20世纪中叶以来，随着以科学技术为核心的社会生产力的不断发展，资本主义社

---

① 张隆溪：《二十世纪西方文论述评》，生活·读书·新知三联书店，1986，第159~160页。
② 〔法〕居伊·德波：《景观社会》，王昭凤译，南京大学出版社，2006，第3页。

会呈现出了一派欣欣向荣的表象。借助这些表象，甚至有人宣称资本主义社会已经实现了人类自由解放的梦想。而面对资本主义社会的这种表象，德波则认为表象背后的实质是人类社会正处于全面异化的囚笼之中。因此，德波利用景观及景观社会对资本主义社会进行分析，并宣告了一个新的时代的开始，即由马克思所面对的物化世界转向他所指的视觉表象化时代。把这个理论借用来分析"多彩贵州"传统节日文化品牌构建与传播，首先排除了德波用景观及景观社会理论去进行社会批判的功能，而把其重点放在对内容和形式关系的分析中。具体是指在"多彩贵州"传统节日文化品牌构建与传播中，出现了一些借助传媒技术，从民众日常生活中分离出一个个影像，然后把这些影像组合成一个自足的景观社会。这种过于注重形式、忽视内容的本末倒置的做法，就是本部分所指的"多彩贵州"传统节日文化品牌构建与传播在形式上盲目追逐景观化的真实意蕴和集中表现。当然，景观化在一些旅游节日中的展现，不是一个简单的形式化现象问题，其背后有着诸多的缘由。除了消费者感性化消费思维和意识特点之外，文化景观的出现，还和高科技、视像文化及空间优位的发展有关，也是通过高科技、影像文化及空间优位展现出来的。

首先，"多彩贵州"传统节日文化品牌构建与传播成为高科技的狂欢。第二次世界大战以后，人类社会出现了许多新的尖端技术，电子产品和信息在社会生活中发挥着越来越重要的作用。时至今日，在很多贵州少数民族传统节日中，高科技早已融入节日文化，声、光、电等现代元素融入节日展演舞台，使得舞台绚烂夺目；无人机的广泛使用，使节日活动开展过程被全方位"无死角"地展现；美颜技术和现代剪辑技术，把节日活动描绘得美轮美奂；现代科技使得节日时空倒置，给人以梦幻般的感觉；高微技术的使用，把单个节日要素用极强的反差加以具体化等。这样，传统节日经过高科技的装饰，俨然就是一部电影、电视剧或一本读物，程序化、模式化的机械复制行为，使得民众及个人的日常生活创造在其面前显得十分渺小。在狂欢的过程中，假如哪一个节日没有增添高科技，反而让人觉得这节日是虚假的、不真实的。

其次，视像文化在"多彩贵州"传统节日文化品牌构建与传播的过程中日益盛行。随着高科技和影像技术的广泛传播，人们对美的认知也在发生改变。美已经从传统的实物接触转移到了感知领域，以感觉为核心的视觉形象成为人们追逐的目标，追求视觉快感成为人们的基本需求。同时，视觉文化还要求把外部世界发生的一切都作为我们自己世界中的一部分，成为我们能体验到的一部分。在这种视像文化的引导下，节日消费者和组织者对于节日形象的重视程度不断提高。在高科技的渲染之下，节日形象就成了商品。形象化的生产就是商品生产，因而引起了节日主办者的重视。每当节日举办之前，主办方都要制作令人震撼的宣传广告片、找当地一些形象气质好的少男少女组成歌舞队、搭建精美的舞台、创造出独具一格的节日物品以及装饰出让人震惊的节日环境等，用唯美的形象去招揽游客。同时，在贵州的一些少数民族传统节日上，游客和当地民众的互动环节基本上成了节日中的必备节目。万人齐跳民族舞、广场舞等体验活动，使得游客对节日仪式和活动的拟仿达到了高潮，营造出"普天同庆"的祥和氛围。视像文化进入节日中，这是节日适应现代社会、满足人们需求的一种方式，但一旦形象和装饰占据了节日文化的重心，则会使节日文化变得虚无化。因为形象所具有的碎片的形式不仅削弱了人们的生活叙事，而且与人们的日常生活极不相容。因此，在视像文化中，"人们只是用眼睛生活着，放弃了思考"①。

最后，在"多彩贵州"传统节日文化品牌构建与传播的过程中超越时间的空间优位不断凸显。与视像文化相伴随的则是空间形式在节日中得到了彰显，而传统节日文化中的时间形式则逐渐归隐。中国的传统节日是中国文化和中国精神的集中体现，反映着中国人特有历法中的时间概念，蕴藏着中国人顺天时、占地利、促人和的空间意义。因此，传统节日长期以来都是中国人特有的时间概念和空间概念的有机结合体。但在"多彩贵州"传统节日文化品牌构建与传播的过程中，形象带来了另外一种时间观念。这种时间没有过去和未来，只有现在，除了现时之外，其他什么也没有。节日活动充分利用高科技，把文化事象的不同时间节点放在一个平面

---

① 〔美〕弗雷德里克·詹姆逊：《语言的牢笼：马克思主义与形式》，钱佼汝译，百花洲文艺出版社，1995，第267页。

上，从而使节日反映的文化承继关系被横向的相互关系所代替，最终使节日文化成为一种文化意象或文化幻象。可以这样说，以前的传统节日活动给我们呈现出来的是一幅具有层次感的立体图，因为节日文化与日常生活、世界紧紧相连，通过具有传承性的节日物品与人的结合，既展示节日文化的现代感，也能显示节日文化的历史感，极具动态性。而以形象为主要特征的现代节日，看似展示了节日文化的动态性，但这种动态性仅仅是一种机械运动，其缺少十足的生活气息和主体能动性。因此，其为我们展现的是一幅平面图，图中要素是按照机械化方式集约而出的。空间在节日文化创新中的优位，造就了节日的形象化结构，而高科技在节日中的狂欢，则使节日形象化结构成为文化景观的重要工具。

总之，"多彩贵州" 传统节日文化品牌构建与传播需要现代视觉艺术和高科技的介入，但它不需要成为一个景观，它需要的是借助这些艺术和高科技把传统节日文化的生活性、艺术性、意义性、实践性更好地展现出来。因此，一部分贵州少数民族传统节日在形式上的盲目追求景观化，伤害的不仅仅是文化本身，也损害着消费者。因为 "从根本上来看，虽然消费者认为文化工业可以满足他的一切需求，但是从另外方面来看，消费者认为他被满足的这些要求，都是社会预先规定的，他永远只是被规定的需求的消费者，只是文化工业的对象"①。

四　品牌构建与传播比较死板和单一

"多彩贵州" 传统节日文化品牌构建与传播离不开科学完善的体制机制的保障。但是体制机制不能一成不变，要随着传统节日文化品牌的构建与传播不断进行调整完善和创新发展。"多彩贵州" 传统节日文化品牌构建与传播的体制创新主要是指要改变过去那种陈旧的制度安排，建立与现有经济社会环境相适应的新的制度体系。体制创新主要针对的是政府的制度安排以及行为。"多彩贵州" 传统节日文化品牌构建与传播的机制创新则要求通过文化创新的方式，达到理顺文化建设和发展中所涉及的各要素

---

① 〔德〕马克斯·霍克海默、特奥多·威·阿尔多诺：《启蒙辩证法（哲学片段）》，洪佩郁、蔺月峰译，重庆出版社，1990，第135页。

之间的结构关系以及明确文化发展的具体运作方式的目的。机制创新作为传统节日文化品牌构建与传播的具体运作方式，主要涉及创新中的各方面力量之间关系的调谐。但从本质上去看，不管是体制创新还是机制创新，都要求对"多彩贵州"传统节日文化品牌构建与传播过程中所涉及的各种力量进行角色定位以及处理好各种力量间的关系。具体就"多彩贵州"传统节日文化品牌构建与传播来说，政府在传统节日文化发展中的地位和作用得到了彰显、传统节日文化主体的创新自觉性和能动性得到了发挥、其他力量也对传统节日文化创新发展做出了巨大贡献。因此，总的来说，"多彩贵州"传统节日文化品牌构建与传播工作是卓有成效的。但在成绩的背后，我们也要清醒地看到，在构建与传播的体制机制上还存在这样那样的问题。比如，政府、民众及其他力量在品牌构建与传播过程中的角色定位和作用还不够清晰、创新体制还不够健全、机制还不够灵活等。因此，这些问题与品牌构建与传播的体制机制所要达到的要求是有一定差距的。总的来说，"多彩贵州"传统节日文化品牌构建与传播在创新体制机制上比较死板、单一的现象较为明显。

首先，在"多彩贵州"传统节日文化品牌构建与传播中，"大政府、小社会"现象普遍存在。进入 21 世纪以来，随着政府对传统节日文化认识的不断加深，传统节日文化品牌的构建与传播得到了前所未有的发展。因此，可以说，政府对于传统节日文化品牌的发展具有重要的推动作用。一般来说，政府主要是通过制定相关节日政策文件、实施政府层面的文化保护工程与项目、举办各种节庆活动及节日文化论坛和研讨会等形式去促进传统节日文化品牌的构建与传播。但在传统节日文化品牌的发展中，节日的组织者和参与者都是享有节日文化的民族群众。具体来说，许多节日文化活动的安排、组织和推动者都是长期生活于节日文化活动所在地的社会团体和组织。比如，贵州苗族鼓藏节的核心组织人物就是鼓藏头和寨老、各种庙会的组织者则是会首等。各级政府全方面进入传统节日文化活动中，政府既是活动的组织者、设计者、管理者及执行者，又是节日活动开展所需资金的提供者，政府成了传统节日文化传承中的"万能参与者"。因此，在贵州省，民众受自身经济条件及能力的限制，政府主办当地节庆活动的案例不胜枚举。比如，黔东南苗族侗族自治州人民政府主办的雷山苗年暨鼓藏节、黔西市人民政府主办的乌蒙欢歌大狂欢——"好生活在黔西"火把狂欢季专场活动、镇宁自治县人民政府主办的布依族"六月六"活动、威宁自治县人民政府主办的 2023 年"阳光威宁·浪漫草海"避暑旅游季暨彝族火把节系列活动、锦屏县人民政府主办的第三届锦屏文书文化节等。当前，在"多彩贵州"传统节日文化品牌构建与传播中，各级政府是以全能型政府的身份介入的。政府全面介入传统节日文化品牌构建与传播的做法，说明了各级政府对于传统节日文化品牌的重视和对民族文化发展的期盼，这对于"多彩贵州"传统节日文化品牌构建与传播来说是十分有利的。但是政府终归还是社会各方面的管理者、组织者和引导者，而不是各项事务的直接参与者。因此，在当前服务型政府概念不断受到重视、"小政府、大社会"的民族国家管理思路不断受到认可的背景下，政府与社会之间的关系成为"多彩贵州"传统节日文化品牌构建与传播中必须加以思考的重要议题。

其次，在"多彩贵州"传统节日文化品牌构建与传播中，国家治理体系和治理能力现代化有待提高。当前，在很多传统节日的创新发展中，政府全面参与创新全过程，这无疑会分散政府的精力，使得政府自身职能功能受到一定程度的削弱。同时，受城市化、现代化及全球化的影响，传统节日现代化转型面临着诸多困境，这都需要政府去协调解决。比如，现在出现了无"家"可归现象，即精神意义上的家园随着工业化的迈进而不复存在，留给人们的仅仅是乡愁；有"家"不能归，即为了社会的正常运转，很多人有家也不能回；有"家"不想归，即一类人已经不适应家乡的那种生活方式或者家园的吸引力衰微导致情感上不愿意回家三种情况。① 这些情况都需要国家从法律与制度完善、精神重建、社区建设等方面去解决。党的十八届三中全会提出："全面深化改革的总目标是完善和发展中国特色社会主义制度、推进国家治理体系和治理能力现代化。"② 这个全新的治国理政方案，强调的是"国家治理"，而不是以前那种简单化的国家

---

① 王学文：《春节"回家"传统的现代困境及对策分析》，《山东社会科学》2012 年第 1 期。
② 《习近平关于全面深化改革论述摘编》，中央文献出版社，2014，第 23 页。

统治和国家管理，这是国家为推动现代化建设在上层建筑方面的伟大变革。在党和国家的领导下，国家治理一方面具有传统统治和管理的意义；另一方面则又强调团结合作和利用各方力量实现国家的有序进步。当前，大量"洋节"在中国社会的盛行、节庆活动泛滥、节庆活动重形式轻内容等现实问题，都对国家治理体系和治理能力现代化提出了挑战。国家治理体系是一个制度系统，需要从经济、政治、文化、社会及生态等各领域去进行制度设计，而国家治理能力现代化则要求治理者的素质和治理方式方法与现代化相融合。"多彩贵州"传统节日文化品牌构建与传播的体制机制的创新本应和国家治理体系和治理能力现代化是一致的，但当前贵州少数民族传统节日文化创新场域中存在的一些问题，就很好地说明了国家治理体系和治理能力现代化还有不断提高的空间。

再次，在"多彩贵州"传统节日文化品牌构建与传播中，节日文化主体的地位没有得到足够凸显。今天，很多贵州节日文化在发展中，政府大包大揽的现象极为普遍。政府主导下的节日文化运行机制，凸显了政府在文化发展中的核心作用，但是节日文化的真正主体的地位和作用没有得到足够显现，这就造成节日文化创新缺乏来自文化主体的能动性和创造力的支持。特别是在一些政府举办的节日中，大部分文化主体不仅丧失了主体地位，甚至还沦为自身文化的消费者。因为组织者深知有人才会有人气，有人气才有消费，有消费才有收益的道理，因此，尽最大力量扩展消费群体就成为节日产业化的目标之一。比如，2023年6月开始，贵州省安顺市举办的"西部之旅网红不夜城"文旅系列活动，通过举办非遗表演、体育赛事、美食活动、地方特产展、明星网红亲临现场、儿童乐园等系列活动，力图将安顺打造成为一座真正的不夜城。在节日文化活动的各种演出中，当地大多数民众自然就成了潜在的游客，这就使得民众在过自己节日的同时，也在掏钱去消费自己的节日和文化，这会造成文化主体在节日文化中的失落现象。文化主体在节日文化中的失落只是其中的一个方面，更让人担忧的是，一些民众借助节日文化获得了更多的经济收益，造成民众主体间的贫富差别不断拉大，直接导致民众间不和谐关系的产生。不管是政府还是旅游公司，它们借助传统节日去推动经济社会发展，都有其合理性和现实意义，但要让传统节日的社会价值得到实现，前提是要有传统节日是民众的生活方式的展现这个文化基础和主体基础。只有很好地实现了传统节日在延续民众文化、反映民众生活方面的价值，才能更好地、更可持续地实现传统节日文化品牌的经济、政治、文化、社会、生态等价值。传统节日本是属于民众的，今天学界普遍存在"还节于民"的呼声，这就充分说明了在一些传统节日文化品牌的传播与构建中，节日文化活动偏离文化主体的现象是十分普遍的。因此，让传统节日文化回归民众、回归生活、回归文化，才是传统节日文化品牌构建与传播的本意，只有这样，传统节日文化品牌构建与传播的实现才有坚实的基础。当前，中央文明办提出，要把传统节日办成爱国节、文化节、道德节、情感节、仁爱节以及文明节，引导人们把爱国和爱家有机结合，把个人梦、家庭梦融入国家梦、民族梦之中，充分发挥节日的文化熏陶与文化教育功能。而这一切，都要在文化创新中，发挥文化主体的主人翁地位和作用去实现。因此，提高文化主体在节日文化中的地位，才是保持传统节日文化愈久弥新的最有效途径。

最后，"多彩贵州"传统节日文化品牌构建与传播的主体力量尚未得到充分整合。"多彩贵州"传统节日文化品牌构建与传播是一个系统工程，不仅涉及构建内存的诸多要素，也涉及与传播有关的各种主体力量。就"多彩贵州"传统节日文化品牌构建与传播的主体来说，就有政府、文化主体、游客、学者、媒体等众多主体，而每个主体在节日文化创新中的地位和作用虽有不同，但其都是节日文化创新系统中不可缺少的一部分。一般来说，政府起着主导作用，专家学者起着重要作用，节日文化主体起着决定作用，媒体起着辅助作用，一般民众起着推动作用。但在"多彩贵州"传统节日文化品牌构建与传播中，则出现了这样的现象：政府对节日文化创新发展起着决定作用，发挥着全能型政府的功能；文化主体只是积极地在配合政府，完全没有展示其文化主体地位和作用；专家学者主要是从文化价值视角入手去对节日文化资源的收集、整理及对节日文化创新建构等实践活动提出合理建议，但这些建议在商品经济利益面前还是显得过于无力；媒体除了对节日文化活动进行宣传报道之外，还应该发挥出媒体对社会事项进行监督和批判的作用，但当前的媒体基本都是在对节日文化发展唱赞歌，其监督和批判功能没有显现；游客对节日文化的喜好往往是决定旅游节日建构的风向标，但游客由于受自身素养和素质的影响，难以发挥出对节日文化创新活动进行正面引导的功能。在"多彩贵州"传统节日文化品牌构建与传播中，目标与现实之间的不一致现象出现的原因之一，就是在体制机制上没有很好地把各种主体力量进行正确的角色定位，进而导致传统节日文化品牌构建与传播的主体力量没有得到很好的整合。相应地，由于各种力量角色定位偏差，"多彩贵州"传统节日文化品牌构建与传播的体制机制过于死板、单一化现状严重，最终直接影响节日文化创新的可持续进行。

总之，在"多彩贵州"传统节日文化品牌构建与传播中，出现了目标上过于倚重经济功能的发挥、内容上出现程式化和杂糅化、形式上盲目追求景观化以及体制机制上死板和单一等现象，这与"多彩贵州"传统节日文化品牌构建与传播的本质及所要达到的目标是不一致的。这些影响因素产生的直接结果就是"多彩贵州"传统节日文化品牌在发展创新中出现了一些不足。

首先，对节日文化资源的保护与挖掘力度不够。在调查中，我们发现只有极少数地方有专门研究节日文化的起源、历史发展及现实发展状况的书籍及文件存在，而大多数地方不仅没有描述和记录节日文化的资料，而且有关地方民族文化方面的资料也十分稀少。虽然这些地方名义上都建立起了所谓某某民族学会、某某文化研究所或者某某非物质文化保护中心，但在实质上，这些机构对当地少数民族文化研究的贡献却少之又少。特别是一些入选国家非物质文化遗产保护名录的重大节日，其保护、传承及发展状况同样令人担忧。没有深厚的民族文化、地方文化支撑，"多彩贵州"传统节日文化创新难以进一步深化和发展。因此，节日活动中呈现出以上异化现象就不足为奇。

其次，节日活动开展的硬件设施跟不上节日发展的步伐。虽然有些节日没有雄厚的文化基础做支撑，但其却在现代化、高科技及传播媒体共同作用下开展得有声有色。旅游节日活动的不断举办，接踵而来的交通、住宿及饮食等相关问题就出现了。贵州省少数民族居住地一般都处于山区，地势险要、山高路远是其典型特点。但恰恰是在这样的环境下，贵州省少数民族传统节日才显得如此神秘、自然、丰富，也才能吸引国内外众多游客前来观赏和参与。节日规模的扩大、影响力的提升、参与节日活动人数的增多，对于节日活动开展地基础设施的要求也相应增高。但对于当地民众来说，节日活动开展仅仅是短短的几天，节日一过，当地又变成"身处深山无人问"的窘态。因此，他们也没有那么多能力和激情来改善节日活动所需的硬件设施。总之，贵州省很多地区都出现了节日活动开展的硬件设施跟不上节日发展的步伐的现象。

再次，节日主体对于传统节日文化的认知影响着节日文化进一步发展。在调查中，我们发现很多县市为了举办一次成功的节日活动，往往是各部门倾巢出动、分工合作，可以说是举全县全市之力去完成，这对于节日活动开展来说是十分有利的。

最后，节日文化品牌推广和联动机制不完善。贵州省很多旅游节日，除了活动主体在语言、服饰等方面有些差异之外，节日形式基本上千篇一律。文化追求的是"文化多样，人性普同"。挖掘和展示自身独特节日文化和地域特点，是节日文化品牌能否树立和推广的前提与基础。但贵州省很多少数民族传统节日的存在样态，直接说明了当地在打造节日文化品牌上的不足。同时，不同地区的同一节日、同一地区的不同节日、不同民族的不同节日以及同一民族的同一节日，在节日联动机制上很不完善，节日内容程式化、节日时间撞车、节日特色同一化等现象普遍存在。因此，在节日文化品牌推广上还要加强合作，这样才能在不同时期去展示不同节日，以建构贵州省节日文化展示平台体系。

在"多彩贵州"传统节日文化品牌构建与传播中，还存在这样那样的问题。虽然这些异化现象及其不足中有些具有一定的现实合理性，但从长远去看，则会对"多彩贵州"传统节日文化品牌构建与传播价值的实现带来障碍。因此，分析现象，找到出现这些问题的原因，然后加以正确的治理，才会使"多彩贵州"传统节日文化品牌构建与传播的现象和本质达到和谐一致。

第二节 "多彩贵州"传统节日文化品牌构建
与传播挑战成因

在前现代社会,由于受地理环境、交通工具、信息传播以及生产方式等多方面因素的影响和制约,贵州省少数民族传统节日一直处于一种半封闭、自我延续的状态,传统节日内存的民族性、地方性、生活性、完整性及原生性特征十分明显。但在现代社会,随着全球化、现代化、城市化等外在因素不断向西部地区渗透,贵州省少数民族传统节日文化内部也在发生着急剧变化,传统与现代间的碰撞与冲突,成为当前节日文化生存与发展处境的最大表征,也是节日文化创新的必然性前提。"多彩贵州"传统节日文化品牌构建与传播就是对传统节日文化的创新发展。发展和创新一定是运动与变化的,但运动与变化并不意味着是发展和创新,不可否认的是,创新与变化之间是一对不可分割的矛盾体。因此,看到"多彩贵州"传统节日文化品牌在运动和变化中出现的影响因素,探究其产生的根源,则不失为消除这些影响因素,推动"多彩贵州"传统节日文化品牌构建与传播的有效路径。同时,文化是人的文化,文化的本质是人化、人的文明化。因此,不管是理论创新,还是实践创新,归根到底,都是人的本质力量上的创新。而人之为人的根本原因在于人是有思想、有思维的高级动物。从这个意义上去说,文化创新本质上是人的观念和思想创新在实践中的反映。基于主体在文化创新中的核心地位和作用,我们可以说,上一节描述的"多彩贵州"传统节日文化品牌构建与传播在目标、内容、形式及机制上出现的异化现象,根本上都与创新主体在思想和观念上出现的问题相连。这就决定了对"多彩贵州"传统节日文化品牌构建与传播中这些异化现象产生缘由的分析,理所当然地也应该从主体性视角入手去探析。内因是事物发展的动力和根据,外因是事物发展的条件和前提,内因和外因一起推动着事物的变化与发展。基于此,本部分我们主要从主体性视角入手,结合贵州少数民族传统节日文化创新的内外因素,对"多彩贵州"传统节日文化品牌构建与传播存在问题的原因进行探讨。

一 品牌构建与传播主体对节日文化创新环境状况认识不够清晰

物质决定意识，意识反映并反作用于物质。贵州省少数民族传统节日文化创新中的异化现象的产生，是创新主体对当前国际大环境以及节日文化所处的小环境的认识不足所导致的。具体而言，对于贵州省少数民族传统节日面临的环境，我们已经从宏观视角入手对其有所涉及，因而本部分主要是从微观视角入手对其进行分析。具体而言，节日文化创新主要面临消费主义、现代性及文化生态失衡三个方面的影响，而创新主体对这些影响的认识明显存在不足，导致认识不清现象出现。

对消费主义的简单模仿。20世纪五六十年代以来，西方资本主义社会在经济、政治、社会等多方面发生了全面性的变革，其社会逐渐由以农村和农业为主导的社会转变为以城市和工业为主导的社会。摩天大楼、购物中心、消费品广告以及大众传媒的出现，昭示了西方社会进入了一个以消费取代生产在社会生产领域占据核心地位的新型社会的到来。在消费社会中，以模仿、复制等手段为主要特征的媚俗的大众文化与以仿真性、强制性为特点的媒介文化，共同组成了消费社会独特的文化景观。而在这种文化景观的影响下，人们自觉或不自觉地受着丰盛与全套商品的诱惑、杂货店的总体化氛围的影响以及大众媒体的价值导向，最终形成了对符号消费观的接受。诚然，符号消费不可避免地会带来消费的异化，而人们消费目的欲望化、消费对象符号化、消费方式超前化等则是这种异化的最大表征。对于这种异化产生的根源，消费社会理论的集大成者鲍德里亚认为，不断产生和满足的虚假需求，消解了人们对于资本主义制度的不满，麻痹了工人阶级的批判意识和革命意识，这是一种典型的意识形态控制。西方消费主义一旦渗透进"多彩贵州"传统节日文化品牌构建与传播中，则会使构建与传播的理念、内容、形式等多方面发生变化，一切为了消费、实现消费和满足消费，则成为有些传统节日文化品牌构建与传播的根本宗旨和原则。因此，"多彩贵州"传统节日文化品牌构建与传播中异化现象的产生，与创新主体对消费主义的简单模仿有关。

对现代性的片面认识。对于现代性，中外学者都从不同角度对其进行过探讨。但学者们的研究视角不同，因而导致对"现代性"的认识出现众说纷纭的局面。比如，马克斯·韦伯（Max Weber）认为现代性是一种理性精神的展示；哈贝马斯（Jürgen Habermas）则认为现代性是人类一项未竟的事业；贝克（Ulrich Beck）认为现代性是人类理性的再造；等等。但无论如何，学界普遍认为，现代性一是与时空的流动性有关，二是与资本主义工业文明相连。基于节日文化在本质上属于时空概念的事实，我们这里主要从时空视角入手去谈论现代性。比如，戴维·哈维（David Harvey）说："每种生产方式都在其自身的范围之内产生时间与空间的联结。现代化必须不断破坏时间与空间的节奏。"① 相对于哈维从时空压缩去看待现代性，安东尼·吉登斯则认为，脱域机制是现代性的重要表现之一。他认为："社会关系从彼此互动的地域性关联中，从通过对不确定的时间的无限穿越而被重构的关联中脱离出来。"② 因此，对于很多节日文化创新者来说，跨越时间空间，建构起一种新的节日文化，则是文化创新解决传统与现代矛盾关系的最佳途径。相应地，产业化是实现这个途径的最佳方式，货币则是实现这个途径的最好工具。因为货币作为固定的充当一般等价物的商品，其独特的使用价值和价值能使其成为"时——空伸延的工具，它使在时间和空间中分隔开来的商人之间的交易成为现实"③。在现代性的这种认知模式指导下，过于彰显节日经济功能、节日内容程式化与杂糅化、节日形式追求景观化等异化现象的出现，就不足为奇了。

对节日文化生态失衡的单向度治理。当前，随着改革开放和中国特色社会主义建设向纵深发展，中国社会正在发生一场轰轰烈烈的社会变革。在当前中国社会的不断转型中，传统节日生存的社会空间正发生着结构性变化，传统节日内存的文化系统性遭到了一定程度的解构，这就使得节日文化生态失衡现象较为严重。因此，对作为文化管理者和引导者的国家来说，在充分认识到节日文化对民族和国家发展的积极作用的同时，也面临

---

① 〔美〕戴维·哈维：《后现代的状况：对文化变迁之缘起的探究》，阎嘉译，商务印书馆，2003，第271页。
② 〔英〕安东尼·吉登斯：《现代性的后果》，田禾译，译林出版社，2000，第18页。
③ 〔英〕安东尼·吉登斯：《现代性的后果》，田禾译，译林出版社，2000，第21页。

着节日文化生态失衡治理的艰巨任务。通过文化创新去实现文化生态的恢复与重建，则成了发挥文化功能的前提条件，也是党和国家文化建设的重点。但面对着文化主体意识和能力上的不足、文化企业无利不图的作为以及文化学者有"气"无"力"的现状，国家理所当然地成为"多彩贵州"传统节日文化品牌构建与传播的主要承担者。迄今为止，国家通过资金支持、政策保护以及活动引导等多种形式介入到节日文化创新中，对节日文化生态的修复和重建工作做出了重大贡献。殊不知，国家通过制度法规、财政资金的方式对于文化生态系统的修复与重建，仅仅是对文化保护与发展的一种短期行为、权宜之计，从长远去看，只有回到传统民众的日常生活，唤起民众的文化自觉，才是文化生态得以恢复与重建的长久之计。因此，节日文化生态系统的政府单向度治理，体现了创新主体对节日文化生态系统整体性的认识缺乏，这也就直接导致了"多彩贵州"传统节日文化品牌构建与传播中体制机制上的死板与单一现象的出现。

总之，创新主体对消费主义思想的简单模仿、对现代性的片面认识以及对节日文化生态失衡的简单治理，都在一定程度上体现了创新主体对节日文化创新环境状况的认识不清。而创新环境作为文化创新的客观性前提要素，对于"多彩贵州"传统节日文化品牌构建与传播起着十分重要的作用。由此可见，"多彩贵州"传统节日文化品牌构建与传播中异化现象的产生与创新主体对于环境的认识程度息息相关。

二　品牌构建与传播主体对文化创新的精神实质把握不够明确

文化创新作为一个系统工程，是系统与要素相结合的有机整体。因此，在文化创新中，只有做到对创新要素的科学理解，才能实现创新的整体性目标。就"多彩贵州"传统节日文化品牌构建与传播中的异化现象的产生来说，我们认为，创新主体对文化创新精神实质的把握，存在理解和把握程度不够的事实，这直接导致了节日文化创新中的认识误区的出现。而这些认识误区的出现，则是"多彩贵州"传统节日文化品牌构建与传播中异化现象产生的又一重要成因。具体来说，主要存在以下几个方面的认识误区。

创新就是以"新"换"旧"。节日文化创新过程就是节日文化不断发展的过程，发展的实质就是新事物的产生，旧事物的灭亡。但新事物并不是突然出现的事物，而是在旧事物的母体中孕育而成的。新旧事物之间是一种继承与发展的关系，是一次完美的"扬弃"过程。但在贵州省很多旅游节日上，传统节日的形式和主题还在，但传统节日内在的文化精神则逐渐消散。"狂欢节""购物节""情人节"等现代噱头铺天盖地，大有取代传统节日主题的阵势。同时，有些创新主体为了迎合现代人的旅游消费口味，除了用时髦而又吸引眼球的节日标语去招揽游客之外，更是在节日中主观臆想式地把与节日无关的事象放在节日中，美其名曰把现代融入传统，使传统逐渐现代化。此外，在一些祭祀类节日中，现代欢快娱乐的节日氛围的出现，也无疑会对传统节日中那种庄重、肃穆的节日氛围造成一定的冲击。总之，这些以"新"换"旧"的实践行为，既没有顾及节日文化的生存空间和活动时间，也没有充分考虑到节日文化本身的自我延续性，更没有思考人民群众的感受，是一种典型的形而上学做法。

创新就是以"钱"度"节"。一般来说，评价传统节日文化创新效果的标准，宏观原则则是合规律性和合目的性的有机统一，微观层面则要求节日文化创新有利于增加文化生产力、文化影响力、文化竞争力、文化传承力以及文化传播力。而在当前很多节日创新中，经济效益和文化效益双丰收的创新要求慢慢被取代，一味地追求经济利益成了传统节日举办成功与否的标准。因此，为了达成这一目的，创新主体可以采取一切可能采取的路径、利用一切可以吸引人的新形式，完全不顾及这些路径和形式对于传统节日文化保护与发展造成的影响和伤害。殊不知，经济效益是建立在节日文化保护与传承基础上的产物，也仅仅是衡量节日文化创新成功与否众多标准中的一个，还不是最为重要的标准。对于文化创新来说，保护与传承节日文化才是第一要务。因此，这种以钱去考量节日创新成功与否的做法，是创新主体对节日文化创新的基本理念、社会主义文化建设以及社会主义市场经济的典型误读。

创新就是以"业"释"新"。当前，学界和社会上都存在这样一个误区，只要一提到节日文化创新，其必然所指就是节日文化走向旅游产业化。旅游产业化不仅成了当前传统节日文化创新的最佳路径，也是实现旅游收入的最好形式。更有甚者，直接认为节日文化走旅游产业化道路，其唯一目的就是赚钱。而对于"多彩贵州"传统节日文化品牌构建与传播来说，其实质是指在文化保护与发展过程中进行文化再生产。因此，文化保护与传承不仅是"多彩贵州"传统节日文化品牌构建与传播的首要目标，而且还是实现其前提和基础。同时，对于贵州省少数民族地区来说，传统节日众多，类型多样，有些节日适合走旅游产业化道路，而有些节日则不适合走旅游产业化道路。因此，只有具备一定旅游产业化基础、在当地影响力大、节日文化保存较为完善的传统节日，才可以适当走旅游开发的道路。但这些节日走旅游产业开发道路的最终目标，也是为了实现对传统节日的保护与发展，实现贵州省文化多样化诉求。总之，旅游产业化是文化创新的一条重要路径，但不是唯一途径，节日文化创新还可以采取其他方式，比如，节日文化博物馆的建立、节日文化资源的开发及利用、节日品牌的树立、优秀传统节日文化的保护等。这些方式虽然不能给节日文化主体带去直接的经济效益，但从长远看，它们则会从间接层面促进节日文化与现代社会相适应，最终实现节日文化在经济效益和文化效益上的双丰收。因此，创新主体对传统节日文化创新的偏狭理解，会在一定程度上阻碍节日文化的进一步发展。

创新就是以"权"替"民"。文化创新作为一种文化的再生产，其本质就是"在人类文化产生，并使人类社会逐渐从自然界脱离出来而具有其本身的特殊生命的情况下，所进行的文化更新"[1]。文化就其本性来说，就是人类精神不断追求自由的一种表现。这就说明，相对于自然生命，文化生命的最为根本的特点就在于它的自我创造性和自我超越性。而对于节日文化创新来说，节日文化是民众的生活方式和日常生活集中表现，因此，节日文化主体本身的实践活动，就是节日文化生命力的源泉。但在当前有些节日文化创新中，政府作为管理者，过多地参与到节日文化创新中的案例广泛存在，而节日文化主体则在作为政府替代者的过程中养成了

---

[1] 高宣扬：《当代社会理论》（上），中国人民大学出版社，2005，第161页。

"等、要、靠"的依赖思想。长此以往，这会使得节日文化失去创造和创新的动力与源泉，这对传统节日文化的可持续发展是十分不利的。因此，政府这种以"权"替"民"的方式，虽然在当前的节日文化创新中，存在一定的合理性，但从长远去看，则会对民众主观能动性的发挥造成负面影响。

此外，创新主体对于创新本质的认识的误读现象还有很多，比如，在一些创新主体心中，存在创新形式应以奇取胜、节日内容应以多为富、节日氛围应以狂欢为伍以及节日活动应以吃为主等片面想法。这些唯心主义或形而上学的思想或方法，充分说明了创新主体对文化创新精神实质的把握程度是十分肤浅的。这种情形如果不加以制止，只会把"多彩贵州"传统节日文化品牌构建与传播推向碎片化、狭隘化、杂糅化、形式化、世俗化的境地，最终会严重束缚贵州省少数民族传统节日文化的创新发展。

三　品牌构建与传播主体对创新主体间关系处理不够恰当

主体是指具有一定思维能力、从事社会实践活动和认识活动的人。主体具有客观性、对象性及社会性等特征，其中社会性是主体的本质属性。"多彩贵州"传统节日文化品牌构建与传播作为一个系统工程，其在创新实践中涉及的主体众多，国家、公司、节日文化主体、游客、学者等，在不同的时间和环境境遇下，都可以成为节日文化创新的主体。比如，在六盘水野玉海国家级旅游度假区海坪彝族文化小镇举行的"中国凉都·2023海坪国际彝族火把节"充分反映了这一特点。海坪第一届彝族火把节是在1994年举办的，近三十年的发展，海坪彝族火把节已成为六盘水市文化旅游的一大亮点。[①] 彝族火把节最初的文化主体是当地民众，后来当地政府、旅游公司、媒体，乃至当地彝族学者也参与到节日文化创新发展中，使节日文化主体呈现多元并存的格局。这是从广义上去说的节日文化主体。而狭义上所指的节日文化主体则仅仅是指民族文化主体，只有他们，才是节

---

① 郭坤：《篝火点燃 激情狂欢》，《六盘水日报》2023年8月11日。

日文化的真正拥有者、创造者。本部分我们主要是从广义视角入手去分析节日文化创新各主体间的关系。在节日文化主体多元并存格局的背后，节日文化创新中出现了各主体间关系杂乱无章的事实，这也就是节日文化体制机制不够健全的现实表现。

正如在前面"多彩贵州"传统节日文化品牌构建与传播异化现象中所分析的那样，一般来说，对于节日文化实践中的各个主体来说，由于其在节日文化中角色定位不同，因而他们发挥的作用也就不一致。政府起着主导作用，专家学者起着重要作用，节日文化主体起着决定作用，媒体起着辅助作用，一般民众起着推动作用，公司起着负责直接运营的中介作用。政府作为文化建设的倡导者、组织者和管理者，主要对节日文化创新理念、方向、目标进行宏观引导，以及从交通、制度、安全等方面去全力保障民众享受节日文化。学者主要是在节日文化资源的挖掘与整理、节日文化精神实质的解读等方面提供学理支撑。节日文化主体是节日文化创新的核心和实践承担者，其在知识、素养、境界等方面的能力直接决定着节日文化创新的质量和效果。媒体在节日文化创新中主要发挥对节日文化的宣传作用，及时报道节日文化发展现状及其文化价值等，为外界了解传统节日文化服务。而一般民众作为文化创新的见证者和享受者，特别是在旅游节日中，其对于节日活动的好恶则是节日文化创新的风向标。因此，一般民众对于节日文化创新来说，间接地起着检验和推动文化创新的作用。文化开发公司，作为节日文化活动的运营的主要承担者，其虽以获利为目标参与节日文化创新，但其在节日文化创新中的主要功能则是连接节日文化各大主体间的纽带和桥梁。总之，节日文化主体间的关系是各司其职、和而不同的关系，这是理想视角下的贵州省少数民族传统节日文化主体间的关系。

但在贵州省一些少数民族传统节日文化实践中，则出现了以上各大主体关系上的混乱局面。政府在很多节日文化创新中"一枝独秀"，导致了政府职能范围过大的问题产生；旅游公司借助节日文化，充分发挥其"唯利是图"的本性；民众作为节日文化的真正主体，则沦为节日文化的边缘人；媒体追求的则是"新、奇、快"传播效应，淡化了对节日文化本身的真善美宣传。以上节日文化创新中的这种主体间机械结合关系,在节日创新活动中时有发生。这种局面的出现,会导致节日文化各主体的角色定位偏差的出现,直接对节日文化创新造成负面影响。一般来说,在节日文化多元主体中,真正的主体仅仅是节日文化主体,而其他主体虽说是主体,但其实质上则是实现节日文化创新的"路由人",仅仅是广义上的文化主体而已。节日文化创新中不同主体在角色定位上的不清晰,是造成节日文化主体间关系混乱的主要原因。因此,只有处理好主体间的关系,才是实现不同主体功能和作用的正确路径。古希腊哲学家柏拉图曾经说过,在一个国家中,士兵要勇敢、民众要节制、哲学家为王,才会实现真正的公正。而中国学者费孝通则用"和而不同"来形容多元文化间关系。在这里,我们认为可以把贵州省少数民族传统节日创新作为一个大盘子,各种主体作为放在盘中的不同水果,且要把代表文化主体的水果放在盘子最中间,其他水果紧紧围绕着它。只有这样,虽然盘中水果不同,但是它们都被放进了同一个盘子,组合成了一盘美味十足、形态优美的水果盘。这是对节日文化主体间关系的最好比喻和诠释。

总之,贵州省少数民族传统节日文化创新中异化现象的产生,是节日文化发展中必然会出现的现象。只要我们正确看待这些问题,找到出现这些问题的原因和应对这些问题的措施,就会进一步推动节日文化创新实践的进一步发展。当前,相对于创新主体来说,外在环境和创新文化精神实质上是客观的,我们只有在尊重这些客观因素的前提下,不断提高主体在知识结构、价值观念、道德规范以及审美素养等方面的能力,才能最终实现节日文化创新合规律性合目的性的实践要求。

第三节 "多彩贵州"传统节日文化品牌构建 与传播挑战影响

"多彩贵州"传统节日文化品牌构建与传播是"多彩贵州"传统节日文化品牌构建与传播价值实现的前提和基础,而其价值的实现是"多彩贵州"传统节日文化品牌构建与传播的最终产物及目标。在"多彩贵州"传统节日文化品牌构建与传播的过程中，一方面产生了巨大的经济价值、政治价值、文化价值、社会价值、生态价值；另一方面，也出现了异化现象，而这种异化现象势必会对其重要价值造成一定的影响。结合前面所分析的异化的表现及其成因，我们觉得"多彩贵州"传统节日文化品牌构建与传播中的异化现象对实现其重要价值的影响主要体现在以下几个方面。

一 一定程度上损害了节日文化品牌构建与传播的文化基础

"多彩贵州"传统节日文化品牌构建与传播价值的产生，是建立在贵州省少数民族传统节日文化基础之上的。"皮之不存，毛将焉附"。一般来说，"多彩贵州"传统节日文化品牌构建与传播价值的大小除了与创新动力的驱动作用大小有关之外，根本上则取决于"多彩贵州"传统节日文化品牌本身所具有的文化力量，而这种文化力量主要是通过节日文化本身所蕴含着的真、善、美文化特质来实现的。但在出现的异化现象中，"多彩贵州"传统节日文化品牌所具有的这些文化特质则受到了一定程度上的损害。

首先，节日的真实性存疑。真实性永远是事物最为根本性的特征，对于传统节日来说也不例外。传统节日是灵动的、有生命的，是民众活态的文化事象，与民众日常生活息息相关。但对异化节日来说，由于节日要素主要是通过拼贴、拟仿、杂糅等方式组合在一起，这就使得节日集中反映的民众日常生活、伦理价值、理想信仰及审美情趣等真实样态被打破了，随之而来的是以往传统节日要素和仪式活动之间的那种有机融合性的分裂。异化节日反映出来的深度感淡薄、历史感消失、时空交融、节日光晕消减等现象，则是当前节日异化的真实现状。大量伪民俗的泛滥，更是为人们获取传统节日的真实面貌蒙上了一层面纱。

其次，节日文化的价值性降低。马克思主义哲学告诉我们，真理和价值是紧密相连的。真实的东西蕴藏着价值，有价值的东西一定是真实的。比如，民俗学者黄涛指出："保护好传统节日，能促进人际和谐、人与自然的和谐，有助于达成人心与精神的和谐，从而产生社会和谐的强大文化动力。传统节日保护也有利于我国各民族文化的交流与融合,巩固民族团结,增强中华民族的凝聚力。"① 要发挥传统节日的这些价值,前提条件是节日文化是真实的。相应地,一旦节日文化的真实性受到质疑,其内在的价值也就会被削减。又如,贵州省安顺市举办的旅游节庆活动"贵州黄果树瀑布节",每年九月举办一届。虽然在节日上,人们享受到了节日系列活动和美食带来的喜悦,但由于节日生活气息不够浓,与人们的生活较远,"贵州黄果树瀑布节"具有的其他社会文化意义受到了削弱。因此,异化节日的价值远远低于传统节日的价值。

最后,节日文化的美感下降。传统节日是人与自然、人与社会以及人与自我的和谐统一,其内在的和谐因子使得传统节日能展示出民众的生态美、人性美、社会美。比如,在生态美中,生物与环境之间相互融合、和谐一致,协同合作关系透露出来的神性,就能焕发出美的光辉。② 这些美一旦进入民间的领域和民众的日常生活中,则会焕发出一种强大的主体性力量来,进而引领民众不断向着美的方向前进。但异化节日的产生,则用机械复制的方式把传统节日文化中蕴藏着的这些美打破,使得节日文化中和谐因子在一定程度上减少。美不是主观的,也不是客观的,美是把主客观结合起来的和谐状态。因此,一旦异化节日把传统节日中的那些和谐因子剔除,就无形地降低了传统节日的美学价值,使得传统节日的美学功能发挥受到影响。

二 一定程度上造成节日文化品牌构建与传播价值失衡

在前面我们已经分析了"多彩贵州"传统节日文化品牌构建与传播会带来经济、政治、文化、社会及生态五大方面的价值,且五个方面的价值有机结合,形成了一个完整的价值系统。这就说明,五大价值间的关系不是并存的关系,而是交融的状态。同时,针对五大价值中的有些具体价值,我们很难辨识清晰其类别属性。比如,文化生态及生态文化的建设,既可以属于文化价值,也可以归为生态价值。这说明了文化研究涉及的面

---

① 黄涛:《保护传统节日文化遗产与构建和谐社会》,《中国人民大学学报》2007 年第 1 期。
② 余正荣:《生态智慧论》,中国社会科学出版社,1996,第 259~262 页。

十分广阔，文化价值之间也是相互交叉交融的。这一切都要求我们，在节日文化创新中，从全方位多视角入手对节日文化的价值进行综合系统的分析。

但在异化节日中，我们往往看到的是创新主体仅仅只对节日文化经济价值的重视，而且局限于把节日文化的经济价值放在能提高经济效益这一点上，而忽视了节日文化还可以促进贵州省各地方产业结构调整、实现文化扶贫等作用。矛盾是"两点论"和"重点论"的有机统一。在马克思主义看来，生产力是基础和决定力量，经济基础决定上层建筑，上层建筑反作用经济基础。在这个基本矛盾思想的指导下，就"多彩贵州"传统节日文化品牌构建与传播来说，对文化的保护与发展是第一位的，而其他价值的实现则属于第二位。因此，异化节日过分追求经济效益，而忽视了节日文化的其他几大价值，表面上看好像促进了节日经济价值的发挥，但从深层次去说，其实质上则会使节日文化价值出现失衡现象，最终导致节日文化价值的降低，甚至消失。

三 一定程度上导致节日文化品牌构建与传播价值降低

马克思曾说："无论历史的结局如何，人们总是通过每一个人追求他自己的、自觉预期的目的来创造他们的历史，而这许多按不同方向活动的愿望及其对外部世界的各种各样作用的合力，就是历史。"① 节日的重要价值作为节日文化与社会各方面相互作用的产物，其价值的大小一方面取决于节日文化本身的属性，另一方面则来自节日文化与社会各方面以及节日各方面价值之间的互动关系。这就说明，"多彩贵州"传统节日文化品牌构建与传播价值的实现不单纯受制于节日文化本身，还与节日内外各种关系有着密切的联系。

真、善、美的统一作为人类追求的最高理想，也可以用来说明反映人的精神气质和日常生活的节日文化。节日的本真性存疑、节日的价值性降低以及节日的美感下降，都说明了节日文化自身的气质和素养受到了严重

---

① 《马克思恩格斯文集》第 4 卷，人民出版社，2009，第 302 页。

的冲击。过分追求节日文化的经济效益，确实达到了加强节日文化与经济的关系的作用，但却会导致节日文化价值的失衡。比如，贵州省少数民族传统节日文化本身所具有的民族性、生态性、地域性、文化性等属性，不仅是支撑节日文化的坚实基础，也是节日文化的最好"卖点"。如果在"多彩贵州"传统节日文化品牌构建与传播中，一味地追求经济效益，而忽视对节日文化属性的保护与发展，则会对节日文化的经济性的实现造成影响。又如，有人认为，旅游节日的一项重大活动就是消费，特别是民族美食的消费，但如果不改善民族地区的生态环境，怎会有美味可口的应节食品的出现。如果在节日活动上，出现的都是本地的工业制品或者是从外地带来的旅游替代品，是满足不了游客们挑剔的"口舌"的，就会对节日文化增加经济效益的目标造成影响。因此，在"多彩贵州"传统节日文化品牌构建与传播中，不仅节日文化价值是一个有机整体，而且节日文化各价值间也是相互联系、不可分割的关系。一旦这些因素受到影响，则会在一定程度上造成节日价值的缩小或消失。

当然，异化节日对"多彩贵州"传统节日文化品牌构建与传播造成的影响是众多的，我们在这里主要是从其对节日文化价值的发挥所造成的影响去分析的。我们认为，一个事物发挥出来的价值作用大小，不仅与这个事物本身所具有的力量大小有关，也与这个事物与外界要素之间的互动联系密切相连。只有把事物的内外因素结合起来考量，才能全面把握住事物的价值作用。因此，节日异化不仅削弱了节日自身的文化力量，还破坏了节日文化与外界要素间的和谐关系，因而会对节日文化价值的发挥带去诸多的负面影响。

第四节　"多彩贵州"传统节日文化品牌构建
与传播保障措施

"多彩贵州"传统节日文化品牌构建与传播价值的实现，是文化创新实践活动的自然产物。因此，保障"多彩贵州"传统节日文化品牌构建与传播价值的现实路径，关键在于文化创新实践活动的顺利开展。同时，基于人本主义的立场来看，"多彩贵州"传统节日文化品牌构建与传播中异化现象的产生不在于节日自身，也不在于创新实践活动本身，其实质是人类的自我异化。因此，必须全面提高"多彩贵州"传统节日文化品牌构建与传播中各主体的文化素养，深入研究"多彩贵州"传统节日文化品牌构建与传播的基本特点，在尊重传统、尊重文化、尊重主体及尊重时代"四尊重"中，实现"多彩贵州"传统节日文化品牌构建与传播合规律性合目的性的创新目标和要求，最终才能最大限度地发挥节日文化创新的重要价值。"解铃还须系铃人"。为了消除节日文化异化现象，推动"多彩贵州"传统节日文化品牌构建与传播价值的实现，我们认为，还是应该从创新主体入手去思考。正如前文所说，"多彩贵州"传统节日文化品牌构建与传播作为一个系统工程，其间涉及的创新主体众多，比如，政府、节日文化主体、媒体、学者、一般民众及文化公司等，那么，如何加强和提高这些主体的基本素质与能力，理顺这些主体间的关系，就成为当前保障"多彩贵州"传统节日文化品牌构建与传播价值实现的有效途径。

一 强化创新主体文化创造力的现实建构

当前，"多彩贵州"传统节日文化品牌构建与传播中出现的异化现象，一方面反映了以信息技术、工业文明、人口流动为主要标志的全球化已然成为一股不可抗拒的时代潮流；另一方面则说明了节日文化创新主体在创新能力和素养上存在诸多不足。创新环境相对于创新主体来说，是不可改变的客观现实。因此，要消除"多彩贵州"传统节日文化品牌构建与传播中出现的异化现象，则需要从创新主体自身入手，让创新主体真正做到认识环境、顺应环境及利用环境，最终达到"多彩贵州"传统节日文化品牌构建与传播的目标。而这一切的取得，都需要在加强创新主体文化创造力上下功夫。正如兰德曼（Michael Landmann）所说："'作为创造者的人'（Homo creator）在其文化创造中不朽，其创造力的成就，即是文化的创造。文化创造具有广泛得多的范围，而且比以前所认为的能达到更深刻的程度。"[1]

---

① 〔德〕M. 兰德曼：《哲学人类学》，阎嘉译，贵州人民出版社，2006，第 203 页。

"打铁还需自身硬"，因此，只有不断提高创新主体的能力和素养，才是抵御外在环境的侵蚀、推动文化创新的前提条件和现实基础。

文化创造力作为人独有的创新能力和素质，不仅是人的主体能动性的表现，也能彰显人的生命意义和价值。那么，其创造力的获得及其表现，主要体现在哪些方面？一般来说，主要有四个方面的知识、能力及要求。首先，知识结构方面。对于一个文化创新主体来说，其不仅应该具备基础性的自然科学知识和人文社会科学知识，还要求有较为精深的有关文化研究和实践的专业知识。文化创新与其他创新不同，它是对人生存、生活于其中的自然、社会及自我的全方位的认识和更新，具有强烈的继承性、开拓性、主体性、精神性等特征。这就要求创新主体在广泛涉猎中西文化发展之所长的基础上，固本革新，推进自我文化的进一步发展。因此，强化创新主体知识结构上的广度、深度及厚度，才能奠定文化创新主体的知识基础。

其次，价值观念方面。文化虽有其共享性的一面，但本质上，文化还具有强烈的民族性、地域性及国别性。在当前中国文化转型时期，传统的价值观、西方的价值观以及社会主义核心价值观并列其中，这从理念和指导思想的选择上对"多彩贵州"传统节日文化品牌构建与传播带来了一些障碍。因此，面对西方价值观在中国社会的不断渗透、中国传统价值观在人们心中根深蒂固的现状，如何在创新中彰显社会主义核心价值观，则成为创新主体价值观形成的重中之重。我们认为，在加强对西方价值观和传统价值观进行批判的同时，应该保持必要的审视态度，因势利导，用开放的、包容的、辩证的态度去践行社会主义核心价值观，使其成为指导我们进行文化创新的思想基础。

再次，道德规范方面。价值决定伦理道德，伦理道德反映价值。道德是用社会舆论、传统习俗、内心信念来规范和调整人与自然、人与人、人与社会的相互关系，实现社会良性运转的行为规范的总和。在"多彩贵州"传统节日文化品牌构建与传播中，一些主体受传统小农意识的影响、西方拜金主义的驱使，导致节日创新中一味地追求自身私利的行为产生，这就造成了节日文化生态、文化功能等方面的失衡。这是道德标准失衡、道德评价体系混乱、道德理想虚无化、道德情感缺失所引发的道德行为失范。"无规矩不成方圆"。只有在节日文化创新中，不断促进道德评价体系和标准的完善、重新唤起人们心中的道德理想、培养人们良好的道德情感，才能唤起人们心中的良知和道德感，进而确保节日文化活动的有序进行。

最后，审美素养方面。审美素养是人类最为高级的品质之一，主要是指主体具有的审美意识、格调、能力及目标等多方面因素的总和。马克思主义告诉我们，劳动创造了美，美是社会实践的产物，美是人区别于动物的本质特征之一，人是"按照美的规律来建造"①的。"美和创造如同人类社会的一对双胞胎，它们情同手足，密不可分，哪里有美哪里就有创造，哪里有创造哪里就有美。"② 文化创新是主体按照自己的"内在尺度"去发现美、审视美、创造美、展示美的过程。基于美和主体的不可分割关系，这就要求文化创新主体必须具备完整意义上的美感，才能推进文化创新的实现。当前，在"多彩贵州"传统节日文化品牌构建与传播中，要想保存和展示贵州省少数民族传统节日文化独特的生态美、人性美及社会美，并与形形色色的审美意识乱象、"三俗化"的审美情趣作斗争，积极引导人们不断去提升自身的审美意识和能力，建构起高远的审美情怀，需要创新主体在审美素养上的不断修炼才能实现。

只要创新主体文化创造力一旦形成，就为破解创新中节日异化这个难题提供了主体基础，而人们对于经济效益的狂热追求、对节日感性化视像的追捧、对节日程式化杂糅化的漠视等，都在一定程度上暴露出了创新主体能力上的不足。既然创新主体文化创造力如此重要，那么在当前的文化创新场域中，我们应该如何着手去塑造创新主体文化创造力？教育是提高国民素质和素养的最佳途径，学校、社会、家庭是保护、传承及创新传统文化的重要场所。因此，把传统节日文化融入学校、社会和家庭教育中，定将会对创新主体文化创造力的形成起到事半功倍的效果。值得欣慰的是，从2005年开始，将传统节日纳入到国家教育的知识体系中，在学校教

---

① 《马克思恩格斯全集》第42卷，人民出版社，1979，第97页。
② 刘仲林：《中国创造学概论》，天津人民出版社，2001，第159页。

育中加强传统节日的教育，已经得到了党和国家的高度重视，并一直在积极实施推进。比如，《关于运用传统节日弘扬民族文化的优秀传统的意见》《中华人民共和国非物质文化遗产保护法》等法规和文件的相继出台，对节日文化在学校教育中的最终落实起到了重要作用。

而在国家主流文化的引领下，特别是在中国特色社会主义文化的指导下，当前社会上形成了一股尊重文化、尊重传统、尊重知识、尊重人才、尊重创新的社会风潮，这无疑对创新主体文化创造力的形成提供了一个好的社会环境。时下，针对价值观多元并存的现状，在社会教育上，应在加强社会主义核心价值观的宣传与教育基础上，出台一批与传统节日文化创新发展相关的政策法规、加强对西方错误思潮和观点的批判工作、积极开展对优秀传统节日文化进行创造性转化创新性发展。只有这样，才能为创新主体文化创造力的形塑奠定坚实的社会基础。此外，家庭教育对于创新主体文化创造力的形成主要是通过自然传承的方式进行的，这种方式把传统节日文化置于人们的日常生活中，"润物细无声"，在人们的一言一行、举手投足中，优秀的传统节日文化精髓就得到传承。"民俗的形成和民俗教育都是在不知不觉中进行的，是潜移默化的，当它们已经与人们的生活浑然一体的时候，人们通常不会怀疑它们的正确性。正是在这一意义上，它们提供给人们正确的生活方式。"① 总之，家庭教育、社会教育及学校教育所形成的"三位一体"教育模式，不仅能对主体起到传授知识的作用，更是对主体思想道德、价值伦理、审美情趣等全方位的培育。因此，对于当前"多彩贵州"传统节日文化品牌构建与传播来说，创新主体文化创造力的形成和提升是解决创新异化的主体基础，应该在现实中，通过教育的方式，不断加以重视和形塑。

二 加强创新主体对文化创新实践活动的理解

实践是主体能动地认识和改造客观世界的对象性活动。客观物质性、主观能动性及社会历史性是实践最为基本的特征。对任何一个实践活动来

---

① 高丙中：《中国人的生活世界——民俗学的路径》，北京大学出版社，2010，第71页。

说，主体能力的建构、对客观世界的准确把握以及对主客体双向关系的认识成为认识实践活动的三大要素。文化创新作为人类实践活动的一种，其也是主客体相互联系的有机整体。但基于文化是人独有的，对文化的认识其实质就是对人本身的认识、创新主要是人的本质力量的继承与更新。因此，我们在这一部分把研究重心放在创新主体这一视角上，主要从主体能力建构、主体对文化创新活动本身的认知以及主体间关系的梳理去分析"多彩贵州"传统节日文化品牌构建与传播的保障机制的建构。创新主体文化创造力的建构仅仅为实施文化创新实践活动奠定了主体基础，而要进一步推进文化创新实践活动的开展，则还需要对文化创新活动本身以及创新各主体间关系有科学准确的理解。

"多彩贵州"传统节日文化品牌构建与传播中异化现象的产生，其原因之一是创新主体对于文化创新活动本质存在一些认识上的不足，导致了文化创新中一些认识误区的出现。因此，要全面推进"多彩贵州"传统节日文化品牌构建与传播工作的开展，则需提升创新主体对文化创新实践活动本身的认识。基于任何一个活动本身，都存在现象与本质之分，所以，我们在这里也把"多彩贵州"传统节日文化品牌构建与传播活动分为创新本质和创新现象两个方面去分析。从本质上去看，文化创新是主体在文化保护与发展过程中的文化再生产活动。这一定义虽然简单，但其内部意义却十分深刻。首先，说明了文化创新是一次完整的实践活动，这里的实践主要是指马克思主义的科学实践，因此，它理应具备一切科学实践所能要求和达到的理论品质和素养、实践原则、目标指向等属性。其次，着重强调主体的能动性和创造性的发挥，这是任何一个文化再生产强大生命力的根源所在，因而精神生产和精神创造在文化创新中的作用显得尤其重要。再次，把文化保护与发展作为文化创新的两个目标侧面，不仅凸显了文化创新在文化保护与文化发展上的重要作用，也说明了文化创新不等于一般的文化运动与变化，它特指具有前进性、上升性的文化运动与变化。最后，文化创新相对于其他创新来说，显得更深沉、更基本及更持久。党的十九大报告指出，文化自信和理论自信、道路自信及制度自信一道是中国特色社会主义的重要组成部分，文化自信是"四个自信"中更为深沉、更为基本、更为持久的自信，坚持其他三个自信，说到底就是要坚持文化自信。基于文化自信在中国特色社会主义中的地位和作用，我们也同样可以认为，文化创新相对于其他创新来说，无疑显得更为深沉、基本和持久，是其他创新的精神动力和智力支持。总之，文化创新的本质内涵十分丰富、深刻，这就在无形中增大了文化创新具体实践的难度、广度和深度。

现象反映本质，本质是现象的根据。具体而言，文化创新本质主要是通过文化创新内容、目标、原则、路径、评价标准等要素所反映出来的。比如，创新内容作为反映创新本质的载体和形式，主要表现为文化理念创新、文化形式创新、文化内容创新及文化体制机制创新四部分；客观性、民族性、整体性、生活性及主体性五大原则是维护创新本质的基本标准；不同层级的目标则是反映创新本质的核心部分；从政府、民族文化主体、媒体等各主体入手去实施文化创新路径，则是展现创新本质的过程；"一"个指导方针、"二"个建设重点、"三"对矛盾关系、"四"大支撑体系、"五"大创新功能的创新策略，则是实现创新本质的具体方法；主体性与客观性相结合的评价标准，提高节日文化生产力、影响力、竞争力等具体实现标准，是创新本质的保障机制。

此外，还应特别强调的是，文化创新之所以有别于其他创新，根本原因在于其是"文化"的创新，而"文化"这个词本身具有丰富的内涵和外延，这就对于创新主体的文化创造力和实践操作力要求更高。因此，对于文化创新主体来说，在创新中一定要具备坚实的文化学、民族学、人类学、社会学、民俗学等基础知识。同时，文化创新虽是在文化领域中发生的重大变革，但它会对一定社会的经济、政治、社会及生态等方面产生巨大影响。因此，对于创新主体来说，其在经济学、政治学、社会学、生态学等方面的知识储备也是科学认识和把握文化创新实践活动所必要的。增强创新主体对于节日文化创新活动本身的认识，不仅是消除创新主体对于文化创新认识误区的有效方法，更能推进节日文化创新具体实践的顺利进行。那么，如何才能提高创新主体对于文化创新活动的理解？首先，要建构起创新文化来提升文化主体的创新创造力，这是实现对创新活动全面科学理解的前提和基础。其次，积极投身于文化创新实践中去。实践是认识的前提和基础、实践是检验真理的唯一标准、实践是认识的来源和最终目的，基于实践对认识活动的决定作用，这就要求创新主体一定积极投身于"多彩贵州"传统节日文化品牌构建与传播实践中，才能发展真理、实践真理。最后，要对实践活动不断进行反思。实践—认识—再实践的发展过程告诉我们，实践创新和理论创新是一个有机整体，两者在不断的相互碰撞中，才能推动实践活动向纵深发展。因此，对实践活动的批判与反思，是提高对实践活动认识的有效路径之一。

总之，贵州省少数民族传统节日文化作为非物质文化遗产，是"为了满足目前需要而在选择性地使用和诠释过去。它既有对过去的记忆，又有对过去的遗忘。对于遗产而言，满足当前和将来现实需要是最根本的依据。因此，遗产是现在的产物，是现在根据目前需要从想象的过去选择该继承何物，来遗传给想象的未来"①。在传统节日的建构和重构等创新实践中，创新主体文化创造力及其对文化创新实践活动的理解，是决定文化创新品质的根本因素。

三 明确各文化创新主体的角色定位

当前学界对于文化创新保障机制的探究，主要通过对文化创新的条件、实现机制、评价尺度等方面入手去思考，很少直接针对文化创新主体去进行较为详细的分析，这在一定程度上导致学界研究与创新主体在文化创新中的核心地位间脱节现象的出现。本书主题为"多彩贵州"传统节日文化品牌构建与传播，而从本质上来看，"多彩贵州"传统节日文化品牌构建与传播是一个富有创新性的实践活动。因此，可以把文化创新作为研究的一个重点进行分析。创新是推陈出新，本质上是人的主体性和能动性的反映；文化的本质是"人化"，即人的文明化。人创造文化，文化塑造人，人与文化的相互交融，决定了文化与人的本质在一定程度上是一致的。从这个意义上去看，对于保障"多彩贵州"传统节日文化品牌构建与传播的研究重心和现实途径，理所当然地就落在了创新主体上。而在前面

① 转引自林慧《文化记忆的追寻与重建——中国传统节日保护对策研究》，中国人民大学出版社，2017，第151页。

的分析中，我们已经对创新主体文化创造力、创新主体对文化创新活动的理解力进行了分析，接下来我们将进一步去探析创新主体的角色定位，以此来加强"多彩贵州"传统节日文化品牌构建与传播价值实现的保障机制研究。

传统节日一方面是特定地域内特定群体的特有文化，具有一定的"私有性"；另一方面其又是整个社会中人们日常生活的公共文化和中华传统文明的重要组成部分，具有强烈的"公共性"和"公有性"。就是在这种"私有"与"公有"的碰撞中，中华民族多元一体的文化格局才逐渐形成，并不断得以发展。因此，贵州省少数民族传统节日文化作为公共文化和公有文化，应该有相应的公共政策和法规去引导与保障其创新发展。从这个角度上去说，政府在"多彩贵州"传统节日文化品牌构建与传播中，起着主导作用。当前，在传统节日与现代社会相适应的过程中，除了传统节日文化主体的自身选择之外，国家在其中扮演的角色尤其重要。不管是从联合国颁布的《保护非物质文化遗产公约》的相关规定中，还是在世界其他各国在保护文化遗产上的成功经验中，都可以看到国家在传统文化保护上的重要职责。比如，我们的近邻韩国，借助国家立法的方式，通过无形文化遗产国家名录的"指定认定"、传承方式上的"传习教育"、保护培育上的"公共支持"等一系列保护与发展措施的实施，近几年在文化遗产保护上成绩斐然。当前，韩国对非物质文化遗产的保护作为"文化立国"目标的一部分，已经上升到了国家战略高度。

可喜的是，虽然中国国家非物质文化遗产保护工作开展时间比较晚，但取得的成效却十分显著。仅从传统节日文化保护与发展工作来说，近二十年来，国家层面制定了相关的法律法规、颁布了相应的政策文件、组织了一系列文化保护工程、举办了众多的传统节日文化研究的重大活动、出台了各级各类传统节日非物质文化遗产保护名录等，这无疑对推进中国传统节日文化保护与发展做出了巨大的贡献。当前，为了解决"多彩贵州"传统节日文化品牌构建与传播中出现的问题，推进节日文化创新工作向纵深发展，国家还应从以下几个方面入手去发挥其主导地位。

首先，把以前单纯的"输血"功能转变为全方面多层次的"造血"功能。比如，国家对贵州省少数民族传统节日文化创新给予一定的财政资金支持，这在创新的任何阶段都是必要的，但要改变过去直接参与举办传统节日的方式，改为如文化教育、活动补贴、空间修复、科学研究等能促进节日文化发展的间接方式。其次，完善各项法律法规，进一步保障节日文化创新实践的顺利进行。比如，在节日假日制度、节日文化生态系统、节日时间空间制度上，都要制定相应的法律法规。再次，进一步强化社会主义核心价值观对于节日文化创新的引领作用。大力弘扬社会主义核心价值观，不仅是当前节日文化创新的根本任务和时代要求，也是消除节日文化创新异化的精神保证。因此，国家在把社会主义核心价值观融入节日文化创新的过程中，能起到多方面的社会功效。最后，国家要进一步开展传统节日文化普查工作。节日文化创新的社会价值发挥的大小，不仅与节日文化创新实践活动本身有关，也与节日文化自身的文化性相连。因此，国家层面应该通过传统节日文化普查工作，遴选出具有较强的群众基础、悠久的历史传统、深厚的文化底蕴、广泛的社会影响力的文化名录来加以保护与发展，这对于推动"多彩贵州"传统节日文化品牌构建与传播是大有裨益的。

与节日文化具有的"公共性"和"公有性"相对应的则是节日文化具有的"私有性"，这就说明节日文化的实际拥有者是民众，民众才是文化创新的真正主体。节日是民众日常生活、生活世界的集中体现，充分展示了民众对于真、善、美的诉求。因此，民众是传统节日文化不断创新发展的主体源流。但和政府强大的推动力相比，民众主体地位迄今也没在文化创新中最大限度地发挥出来，这无形中给创新工作带来了一定的障碍。特别是对于贵州省各地方的广大节日文化主体来说，这种情形则显得更为严重。同时，2003年联合国教科文组织颁布的《保护非物质文化遗产公约》第15条中，明确地对民众参与遗产保护和传承，甚至有关遗产管理作了专门规定。以上情形，都从一定侧面说明了民众在节日文化保护与发展中的重要作用。但就当前文化主体的现状来说，完全靠其自身的文化自觉，然后实现其在文化创新中的主体作用的发挥，还是有些困难的。因此，我们认为，应该从如下方面去唤起民众的主体性和创造性。

　　首先，从国家层面去看，国家应该积极采取相应措施，引导民众深刻认识传统节日文化的重要性及其创新的紧迫性；尊重民众的节日文化首创精神，肯定民众在传统节日及其创新中的主体性地位；组织和开展多层次的有关节日文化的教育活动，培养民众对传统节日的自豪感和自珍意识；选定重大节日传承人，不断引导民众形成文化自知、文化自觉、文化自信及文化自强的观念和意识。其次，从社区层面来讲，要维护好传统节日的文化空间，为传统节日创新奠定坚实的物质基础；积极倡导社区参与，特别是要最大限度地吸引社区内的群众参与，这对于传统节日文化生命力的延续有着重大作用；民间团体作为民众参与节日仪式活动的重要力量，要充分发挥其在节日文化创新中的组织、策划等重要作用；文化传承人作为传统节日文化的重要继承者和传承者，其在当地社区的社会地位和威望往往是极高的，因此，在"多彩贵州"传统节日文化品牌构建与传播中，要充分发挥其引领作用。最后，从个人层面去说，要有传统节日文化主人翁意识，真正做到尊重节日文化传统、积极参与传统节日文化活动、爱护和珍惜传统节日文化、为传统节日文化创新建言献策等。因此，当"多彩贵州"传统节日文化品牌构建与传播成为社区民众自知、自觉、自信的行为时，民众的主体性就能发挥到极致。

　　当前，在"多彩贵州"传统节日文化品牌构建与传播中，除了政府和作为文化主体的民众之外，还有媒体、学者、游客、文化公司等主体。当然，与其说其是主体，还不如说其是客体，是推动文化创新的各种"介质""路由人"。首先，媒体作为现代社会文化传播的重要工具，虽然在当前的节日文化创新中，存在一些使用上的误区，但毫无疑问，媒体在传统节日文化的记录、整理、保存、传播等方面都发挥着重要作用。因此，在当前"多彩贵州"传统节日文化品牌构建与传播中，我们要在摒弃媒体虚拟化、形式化、景观化等弊端基础上，充分利用媒体真实性、正面性、快速性、新颖性等特征，最大限度发挥媒体在传统节日文化创新中传递信息、引导舆论、教育教化及提供娱乐等功能。其次，学者要作为社会的"良心"，充分发挥其在参与节日文化创新资源的挖掘、节日文化阐释与研究、文化产业的建构以及节日文化遗产的保护中的重要作用，发挥学者在节日文化产—学—研—体化中的教育和引导作用。再次，游客作为节日文化的消费者，其消费功能对于文化创新生产的反作用不可小觑。虽然说没有生产就没有消费，但反过来说如果没有消费也就不能刺激更大生产的产生。因此，游客对节日文化的喜好、认识、批判，都可以成为推动或延缓节日文化创新的重要因素。当前，不断提高和满足游客对节日文化的消费水平和层次，会产生双重效应，这不仅是推进"多彩贵州"传统节日文化品牌构建与传播的客观要求，也是满足人们日益增长的文化生活需要的现实要求。最后，在一些节日文化旅游产业中，文化公司的存在成为普遍之势，但它们往往和一般的企业不同，节日文化创新的文化性诉求远远高于经济性诉求的现实，决定了它们在"多彩贵州"传统节日文化品牌构建与传播中的非完全独立作用。因此，如何在"多彩贵州"传统节日文化品牌构建与传播中打造企业的先进管理模式、彰显企业的社会责任感，始终是当前文化创新中的重大议题。

四　规范创新主体的具体应对措施

在"多彩贵州"传统节日文化品牌构建与传播中，主体能力的提高、不同主体角色定位及其作用的发挥，反映在节日文化创新价值保障机制的微观层面上，主要体现为以下几个方面。

首先，助力贵州省民族地区乡村振兴。经济基础决定上层建筑，上层建筑反作用于经济基础。当前"多彩贵州"传统节日文化品牌构建与传播的发展现状一方面是当地经济发展水平现状使然，另一方面却也是当地经济发展水平的间接表现。因此，无论是改善节日活动中所需的硬件设施，还是提高不同主体对于节日文化的消费水平，都需要一定的经济基础作支撑。因此，针对贵州省民族地区进行精准扶贫、精准防贫是保障节日文化创新及其价值实现的当务之急。有了一定的经济基础，贵州省各部门各民族才有对自身文化保护、传承与发展的物质基础。

其次，夯实节日文化基础。节日活动的发展，短期内可能看的是节日文化的新、奇、趣等特点，长期却要依赖于其形式背后的深厚文化土壤。针对当前贵州省少数民族节日文化研究现状，我们认为，相关机构和部门应该集中多方力量，不断保护、传承和挖掘传承节日文化及与节日文化相关的地方民族文化、地域文化，为节日文化创新提供深厚的文化土壤。节日文化内容的完整性、节日活动体系的完善性以及节日价值最大化都需要从节日文化本身出发。因此，一个极具真善美、地域特色、民族个性的节日文化，是一切文化创新最为重要的基础，重中之重。

再次，强化民族主体的核心地位。当前，随着现代化向民族地区的扩散，民族地区人口不断外流的现象十分严重，再加上一批非物质文化遗产传承人日益凋零，这就使得节日文化的群众基础和传承体系受到了严重挑战。当前，贵州省各民族地区应该利用好乡村振兴的政策，大力引进文化产业公司，实现文化产业腾飞。只有这样，才能留得住人、留得稳人、留得好人。节日活动一旦有了广泛的群众基础，再加上"非遗"传承人的带动，政府的支持，节日主体的创造力和主人翁意识就会得到增强，这就为"多彩贵州"传统节日文化品牌构建与传播提供了人才基础。

又次，塑造标志性节日文化品牌。当前，在"多彩贵州"传统节日文化品牌构建与传播创新中，存在着节日活动众多而品牌节日极少、节日内容和形式大同小异等相关问题。因此，如果不对这些节日进行归类创新，打造一批在一定区域范围内极具影响力的标志性引领式节日品牌，则会使节日文化创新的功能受到削弱，甚至存在随着人们审美疲劳而节日文化创新功能消失的危险。基于标志性文化对于特定区域历史进程的贡献、反映特定区域民众的"心灵智慧"和人格气质、与当地民众日常生活紧密相连以及充分展现诸多地方文化等特点和优点，我们认为，在加强对贵州省各民族节日文化普查的基础上，应该结合民族实际、节庆特点以及区域和民族间协调发展等要求，着力打造一批在西部地区，乃至整个国家都有一定影响力的品牌节日。然后，在节日文化内容和形式等方面加强对这些品牌节日的创新，以此推动当地地域民族文化的联动发展，最后实现标志性节日文化带动地方文化的大繁荣大发展的目标。

最后，不断完善各部门间的协调机制。"多彩贵州"传统节日文化品牌的构建与传播作为一项创新工程，其间涉及的创新要素十分复杂。这不仅对创新实践中各部门各主体能力要求很高，而且还对各部门之间的协调

「多彩貴州」傳統節日文化品牌的構建與傳播研究

机制建构提出了要求。这种协调机制不仅体现为节日活动创新中各部门的协作一致，还体现为不同地区不同民族同节日或不同节日的联合创新发展问题。贵州不同地区和民族在文化创新中要在保持节日文化真实性的前提下，尽可能地坚持统一部署、协调一致。比如，少数民族节日文化协调机制的建构可以先从一个县开始，然后扩大到一个市或州，进而覆盖一个省。俗话说得好：一花独放不是春，百花齐放春满园。只有这样，贵州少数民族传统节日文化发展的整体优势才能显现，贵州少数民族传统节日文化大发展大繁荣的局面才会最终形成。此外，在"多彩贵州"传统节日文化品牌构建与传播中，节日文化及活动的宣传手段要丰富、覆盖面要广泛，节日品牌的带动作用要加强，节日市场化、专业化运作等问题也是进一步提高节日文化创新水平及促进其价值实现的重要因素。

总之，要充分发挥"多彩贵州"传统节日文化品牌构建与传播的重要价值，不仅从宏观层面上对创新主体的能力和素质提出要求；也从中观层面上要求发挥政府的主导作用，民众的主体作用，学者、媒体、游客及文化公司等力量的重要推动作用；还需要从微观层面上找到推动节日文化创新及其价值实现的具体措施。只有这样，我们才能在消除"多彩贵州"传统节日文化品牌构建与传播中出现异化现象的过程中，不断提升节日文化创新的质量，最大限度地发挥节日文化创新的社会价值。只有这样，在实现中华民族伟大复兴"中国梦"的征程中，"多彩贵州"传统节日文化品牌才能发挥出自身强大的文化力量。也只有这样，在世界文化多样性保存和人类命运共同体建构中，"多彩贵州"传统节日文化品牌才会发挥出巨大的"中国文化力量"。

结语 "多彩贵州"传统节日文化品牌
赋能贵州现代化建设

习近平总书记在文化传承发展座谈会上指出："在新的起点上继续推动文化繁荣、建设文化强国、建设中华民族现代文明，是我们在新时代新的文化使命。要坚定文化自信、担当使命、奋发有为，共同努力创造属于我们这个时代的新文化，建设中华民族现代文明。"① 在新时代建设中华民族现代文明的伟大征程中，"多彩贵州"传统节日文化品牌构建与传播不仅是建设中华民族现代文明不可缺少的一环，也是一次应时、应地、应人、应势的文化创新实践及其结果。节日文化品牌构建与传播作为文化创新实践及其结果，根基于贵州丰富而又独特的传统节日文化，根源于时代与价值的内外动力，立足于贵州传统节日文化及其品牌构建与传播现实，成长于文化品牌架构、要素及形象中，扬名于文化品牌传播模式、策略及路径上，发展于文化品牌构建与传播的保护机制里。节日文化品牌构建与传播作为文化创新实践及其结果，是马克思主义基本原理同贵州优秀传统文化相结合的直接产物，是贵州省委、省政府落实推进治理体系和治理能力现代化的实践成果，是贵州社会坚持传统文化创造性转化与创新性发展的时代产物，是新时代满足人民对美好生活需要的应然结果。节日文化品牌构建与传播作为文化创新实践及其结果，能推动"多彩贵州"文化品牌进一步发展，能促进贵州文化大发展大繁荣，能引导贵州社会全面现代化，能助力贵州共同富裕的实现。真理、实践与价值的统一，形塑了"多彩贵州"传统节日文化品牌构建与传播实践，形塑了"多彩贵州"传统节

---

① 《担负起新的文化使命 努力建设中华民族现代文明》，《人民日报》2023年6月3日。

日文化品牌。

马克思说:"哲学家们只是用不同的方式解释世界,问题在于改变世界。"①"多彩贵州"传统节日文化品牌构建与传播的出发点和立足点不仅仅在于解释世界,关键在于改变世界。在前面的分析中,我们以"多彩贵州"传统节日文化及其发展概况为出发点展开研究,为"多彩贵州"传统节日文化品牌构建与传播奠定了坚实的文化基础;从时代背景与价值意蕴入手,看到了"多彩贵州"传统节日文化品牌构建与传播的历史必然性;依据社会调查数据和个案呈现,把握到了"多彩贵州"传统节日文化及其品牌构建与传播的真实现状;立足目标、理念、定位层面,对"多彩贵州"传统节日文化品牌构建作了战略规划;抓住品牌架构、要素组成、形象设计,对"多彩贵州"传统节日文化品牌构建进行了实践操作;在看到问题、分析问题及解决问题中,为"多彩贵州"传统节日文化品牌构建与传播建立起了保障机制。当然,以上研究内容力图从理论层面为"多彩贵州"传统节日文化品牌构建与传播建构起"四梁八柱",而"多彩贵州"传统节日文化品牌研究的重心和核心则体现在节日文化品牌构建与传播的实践价值上。

"节日最本质的结构是人与自然、人与神、人与人、个人与自身这四对关系。这四对关系在非节日的日子里处于对立状态,而节日的功能之一就是调节这四对对立关系。"②"多彩贵州"传统节日文化结构与功能的有机结合,衍生出了"多彩贵州"传统节日文化品牌价值。除了在经济、政治、文化、社会及生态上的宏观价值外,"多彩贵州"传统节日文化品牌的具体价值还体现在节日文化品牌赋能贵州社会现代化建设上,而这种赋能主要表现在以下三个方面:推动"多彩贵州"文化品牌发展、推进贵州社会现代化建设与满足人民对美好文化生活的需要。

首先,"多彩贵州"传统节日文化品牌推动"多彩贵州"文化品牌的进一步发展。"多彩贵州"文化品牌作为贵州省委、省政府申请并全力打

---

① 《马克思恩格斯文集》第1卷,人民出版社,2009,第502页。
② 廖冬梅:《节日沉浮问——节日的定义、结构与功能》,广西师范大学出版社,2007,第3页。

造的全国第一个省级文化品牌，经过十几年的运营，取得了令人惊喜的成就。而"多彩贵州"传统节日文化品牌作为"多彩贵州"文化品牌下的一个子品牌，正处于品牌构建与传播的关键时期，而作为"多彩贵州"文化品牌下具有前瞻性、长远性的节日文化品牌，该品牌一旦建成，则会对"多彩贵州"文化品牌发展起着重要的推动作用。一方面，"多彩贵州"文化品牌作为一个以文化为主旨的品牌，文化是其品牌建构、传播与发展的核心内容。而文化又有物质与精神文化二分法，物质、精神、制度文化三分法及物质、精神、制度及行为文化四分法。但在不同文化之中，节日文化和宗教文化无疑是集大成者。并且，所有的宗教文化都贯穿于节日文化之中的事实，使得节日文化成为所有文化中重中之重的部分。另一方面，"多彩贵州"传统节日文化品牌作为一个以节日文化为主旨的品牌，节日又是其文化品牌的关键词和核心内容。节日文化具有整合性、群众性、周期性、节点性、开放性、价值性、传承性等属性，特别是节日历来就被认为具有"文化丛"的特征和属性，使得节日文化及其品牌构建与传播定会推动贵州文化全方面发展。因此，对于"多彩贵州"文化品牌来说，"多彩贵州"传统节日文化品牌构建与传播，不仅是其品牌发展的重要组成部分，也会推动其品牌进一步发展。

其次，"多彩贵州"传统节日文化品牌推进贵州社会现代化建设。与其他品牌不同，"多彩贵州"传统节日文化品牌表现出了更为丰富的性状。比如，与一般品牌建构相异。"多彩贵州"传统节日文化品牌的产生与发展与各级政府有着直接的联系，这就使得"多彩贵州"传统节日文化品牌的政治性色彩尤其突出。又如，与一般品牌特征相异。"多彩贵州"传统节日文化品牌是品牌、节日、文化的有机结合，特别是节日的特征和功能是其品牌区别于其他品牌的最大特点。再如，与一般品牌价值相异。"多彩贵州"传统节日文化品牌构建与传播虽是以品牌经济的实现和品牌资产增值为直接目的，但其根本目的则体现在品牌构建与传播背后的社会性目标上。传统文化的传承与保护、公共文化服务体系的构建、城乡文化一体化的实现等就是这种社会效益的直接表征。基于"多彩贵州"传统节日文化品牌所具有的特点和优点，我们认为，"多彩贵州"传统节日文化品牌构建与传播能进一步推进贵州社会现代化建设。一般来说，社会现代化建设主要反映在经济建设、政治建设、文化建设、社会建设、生态建设上。经济上，除了增加贵州第三产业产值之外，还有利于贵州产业结构调整，充当贵州经济发展引擎，找到贵州产业扶贫突破口。政治上，有利于社会主义核心价值观在贵州传播、巩固贵州各地区稳定和各民族和谐团结及提升贵州各民族"四个自信"。文化上，有利于贵州传统节日文化遗产保护与发展、文化资源的开发与利用及文化价值的发挥。社会上，有利于贵州乡村振兴战略的实施和推进乡村建设、贵州城乡一体化及贵州和谐社会的构建。生态上，有助于贵州节日生态系统重建、节日生态文化价值实现及贵州生态文明的建设。

最后，"多彩贵州"传统节日文化品牌满足人民对美好文化生活的需要。毛泽东说过："为什么人的问题，是一个根本的问题，原则的问题。"① 习近平总书记也指出："现代化的本质是人的现代化。"② "多彩贵州"传统节日文化品牌构建与传播是为了人民、依靠人民、热爱人民的产物，人民始终是"多彩贵州"传统节日文化品牌构建与传播的价值诉求和旨归。在新时代，随着社会生产力的不断发展，人民产生了对美好文化生活的向往。而美好文化生活的实现，建立在以下三个方面基础之上。第一，美好生活要以美好文化的供给为基础。"多彩贵州"传统节日文化品牌构建与传播，在一定程度上能对贵州丰富而又独特的节日文化进行保护、传承与发明。"民族的，就是世界的。"这是贵州为世界人民保护文化多样性做出的巨大贡献。第二，美好生活是自由、愉快、轻松的文化生活。在当前，随着现代同质文化、机械文化、复制文化、人工文化、消费文化的侵袭，人们纷纷感受到传统文化及其精神的衰落。因此，在接受和拒斥现代工业文明的矛盾关系中，人们不时在内心唤起一股浓浓的文化乡愁，且试图通过对传统文化的记忆与珍视去消解工业社会所带来的疲乏、鼓噪、紧张与无意义。而"多彩贵州"传统节日文化品牌的构建与传播，恰恰能给正处于迷惘中的人们以希望。人们通过参与"多彩贵州"传统节日文化品牌下

---

① 《毛泽东文艺论集》，中央文献出版社，2002，第60页。
② 《习近平关于社会主义经济建设论述摘编》，中央文献出版社，2017，第164页。

的系列活动，能找回久已失去的那种简单、快乐、自然、轻松。第三，美好生活依托人的现代化。习近平总书记指出："现代化的本质是人的现代化。"① 没有人的现代化，哪来对美好生活的追求、创造与享受。因此，要满足人对美好文化生活的需要，前提是要让人实现现代化。中国式现代化集物质文明的现代化和精神文明的现代化于一体，而传统节日通过品牌构建与传播，不仅能借助节日文化内在的涵养、凝聚、整合、激励等功能去不断提升人的精神生活层次，也能通过节日产业化去提高人的物质生活水平。中国式现代化是人与自然和谐共生的现代化，而传统节日文化品牌的构建与传播，则可通过保留传统节日具有的生态性功能，积极唤醒和促进人们生态意识、生态观念和生态能力，形塑起生态人。因此，"多彩贵州"传统节日文化品牌的构建与传播，应抓住人的现代化这个根本，不断满足人民群众对美好生活的需要。

在"文化热"的当前，针对"多彩贵州"传统节日文化品牌的构建与传播去开展研究，不仅是时代和学术的呼唤，也是文化传承与创新的号召，更是人性和良知的驱使。我们始终相信，"一种注重文化和文化变革的重要而且令人抱有希望的思潮正涌动于世界各地，它关系到穷国，也关系到富国中的贫穷少数民族群体"②。"真正的文化是具有内在的生命力的，它通过自己的有机生长和盛衰变化来展示人的丰富的生存，来不断超越给定的文化形态，推动历史的演变。"③ "传统节日不仅仅是'传统'，同时也是一种活生生的生产力。它是一种文化理念和精神寄托的'再生产'，潜移默化地推动着人们的文化自觉，唤醒沉睡的集体记忆和民族精神的认同。"④ "传统节日是普天之下普遍共享的生命感恩，这是节日最深刻的人类学意义。"⑤ 在全面建设社会主义现代化国家和实现中华民族伟大复兴中国梦的关键时

---

① 《习近平关于社会主义经济建设论述摘编》，中央文献出版社，2017，第164页。
② 〔美〕塞缪尔·亨廷顿、劳伦斯·哈里森主编《文化的重要作用——价值观如何影响人类进步》，程克雄译，新华出版社，2010，第368页。
③ 衣俊卿：《文化哲学十五讲》，北京大学出版社，2004，第7页。
④ 刘大先：《重新发现传统节日》，《人民日报》2015年2月17日。
⑤ 中国民俗学会等主编《彰显与重塑——2011年端午习俗国际学术研讨会（嘉兴）论文选》，浙江古籍出版社，2012，第270页。

刻，带着感恩、使命、创新与希冀的情怀去构建与传播的"多彩贵州"传统节日文化品牌，一定不会辜负贵州人、贵州社会、中国人及全天下为文化发展而做出贡献的人们。一言以蔽之，作为标志性符号的"多彩贵州"传统节日文化品牌，其构建与传播实践任重道远，但价值却深远绵长。

参考文献

一　重要文献

(1)《马克思恩格斯文集》第 1 卷，人民出版社，2009。

(2)《马克思恩格斯文集》第 2 卷，人民出版社，2009。

(3)《马克思恩格斯文集》第 4 卷，人民出版社，2009。

(4)《马克思恩格斯全集》第 42 卷，人民出版社，1979。

(5)《列宁选集》第 4 卷，人民出版社，1995。

(6)《毛泽东选集》第 1 卷，人民出版社，1991。

(7)《毛泽东选集》第 3 卷，人民出版社，1991。

(8)《习近平谈治国理政》第 2 卷，外文出版社，2017。

(9)《习近平谈治国理政》第 3 卷，外文出版社，2020。

(10)《习近平谈治国理政》第 4 卷，外文出版社，2022。

(11)《习近平著作选读》第 1 卷，人民出版社，2023。

(12)《习近平著作选读》第 2 卷，人民出版社，2023。

(13) 习近平：《决胜全面建成小康社会 夺取新时代中国特色社会主义伟大胜利——在中国共产党第十九次全国代表大会上的报告》，人民出版社，2017。

(14) 习近平：《高举中国特色社会主义伟大旗帜 为全面建设社会主义现代化国家而团结奋斗——在中国共产党第二十次全国代表大会上的报告》，人民出版社，2022。

(15) 中共贵州省委宣传部编《贵州文化改革发展案例选编》，贵州人民出版社，2013。

（16）《习近平关于全面深化改革论述摘编》，中央文献出版社，2014。

（17）《习近平关于社会主义经济建设论述摘编》，中央文献出版社，2017。

（18）《习近平关于社会主义生态文明建设论述摘编》，中央文献出版社，2017。

（19）《习近平关于社会主义文化建设论述摘编》，中央文献出版社，2017。

（20）《习近平总书记在文艺工作座谈会上的重要讲话学习读本》，学习出版社，2015。

（21）《毛泽东文艺论集》，中央文献出版社，2002。

二 著作

（22）柏定国主编《文化品牌学》，湖南师范大学出版社，2010。

（23）蔡熙：《"多彩贵州"的文化蕴含研究》，云南大学出版社，2014。

（24）陈放：《品牌学——中国品牌实战原理》，时事出版社，2002。

（25）王均、刘琴编著《文化品牌传播》，北京大学出版社，2010。

（26）董天策：《传播学导论》，四川大学出版社，1995。

（27）傅广海主编《旅游学概论》，科学出版社，2019。

（28）高丙中：《中国民俗概论》，北京大学出版社，2009。

（29）高宣扬：《当代社会理论》，中国人民大学出版社，2005。

（30）高占祥主编《论节日文化》，文化艺术出版社，1991。

（31）贵州省文化厅群文处、贵州省群众文化学会编《贵州少数民族节日大观》，贵州民族出版社，1991。

（32）中国民俗学会等主编《彰显与重塑——2011 年端午习俗国际学术研讨会（嘉兴）论文选》，浙江古籍出版社，2012。

（33）黄泽：《西南民族节日文化》，云南教育出版社，1995。

（34）李春华：《新时期中国共产党文化创新研究》，中国社会科学出版社，2012。

（35）李银兵：《民族传统节日社会功能研究——文化创新的视角》，人民出版社，2020。

（36）刘永佶：《中国文化现代化》，河北大学出版社，1997。

（37）刘仲林：《中国创造学概论》，天津人民出版社，2001。

（38）罗荣渠：《现代化新论——世界与中国的现代化进程》，北京大学出版社，1993。

（39）王逢振主编《詹姆逊文集（第3卷）：文化研究和政治意识》，蔡新乐等译，中国人民大学出版社，2015。

（40）王霄冰、邱国珍主编《传统的复兴与发明》，知识产权出版社，2011。

（41）王雅红、何新胜编著《旅游学原理与西北文化旅游》，兰州大学出版社，2007。

（42）吴定勇主编《中国节日志·萨玛节》，光明日报出版社，2016。

（43）吴凡主编《传播学概论》，浙江工商大学出版社，2012。

（44）萧放：《传统节日与非物质文化遗产》，学苑出版社，2011。

（45）徐万邦、祁庆富：《中国少数民族文化通论》，中央民族大学出版社，1996。

（46）杨昌儒、陈玉平编《贵州世居民族节日民俗研究》，民族出版社，2009。

（47）杨芳平编著《品牌学概论》，上海交通大学出版社，2009。

（48）杨竞业：《文化现代化——从"自由的文化"到"文化的自由"》，武汉大学出版社，2012。

（49）杨寿川主编《云南特色文化》，社会科学文献出版社，2006。

（50）衣俊卿：《文化哲学——理论理性和实践理性交汇处的文化批判》，云南人民出版社，2005。

（51）衣俊卿：《文化哲学十五讲》，北京大学出版社，2004。

（52）余明阳、戴世富：《品牌文化》，武汉大学出版社，2008。

（53）余明阳、杨芳平编著《品牌学教程》，复旦大学出版，2009。

（54）余正荣：《生态智慧论》，中国社会科学出版社，1996。

（55）张良丛编著《从解构到建构：后现代思想和理论的系谱研究》，社会科学文献出版社，2017。

（56）张隆溪：《二十世纪西方文论述评》，生活·读书·新知三联书店，1986。

（57）张士闪、李松主编《中国民俗文化发展报告2015》，山东大学出版社，2016。

（58）张士闪主编《中国民俗文化发展报告2012》，北京大学出版社，2013。

（59）张学立、袁华主编《多彩贵州文化学刊》（第1辑），中国社会科学出版社，2017。

（60）〔德〕W. 本雅明：《机械复制时代的艺术作品》，王才勇译，浙江摄影出版社，1993。

（61）〔德〕汉斯·约阿斯、沃尔夫冈·克诺伯：《社会理论二十讲》，郑作彧译，上海人民出版社，2021。

（62）〔德〕马克斯·霍克海默、特奥多·威·阿尔多诺：《启蒙辩证法（哲学片断)》，洪佩郁、蔺月峰译，重庆出版社，1990。

（63）〔德〕M. 兰德曼：《哲学人类学》，阎嘉译，贵州人民出版社，2006。

（64）〔德〕西美尔：《金钱、性别、现代生活风格》，顾仁明译，学林出版社，2000。

（65）〔法〕居伊·德波：《景观社会》，王昭凤译，南京大学出版社，2006。

（66）〔法〕尚·布希亚：《物体系》，林志明译，上海人民出版社，2001。

（67）〔美〕爱德华·W. 萨义德：《文化与帝国主义》，李琨译，生活·读书·新知三联书店，2003。

（68）〔美〕爱德华·希尔斯：《论传统》，傅铿、吕乐译，上海人民出版社，2014。

（69）〔美〕艾里希·弗洛姆：《健全的社会》，孙恺祥译，上海译文出版社，2011。

（70）〔美〕戴维·哈维：《后现代的状况：对文化变迁之缘起的探究》，阎嘉译，商务印书馆，2003。

（71）〔英〕戴维·赫尔德、安东尼·麦克格鲁主编《全球化理论：研究路径与理论论争》，王生才译，社会科学文献出版社，2009。

（72）〔美〕罗兰·罗伯森：《全球化——社会理论和全球文化》，梁光严译，上海人民出版社，2000。

（73）〔美〕塞缪尔·亨廷顿、劳伦斯·哈里森主编《文化的重要作用——价值观如何影响人类进步》，程克雄译，新华出版社，2010。

（74）〔美〕威廉·A. 哈维兰：《当代人类学》，王铭铭等译，上海人民出版社，1987。

（75）〔美〕维克多·特纳：《仪式过程——结构与反结构》，黄剑波、柳博赟译，中国人民大学出版社，2006。

（76）〔美〕弗雷德里克·詹姆逊：《语言的牢笼：马克思主义与形式》，钱佼汝译，百花洲文艺出版社，1995。

（77）〔英〕E. 霍布斯鲍姆、T. 兰格编《传统的发明》，顾杭、庞冠群译，译林出版社，2008。

（78）〔英〕斯图尔特·霍尔编《表征——文化表象与意指实践》，徐亮、陆兴华译，商务印书馆，2003。

（79）〔英〕安东尼·吉登斯：《现代性的后果》，田禾译，译林出版社，2000。

（80）〔英〕约翰·汤姆林森：《全球化与文化》，郭英剑译，南京大学出版社，2002。

三　报刊文章

（81）《担负起新的文化使命 努力建设中华民族现代文明》，《人民日报》2023 年 6 月 3 日。

（82）《运用传统节日弘扬民族文化的优秀传统》，《人民日报》2005 年 6 月 24 日。

（83）《国务院关于进一步促进贵州经济社会又好又快发展的若干意见》，《贵州日报》2012 年 1 月 16 日。

（84）《国务院关于支持贵州在新时代西部大开发上闯新路的意见》，《贵州日报》2022 年 1 月 27 日。

（85）《国务院关于支持贵州在新时代西部大开发上闯新路的意见》，《贵州日报》2022 年 1 月 27 日。

（86）习近平：《在文化传承发展座谈会上的讲话》，《人民日报》2023 年 6

月3日。

（87）《习近平在中央民族工作会议上强调 以铸牢中华民族共同体意识为主线 推动新时代党的民族工作高质量发展》，《人民日报》2021年8月29日。

（88）习近平：《在哲学社会科学工作座谈会上的讲话》，《人民日报》2016年5月19日。

（89）《中办印发〈关于在全党大兴调查研究的工作方案〉》，《人民日报》2023年3月20日。

（90）《中共贵州省委十三届三次全会在贵阳举行》，《贵州日报》2023年7月26日。

（91）高丙中：《我们这个时代的传统节日》，《中华读书报》2006年1月25日。

（92）黄涛：《保护传统节日文化遗产与构建和谐社会》，《中国人民大学学报》2007年第1期。

（93）李波：《〈多彩贵州风〉与"多彩贵州"文化品牌塑造》，《原生态民族文化学刊》2011年第2期。

（94）刘大泯：《深化"多彩贵州"文化品牌内涵研究》，《理论与当代》2017年第7期。

（95）刘星：《区域文化品牌建设的路径研究——以"多彩贵州"为例》，《贵州师范学院学报》2019年第2期。

（96）罗坤瑾：《从传播人类学视角看民族文化品牌的塑造——以贵州为例》，《广西民族研究》2012年第2期。

（97）彭验雅、刘雍：《贵州民族文化品牌创建刍议——以多彩贵州为例》，《贵州民族研究》2018年第10期。

（98）田园、颜春龙：《贵州文化旅游发展创新的范式选择》，《社会科学家》2013年第8期。

（99）王启宏：《拟态环境与多彩贵州旅游形象传播》，《贵州大学学报》（社会科学版）2012年第6期。

（100）薛丽娥、李盛龙：《"多彩贵州"文化品牌研究综述》，《贵州民族研究》2014 年第 6 期。

（101）薛丽娥、吴永忠：《少数民族文化品牌推进路径研究》，《贵州民族研究》2015 年第 10 期。

（102）喻健、苗义程：《"多彩贵州"形象传播的现状、问题及对策研究》，《贵州民族大学学报》（哲学社会科学版）2019 年第 3 期。

（103）喻健：《文化产业背景下"多彩贵州"文化品牌的内涵研究》，《贵州民族大学学报》（哲学社会科学版）2014 年第 5 期。

（104）李娇：《我国城市文化品牌的塑造与传播研究》，中南大学硕士学位论文，2009。

（105）罗颖：《长沙城市品牌传播的现状与对策》，中南大学硕士学位论文，2011。

（106）王砂砂：《"多彩贵州"文化品牌发展研究》，贵州民族大学硕士学位论文，2016。

（107）喻健：《"多彩贵州"文化品牌的构建与传播研究》，华中师范大学硕士学位论文，2014。

（108）张珈瑜：《"多彩贵州"文化品牌传播研究》，湖南大学硕士学位论文，2019。

后　记

2005 年，"多彩贵州"文化品牌正式建立，而几乎是在同时间，我也开启了自己的文化研究之路。十几年的文化研究之路虽走得艰辛，但还在勠力前行；虽前路漫漫，但未来灿灿；虽挑战重重，但也成果累累。把对自身学术之路的思考和对"多彩贵州"文化品牌发展的考量有机结合起来，"多彩贵州"传统节日文化品牌的构建与传播这个研究课题就应运而生。本书是对"多彩贵州"传统节日文化品牌构建与传播现状的归纳和总结，也是对"多彩贵州"传统节日文化品牌构建与传播未来的展望和希冀，还是对自己文化研究范围与视野的拓展和超越，更是对自身学术素养与能力的解剖和检验。总之，将近二十年的文化研究之路漫长且崎岖，但一路风景迤逦而独特，选择从事文化研究，我无怨无悔。

文化内涵的深刻和外延的广博、"多彩贵州"文化品牌及其传统节日文化品牌属性和特征的复杂性与独特性及当前大学里永远做不完的"正事"和"杂事"，使完成此项文化研究任务显得较为艰辛艰苦艰巨。但令人欣慰的是，在结合多方力量的基础上，这项看似十分困难的工作最终也较为顺利地完成了。在研究工作的背后，需要感谢的人实在是太多太多。

感谢伟大的时代、伟大的党和伟大的祖国，让我们这些农家子弟有机会通过读书这条光明大道而走上了人生坦途。感谢长期以来给予我无私帮助的朋友们，一句问候、一声安慰，让我感受到你们永远在我身边，时刻都在给我前进的力量。感谢我在不同时期不同学校的同事们和学生们，互帮互助、教学相长，激励着我不断前行。感谢田野点的诸多父老乡亲们，你们的无私付出和慷慨解囊，让我收获满满。感谢社会科学文献出版社岳梦夏编辑对本书出版所作的各项工作。最后，要把特别的感谢之情赋予长期以来给我众多帮助的家人们，手足情、夫妻情、父子情，给我温暖、伴我一生。

　　此外，由于笔者学识和能力上的不足，本书可能存在这样或那样的问题，请各界同仁批评指正。同时，我也会用这些不足鞭策自己，让自己在学术上更进一步。

李银兵

2023 年 10 月 15 日于贵阳

图书在版编目（CIP）数据

"多彩贵州"传统节日文化品牌的构建与传播研究 /
李银兵著. -- 北京：社会科学文献出版社，2024.3
ISBN 978 - 7 - 5228 - 3442 - 9

Ⅰ.①多…　Ⅱ.①李…　Ⅲ.①民族节日－民族文化－
品牌战略－研究－贵州　Ⅳ.①K892.1

中国国家版本馆 CIP 数据核字（2024）第 065988 号

"多彩贵州"传统节日文化品牌的构建与传播研究

著　　者／李银兵

出 版 人／冀祥德
责任编辑／岳梦夏
文稿编辑／陈　冲
责任印制／王京美

出　　版／社会科学文献出版社·马克思主义分社　（010）59367126
　　　　　　地址：北京市北三环中路甲29号院华龙大厦　邮编：100029
　　　　　　网址：www. ssap. com. cn
发　　行／社会科学文献出版社　（010）59367028
印　　装／三河市龙林印务有限公司

规　　格／开　本：787mm × 1092mm　1/16
　　　　　　印　张：21.25　字　数：328千字
版　　次／2024 年 3 月第 1 版　2024 年 3 月第 1 次印刷
书　　号／ISBN 978 - 7 - 5228 - 3442 - 9
定　　价／128.00 元

读者服务电话：4008918866